PETER F. DRUCKER

Innovation
and
Entrepreneurship

미래사회를 이끌어가는
기업가정신

피터 드러커 지음 | 이재규 옮김

한국경제신문

이 책은 경영혁신(innovation : 일반적으로 '혁신'이지만 이 책에서는 그 실질적 내용 상 종종 경영혁신으로 표현함—옮긴이)과 기업가정신(entrepreneurship)에 대해 그 실천방법, 즉 실제(practice)와 그것을 뒷받침하는 원칙(principle)을 설명한다. 아울러 기업가들(entrepreneurs)의 심리와 성격적 특성을 설명하려는 것이 아 니라 그들의 활동과 행동에 초점을 맞추고 있다.

이 책은 몇몇 성공사례들을 소개하고 있긴 하지만 일차적인 목적은 성공 담을 소개하려는 것이 아니라 핵심, 법칙, 또는 주의할 점을 설명하려는 것 이다. 따라서 경영혁신과 기업가정신을 다룬 (이미 출판된) 다른 책이나 논문 과는 그 의도와 구성에 있어 매우 다르다. 하지만 이 책의 내용, 즉 경영혁 신과 기업가정신이 중요하다는 인식은 기존의 것들과 같이한다. 정말이지, 이 책은 지난 10~15년 동안 미국에서 진정한 경영혁신과 기업가정신이 등 장한 것을 최근 경제적·사회적 역사에서 가장 의미 있는 희망적 사건으로 간주한다. 그러나 오늘날 기업가정신에 대해 논의하는 것을 보면 많은 사람 들이 기업가정신을 천부적인 재능, 타고난 능력, 천재적 영감(靈感), 또는 '천재의 번뜩이는 아이디어'인 양 다소 신비스러운 것으로 취급하고 있다. 반면에 이 책은 경영혁신과 기업가정신이란, 조직할 수 있는(정녕 조직되어야

3

할 필요가 있는 것이다) 의도적인 과제로, 그리고 체계적인 과업으로 접근한다. 사실, 이 책은 경영혁신과 기업가정신을 최고경영자가 수행해야 할 업무의 한 부분으로 취급한다.

이 책은 실천적인 방법을 다루고 있기는 하지만 단순히 방법(how-to)을 제시하는 데 그치는 것은 아니다. 그 대신, 이 책은 무엇을(what), 언제(when), 그리고 왜(why) 그래야 하는지에 대해 취급하고, 정책과 의사결정과 같은 구체적인 과제를 다루고, 기회와 위험을 분석하고, 구조와 전략을 검토하고, 배치와 보상과 포상 등에 대해 기술한다.

이 책은 '경영혁신과 기업가정신'이라는 제목 아래 경영혁신의 실천, 기업가정신의 실천, 그리고 기업가적 전략 등 세 가지 주요 분야를 논의한다. 각각의 분야는 경영혁신과 기업가정신의 각 단계라기보다는 한 '측면'이다.

제1부 '경영혁신의 실천'에서는 경영혁신이란 목적을 가지고 추진해야 하는 것으로, 그리고 하나의 원칙으로 취급해 설명한다. 먼저 여기서는 기업가가 경영혁신의 기회를 어디서(where), 그리고 어떻게(how) 찾는지를 제시한다. 그 다음 그 혁신적인 아이디어를 실현성 있는 사업이나 서비스로 개발하기 위해 '할 일과 하지 말아야 할 일(Do's and Dont's)'에 대해 논의한다.

제2부 '기업가정신의 실천'에서는 경영혁신을 실천하는 조직인 기관에 초점을 맞춘다. 여기서는 기존의 사업(existing business), 공공서비스 기관(public-service institution), 그리고 새로운 벤처기업(new venture) 사업 등 세 분야를 기업가적으로 경영(entrepreneurial management)하는 방법을 다루고 있다. 일반 기업이든 공공서비스 기관이든 간에, 기관이 성공적인 기업이 되기 위한 정책과 실천적인 방법은 무엇인가? 기업가정신을 실현하려면 어떻게 조직해야 하고 또 직원을 배치해야 하는가? 이를 방해하는 장애물, 장벽, 함정, 그리고 공통적인 잘못은 무엇인가? 제2부의 마지막 부분에서는 개별 기업가들, 그들의 역할, 그리고 의사결정에 대해 논의한다.

제3부 '기업가적 전략'에서는 경영혁신을 시장에 이르기까지 성공적으로 연결시키는 방법에 대해 다룬다. 어쨌든 경영혁신의 성공 여부는 그 자

체가 새로운 것인가, 그 내용이 과학적인가, 또는 교묘한 것인가 등에 좌우되지 않는다. 그것은 시장에서의 성공 여부로 결정된다.

기업가정신이란 일종의 과학(science)도 아니며, 한 특별한 기예(art)도 아니다. 그것은 하나의 실천(practice)이다. 기업가정신은 이 책에서 조직된 모습으로 제시하려고 시도하는 바와 같이 지식기반(knowledge base)을 갖고 있음은 두말 할 나위가 없다. 그러나 모든 분야의 실천이 그렇듯이, 예컨대 의학이나 엔지니어링과 마찬가지로, 기업가정신과 관련된 지식은 목적을 달성하기 위한 수단이다. 실천적인 측면에서 무엇이 지식을 구성하는가 하는 것은 대체로 그 목적 달성 가능성, 즉 실천 가능성을 통해 결정된다. 따라서 이런 종류의 책은 장기간에 걸친 활동 실적에 의해 뒷받침되어야만 한다.

경영혁신과 기업가정신에 관련해 나는 1950년대 중반부터 관심을 갖기 시작했다. 당시는 뉴욕 대학교 경영대학원에 재직할 때인데, 나는 2년 동안 직접 이 주제를 중심으로 소규모 그룹을 만들어 매주 한 번씩 저녁 세미나를 개최했다. 그 그룹에는 새로운 벤처 회사를 갓 시작한 사람들도 있었는데, 대부분 성공적으로 사업을 이끌어가고 있었다. 그리고 그 그룹에는 기존의 여러 기업들에 재직하고 있는 중견 경영자들이 주축을 이루고 있었고, 대부분 대기업들이었다. 예를 들면 2개의 큰 병원, IBM과 GE, 주요 은행, 증권회사, 출판사, 제약회사, 세계적인 자선기관, 뉴욕천주교구, 장로교회 등이 포함되었다.

이 세미나에서 개발된 개념과 아이디어는 회원들이 2년에 걸쳐 매주 그들이 하는 일과 그들이 근무하는 조직에서 검증을 했다. 그 때 개발된 개념과 아이디어를 나는 20년 이상 나 자신의 경영 컨설팅 활동을 통해 검증하고, 효과를 입증하고 재정리했다. 그 과정에 또다시 다양한 조직체가 포함되었다. 그 가운데는 제약회사와 컴퓨터 회사와 같은 '하이테크' 회사도 있었고, 재해보험회사와 같이 '노테크(no-tech)' 회사도 있었다. '세계 수준'에 이른 미국과 유럽의 은행들도 있었고 개인이 창업한 벤처기업도 있었다. 건축용 자재를 취급하는 지역 도매업자와 일본계 다국적기업도 있었다. 또한 일련의 '비영리단체'도 포함되었다. 몇몇 주요 노동조합, 미국의 걸 스카우트와 미국 원조물자발송협회와 같은 주요 사회단체, 주요 병원, 대학교와 연구소, 여러 종파의 종교단체 등이 포함되었다.

이 책은 다년 간의 관찰·연구 및 실제 경험을 통해 다듬어졌다. 따라서 나는 실질적인 '미니 사례들', 즉 올바른 정책과 실천 방법, 그리고 잘못된 정책과 실천 방법 둘 다를 포함하는 사례와 해설을 활용할 수 있었다. 이 책의 여러 곳에 실제 이름이 거명된 조직은 (예컨대 IBM과 같이) 그 내용이 이미 공개된 것이거나, 아니면 그 기관이 스스로 내용을 공개한 경우다. 그 밖에 내가 컨설팅한 조직들은 나의 모든 경영학 책에서와 마찬가지로 익명이다. 하지만 사례 그 자체는 실제 사건들이고 또 실제 기업을 다룬 것이다.

최근 많은 경영학 관련 저자들이 경영혁신과 기업가정신에 대해 깊은 관심을 기울이기 시작했다. 이에 반해 나는 수십 년 전부터 이 두 가지 문제와 관련한 여러 측면들을 나의 경영학 책에서 다루어왔다. 그러나 이 책이야말로 이런 주제를 전반적으로, 그리고 체계적인 형태로 제시하려고 시도한 최초의 것이다. 이 책이 '경영혁신과 기업가정신'이라는 주요 주제에 대해 결론을 내리는 책이 아니라 하나의 최초의 책에 지나지 않는다는 사실은 부정하지 않는다. 그러나 나는 이 책이 이 분야에 씨앗을 뿌리는 역할을 했다는 사실만은 인정받고 싶다.

캘리포니아, 클레어몬트에서

피터 F. 드러커

PART 2 기업가정신의 실천

PART 3 기업가적 전략

기업가정신에 기초한 경제

1

1970년대 중반 이후 '성장 없는 경제', '미국 경제의 탈공업화', 그리고 장기적 '콘드라티에프(Kondratieff) 경제 침체' 등과 같은 구호들이 널리 퍼졌고 또한 그런 것들이 마치 자명한 이치인 양 인용되고 있다. 하지만 사실과 통계는 그런 모든 구호들을 하나같이 부정하고 있다. 지금 미국에서 실제로 일어나고 있는 현상은 이런 추세와는 상당히 다르다. 지금 미국은 '관리적 경제(managerial economy)'로부터 '기업가적 경제(entrepreneurial economy)'로 현저하게 이동하고 있는 중이다(managerial economy는 기존의 제품과 서비스의 원가는 더 낮게, 품질은 더 높게 하는, 즉 기존의 사업을 좀더 잘 하는 것을 통해 경제를 발전시키는 것인 반면, entrepreneurial economy는 기존에 존재하지 않은 새로운 형태의 제품과 서비스를 제공함으로써 경제를 발전시키는 것을 의미함—옮긴이).

1965~85년까지 두 세대 동안, 16세 이상의 미국 인구(미국의 전통적인 통계 관습에 따라 노동력을 계산한 것임)는 5분의 2가 더 늘어나 1억 2,900만 명에서 1억 8,000만 명이 되었다. 그러나 같은 기간 중 보수를 받는 일자리에 근무하는 인구 수는 50%가 더 늘어나 7,100만 명에서 1억 600만 명이 되었다.

두 세대 중 두번째인 1974~85년 사이에 노동력은 매우 빠르게 증가했는데, 이 기간 중 늘어난 일자리는 2,400만 개에 달했다.

평화 시기에 미국이, 비율 또는 절대 숫자 면에 있어 이처럼 많은 새로운 일자리를 창출한 적이 없었다. 게다가 1973년 가을 '오일 쇼크'와 더불어 시작한 그 10년 간은 극도의 혼란기였으며, '에너지 위기'가 지속되었고, '굴뚝산업'들은 거의 파멸로 치닫고 있었으며, 두 차례 심각한 경기후퇴를 겪었는데도 말이다.

미국의 경제개발은 특이한 것이다. 이와 같은 일은 어떤 나라에서도 일어나지 않았다. 1970~84년까지 서유럽에서는 실질적으로 300만~400만 개의 일자리가 사라졌다. 1970년만 해도 서유럽의 일자리는 미국보다 2,000만 개나 많았지만 1984년 들어서는 오히려 1,000만 개나 적었다. 심지어 일본도 일자리를 만드는 데 있어 미국보다 훨씬 뒤졌다. 1970~82년까지 12년간 일본의 일자리 숫자는 단지 10% 증가에 그쳤는데, 이는 미국 증가율의 절반에 불과하다.

그러나 1970년~80년대 전반기 동안 일자리를 창출하는 일에 보인 미국의 성과는 또한 25년 전 모든 전문가들이 예상한 것과는 정반대의 결과를 나타낸 것이었다. 그 당시 대부분의 노동력 분석 전문가들은 미국 경제가, 심지어 최고로 빨리 성장한다 해도, 1949년과 1950년의 '베이비 붐' 시기에 태어난 최초의 대규모 인구들이 취업 시기에 이르는 1970년대와 1980년대 전반기에는, 그 '베이비 붐' 시기의 모든 젊은이들에게 일자리를 제공한다는 것이 불가능하리라 예상했다. 실제로 미국 경제는 그 수를 두 배나 더 고용하지 않으면 안 되었다. 그 이유는, 1970년에는 심지어 아무도 상상하지 못한 일로서, 1970년 중반 이후 기혼 부녀자들이 대거 노동시장에 진출하기 시작했기 때문이다. 그 결과, 1970년에는 다섯 명 가운데 겨우 한 명 꼴이었던 반면, 1980년대 중반에 이르자 자녀를 가진 기혼 부녀자의 절반 수가 유급 일자리를 갖게 되었다. 그리고 미국 경제는 또한 많은 경우 과거에 여성들이 가졌던 일자리보다 훨씬 더 나은 일자리를 제공했다.

미국의 1970년대와 1980년대 전반기가 '제로 성장' 기간이었고, 정체기와 쇠퇴기였으며, '미국의 탈공업화' 기간이었던 것으로 지금껏 '모두가 이해하고 있는 이유'는, 모두가 여전히 제2차 세계대전 이후부터 25년 간의 성장분야, 즉 1970년 무렵 종말을 맞은 그 기간에 초점을 맞추었기 때문이다.

그 25년 간 미국 경제의 역동성은 이미 규모가 큰, 그리고 규모가 점점 더 커지는 기관들을 중심으로 형성되고 있었다. 예컨대 〈포천(Fortune)〉이 선정하는 미국의 최고 500대 기업, 연방정부와 주정부, 그리고 지방정부, 대형 및 초대형 대학교, 6,000명을 웃도는 학생 수를 가진 연합 고등학교, 성장하는 대규모 병원 등이 중심이었다. 제2차 세계대전 이후 25년 간 미국 경제가 창출한 새로운 일자리는 모두 사실상 이들 대규모 기관이 제공했다. 그리고 그 기간 동안 일자리의 감소와 실업은 압도적으로 소규모 기관들, 물론 주로 소규모 기업들에서 발생했다.

그러나 1960년대 말부터 미국에서 일자리의 창출과 증가는 새로운 분야로 이동하고 있었다. 과거에 일자리를 창출했던 분야는 지난 20년 간 실질적으로 일자리를 줄이고 있었다. 〈포천〉 '500대' 기업의 영구 취업자 수(경기 후퇴에 따른 일시 해고는 제외)는 1970년경부터 매년 꾸준히 줄어들고 있었는데, 처음에는 서서히 줄다가 1977년 또는 1978년부터는 매우 빠른 속도로 감소했다. 1984년이 되자, 500대 기업들은 400만~600만 개의 일자리를 영구적으로 축소시켰다. 그리고 미국 정부 또한 지금은 과거 10년 또는 15년 전에 비해 점점 더 적게 사람들을 고용하고 있는데, 그 한 이유로서 1960년대 초 출산율 감소의 영향을 받아 학령 인구가 감소함에 따라 교사 수가 줄어들고 있기 때문이다. 1980년까지는 대학교 수도 늘어났다. 그 후 대학교의 일자리도 줄어들고 있다. 그리고 1980년대 전반기에는 심지어 병원의 일자리도 더 이상 늘어나지 않고 있다. 달리 말해 미국은 사실 3,500만 개의 새로운 일자리를 창출한 것이 아니라, 4,000만 개 또는 그 이상의 일자리를 창출했다. 그것은 전통적인 고용기관들이 없애버린 최소한 500만 개의 영구적 일자리를 메워야 하기 때문이었다. 그리고 그런 모든 새로운 일자리들은 중소 규모 고용기관들이 제공했는데, 그 대부분은 중소 규모의 기업체들이 차지했고, 그 중 다수는 아니라 해도 많은 경우 새로운 형태의 사업이 떠맡았다. 〈이코노미스트(The Economist)〉지에 따르면, 지금 미국에서는 매년 60만 개나 되는 새로운 사업체가 생겨나고 있는데, 이 숫자는 지난 1950년대 및 1960년대 두 호황기에 비해서도 약 7배나 된다.

2

'그렇지' 하고 모두가 즉각 그것은 '하이테크' 분야 때문이라고 말할 것이다. 그러나 사실 그렇게 단순하지만은 않다. 1965년 이후 미국에서 창출된 4,000만 개의 일자리 중 하이테크 분야가 기여한 몫은 500만~600만 개에 지나지 않는다. 따라서 하이테크는 '굴뚝산업' 이 잃어버린 일자리를 메우는 정도 이상은 기여하지 못했다. 다른 모든 일자리들은 다른 분야에서 창출되었다. 그리고 새로운 사업체 100개당 기껏 하나 또는 둘만이, 숫자로는 매년 총체적으로 1만 개가량의 사업체들이 '하이테크' 라는 말의 의미와 약간이라도 관련이 있는 것들이다.

우리는 정말이지 커다란 기술적 변혁기의 초기에 들어서고 있는데, 그것은 가장 흥분한 '미래학자들' 이 지금까지 이해하고 있는 것보다도 훨씬 더 영향력이 크고, 심지어 '메가트렌드(Megatrends : 1984년 존 나이스비트가 출판한 미래예측서 제목─옮긴이)' 또는 '퓨처 쇼크(Future Shock : 1981년 앨빈 토플러가 출판한 미래예측서 제목─옮긴이)' 보다도 더 크다. 과거 300년 간 유지되었던 기술체계는 제2차 세계대전이 끝나면서 함께 막을 내렸다. 지난 300년 동안 기술의 모델은 기계 모델이었다. 그것은 태양과 같은 별의 내부에서 일어나는 현상을 파헤치는 것이었다. 지난 300년 간을 지배한 기술체계는 이런 역사적 사실이 아니었다면 거의 무명에 가까운 프랑스의 물리학자 드니 파팽(Denis Papin, 1647-1712)이 1680년경 증기기관을 고안하면서 시작되었다. 그런 기술체계는 현대에 들어와 별의 내부에서 일어나는 현상인 핵폭발을 재현함으로써 종말을 맞았다. 지난 300년 간 기술진보는 곧 마치 기계적 프로세스가 그런 것처럼, 좀더 빠른 속도, 좀더 높은 온도, 그리고 좀더 높은 압력의 달성을 의미했다. 그러나 제2차 세계대전이 끝난 후부터 기술의 모델은 생물학 프로세스, 즉 유기체 내부에서 일어나는 현상이었다. 그리고 유기체 내부에서는, 프로세스가 물리학자가 말하는 에너지를 중심으로 조직되지 않는다. 그것은 정보를 중심으로 조직된다.

컴퓨터이든 장거리통신이든, 공장의 로봇이든 사무자동화이든, 생물유전학이든 생물공학이든 간에, 하이테크 기술은 모두 측정할 수 없는 질적인 현상을 중시한다는 것은 의문의 여지가 없다. 하이테크는 흥분을 일으키고 또 신문의 머릿기사 거리를 제공하고 있다. 그것은 기업가정신을 가진 사람에게 비전을 불러일으키고, 지역사회에 혁신을 유발하며, 그리고 그런 곳에 잘 먹혀든다. 고등교육을 받은 젊은 사람들이 거대 은행이나 세계적인 전기부품회사보다는 소규모인데다 별로 알려지지도 않은 기업을 택하고자 하는 것은 분명 '하이테크'의 마력 때문이다. 심지어 그런 젊은이들은 대부분 기술 수준이 단조롭고 평범한 기업에 근무하는데도 말이다. 하이테크는 또한 1960년대 중반까지 거의 존재조차 없었던 벤처자본이 1980년대 중반에는 거의 과잉이 될 정도로, 미국 자본시장의 모습을 엄청나게 바꾸어놓은 것이 틀림없다. 따라서 하이테크는 논리학자들이 말하는 이론적 근거(ratio cognoscendi), 즉 그것의 출현의 설명과 그 존재의 원인에 대해서보다는 우리가 왜 현상을 인식하고 또 이해해야 하는지 그 이유를 밝혀준다.

앞서 말한 바와 같이, 양적으로 하이테크 일자리는 아직은 매우 적은데, 새로운 일자리들 가운데 8분의 1을 그다지 넘지 않는 정도다. 그것은 새로운 일자리를 창출한다는 차원에서 가까운 미래에도 별로 중요하지 않을 것이다. 지금부터 2000년까지 미국 경제가 창출할 것으로 예상되는 새로운 일자리 중에서 6분의 1 이상을 하이테크 분야가 차지하리라고 기대하기란 거의 불가능할 것으로 보인다. 사실, 많은 사람들이 생각하는 것처럼 하이테크가 미국 경제에 있어 기업가 부문(entrepreneurial sector)이었다면, 정말이지 미국은 '제로 성장' 기간, 즉 '콘드라티에프 장기파동'의 저점에서 장기간의 정체기를 맞았을 것이다.

러시아 경제학자 니콜라이 콘드라티에프(Nikolai Kondratieff, 1892-1938)는 그의 수리경제적 모델이, 나중에 정확한 것으로 판명된 것과 같이, 러시아의 집단 농업이 농업생산의 급격한 감소를 가져올 것으로 예측했다는 이유로 1930년대 후반 요제프 스탈린(Josef Stalin, 1879-1953)의 명령에 따라 처형되었다. '50년 간격의 콘드라티에프 주기'는 기술이 내재하고 있는 역학관계에 기초를 두고 있다. 콘드라티에프가 단언한 바와 같이 매 50년마다 장기적 기술 파동이 절정에 이른다. 콘드라티에프 주기에 있어 지난 20년 동안은 구 기술의 진보에 따른 성장산업이 예외적으로 크게 성공했던 것으로 보인다. 그러나 구 기술에 의한 산업이 기록적인 이익을 낸 것처럼 보이는 것은, 실제로는 성장을 멈춘 산업분야에 더 이상 투입할 필요가 없는 자본을 회수한 결과다. 이런 현상은 절대로 20년 이상 지속될 수가 없으며, 그 후에는 일반적으로 일종의 공황과 같은 현상이 나타나면서 갑작스러운 위기가 닥친다. 경제적 침체기는 20년 간 진행되는데, 그 기간 동안 새롭게 떠오르는 기술이 경제가 다시 성장할 수 있도록 일자리를 충분하게 창출할 수 없다. 그리고 어느 나라 할 것 없이 정부가 더욱더 그렇지만 이런 일에 대해서는 누구도 어쩔 수가 없다(콘드라티에프의 장기파동 주기는 오스트리아 출신 미국 경제학자 요제프 슘페터(Joseph Schumpeter, 1883-1950)가 그의 기념비적 저서 《경기 순환 주기(Business Cycles)》(1939)에 소개하면서 서구에서도 인기를 얻었다. 오늘날 콘드라티에프의 제자로서 가장 잘 알려진, 가장 연구를 많이 한, 그리고 가장 중요한 사람이자 '장기 침체' 현상에 대해 가장 깊게, 그리고 가장 잘 알고 있는 예언자는 MIT의 제이 포레스터(Jay Forrester, 1918-)다—저자 주).

제2차 세계대전 이후 장기간의 경제성장을 주도해 온 산업들, 예컨대 자동차, 철강, 고무, 전기장치, 가전제품, 전화, 그리고 석유산업은 콘드라티에프 주기와 정확하게 일치하고 있다(석유산업은 일반적으로 생각하는 것과는 달리, 이들 산업 중 쇠퇴하기 시작한 첫번째 산업이다. 사실 석유산업은 1950년경부터 성장산업이 아니었다. 그 때부터 제조업, 수송업, 또는 냉난방에 있어서 추가적 한 단위 산출을 증가시키기 위해 소요되는 석유의 단위는 감소해 오고 있었는데, 처음에는 그 속도가 완만했으나 1973년부터는 빠르게 진행되었다—저자 주). 기술적으로 이들 산업은 모두 19세기의 마지막 사반 세기 동안으로 거슬러 올라가고, 또는 가장 늦은 것도 제1차 세계대전 직전에 시작된 것들이다. 1920년대 이후 이들 중 어느 것도 기술적으로나, 경제적 개념으로나 중요한 변혁을 달성하지 못했다. 제2차 세계대전 이후 다시 경제성장이 시작되었을 때 이들 산업은 모두 철저히 성숙산업이었다. 이들 산업은 비교적 새로운 자본투자 없이도 일자리를 늘리거나 창출할 수 있었는데, 바로 이것이 이들 산업이 매우 높은 임금과 복리후생비, 그리고 동시에 기록적인 이익을 나타낼 수 있었던 이유다. 그러나 콘드라티에프가 예측했던 바와 같이, 이들 건강징후는 폐결핵 환자의 불그스레한 뺨과 마찬가지로 사람의 눈을 속이는 것들이었다. 이들 산업은 그 내부로부터 썩어들어가고 있었다. 이들 산업은 정체되지도, 서서히 쇠퇴하지도 않았다. 어쨌는가 하면, 이들 산업은 1973년과 1979년의 '오일 쇼크'가 그 첫번째 타격을 가하자 곧 붕괴되고 말았다. 몇 년 만에 이들 산업은 기록적인 이익에서부터 파산 지경에 몰렸던 것이다. 곧 분명하게 밝혀진 것처럼, 이들 산업은 과거의 고용수준을 회복한다 해도 오랫동안 회복할 수 없을 것이다.

하이테크 산업에서도 콘드라티에프 이론이 적용된다. 콘드라티에프가 예측한 바와 같이, 하이테크 산업도 지금까지는 쇠퇴 산업들이 축소하고 있는 일자리보다 더 많은 일자리를 창출할 수는 없었다. 모든 예측기관들은 하이테크 산업이 앞으로 몇 년 간은, 적어도 20세기의 남은 해 동안은 더 이상 잘 할 것으로 전망하지 않는다. 예를 들면 컴퓨터 산업의 폭발적인 성장에도 불구하고, (하드웨어 및 소프트웨어의 설계와 기술, 생산, 판매, 그리고 서비스를 포함해) 모든 분야의 자료처리 및 정보처리 산업이 만들어내는 일자리는 미국 경제가 1980년대 후반기와 1990년대 전반기에 철강 및 자동차산업에서 잃어버릴 것이 거의 확실한 일자리만큼이나 많은 일자리를 창출하지는 못할 것으로 전망된다.

그러나 콘드라티에프 이론은 미국 경제가 실질적으로 4,000만 개의 일자리를 창출한 것에 대해 그 이유를 전혀 설명하지 못하고 있다. 서유럽은 지금까지도 콘드라티에프 이론을 따르고 있는 것이 확실하다. 그러나 미국 경제에는, 그리고 아마도 일본 경제에는 적용되지 않고 있다. 미국 경제에 발생하고 있는 무엇인가가 콘드라티에프의 '장기 기술 파동'의 영향을 상쇄하고 있는 것이다. 장기 경기침체 이론과 양립하지 않는 무엇인가가 이미 나타나고 있는 것이다.

또한 미국 경제가 단지 콘드라티에프 주기를 연기시킨 것으로만 보이지 않는 것도 확실하다. 왜냐하면 앞으로 20년 간 미국 경제에 새로운 일자리를 제공해야 할 필요성은 지난 20년 간 필요했던 것에 비해 현저하게 줄어들 것이며, 따라서 미국 경제의 성장은 일자리 창출에 훨씬 덜 영향을 받게 될 것이다. 20세기 말까지, 그리고 정말이지 2010년까지 미국 노동시장에 신규로 참여할 사람들의 수는, '베이비 붐' 시기의 어린이들이 성인이 되는 기간, 즉 1965~80년 전후에 노동력 시장에 진입한 수에 비해 그 규모가 3분의 1이나 감소할 것이다. 1960년과 1961년의 '출산율 격감' 이후 출산한 아이들의 수는 '베이비 붐' 시대의 그것에 비해 30%나 적었다. 그리고 50세 이하의 여성 취업도 이미 남성과 동일한 수준에 이르렀기 때문에, 유급 일자리에 취업할 여성의 수도 앞으로는 자연 인구성장 범위 내로 한정될 것인데, 이것은 또한 그 숫자가 대략 30% 감소될 것이라는 점을 의미한다.

전통적인 '굴뚝산업'의 미래를 예견하는 것에 관한 한, 콘드라티에프 이론은 비록 기존의 이론 중에서 진정 가장 설득력 있는 것은 아니라 해도, 가장 의미 있는 이론으로 인정해야만 한다. 그리고 하이테크 산업이 과거 성장산업의 침체를 상쇄하지 못한다는 것을 감안해야 한다는 점에서, 콘드라티에프 이론을 다시 심각하게 고려하지 않을 수 없다. 새로운 비전을 제공하는 산업으로서, 그리고 주도적 역할을 하는 산업으로서 하이테크 산업은 질적으로 엄청나게 중요하지만, 양적인 측면에서도 하이테크 산업은 지금보다는 미래에 더 중요하다. 특히 일자리의 창출자로서는 각별히 그렇다. 하이테크 산업은 오늘을 형성하는 산업이라기보다는 미래를 만드는 산업이다.

그러나 미국 경제의 전개과정과 그 방향을 설명하는 이론으로서 콘드라티에프 이론은 증명되지 않았으며, 또한 신뢰할 수 없는 것으로 생각된다. '콘드라티에프의 장기불황기'에 해당하는 기간 중에 미국 경제가 창출한 4,000만 개의 새로운 일자리는 콘드라티에프 이론으로써 설명할 수가 없다.

　나는 미국 경제가 아무런 문제도 없고 또 위험이 없다는 것을 말하려는 것은 아니다. 오히려 그 반대다. 우리가 20세기를 마감하는 사반세기 동안 경험하고 있는 것과 같이 경제의 기술적 기반의 주요 변혁은 경제적·사회적·정치적으로 분명 엄청난 문제들을 야기한다. 미국은 또한 중대한 정치적 위기를, 즉 20세기의 위대한 성공작인 복지국가가 초래한 위기를 필사적으로 해결해야 하는데, 이것은 통제하지도 않았고 또 외관상 통제할 수 없는 것으로 보일 뿐만 아니라 초인플레이션적인 재정적자라는 부수적 위험을 안고 있다. 세계 경제도 그에 못지않은 위험을 안고 있는데, 예컨대 브라질이나 멕시코는 급격한 경제적 도약과 1930년대의 대공황에 필적하는 장기적 세계 공황을 일으킬 가능성이 있는 파멸적 붕괴 사이에 놓여 있다. 그리고 그 다음 걷잡을 수 없는 군비확장 경쟁이라는 무서운 망령도 도사리고 있다. 그러나 오늘날 이런 세계적인 위험들 가운데 하나인 콘드라티에프 불황은 미국 경제의 현실과 비교해 볼 때 상상의 산물 중 하나에 지나지 않는다. 미국 경제는 지금 새로운 경제, 즉 기업가적 경제로 이동했다.

　기업가적 경제가 일차적으로 미국적 현상으로 그칠 것인지, 아니면 다른 선진 공업국가로 번져갈 것인지를 단언하기에는 아직 너무 이르다. 일본의 경우, 비록 독특한 일본적 형식이긴 하지만, 기업가적 경제가 등장할 것으로 믿을 만한 충분한 이유가 있다. 하지만 서유럽도 마찬가지로 기업가적 경제로 이동할지는 아직 누구도 단언할 수 없다. 인구통계적으로 볼 때 서유럽은 미국에 비해 10~15년 뒤지고 있다. '베이비 붐'과 '출산율 격감' 둘 다 서유럽은 모두 미국보다 늦게 경험했다. 마찬가지로 수학 연한의 대폭적 연장 현상도 서유럽은 미국이나 일본에 비해 약 10년 후 일어났다. 그리고 영국은 이제 겨우 시작되고 있다. 만약, 사실 그럴 가능성이 상당히 큰데, 인구동향이 미국에서 기업가적 경제가 출현하게 한 요인이라면, 서유럽에서는 1990년이나 1995년까지는 비슷한 사태가 나타날 것으로 기대할 수 있을 것이다. 지금까지는, 기업가적 경제는 순전히 미국적 현상이다.

3

모든 새로운 일자리는 어디에서 왔는가? 그에 대한 해답은 어느 곳으로부
터도 왔으며 또 어느 곳에서부터도 오지 않았다는 것이다. 달리 말해 그것
은 어느 한 곳으로부터 온 것이 아니다.

보스턴에서 발간되는 잡지 〈잉크(Inc.)〉는 5년 이상 15년 미만의 역사를
가진 미국의 공개기업들 가운데 가장 빠르게 성장하는 100대 기업의 목록
을 1982년부터 발표하고 있다. 이 목록은 상장된 사기업에 국한했기 때문에
하이테크 산업에 매우 유리하게 나타나고 있는데, 이들 기업은 증권회사와
증권시장에 접근하기가 쉽고 또 증권거래소와 증권회사 객장에서 거래되기
때문이다. 하이테크 산업은 유행을 탄다. 그렇지 않은 새로운 벤처기업은
오랫동안 경영실적을 쌓은 뒤에, 그리고 5년 이상의 수익 실적을 보여준 후
에 대체로 기업공개가 가능하다. 하지만 〈잉크〉 '100대 기업' 가운데 겨우 4
분의 1만이 하이테크 분야이고, 나머지 4분의 3은 매년 거의 결정적으로
'로 테크(low-tech)' 기업으로 나타나고 있다.

예를 들면 1982년에는 식당 연쇄점 5개, 여자 의류 제조업 2개, 그리고
건강관련 기업 20개가 포함된 것에 비해 하이테크 기업체 수는 겨우
20~30개에 불과했다. 그리고 1982년 미국 신문들은 '미국의 탈공업화' 현
상에 대해 우려하는 기사를 앞다투어 실었지만, 〈잉크〉 '100대 기업'의 절
반 이상이 제조업이었으며, 서비스 관련업은 기껏 3분의 1에 지나지 않았
다. 1982년에는 북부 프로스트벨트(Frost Belt) 지역은 쇠퇴하고 있으며 남부
선벨트(Sun Belt) 지역만이 성장 가능한 지역이라는 말들이 많았음에도 불구
하고, 〈잉크〉 '100대 기업' 가운데 겨우 3분의 1만이 선벨트 지역에 자리한
기업들이었다. 뉴욕은 그런 급성장하는 젊은 공개기업들을 캘리포니아 및
텍사스만큼이나 많이 갖고 있었다. 그리고 이미 소멸하지는 않았지만 쇠퇴

하고 있는 것으로 알려진 펜실베이니아, 뉴저지, 그리고 매사추세츠 지역 또한 캘리포니아, 텍사스, 뉴욕만큼 많은 기업체를 갖고 있었다. 스노벨트 (Snow Belt)인 미네소타도 7개 기업을 갖고 있었다. 1983년과 1984년의 〈잉크〉 '100대 기업' 목록 또한 산업별·지역별 모두 매우 유사한 분포를 보여주었다.

1983년의 경우, 또 다른 〈잉크〉 선정기업 목록, 즉 급성장하는 신규 비공개기업 목록인 〈잉크〉 '500대 기업'에 따르면 첫번째와 두번째 기업은 각각 태평양에 면한 서북부에 위치한 건설회사(건설경기가 기록적으로 가장 낮은 해로 알려진 바로 그 해에 말이다)와 가정용 건강기구를 제조하는 캘리포니아 회사였다.

벤처자본가들에 대한 조사에서도 동일한 결과를 보여주고 있다. 정말이지 벤처자본가들의 투자목록을 살펴보면 일반적으로 하이테크는 더욱더 작다. 가장 성공한 벤처자본가 중 한 사람의 투자목록을 살펴보면 몇 개의 하이테크 기업이 있기는 있다. 컴퓨터 소프트웨어를 만드는 새로운 회사 1개, 의료기술 분야의 벤처기업 1개, 그리고 다른 몇몇 회사가 있다. 그러나 이들 투자 대상업체 가운데 가장 수익이 높고 1981~83년까지 3년 간 매출액 및 수익성 둘 다 가장 빠르게 증가한 새로운 기업은 가장 평범한, 그리고 하이테크라는 관점에서 가장 거리가 먼 회사인 이발소 연쇄점이다. 그리고 매출액 및 수익성 두 측면에서 그 다음은 치과 연쇄점이고, 또 그 다음은 공구 제조업과 중소기업에 기계를 대여하는 금융회사가 차지하고 있다.

내가 개인적으로 알고 있는 기업 중 1979~84년에 이르는 5년 동안 일자리를 가장 많이 만들어내고 매출액 및 수익성 측면에서 가장 빠르게 성장한 기업은 금융관련 서비스 기업이다. 이 5년 동안 동사는 2,000개의 새로운 일자리를 만들어냈다. 그것들은 대부분 급료가 매우 높은 일자리였다. 비록 동사는 뉴욕증권거래소의 회원증권사이지만, 주식거래는 동사의 사업들 가운데 기껏 8분의 1에 지나지 않는다. 나머지 사업은 연기금 투자, 면세채권, 통화안정기금과 상호부금, 담보부 신탁증권, 절세를 위한 합자회사 증권, 그리고 동사가 이른바 '현명한 투자가'가 선택하는 증권이라고 부르는 그 비슷한 일련의 투자활동을 하고 있다. 그런 현명한 투자가들은 자금상 여유가 있긴 하지만 부유한 전문직업인들은 아니며, 소도시나 도시 근교에 사는 중소기업자 또는 농부들로서 자신이 소비하는 이상으로 돈을 벌고 있어 그 차액을 투자할 대상을 찾고는 있다. 하지만 이들은 또한 증권투자를 통해 부자가 되기를 기대하지 않을 만큼 충분히 현실적이다.

미국 경제의 성장부문에 관한 정보 가운데 내가 파악할 수 있었던 가장 정확한 출처는 매출액 2,500만~10억 달러 사이의 '중규모' 기업 중 가장 빠르게 성장하는 100대 기업에 관한 조사보고서다. 이 보고서는 미국 기업 콘퍼런스(American Business Conference)를 위해 컨설팅 회사인 맥킨지(McKinsey & Company)의 시니어 파트너 두 명이 1981~83년까지 실시한 것이다[리처드 캐베나우(Richard Cavenaugh)와 도널드 클리포드 2세(Donald Clifford, Jr.)가 쓴 이 보고서는 '미국의 중규모 성장회사들로부터 배울 교훈'이라는 제목으로 〈맥킨지 쿼털리(McKinsey Quarterly)〉 1983년 가을호에 게재되었다—저자 주].

이들 중규모 성장기업은 매출액 및 이익에 있어 〈포천〉 '500대 기업'의 성장률보다 3배나 빠르게 성장했다. 그리고 〈포천〉 '500대 기업'은 1970년 이후 꾸준하게 일자리를 줄여나가고 있었다. 그러나 이들 중규모 성장기업은 1970~83년 사이 미국 경제 전체의 일자리 증가 속도보다 3배나 빠른 속도로 일자리를 늘렸다. 심지어 미국 산업의 일자리가 거의 2% 감소했던 1981~82년의 불황기에도 100대 중견 성장기업들은 일자리를 1%나 늘렸다. 이들 100대 기업의 분포를 보면 미국 경제의 모든 분야에 걸쳐 있다. 분명 그 가운데는 하이테크 기업도 있다. 그러나 예컨대 도널드슨, 루프킨&젠레트(Donaldson, Lufkin & Jenrette) 같은 뉴욕의 투자 및 중개회사도 포함되어 있다. 그 가운데 가장 앞선 기업은 거실용 가구를 생산·판매하는 회사이며, 두번째는 도넛 제조 및 판매회사, 세번째는 고급 도자기 회사, 네번째는 필기도구 회사, 다섯번째는 가정용 페인트 회사, 여섯번째는 지역신문의 인쇄 및 출판업으로부터 소비자 마케팅 서비스로 확장한 회사, 일곱번째는 섬유산업용 원사제조 회사 등이다. 그리고 '모든 사람들'이 미국 경제에서 성장하는 부문은 오직 서비스 분야로만 알고 있으나, 이런 '중규모 성장기업'

의 절반 이상을 차지하고 있는 기업이 제조업인 것이다.

더욱더 혼란스러운 사실은 지난 10~15년 사이 미국 경제의 성장분야는, 전적으로 비정부기관으로서, 정상적으로는 기업으로 볼 수 없는 기관들이 상당히 많이, 그리고 더욱더 증가하고 있다는 사실이다. 게다가 꽤 많은 기관들이 현재 영리를 추구하는 회사처럼 조직되고 있다는 점이다. 물론 그 가운데 가장 눈에 띄는 것은 건강산업이다. 최근 미국의 전통적인 지역사회 병원들은 심각한 곤경에 빠져 있다. 하지만 빠르게 성장하며 이익을 내고 있는 체인 형태의 병원들이 속속 등장하고 있는데, '영리법인' 및 '비영리법인' 형태 모두 그렇다. 그보다 더 빨리 성장하는 의료기관들이 불치병 환자를 돌보는 호스피스, 의료 및 건강진단 연구소, 외과수술 센터, 임산부를 위한 시설, '간이' 정신과 진료소, 또는 고령자 진료 및 치료 센터 등과 같은 '독립적' 의료시설이다.

미국의 거의 모든 지역에서 공립학교는 쇠퇴하고 있다. 1960년대의 '출산율 격감'에 따라 취학기 아동의 전체 숫자는 줄어들고 있는데도 불구하고, 새로운 형태의 비영리사립학교는 현재 번창하고 있다. 내가 살고 있는 캘리포니아의 자그만 소도시에서는 1980년경 몇몇 어머니들이 자신들의 아이들을 위해 설립한 탁아소 협동조합이 1984년에 이르러서는 4학년까지 학생 200명을 가르치는 학교로 발전했다. 그리고 수 년 전 지역의 침례교회가 세운 '기독교 학교'는 클레어몬트 시로부터 중학교를 인수하려고 노력 중인데, 이 중학교는 15년 전에 설립된 것으로서 학생이 없어 지난 5년 간 버려져 있었다. 중견경영자를 위한 최고경영자과정 또는 의사·기술자·변호사·물리치료사 등의 재교육을 포함한 다양한 형태의 평생교육 프로그램이 대성황을 이루고 있는데, 심지어 1982~83년의 불황기에도 이들 프로그램은 기껏 주춤하는 정도에 그쳤다.

기업가정신이 발휘되고 있는 또 하나의 추가적인 분야는, 그리고 매우 중요한 분야는 주정부든 시정부든 간에, 정부부문이 성과기준을 설정하고 사적 부문에 자금을 제공·운영하는 공사 파트너십(public-private partnership) 형태의 떠오르는 '제4부문'이다. 그러나 제4부문은 소방, 쓰레기 수거, 또는 버스 운송 등의 서비스를 경쟁입찰 원칙 하에 사기업에 위탁함으로써 좀 더 나은 서비스와 실질적인 원가절감 둘 다를 확보한다.

네브래스카 주 링컨 시는 1975년 헬렌 부살리스(Helen Boosalis, 1919-)가 처음으로 시장에 당선된 후 이 분야에서 선구자 노릇을 하고 있다. 이 링컨 시야말로 약 100년 전 인민당과 윌리엄 제닝스 브라이언(William Jennings Bryan, 1860-1925)이 공공서비스를 시정부가 소유하는 제도를 미국에 처음으로 도입한 곳이기도 하다. 이런 새로운 분야에서의 개척적인 활동은, 예컨대 텍사스의 샌안토니오와 휴스턴에서도 이루어지고 있고, 특히 미니애폴리스 소재 미네소타 대학교의 허버트험프리연구소에서도 추진되고 있다. 역시 미니애폴리스 소재 주요 컴퓨터 제조업체인 컨트롤 데이터 코퍼레이션(Control Data Corporation)은 죄수의 교육과 심지어 관리 및 재활사업에 대해서도 공사 파트너십을 만들고 있다. 그리고 끊임없이 축소되고 있는 우편서비스에 대해 매년 좀더 큰 보조금을 지급하고, 또 해마다 오르는 우편요금을 일반 대중이 부담하는 데는 분명 한계가 있으므로 만약 장기적 관점에서 우편서비스를 구제할 하나의 방법이 있다면, 그것은 입찰을 통해 (그렇지 않으면 지금부터 10년 후에도 존재할) 제1종 우편서비스를 '제4부문'에다 하청을 주는 방법일지도 모른다.

4

이들 성장기업이 성장하고 있다는 점과 콘드라티에프 불황을 거부하고 있다는 점 외에 또 다른 공통점은 전혀 없는가? 사실, 거기에는 '새로운 기술'과 관련된 모든 사례들이 포함되어 있다. 그리고 이것이 결국 기술의 정의이기도 한데, 지식을 인간의 일에 적용하는 모든 새로운 방법들이 포함되어 있다. '기술'이란 오직 전기, 유전학, 또는 새로운 소재의 발견만이 아니다. 기업가정신에 의한 경영, 즉 기업가적 경영도 '새로운 기술'이다.

일단 이런 것이 확인되자, 그 다음 지난 20년 동안 미국 경제에 있어 놀랄 만한 일자리 증가는, 그리고 특히 지난 10년 간의 고용증가 현상에 대한 설명이 가능해졌다. 그것은 심지어 콘드라티에프 이론과도 일치했다. 이제 미국 경제는, 그리고 부분적으로는 일본 경제도 이른바 '불규칙적 콘드라티에프 주기'를 경험하고 있는지 모른다.

1939년 슘페터가 최초로 지적한 이래, 우리는 1873년과 제1차 세계대전 사이 50년 동안 미국과 독일에서 실제로 일어난 현상은 콘드라티에프 주기와 일치하지 않았음을 알고 있다. 철도산업의 호황에 기초한 제1차 콘드라티에프 주기는, 전세계적으로 주식시장 붕괴와 뒤이어 몇 차례 심각한 불황을 초래한 1873년 비엔나 주식시장의 몰락과 함께 그 주기를 마감했다. 그러자 영국과 프랑스는 새로 등장하는 기술들, 즉 철강, 화학, 전기기기, 전화, 그리고 마지막으로 자동차 기술이 철도건설, 석탄채굴, 또는 섬유산업과 같은 오래 된 산업의 침체를 상쇄할 만큼 충분한 일자리를 창출할 수 없었기 때문에 장기간의 산업 침체기에 돌입했다.

비엔나 증권시장의 치명적 붕괴로 인한 영향으로 오스트리아 정치는 영원히 회복하지 못했다. 그러나 미국 또는 독일에서는 물론이고, 정말이지 오스트리아에서 장기간의 산업 침체는 일어나지 않았다. 이 3개국도 불황의 초기에는 그 충격이 매우 컸다. 5년 후에는 불황으로부터 벗어났고, 다시 빠르게 성장했다. '기술'이라는 측면에서 볼 때, 이들 국가는 영국이나 프랑스와 다를 바가 없었다. 두 집단 사이의 서로 다른 경제 현상을 설명하는 하나의 요인은, 그리고 단 하나의 요인은 바로 기업가(entrepreneur)의 존재다. 예를 들면, 독일에 있어서 1870~1914년 사이 단 하나의 가장 중요한 경제적 사건은 바로 겸업 은행의 창립이었다. 최초의 겸업 은행인 도이체방크(Deutsche Bank)는 1870년 게오르크 지멘스(Georg Siemens, 1840-1906)에 의해 창립되었다. 동 은행의 목적은 기업가를 발견하고, 그들에게 자금을 지원하고, 그들로 하여금 조직적이고도 규율이 잡힌 경영을 하도록 하는 것이었다(지멘스와 겸업 은행에 대해서는 제9장 참조—저자 주). 미국의 경제사에서도 뉴욕의 J. P. 모건(J. P. Morgan, 1837-1913)과 같은 기업가적 은행가들이 이와 유사한 역할을 수행했다.

오늘날 이와 매우 비슷한 현상이 다시 미국에서, 그리고 일본에서도 어느 정도 일어나고 있는 것으로 보인다.

정말이지 하이테크 산업은 이 새로운 '기술', 즉 '기업가적 경영관리'를 구성하지 않는 하나의 요소다. 실리콘 밸리의 하이테크 기업가들은 여전히 주로 19세기 방식으로 사업을 운영하고 있기 때문이다. 그들은 벤저민 프랭클린(Benjamin Franklin, 1706~90)의 금언, 즉 "만약 당신이 더 좋은 쥐덫을 발명한다면, 온 세상 사람들이 당신의 가게로 달려올 것이다"라는 것을 여전히 믿고 있다. 아직까지는 실리콘 밸리의 기업가들이 어떻게 해야 '더 좋은' 쥐덫을 만들고 또는 '누구를 위해 만드는가?' 라는 질문은 할 필요가 없다는 말인가?

물론 예외도 많아서, 기업가정신을 발휘하고 경영혁신을 잘 하는 하이테크 회사도 상당수 있다. 그 점은 19세기에도 마찬가지였다. 그 하나가 독일인 베르너 지멘스(Werner Siemens, 1816~92)로서 그는 지금도 자신의 이름을 사용하는 한 회사를 설립하고 또 운영했다. 미국에는 조지 웨스팅하우스(George Westinghouse, 1846~1914)가 있었는데, 그는 위대한 발명가인 동시에 위대한 사업 창립자로서 아직도 자신의 이름을 사용하는 두 개의 회사를 남겼다. 하나는 운송분야의 최대 회사이며 다른 하나는 전기기기 산업의 주요 회사다.

그러나 가장 대표적인 '하이테크' 기업가는 여전히 토머스 에디슨(Thomas Edison, 1847~1930)인 것으로 여겨진다. 에디슨은 19세기의 가장 성공적인 발명가로서, 발명 활동을 오늘날 우리가 연구 활동이라고 말하는 원칙으로 전환했다. 그러나 그의 진정한 야심은 기업의 창립자가 되어 거부(巨富)의 반열에 오르는 것이었다. 하지만 자신이 세운 여러 기업을 철저히 잘못 경영함에 따라 그 어느 하나라도 살리기 위해서는, 그는 모든 기업에서 손을 떼지 않을 수 없었다. 오늘날 하이테크 기업이 다 그런 것은 아니지만, 많은 하이테크 기업들이 여전히 에디슨처럼 경영하거나 한층 더 잘못 경영하고 있다.

우선, 이것은 하이테크 기업들이 커다란 흥분으로 출발해 급속히 팽창하고, 그 후 갑자기 흔들리고는 문을 닫는 전통적인 유형을 따르고 있는 이유를, 즉 5년 내에 '거지 신세에서 거부로, 그러고는 또다시 거지 신세로' 전락하는 까닭을 설명해 준다. 대부분의 실리콘 밸리 기업들은, 그리고 대부분의 새로운 생명공학 하이테크 기업들도 마찬가지로 여전히 혁신가라기보다는 발명가이며, 또한 기업가라기보다는 투기자다. 그리고 이것은 또한 하이테크 산업이 콘드라티에프의 예언과 일치하는 이유를, 그리고 모든 경제가 다시 성장할 수 있는 충분한 일자리를 마련하지 못하는 이유를 어쩌면 설명해 주는지도 모른다.

그러나 이와는 달리 체계적이고, 목적지향적이고, 합리적으로 경영되는 기업가정신에 의한 '로 테크'는 그런 과업을 해내고 있다.

5

모든 주요 현대 경제학자 중에서 슘페터만이 기업가에 대해, 그리고 기업가가 경제에 미치는 영향에 대해 관심을 기울였다. 모든 경제학자들은 기업가가 중요하고 또 영향력을 갖고 있다는 점을 알고 있다. 그러나 경제학자의 입장에서 기업가정신이란, 그 자체는 경제의 한 구성요소는 아니지만 경제에 심각하게 영향을 미치는, 그리고 정말이지 경제의 모습을 결정짓는 그런 '경제 외생요소(meta-economic event)'다. 그리고 기술 또한 경제학자의 입장에서 마찬가지였다. 달리 말해 경제학자들은 19세기 후반 일어난 것과 같은, 그리고 오늘날 다시 일어나고 있는 것으로 보이는 그 기업가정신이 등장하는 이유에 대해, 게다가 어째서 그것이 한 국가 또는 특정 문화권에만 등장하는지 아무런 설명을 하지 않는다. 정말이지, 기업가정신이 효과가 있는 이유를 밝히는 과제 그 자체는 아마도 경제학적 과제가 아닐 것이다. 기업가정신이 효과가 있는 이유는 가치관과 지각(知覺)과 태도의 변화 때문인 것으로 보이고, 또한 아마도 인구구조와 (1870년경 독일과 미국에서 기업가 은행의 창설과 같은) 사회제도와 교육의 변화 때문인 것으로 보인다.

지난 20~25년 사이 미국의 젊은이들에게, 그리고 꽤나 많은 그들에게 태도와 가치관과 야심에 뭔가가 일어났음이 분명하다. 그 뭔가에 있어 단 한 가지 분명한 사실은, 그것은 1960년대 후반의 미국 젊은이들을 관찰했던 사람들로서는 그 누구도 예측이 가능했었던 현상이 아니라는 점이다. 예컨대 갑자기 그토록 많은 사람들이 오랜 세월 악착같이 일을 하고 또 안전한 대기업에 취직하는 대신에 위험한 벤처기업을 기꺼이 택하는 이유를 우리는 어떻게 설명하는가? 그 많던 쾌락주의자, 사회적 지위를 추구하는 자, '남이 하는 대로 따라 하는 자', 체제 순응주의자들은 다 어디에 있다는 말인가? 바꾸어 말해, 15년 전 우리가 익숙하게 들었던 물질적 가치에, 돈에, 물질에, 세속적 성공에 등을 돌렸던, 그리고 목가적 '푸른 자연'까지는 아니더라도 미국의 '유유자적함'을 복구하려던 그 많은 젊은이들은 어디에 있다는 말인가? 이에 대한 설명이 무엇이든 간에, 그것은 지난 30년 간의 모든 예언자들, 즉 《고독한 군중(The Lonely Crowd)》의 저자 데이비드 리스먼 (David Riseman, 1909-), 《조직 인간(The Organization Man)》의 저자 윌리엄 화이트(Willam Whyte, 1917-), 《푸른 미국(The Greening of America)》의 저자 찰스 라이히(Charles Reich, 1928-)와 헤르베르트 마르쿠제(Herbert Marcuse, 1898-1979) 등이 좀더 젊은 세대에 대해 예언한 것들과 일치하지 않는다. 기업가적 경제의 출현은, 그것이 경제적 사건 또는 기술적 사건인 만큼이나 문화적 사건이자 심리학적 사건인 것은 분명하다. 그러나 그 원인이야 무엇이든 간에, 그 효과는 무엇보다도 경제적인 것이다.

그리고 태도의, 가치관의, 무엇보다 행동상의 그 커다란 변화를 초래한 수단 또한 하나의 '기술'이다. 그것이 바로 경영학 또는 경영(management)이라고 불리는 기술이다. 미국에서 기업가적 경제의 출현을 가능케 한 것은 경영을 새롭게 적용한 결과다.

- 미국은 그 경영이라는 기술을 영리추구 여부에 관계없이 새로운 사업에도 적용했다. 지금까지 사람들은 대부분 경영은 오직 기존의 사업에만 적용하는 것으로 간주했다.

- 미국은 그 경영이라는 기술을 소규모 사업에도 적용했다. 기껏 몇 년 전까지만 해도 사람들은 대부분 경영은 '대규모 사업'에 대해서만 적용하는 것으로 절대 확신했다.
- 미국은 그 경영이라는 기술을 비기업사업(nonbusinesses, 건강관리 조직, 교육기관, 기타 영리조직이 아닌 사업)에도 적용했다. 대부분의 사람들은 '경영'이라는 단어를 듣기라도 하면 여전히 그것을 '기업'이라는 말로 알아듣는다.
- 미국은 그 경영이라는 기술을 간단히 말해 전혀 '사업'이라고 할 것도 아닌 경영활동, 예컨대 지역의 음식점 같은 것에도 적용했다.
- 미국은 그 경영이라는 기술을 무엇보다도 체계적인 경영혁신에 적용했다. 인간이 바라는 것과 필요로 하는 것을 만족시키기 위해 새로운 기회를 찾고 또 활용하는 데 적용했던 것이다.

하나의 '실용적 지식'으로서의 기술, 즉 경영은 전자, 고체물리, 유전학 또는 면역학과 같이 오늘날 하이테크 산업을 구성하고 있는 다른 주요 지식 분야와 동일한 학문적 역사를 갖고 있다. 경영의 기원은 제1차 세계대전 경으로 거슬러 올라간다. 초기의 급성장은 1920년대 중반이었다. 그러나 경영학은 공학이나 의학과 마찬가지로 '실용적 지식'이고, 그런 점에서 그것은 처음에는 하나의 원리가 되기 전에 하나의 실천으로서 개발되지 않을 수 없었다. 1930년 말경이 되자 미국에서는 '경영'을 실천하는 몇몇 주요 기업이 등장했다. 듀폰(DuPont)과 그 자매회사인 GM, 그리고 대규모 소매회사인 시어스 로벅(Sears Roebuck) 등이 그 예다. 대서양 저편에는 독일의 지멘스, 영국의 백화점 체인 마크스&스펜서(Marks&Spencer, 이하 M&S)가 등장했다. 하지만 이론으로서의 경영학이 체계를 갖춘 것은 제2차 세계대전 동안과 그 직후였다〔나의 최초의 두 책 《기업의 개념(Concept of the Corporation)》(이 책은 1946년 GM에 대한 연구결과서다)과 《현대 경영의 실제(The Practice of Management)》(1954)는 정말이지 경영을 지식체계로, 즉 하나의 이론으로 조직·제시하려는 최초의 시도였다―저자 주).

1955년경을 시작으로 선진국 전체가 '경영학 붐'을 경험했다〔이 붐은 지금 심지어 공산 중국에도 번졌다. '마오쩌둥(毛澤東)의 4인방'이 몰락한 후 중국 정부가 실시한 최초 정책들 가운데 하나가 총리가 직접 관장하는 기업경영청을 신설하고, 그리고 미국식 경영대학원을 도입한 것이다—저자 주). 우리가 경영이라고 부르는 사회적 기술은 약 40년 전에 경영자 자신들을 포함해 일반 대중에게 처음 소개되었다. 그 후 경영학은 그 효과를 진정으로 확신하는 몇몇 사람들만의 시행착오적 실천이 아니라 하나의 이론으로 급속하게 발전했다. 그리고 그 40년 동안 경영학은 그 시기의 다른 어떤 '과학적 혁신' 만큼, 어쩌면 훨씬 더 사회에 영향을 끼쳤다. 제2차 세계대전 이후 모든 선진국들이 하나같이 조직 사회(society of organizations)가 된 것이 오직 또는 심지어 일차적으로 경영학 때문이었다고 할 수는 없을지도 모른다. 오늘날 모든 선진국에 있어서 대다수 사람들이, 그리고 교육받은 사람들 거의 대부분이, 물론 자기 자신이 최고책임자인 사람을 포함해 소유주라기보다는 고용된 사람으로서 차츰 '전문 경영자'가 되는 경향이 있는 조직의 종업원으로서 일하는 것이 오직 또는 심지어 일차적으로 경영학 때문이었다고 할 수는 없을지도 모른다. 그러나 분명 경영학이 체계적인 이론으로 모습을 갖추지 않았으면, 우리는 지금 모든 선진국에서 사회적 현실이 된 것, 즉 조직의 사회와 '종업원 사회'를 조직할 수 없었을 것이다.

우리가 경영학에 대해, 그리고 무엇보다도 지식근로자의 관리에 대해 배워야 할 것이 상당히 많다는 것은 분명하다. 그러나 경영학의 기본에 대해서는 지금은 비교적 잘 알려져 있다. 정말이지, 사실 심지어 대기업의 경영진 대부분도 자신들이 경영을 실천하고 있음을 깨닫지 못했던 기껏 40년 전만 해도 은밀한 비법 같았던 것이, 지금은 일반 상식이 되었다.

그러나 경영은 최근까지도 대체로 기업에 국한된 것으로, 기업 내에 관한 것으로, 그리고 '대기업'에만 관련된 것으로 인식되어 왔다. 1970년대 초 미국경영학협회(American Management Association)가 소규모 기업체 사장들을 '최고경영자 과정'에 초대한 적이 있었다. 이 때 그들은 거듭 "경영학? 그것은 우리에겐 필요 없어, 그것은 오직 대기업에게나 필요하지"라고들 말했다. 1970년 또는 1975년까지도 미국의 병원관리자들은 '경영'이라는 명칭이 붙은 것들은 무엇이든 여전히 거부했다. "우리는 병원관리자들이지, 사업가가 아니다"라고 그들은 말했다(대학의 경우 교수들은 자신들이 근무하는 조직이 '얼마나 잘못 경영되고 있는지'에 대해, 심지어 일제히 불평을 하면서도 병원관리자와 같은 말을 여전히 하고 있다). 그리고 정말이지, 제2차 세계대전이 끝난 후부터 1970년까지 오랫동안 '발전'이란 좀더 큰 조직을 만드는 것을 의미했던 것이다.

사회의 모든 분야에, 예컨대 기업, 노동조합, 병원, 학교, 대학, 기타 모든 분야에 좀더 규모가 큰 조직을 만들려는 그런 추세가 25년 간 지속된 데는 많은 원인들이 있었다. 그러나 그 가운데서도, 우리가 큰 것을 경영하는 방법은 알고 있고, 규모가 작은 사업을 경영하는 방법은 실질적으로 모른다고 하는 믿음이 그런 추세를 형성한 한 주요 요소였음이 분명하다. 예컨대 그것은 미국의 고등학교를 서둘러 매우 규모가 큰 조직으로 통합하려 했던 것과 깊은 관련이 있다. '교육'이라는 것은 "전문적인 관리가 필요하고, 그 다음 그것은 소규모 사업단위보다는 오직 대규모 기관에서 운영할 때 효과가 있다"고 주장되었던 것이다.

지난 10년 또는 15년 동안 우리는 이 추세를 바꾸어버렸다. 사실 우리는 지금 미국의 '탈산업화'로 나아가기보다는 차라리 미국의 '탈조직화'를 향해 나아가는 추세에 있는 것인지도 모른다. 1930년대 이후 내내 거의 50년 동안 미국은, 그리고 서유럽도 역시, 중환자는 말할 것 없고 조금이라도 불편한 사람에게는 병원이 가장 좋은 곳이라고 널리 믿었다. "환자가 병원에 도착하는 시간이 빠르면 빠를수록 우리는 그들을 더 돌보아줄 수 있다"라는 일반적인 생각은 의사와 환자 모두 공유하고 있었다. 지난 수 년 동안 우리는 그런 추세를 바꾸고 있는 중이다. 지금 우리는 점점 더, 환자가 가능한 한 병원에 입원하지 않고 지낼수록, 그리고 좀더 일찍이 그를 퇴원시킬수록 더 좋다고 믿고 있다. 이런 반전 현상은 의학이나 경영학과 분명 아무런 관계가 없다. 영구적일지 또는 단기적인 현상일지 알 수 없지만, 그것은 1920년대와 1930년대에 시작해 미국에서는 1960년대 존 F. 케네디(John F. Kennedy, 1893-1976)와 린든 존슨(Lyndon Johnson, 1908-73) 대통령 시절 그

절정에 달한 중앙 집중방식에 대한, '계획'에 대한, 그리고 정부에 대한 숭배 현상을 거부하는 반작용이다. 그러나 만약 소규모 단체들과 '비기업 조직', 예컨대 건강관리 기관을 경영하는 데 능력과 자신감을 획득하지 못했다면, 우리는 건강관리 분야에 이런 '탈조직화' 현상을 추구할 수 없었을 것이다.

요컨대 우리는, 규모가 크게 '경영되는' 조직에 대해 갖는 것보다는 규모가 작은 기업가적 조직에 경영이 더 필요하고, 또한 더 큰 영향을 발휘할지도 모른다는 것을 배우고 있다는 말이다. 무엇보다도 경영은, 지금 우리가 배우고 있는 것과 같이 기존의 지속적으로 '관리되고 있는' 기업에 대한 것만큼이나 새로운 기업가적 기관에도 공헌해야 한다.

구체적인 사례를 들면, 햄버거 가게는 19세기부터 미국 전역에 존재했다. 제2차 세계대전 후 그것들은 대도시의 골목마다 등장했다. 그러나 지난 25년 동안 성공 스토리 가운데 하나인 맥도널드(McDonald) 체인은 언제나 시행착오만 겪던, 부부가 운영해 오던 가게에다 경영을 적용한 결과다. 맥도널드는 처음에는 최종 제품을 표준화했고, 그 다음에는 고기 한 조각, 양파 한 조각, 모든 빵, 그리고 감자 한 조각마저 모두 똑같게 만들고, 주어진 시간에 완전히 자동 공정으로 만들기 위해 조리 기구를 다시 디자인하거나 많은 경우 다시 만들었다. 마지막으로 맥도널드는 고객에게 있어 '가치'란 무엇을 의미하는지 연구했고, 그것을 제품의 품질과 예측 가능성, 서비스 시간, 절대 청결, 그리고 친절이라고 규정했으며, 그 다음 이런 모든 것에 대해 표준을 설정하고는 체인점을 훈련시키고, 그 결과에 따라 체인점을 평가하고 보상을 지급했다.

이런 모든 것이 경영이다. 그것도 상당히 진보된 경영이다.

경영은 미국 경제를 기업가적 경제로 만드는 (어떤 구체적인 새로운 과학이나 발명은 아니지만) 새로운 기술이다. 경영은 또한 미국을 기업가적 사회로 만들고 있는 중이다. 정말이지 미국에는, 그리고 일반적으로 선진국에서는 기업과 경제분야에서의 혁신보다는 교육, 건강관리, 정부, 그리고 정치에 있어서의 사회적 혁신을 필요로 하는 분야가 더 클지도 모른다. 그리고 거듭 말하거니와, 우리가 절실히 필요로 하는 사회적 기업가정신은 무엇보다도 경영의 기본 개념과 기본 기술을 새로운 문제와 새로운 기회에 적용할 것을 요청하고 있다.

이는 우리가 30년 전 1950년대에 경영 전반에 걸쳐 처음 했던 그것을 지금 기업가정신과 경영혁신에 대해 해야 할 시간이 왔다는 것을 의미한다. 원칙과 실천, 그리고 이론을 개발하는 것 말이다.

PART 1

경영혁신의 실천

경영혁신은 기업가(entrepreneur)가 갖는 고유한 도구이며, 기업가가 다른 사업이나 서비스를 제공하기 위한 기회를 찾기 위해 변화를 모색하는 수단이기도 하다. 경영혁신은 이론(discipline)으로서, 배울 수 있는 것(being learned)으로서, 그리고 실천할 수 있는 것(being practiced)으로서 표시될 수 있다. 기업가들은 경영혁신의 원천을 의도적으로 탐색할 필요가 있으며, 성공적인 경영혁신을 위한 기회를 암시하는 변화와 그 징후도 모색할 필요가 있다. 그리고 기업가는 성공적인 경영혁신의 원칙을 알고 또 적용할 필요가 있다.

01 기업가정신의 체계적 발휘

1

"기업가(entrepreneur)는 경제적 자원을 생산성과 수익성이 보다 낮은 곳으로부터 보다 높은 곳으로 이동시킨다"라고 1800년경 프랑스의 경제학자 J. B. 세이(J. B. Say, 1767–1832)가 말했다. 그러나 세이의 정의는 '기업가'가 누구인지는 말하지 않고 있다. 그리고 세이가 약 200년 전 이 같은 정의를 내린 후, 아직까지도 '기업가'와 '기업가정신'에 대한 정의를 두고 우리는 철저히 혼란에 빠져 있다.

예를 들면, 미국에서는 종종 기업가를 '자기 자신의, 새롭고 규모가 작은 사업'을 시작하는 사람으로 규정하고 있다. 최근 미국 경영대학원의 인기 강좌인 '기업가정신' 과정은, 30년 전 그와 같은 자기 소유의 소규모 사업을 시작하는 사람을 위한 과정의 직계 후손이다. 그리고 많은 경우 별반 달라진 것도 없다.

하지만 모든 새로운 소규모의 사업이 기업가적이거나 또는 기업가정신을 반영하는 것은 아니다.

미국의 교외에다 조제식품 판매점이나 멕시코식 식당을 또 하나 개업하는 부부는 분명 위험부담을 안고 시작한다. 그렇다고 그들이 기업가들인가? 그들이 하는 것이라고는 예전에 누차 해왔던 일이다. 그들은 그 외식 수요가 늘어날지를 두고 도박을 하는 것이다. 하지만 그렇다고 해서 소비자의 새로운 만족이나 새로운 수요를 창출하는 것은 아니다. 이런 관점에서 보면 비록 그들이 하는 사업이 새로운 벤처기업이긴 하지만 분명 그들은 기업가는 아니다.

그러나 맥도널드 체인은 기업가정신이 발휘된 것이다. 분명 그것은 결코 새로운 것을 발명하지 않았다. 맥도널드의 최종 제품은 미국의 여느 점잖은 레스토랑이면 오래 전부터 만들어왔던 것이다. 그러나 맥도널드는 (고객이 바라는 '가치'가 무엇인가를 질문하고는) 경영의 개념과 경영기술을 적용하고, '제품'을 표준화하고, 프로세스와 기구를 디자인하고, 종업원이 해야 할 일을 분석한 후 훈련을 시킨다. 그리고 그 다음 필요한 표준을 정함으로써, 맥도널드는 자원의 생산성을 급격하게 향상시켰을 뿐만 아니라 새로운 시장과 고객을 창출했다. 이것이 바로 기업가정신이다.

마찬가지로, 몇 년 전 미국 중서부에서 한 부부가 창업한, 열처리를 통해 고성능 금속 주물을 제조하는, 성장하고 있는 주물회사도 기업가적이다. 예컨대, 이 공장은 알래스카를 가로지르는 천연가스 파이프를 매설하기 위해 땅을 고르고 또 구덩이를 파는 데 사용하는 거대한 불도저의 차축을 생산하고 있다. 이런 작업에 필요한 과학기술은 잘 알려져 있다. 정말이지 이 회사가 한 일 가운데 예전에 남들이 하지 않았던 것은 거의 없다. 그러나 그 부부는 첫째, 모든 기술 정보를 체계화했다. 오늘날 이 회사는 제품의 성능규격을 컴퓨터에 입력만 시키면 즉각 그 처리과정을 얻을 수 있다. 둘째, 그 부부는 프로세스를 체계화했다. 같은 규격, 같은 재료구성, 같은 무게, 그리고 같은 성능규격의 제품이 6개를 넘는 경우가 거의 없었다. 하지만 주물 제품은 사실상 배치 프로세스(batch process)가 아니라 플로 프로세스(flow process)이고, 컴퓨터 제어 기계와 자동 조정 용광로에서 생산되고 있다.

이런 종류의 정밀 주물은 불합격률이 30~40%에 이르곤 했었다. 이 새로운 주물회사에서는 제품이 공정을 마칠 때는 합격률이 90% 이상이다. 그리고 생산비는, 심지어 동사는 미국의 노동조합이 정하는 임금 및 복리후생비를 지급하는데도 불구하고, 세계에서 가장 싸게 생산하는 경쟁자(한국의 조선업자)에 비해 3분의 2에도 미치지 않는다. 이 회사가 '기업가적'인 이유는 그것이 새로운 것이라든가, (비록 빠르게 성장하고 있으나) 여전히 규모가 작다거나 하는 것이 아니다. 그 이유는 이런 종류의 주물은 독특하고 시장이 다르다는 것, 수요가 '틈새시장'을 형성할 만큼 크다는 것, 그리고 기술, 특히 컴퓨터 기술이 현재 장인 기술을 과학적 프로세스로 전환시키는 것을 가능케 해주기 때문이다.

모든 새로운, 규모가 작은 기업은 공통적인 문제가 많다는 점을 인정하지 않을 수 없다. 하지만 기업가적인 기업이 되기 위해서는 새롭고 소규모라는 것 이상의 독특한 특성을 가져야만 한다. 진정 기업가들은 신규 사업가들 가운데서는 소수에 속한다. 그들은 뭔가 새로운 것과 뭔가 다른 것을 생산한다. 그들은 가치를 바꾸거나 변형한다.

또한 한 기업이 기업가적 기업이 되기 위해서 규모가 작고 새로운 것일 필요는 없다. 정녕 기업가정신은 규모가 큰 기업에 의해, 그리고 종종 오래된 기업에 의해 발휘되곤 한다. 세계에서 가장 규모가 큰 기업들 가운데 하나이고 또 역사가 100년이 넘은 GE는 새로운 기업가적 사업을 일으켜 규모가 매우 큰 산업으로 만드는 오랜 전통을 갖고 있다. 그리고 GE는 기업가정신을 발휘하는 분야를 제조업 분야에만 국한하지 않고 있다. GE의 재무를 담당하고 있는 GE 크레딧 코포레이션(GE Credit Corporation)은 미국의 금융제도를 바꾸는 데 큰 역할을 했다. 그리고 지금은 영국과 서유럽으로 사세를 확장하고 있다. GE 크레딧 코포레이션은 1960년대 상업어음이 금융산업에 이용될 수 있다는 점을 파악하고는 금융계의 최후 보루를 무너뜨렸다. 이 회사는 기업대출 분야에서 은행이 전통적으로 누리고 있던 독점을 파괴했다.

영국의 대규모 소매업체인 M&S는 어찌 보면 지난 50년 동안 서유럽의 다른 어떤 기업들보다도 더 기업가적이고 또 혁신적인 기업일지 모른다. M&S는 영국의 다른 어느 변화 중개기관보다도, 그리고 아마도 정부나 법률보다도 더 영국 경제와 영국 사회에 큰 영향을 미친 기관일지도 모른다.

다시 말해 GE와 M&S는 규모가 큰 기존의 대기업이라는 전혀 기업가적인 기업이 될 수 없다는 관점에서 많은 공통점을 갖고 있다. 무엇이 이 두 회사를 '기업가적인' 회사로 만드는가 하면, 그것은 기업의 규모나 성장 속도가 아니라 기업의 고유한 특성이다.

마지막으로, 기업가정신은 결코 경제적 기관에서만 발휘되는 것이 아니다.

'기업가정신의 역사'에 있어 현대 대학의, 특히 현대 미국 대학의 설립과 발전에서 발견될 수 있는 것 이상으로 더 좋은 예는 없다. 익히 아는 바와 같이, 현대적 대학은 독일의 외교관이자 공무원이었던 빌헬름 훔볼트(Wilhelm von Humboldt, 1767–1835)가 고안한 것이다. 1809년 그는 베를린 대학교를 구상하고 창립할 때 두 가지 분명한 목적을 내세웠다. 첫째, 프랑스로부터 지적·과학적 주도권을 빼앗아 독일로 가져온다. 둘째, 프랑스 혁명으로 인해 발산된 힘을 모아서 이를 프랑스 자체를 공격하는, 특히 나폴레옹을 무너뜨리는 데 이용한다는 것이었다. 그 후 60년이 지나 1870년경 독일의 대학이 전성기에 이르렀을 무렵, 사회 변화의 중개기관으로서의 대학이라는 훔볼트의 아이디어는 대서양을 거쳐 미국으로 건너갔다. 그 무렵 미국은 남북전쟁이 끝나가고 있었고 식민지 시대의 오래 된 '대학들'은 노쇠한 나머지 죽어가고 있었다. 1870년 미국에는 1830년에 비해 심지어 인구가 거의 3배나 늘었음에도 불구하고 대학생 수는 그 절반에도 못 미치고 있었다. 그러나 그 후 30년 간 기라성 같은 미국 대학 총장들은 새로운 '미국형 대학교'를 구상하고 또 설립하기에 이르렀다〔이에 관해서는 나의 책《경영 : 과업, 책임, 실천(Management : Tasks, Responsibility, Practices)》(1973)의 150~152쪽을 참조할 것—저자 주〕. 그들이 만든 대학교들은 아주 새롭고 미국 특유의 것으로서, 제1차 세계대전 후에는 학문과 연구 분야에서 미국이 세계적 주도권을 쥐도록 했다. 마치 한 세기 전 훔볼트가 구상한 대학교가 독일에게 학문과 연구의 세계적 주도권을 안겨준 것과 같이 말이다.

제2차 세계대전 후, 새로 등장한 미국의 신세대 기업가적 대학 총장들은 새로운 '사립 대학교'와 '대도시형 대학교'를 설립해 또 한 차례 혁신을 단행했다. 예컨대, 뉴욕 지역에는 페이스 대학교, 페어라이디킨슨 대학교(Fairleigh Dickinson University), 뉴욕 공과대학교, 보스턴 지역에는 노스이스턴 대학교, 그리고 서부해안 지역에는 산타클라라 및 골든게이트 대학이 설립되었다. 이들 대학은 지난 30년 간 미국의 고등교육을 성장시킨 주요 기관들이었다. 신규 대학들은 대부분 교과과정에 있어서는 기존 대학들과 별로 차이가 없는 것처럼 보인다. 그러나 그런 대학들은 새롭고도 다른 '시장'을 목표로 삼아 의도적으로 교과과정을 편성했다. 고등학교를 갓 졸업하는 젊은이보다는 사회경력을 가진 중견 직장인들을 대상으로 했다. 1주일에 5일 동안 아침 9시부터 오후 5시까지 캠퍼스에서 생활하는 학생보다는, 아예 밤낮 시간이 나는 대로 학교에 통학하는 대도시 학생들을 대상으로 했다. 그리고 정말이지, 미국의 전통적인 대학생과는 매우 다양하고 이질적인 배경을 가진 학생들을 대상으로 했다. 그런 대학교의 출현은 대학의 학위가 '상류계층'에서 '중류계층'으로 그 수요 대상이 바뀌고, '대학을 다닌다는 것'의 의미가 바뀌고 있는, 즉 대학 시장의 주요 변화에 대응한 것이다. 그런 것들이 기업가정신을 표현하고 있는 것이다.

마찬가지로 우리는 병원의 발달사를 기초로 기업가정신에 관한 사례집을 엮어낼 수도 있다. 18세기 말 에든버러와 비엔나에서 최초로 현대적 병원이 설립된 것을 필두로, 19세기 미국에서 여러 형태의 '지역병원'이 등장한 데 이어, 20세기 초에는 메이요 클리닉이나 메닝거 재단병원과 같은 대규모의 전문 병원이 생겼고, 제2차 세계대전 후에는 건강관리 센터 역할을 하는 병원이 출현했다. 그리고 오늘날에는 또다시 병원기업가들이 앞다투어 병원을 전문화된 '치료 센터'로 변화시키고 있다. 이동식 외과병원, 독립적인 산후조리원, 그리고 정신진료센터 등은 전통적 병원과는 달리, 환자를 치료하는 것이 아니라 특수한 전문적 '수요'를 해결하고 있다.

다시 말해 모든 비영리 서비스 기관이 기업가적으로 운영되는 것은 아니다. 전혀 그렇지 않다. 이런 기업가적 특성을 가진 서비스 기관은 여전히 일부에 불과하며, 서비스 기관이 갖고 있는 모든 특성을, 모든 문제점을, 그리고 서비스 기관의 일반적 특징을 그대로 보유하고 있다[이에 대해서는 《경영 : 과업, 책임, 실천》의 서비스 기관의 경영성과 부분(제11~14장)과 서비스 기관의 기업가정신(제14장)을 참조할 것—저자 주]. 이런 공공서비스 기관을 기업가적으로 운영하도록 하는 것은 뭔가 다른, 그리고 뭔가 독특한 것이 있기 때문이다.

영어권에서 기업가정신이란 새로운 소규모 사업을 하는 것으로 인식한다. 반면에 독일어권에서 기업가정신은 권력과 재산을 연상하게 하는데, 이는 그 의미를 더욱더 왜곡하고 있다. 세이가 만든 용어인 entrepreneur를 독일어로 직역한 unternehmer라는 단어는 사업체를 소유하는 동시에 운영하는 사람을 일컫는다(이 단어를 영어로 바꾸면 'owner-manager', 즉 소유경영자에 해당된다). 그리고 소유경영자라는 말은 일차적으로 '보스', 즉 역시 자신의 사업체를 소유하는 사람으로서 '전문경영자'와 '고용경영자' 둘 다와도 전혀 다른 사람을 구분하기 위해 사용되고 있다.

하지만 체계적인 기업가정신을 만들어내려는 최초의 시도는 사업체의 소유를 목적으로 한 것이 아니었다. 1857년 페레이레(Pereire) 형제가 프랑스에서 설립한 투자 은행 크레디 모빌리에(Crédit Mobilier)는 그 아이디어가 라인 강을 건너가서 1870년 게오르크 지멘스가 도이체방크를 창립하도록 했고, 또한 비슷한 무렵 대서양을 건너 젊은 J. P. 모건이 뉴욕에서 기업가 은행을 만들게 했다. 기업가로서 은행가의 목표는 '여러 다른 사람들의 돈'을 동원해 더 높은 생산성과 더 많은 수익을 내는 부문으로 재배분하는 것이었다. 그들보다도 더 오래 된 은행가들, 예컨대 로스차일드 일가(Rothschilds)는 은행의 소유주였다. 그들은 철도를 건설할 때마다, 그 투자자본을 자신의 자금으로 조달했다. 반면에 기업가적 은행가들은 은행의 소유주가 되기를 바란 적이 결코 없었다. 그들은 초창기에 자신의 돈을 투자한 기업들이 성공해 주식을 공개할 때 그 주식을 되팔아서 필요한 자금을 마련했다. 그리고 그들은, 자신이 새로운 벤처기업을 하는 데 자금이 필요하다면 그것을 증권시장을 통해 일반 대중으로부터 조달했다.

모든 경제활동(그리고 대부분의 비경제활동도 그렇지만)이 자본을 필요로 하는 것과 같이, 기업가들도 물론 자본을 필요로 하는 것은 당연하지만, 그렇다고 해서 그들이 자본가는 아니다. 그들은 또한 투자가도 아니다. 어떤 방식이든 경제활동에 참여하는 여느 사람들과 마찬가지로 그들도 물론 위험을 부담한다. 경제활동의 진수는 현재 갖고 있는 자원을 미래에 기대되는 것을 위해, 다시 말해 불확실성과 위험한 것에다 투입하는 것이다. 기업가는 또한 고용주도 아니며, 오히려 피고용자가 될 수 있으며 종종 그렇기도 하다. 또는 혼자서 외롭게 일을 하는 사람이다.

그러므로 기업가정신은, 그것이 개인이 발휘하는 것이든 또는 기관이 발휘하는 것이든 간에, 고유한 특성을 갖고 있다. 그것은 개인적인 성격상의 특성이 아니다. 지난 30년 동안 나는 기업가적 도전을 훌륭하게 처리하는 다양한 성격과 기질을 가진 많은 개인들을 관찰했다. 분명히 말하건대, 확실한 것만을 선호하는 사람들은 훌륭한 기업가가 될 확률이 낮다. 그런데 그런 확실한 것만을 선호하는 사람들은 다른 여러 많은 활동들도 마찬가지로 잘 처리할 것 같지가 않다. 예컨대 정치, 군대의 고위 장교, 또는 정기선의 선장 같은 업무를 말이다. 그런 종류의 업무들은 의사결정을 내려야 하는데, 요컨대 어떤 식이든 의사결정의 진수는 불확실성이니까 말이다.

그러나 의사결정을 과감하게 할 수 있는 사람은 모두 기업가가 되는 법을 배울 수 있으며 기업가적으로 행동할 수 있다. 그렇다면 기업가정신이란 개인적인 성격의 문제라기보다는 행동양식의 문제다. 그리고 기업가정신의 기초는 직관이 아니라 개념과 이론이다.

2

모든 실천적 행동은, 심지어 비록 행위자가 미처 그것을 깨닫지 못하는 경우도 많지만, 이론에 근거를 두고 있다. 기업가정신은 경제와 사회에 대한 이론에 기초를 두고 있다. 이론은 변화를 정상적인 것으로, 그리고 정녕 건강한 것으로 받아들인다. 그리고 기업가는 기존의 것을 좀더 잘 하는 것보다는 뭔가 다른 것을 하는 것을 사회적으로, 그리고 특히 경제적으로 자신이 할 수 있는 중요한 역할로 인식한다. 기본적으로 이것은 200여 년 전 세이가 entrepreneur라는 용어를 만들 때 뜻했던 바 바로 그것이다. 그것은 불일치를 하나의 선언서로서, 그리고 성명서로서 암시하고 있다. 즉 기업가는 현상을 뒤집고 또 해체한다고 말이다. 슘페터가 그것을 공식화한 것처럼 기업가가 수행할 과제는 '창조적 파괴'다.

사실 세이는 애덤 스미스(Adam Smith, 1723-90)를 존경했다. 그는 스미스의 《국부론(Wealth of Nations)》을 불어로 번역했을 뿐만 아니라 그의 일생을 통해 쉬지 않고 스미스의 사상과 정책을 보급했다. 그러나 그가 경제학사에 공헌한 기업가 및 기업가정신 개념은 스미스의 고전경제학과는 아무런 관련이 없으며, 진정 그것과는 양립할 수 없는 것이다.

케인스학파, 프리드먼학파, 그리고 공급학파 등을 포함해 오늘날 주류 경제학 이론이 그런 것처럼 고전경제학은 이미 존재하고 있는 것을 최적화하려는 것이다. 고전경제학은 기존의 자원으로부터 최대로 많이 산출하는 것, 그리고 경제에 영향을 미치는 여러 요소들 사이에 균형을 유지하는 데에 초점을 맞추고 있다. 따라서 고전경제학은 기업가를 독립적인 주요 변수로 취급하지 않고, 그것을 기후와 날씨, 정부와 정치, 질병과 전쟁, 그리고 기술과 함께 별로 중요하지 않은 '경제외생 변수'의 범위에 포함시키고 있다. 학파나 '사상'을 불문하고 전통 경제학자들은 물론 이런 경제외생 변수가 존재한다는 것, 또는 그것이 중요하다는 것을 부인하지 않는다. 그러나 이런 경제외생 변수들은 전통 경제학자들의 세계의 일부가 아니며, 그들의 연구 모델과 방정식과 예측에는 반영되지 않고 있다. 그리고 최초의 기술 역사가이자 여전히 최고의 기술 역사가들 가운데 하나인 칼 마르크스(Karl Marx, 1818-83)는 기술의 중요성을 가장 진지하게 인식하고 있었지만, 그는 기업가와 기업가정신을 자신의 사상이나 경제학 속에 포함시킬 수 없었다. 마르크스가 보기에 현존 자원의 최적 배분, 즉 기존의 균형을 초과하는 모든 경제적 변화는 재산과 권력관계의 변화로부터, 다시 말해 '정치'의 결과로 발생하는 것이며 정치는 경제체제 외부에 존재하는 것이다.

슘페터는 세이의 사상에 관심을 기울인 최초의 주요 경제학자다. 1911년 출간된 그의 고전적 저서 《경제발전의 이론(Die Theorie der Wirtschaftlichen Entwicklung)》에서, 그는 전통적 경제학에 도전했다. 그로부터 20년 후 존 메이너드 케인스(John Maynard Keynes)의 것보다도 한층 더 급진적이었다. 슘페터는, 균형과 최적 배분보다는 혁신적인 기업가에 의해 초래된 동태적 불균형(dynamic disequilibrium)이 건강한 경제의 '규범'이고, 경제의 이론과 경제 실천에 있어 중심적인 현실이라고 가정했다.

세이는 일차적으로 경제영역에 대해서만 관심을 가졌다. 그러나 그가 내린 정의는 오직 '경제적인 것'이 될 수 있는 자원들만 포함한다. 그런 자원들을 투입하는 목적은 전통적으로 경제적인 것으로 분류되는 것에만 한정할 필요는 없다. 예컨대 교육이란 통상적으로 '경제적인 것'으로 간주되지 않는다. 그리고 교육의 '성과'를 판단하는 데 경제적 기준을 사용하는 것은 적절하지 않다는 점도 분명하다(비록 다른 어떤 기준이 적절한지는 아무도 모르지만 말이다). 그러나 교육자원은 물론 경제적인 것이다. 교육자원은, 판매를 목적으로 비누를 생산하는 것과 같은 가장 명백한 경제적 목적에 사용된 것들과 사실상 마찬가지다. 정말이지, 인간의 모든 사회적 활동을 위한 자원은 모두 같으며, 또한 '경제적' 자원들이다. 자본(이는 현재의 소비를 억제해 획득한 자원으로서 미래의 기대를 위해 배분한 것이다), 토지, 옥수수 종자, 구리, 교실, 병원의 병상과 같은 물적 자원, 경영관리, 그리고 시간 모두가 경제적 자원이다. 그러므로 비록 기업가정신이라는 용어가 원래는 경제적인 것으로부터 출발했지만, 그것은 결코 경제영역에만 한정된 것이 아니다. 기업가정신은 '사회적(social)'이라기보다는 '실존적(existential)'이라는 말로 표현할 수 있는 그런 것들을 제외한 인간의 모든 활동영역에서 구현될 수 있다. 그리고 오늘날 기업가정신이 발휘되는 대상 영역이 어디든 간에, 이들 사이에는 아무런 차이가 없다는 것을 우리는 알고 있다. 교육영역의 기업가와 건강관리 분야의 기업가 둘 다 매우 활발하게 성과를 올리고 있지만, 둘 모두 기업이나 노동조합 분야의 기업가가 하고 있는 것과 매우 비슷한 일을 하고 있으며, 매우 유사한 도구를 사용하고 있으며, 매우 닮은 문제와 씨름하고 있다.

기업가들은 변화를 정상적인 것으로, 그리고 건강한 것으로 인식하고 있다. 일반적으로, 기업가들 자신이 변화를 스스로 초래하지는 않는다. 그러나 기업가는 언제나 변화를 탐색하고, 그것에 대응하고, 그것을 하나의 기회로 활용한다. 그리고 이것이야말로 기업가와 기업가정신의 정의이기도 하다.

3

기업가정신을 발휘하는 것은, 일반적으로 매우 위험이 크다고 인식하고 있다. 그리고 예컨대 마이크로컴퓨터나 생명공학과 같이 매우 눈에 잘 띄는 하이테크 분야의 혁신은 진정 실패율이 높게 나타나고 있으며, 그리고 성공률이나 심지어 생존율조차도 매우 낮은 것으로 보인다.

그러나 왜 이것이 꼭 그래야만 하는가? 기업가는 원칙적으로 생산성과 성과가 낮은 분야에 투입된 자원을 생산성과 성과가 높은 분야로 이동시킨다. 물론, 그들이 성공하지 못할 위험이 도사리고 있다. 하지만 그들이 심지어 조금만이라도 성공하게 되면, 거기서 발생하는 이익은 어떤 위험이라도 보상하고도 남음이 있다. 따라서 우리는 기업가정신을 발휘하는 것이 기존 자원의 최적화를 추구하는 것보다 훨씬 덜 위험한 것으로 기대할 수 있다. 정말이지 경영혁신을 추구하는 것이 적절하고도 이익이 기대되는 분야에서, 즉 혁신의 기회가 이미 존재하는 분야에서 기존의 자원을 최적화하려고 노력하는 것만큼 위험한 것도 없다. 이론적으로, 기업가정신의 발휘는 가장 위험한 길이라기보다는 오히려 가장 덜 위험한 것이어야만 한다.

사실, 기업가정신과 경영혁신은 위험이 크다는 거의 일반화된 통념이 틀렸다는 것을 증명할 만큼, 그 성공률이 높은 기업가적 조직들이 우리 주변에 무수하게 존재하고 있다.

예컨대, 미국에는 AT&T의 혁신 추진기관인 벨연구소(Bell Laboratories)가 있다. 1911년경 벨연구소는 자동교환대를 최초로 설계한 것을 시작으로, 트랜지스터와 반도체의 발명뿐 아니라 컴퓨터에 관한 기초이론과 공학적 성과를 포함해 1980년경 광섬유 케이블을 설계하기까지 70년 동안 혁신적인 제품을 연이어 성공적으로 생산했다. 벨연구소가 이룩한 업적을 보면 심지어 하이테크 분야에서도 기업가정신과 경영혁신의 위험률이 낮을 수 있음을 지적하고 있다.

IBM은 컴퓨터 산업에서도 빠르게 변하는 하이테크 분야에 진출해 있고, 전기 및 전자산업 분야에서는 '역전의 프로들'과 자웅을 다투고 있다. 하지만 지금껏 단 한 번의 중요한 실패를 기록하지 않았다. 그 점은 매우 평범한 산업분야에서도 마찬가지인데, 예컨대 세계 주요 소매업자들 가운데 가장 기업가적인 영국의 백화점 체인 M&S도 실패를 경험하지 않았다. 자사 상표를 부착한 포장 소비재를 세계에서 가장 많이 생산하는 프록터&갬블(Procter & Gamble, 이하 P&G)도 역시 거의 완벽하게 경영혁신을 추진해 오고 있다. 그리고 미네소타 주 센트폴에 있는 '미들 테크' 업체 3M은 지난 60년 동안 약 100개의 새로운 사업체나 새로운 주요 제품을 시도했는데, 매 5건마다 4건을 성공했다. 이런 것들은 어쨌든 낮은 위험으로 혁신을 성공적으로 추진한 몇몇 기업가의 예에 지나지 않는다. 낮은 위험으로 기업가정신을 성공적으로 수행한 것들 가운데는 요행이거나, 신의 섭리라고 할 수 있는 것이거나, 어쩌다 그렇게 된 것이거나, 또는 우연한 결과인 것들이 너무도 많다는 점 또한 분명하다.

또한, 기업가정신의 발휘는 위험부담이 높다는 일반적인 믿음을 뒤집을 정도로 새로운 벤처기업을 창업해 성공시키는 확률이 높은 개인 기업가들도 매우 많다.

기업가정신의 발휘가 '위험'한 주된 이유는 자신들이 하는 일이 무엇인지를 아는 이른바 기업가들이 숫적으로 너무도 부족하기 때문이다. 그들은 방법을 모른다. 그들은 기초적이고도 잘 알려져 있는 원칙을 무시한다. 그 점은 하이테크 분야의 기업가들에게는 각별히 진실이다. (제9장에서 설명하겠지만) 하이테크 분야에서의 기업가정신과 경영혁신은 경제, 시장구조, 인구구조, 또는 심지어 구체적으로 파악하기가 막연하고 또 손에 잡히지 않는 개념과 분위기와 같은 것을 기초로 하는 혁신보다는 분명 본질적으로 훨씬 더 힘들고 위험 또한 크다.

하지만 벨연구소와 IBM이 증명한 것처럼 심지어 하이테크 분야에서의 기업가정신의 발휘가 반드시 '위험이 높아야' 할 필요는 없다. 그러나 기업가정신은 체계적으로 추진해야 할 필요가 있다. 기업가정신의 발휘는 경영의 원칙에 맞게 제대로 추진되어야 한다. 기업가정신의 발휘는 다른 무엇보다도 목표지향적 혁신(purposeful innovation)을 바탕으로 추진해야만 한다.

02 목표지향적 경영혁신과 혁신기회의 7가지 원천

기업가들은 경영혁신을 실천한다. 경영혁신이란 기업가정신을 발휘하기 위한 구체적인 수단이다. 경영혁신은 기존의 자원(resources)이 부(富)를 창출하도록 새로운 능력을 부여하는 활동이다. 정말이지, 혁신 그 자체가 새로운 자원을 창출한다. 인간이 어떤 자연 그대로의 것에 대해 새로운 용도를 찾아내고는 그것에 경제적 가치를 부여하기 전까지는 '자원' 이라고 말할 만한 것은 아예 존재하지 않는다. 그 때까지 모든 식물은 잡초이고, 모든 광석은 단지 하나의 돌덩어리일 뿐이다. 한 세기 전까지만 해도 땅에서 스며 나오는 원유도, 보크사이트도, 알루미늄 원광도 자원이 아니었다. 그것들은 귀찮은 존재로서 둘 다 토양을 망치기만 했다. 페니실린 곰팡이도 한때는 자원이 아니라 병균일 뿐이었다. 세균학자들은 박테리아를 배양하는 과정에서 병균에 감염되지 않도록 온갖 주의를 기울였다. 그 후 1920년대 런던의 의사였던 알렉산더 플레밍(Alexander Fleming, 1881-1955)은 이 '병균' 이야말로 세균학자들이 찾던 바로 그 박테리아를 죽이는 물질임을 확인했다. 그렇게 되자 페니실린 곰팡이는 가치 있는 자원이 되었던 것이다.

이런 현상은 사회분야와 경제분야에서도 꼭 마찬가지다. 경제에 있어 '구매력' 보다 더 중요한 자원은 없다. 하지만 구매력은 혁신적인 기업가가 만들어낸 것이다.

19세기 초 미국 농부들은 실질적으로 구매력이 없었다. 따라서 그들은 농기계를 구입할 수 없었다. 농기계상에는 수확기가 수십 대나 있었고, 농부들은 그것들을 사고 싶은 마음이 있었겠지만, 그것을 살 능력이 없었다. 그런데 농기계 발명가들 중 한 사람이었던 사이러스 맥코믹(Cyrus McCormick, 1809-84)이 할부판매 방법을 고안해 냈다. 그것은 농부들로 하여금 자신들의 과거에 저축해 둔 돈이 아니라 미래의 소득으로 수확기를 구입할 수 있도록 했다. 그러자 농부들은 갑자기 농기계를 살 수 있는 '구매력'을 갖게 되었다.

마찬가지로, 기존의 자원이 갖고 있는 부를 창출하는 잠재력을 변화시키는 것이면 그 어떤 것도 혁신이다.

화물차의 본체를 바퀴로부터 분리해 화물선으로 옮기는 아이디어에는 새로운 기술이라고 할 만한 것이 별로 없었다. 이런 '경영혁신'의 결과인 컨테이너는 애당초 신기술에서 나온 것이 아니라, '화물선'을 '배'로 보는 대신에 물건을 운반하는 도구로 인식하는, 다시 말해 항구에서의 체류시간을 가능한 한 단축하는 것이 진정 중요하다는 것을 의미하는 새로운 개념에서 나왔다. 그러나 이 평범한 경영혁신은 해운업의 생산성을 4배나 증가시켰으며, 아마도 그로 인해 해운업의 위기도 해결한 것이 아닌가 생각한다. 이 컨테이너가 아니었다면 지난 40년 동안, 역사상 그 어떤 주요 경제활동보다도 더 빠르게 성장한, 전세계적인 엄청난 무역 증대는 아마 가능하지 않았을 것이다.

대중 교육을 실질적으로 가능하도록 한 것은, 교육의 가치를 이해하고 관심이 높아진 것, 사범학교에서 교사들을 체계적으로 훈련시킨 것, 또는 교육학이론의 발달보다도 훨씬 더 중요한 것은 그 별것 아닌 것처럼 보이는 혁신, 즉 교과서의 등장이었다[아마도 교과서는 17세기 중엽 최초로 라틴어 입문서를 고안하고 사용한 체코의 위대한 교육개혁자 요한 아모스 코메니우스(Johann Amos Comenius, 1592-1670)의 발명품이 아닌가 생각된다]. 교과서가 없으면 아무리 좋은 교사라 해도 한꺼번에 한두 명 이상을 가르칠 수 없다. 반면에 교과서만 있으면 꽤나 수준이 낮은 교사마저도 30~35명의 학생들의 머리에 다소나마 깨우침을 넣어줄 수 있을 것이다.

이와 같은 예에서 알 수 있듯이 경영혁신이란 반드시 기술적인 것만은 아니며, 정녕 '물질적인 것'이어야 할 필요도 없다. 그 영향력이라는 측면에서 볼 때, 신문이나 보험과 같은 사회적 혁신과 견줄 수 있는 기술적 혁신은 거의 없다. 할부구매는 문자 그대로 경제를 변혁시키고 있다. 이 제도가 도입되기만 하면 어디든지, 그것은 경제의 생산성 수준과는 거의 관계없이 경제를 공급 주도로부터 수요 주도로 바꾸어놓는다(이 점은 공산주의 정권이 수립되면 가장 먼저 중단시키는 것이 할부구매인 이유를 설명하고 있으며, 실제로 공산주의자들은 1948년 체코에서, 그리고 1959년 쿠바에서 다시 그랬다). 18세기 계몽주의 사상에 기초한 하나의 사회적 혁신을 현대적 형태로 구현한 병원제도는 건강관리라는 측면에서 많은 의학적 진보보다도 훨씬 더 큰 영향을 미쳤다. 경영, 즉 역사상 처음으로 한 개인이 여러 다른 기술과 지식을 가진 생산적인 많은 사람들을 하나의 '조직'에 모으고, 그들을 함께 작업을 시키는 과업을 가능하게 해준 '실용적 지식'은 20세기가 창출한 혁신이다. 경영은 현대 사회를 전혀 새로운 사회로 바꾸었다. 정치이론이나 사회이론에도 없는 어떤 것으로 바꾸었다. 즉 사회를 조직사회(society of organizations)로 바꾸어놓았다.

경제사 교과서에 따르면 아우구스트 보시크(August Borsig, 1804-54)를 독일에서 최초로 증기기관차를 제작한 사람으로 언급하고 있다. 그러나 당시 직업별 조합, 교사, 그리고 정부 관료들의 끈질긴 반대에도 굴하지 않고 추진한, 그래서 오늘날 독일의 공장조직제도와 독일 공업력의 기초가 된 그의 혁신은 그런 단순한 사실보다도 훨씬 더 중요하다는 것이 분명하다. 상당한 자율권을 갖고 공장을 운영하는, 고도의 기술을 겸비한 존경받는 고참 기술자를 의미하는 마이스터(Meister), 그리고 교실에서 이론적으로 배운 것(Ausbildung)을 기초로 현장 훈련(Lehre)을 실시하는 도제제도(Lehrling System, apprenticeship, 徒弟制度)라는 아이디어를 낸 사람이 바로 보시크였다. 그리고 쌍둥이 아이디어, 즉 마키아벨리(Niccolo Machiavelli, 1469~1527)가 《군주론(The Prince)》(1513)에서 주장한 현대 정부 개념과, 그로부터 60년 후 마키아벨리의 초기 추종자였던 장 보댕(Jean Bodin, 1530~96)이 주장한 현대 국민국가 개념은 대부분의 기술들보다도 훨씬 더 오래 영향을 끼쳤다는 사실도 분명하다.

사회 혁신과 그 영향력이라는 관점에서 가장 흥미로운 사례들 가운데 하나는 근대 일본에서 찾아볼 수 있다.

1867년 처음으로 근대 세계에 문호를 개방한 이래, 일본은 중국과 러시아에 각각 1894년과 1905년에 승리했음에도 불구하고, 그리고 진주만 공격에도 불구하고, 또한 1970년대와 1980년대 갑자기 세계 시장에서 초경제강국이자 가장 강력한 경쟁자로 등장했음에도 불구하고, 서구 사람들로부터 계속 무시당해 왔다. 그렇게 된 중요한 이유는 혁신이란 물질적인 것과 관계되는 것이고, 과학 또는 기술에 기초를 두고 있는 것이라는 일반적인 믿음 때문이다. 그리고 일본 사람들은, 일반적으로 생각하고 있는 것과 같이 (서구 사람들은 물론이고 어쨌든 일본에서도 마찬가지로) 혁신가가 아니라 모방자다. 왜냐하면 일본 사람들은 기술적·과학적으로 뛰어난 발명을 한 것이 별로 없기 때문이다. 그들의 성공은 사회 혁신에 기초를 두고 있다.

1867년 일본이 메이지유신을 통해 어쩔 수 없이 자국을 세계에 개방한 것은 인도와 19세기 중국의 운명, 즉 서구에 정복당해 식민지화·서구화된 두 나라의 전철을 밟지 않겠다는 목적 때문이었다. 문호개방의 기본적 목적은, 진정 유도전술과 같은 것으로서, 서구를 해안에서 봉쇄하기 위해 서구의 무기를 이용하는 것이었다. 그리고 그들은 계속 일본 사람으로 남는다는 것이었다.

이는 사회적 혁신이 증기기관차 또는 전신기와 같은 기술적 혁신보다 훨씬 더 중요하다는 것을 의미한다. 그리고 대학교와 같은 교육기관, 공무원 제도, 은행과 노사관계의 발전이라는 측면에서 보면 사회적 혁신은 증기기관차나 전신기를 만드는 것보다 훨씬 더 달성하기가 어렵다. 런던에서 리버풀까지 열차를 끌 수 있는 증기기관차라면 고치거나 변형을 하지 않고도, 그것을 일본에 옮겨 도쿄에서 오사카까지 열차를 마찬가지로 끌 수 있을 것이다. 하지만 사회제도를 일본에 옮겨다놓으면 즉각 그것은 본질적으로 '일본적'인 것이 되어야만 했다. 그리고 이에 더해 '현대적'인 것이어야만 했다. 사회제도는 일본인들에 의해 운영될 수밖에 없었고, 이에 더해 '서구적'이면서 고도로 기술적인 경제제도가 목적을 달성하도록 해야만 했던 것이다. 기술은 적은 비용과 최소한의 문화적 충격만으로 수입될 수 있다. 그러나 이와는 대조적으로, 사회제도는 그에 요구되는 새로운 문화적 뿌리가 자라고 번성해야 할 필요가 있다. 100년 전 일본 사람들은, 그들의 자원은 사회적 혁신에다 집중시킨 반면 기술적 혁신은 모방·수입하고, 또 응용하기로 신중하게 결정했다. 이는 놀라운 성공을 거두었다. 정말이지 그 결정은 일본에게는 지금도 여전히 올바른 것인지 모른다. 왜냐하면 (제17장에서 논의되겠지만) 종종 거의 익살스럽게 표현한 용어인 창조적 모방(creative imitation)은 완벽하게 사용할 수 있는 전략이자 때로는 매우 훌륭한 기업가적 전략이기 때문이다.

심지어 비록 오늘날 일본이 다른 사람들의 기술을 모방·수입하고, 응용하는 것을 초월해야만 하고, 자신들만의 순수한 기술적 혁신을 추구하는 법을 배워야만 한다고 하더라도, 일본 사람들을 과소평가하지 않는 것이 현명하다고 해야 할 것이다. 과학적 연구 그 자체가 꽤나 최근에 등장한 '사회적 혁신'이다. 그리고 과거 일본 사람들은 자신들이 혁신을 해야만 했을 때는, 그런 혁신을 추진하는 데 필요한 엄청난 능력이 있음을 항상 보여주었다. 무엇보다도 그들은 기업가적 전략을 탁월하게 추진했었다.

그런데 '혁신'은 기술적 용어라기보다는 경제적 용어 또는 사회적 용어다. 혁신은 세이가 기업가정신을 정의한 방식을 따라서, 자원의 생산성에 변화를 가져오는 활동이라고 정의할 수 있다. 또는 현대 경제학자들이 선호하는 방식대로, 혁신은 공급 측면보다는 수요 측면을 강조해 그 정의를 내릴 수 있다. 즉 소비자가 자원으로부터 획득하는 가치와 만족을 바꾸는 활동으로 규정할 수 있다.

앞의 두 가지 정의 중에서 어느 것이 더 적절한가 하는 것은, 이론적인 모델보다는 적용되는 구체적인 사례에 달려 있다고 할 것이다. 종합제철공장으로부터, 철광석 대신에 고철을 원료로 작업을 시작해 하나의 최종 용도에 사용되는 제품(예컨대, 뒤이어 가공을 해야만 하는 철강 원료를 생산하는 것이 아니라 철강 빔이나 철근)을 만드는 것으로 작업이 종료되는 '미니밀(mini-mill, 전기로)'로 제철산업이 이동한 것은 공급 측면에서 가장 잘 설명되고 또 분석된다. 이 경우 비록 생산원가는 실질적으로 더 낮아진다고 하더라도 최종 제품, 최종 용도, 고객은 동일하다. 그리고 컨테이너에도 공급 측면의 정의가 동일하게 적용될 것이다. 그러나 오디오카세트 또는 비디오카세트는 비록 그보다도 더 나은 것은 아니라 해도 역시 '기술적'인 혁신이며, 헨리 루스(Henry Luce, 1898-1967)가 1920년대에 창간한 뉴스 잡지 〈타임(Time)〉, 〈라이프(Life)〉, 〈포천(Fortune)〉 또는 1970년대 말과 1980년대 초에 개발된 금융시장 기금(money-market fund)과 같은 사회적 혁신과 마찬가지로, 그것들은 소비자의 가치와 소비자 만족도라는 측면에서 좀더 잘 설명·분석된다.

아직 우리는 혁신에 관한 이론을 개발할 수가 없다. 그러나 우리는 사람들이 혁신 기회들을 언제, 어디서, 어떻게 체계적으로 파악하는지에 대해서, 그리고 성공할 확률과 실패할 위험을 어떻게 판단하는지에 대해 말해 줄 수 있을 정도로는 충분히 알고 있다.

19세기가 이룩한 가장 위대한 업적들 가운데 하나가 '발명의 발명'이었다는 사실은 기술역사가들에게는 거의 상식에 가깝다. 1880년경 이전에는 발명이란 신비한 것이었다. 19세기 초기의 문헌들은 '천재의 영감'에 대해 끊임없이 이야기하고 있다. 발명가란 반쯤은 로맨틱하고, 반쯤은 어리석은 사람으로, 조용한 다락방에서 노닥거리는 인물이었다. 제1차 세계대전이 발발한 1914년까지는, '발명'은 체계적이고도 목적지향적인 활동을 의미하는 '연구'로, 즉 목표치와 그 성공률 둘 다를 매우 높은 확률로 예측하고는 이를 바탕으로 계획·조직된 체계적·목적지향적인 활동으로 바뀌었다.

오늘날 이와 비슷한 것이 혁신과 관련해 추구돼야만 한다. 기업가들은 혁신을 체계적으로 실천하는 방법을 배워야만 할 것이다.

성공적인 기업가는 '뮤즈 여신이 그들에게 키스를 하는', '찬란한 아이디어'를 줄 때까지 기다리지 않는다. 그들은 노력한다. 요컨대 그들은 '한탕'을 노리지 않으며, '산업을 바꾸어놓을' 혁신을, '10억 달러 규모의 사업'을 창출하는 혁신을, 또는 '하룻밤 만에 부자가 되는' 혁신을 추구하지 않는다. 그것을 바탕으로 큰 사업을 단숨에 완성하려는 아이디어를 갖고 출발하는 기업가들은 틀림없이 실패할 것이다. 기업가들은 잘못을 저지르기가 쉽다. 매우 거대한 것처럼 보이는 혁신은 자칫 기술적인 취미로 전락하고 마는 수도 있다. 예컨대 맥도널드와 같이 지적으로는 별달리 자부심을 갖지 못하는 경영혁신이 나중에는 규모가 큰 고수익 사업체로 발전하는 수도 있다. 동일한 원리가 비기업조직과 공공서비스 기관의 혁신에도 적용된다.

성공적인 기업가들은 그들의 개인적인 동기가 금전적이든, 권력이든, 호기심이든, 또는 명예나 다른 사람으로부터 인정을 받기를 원하는 것이든 간에, 가치를 창조하고 인류 사회에 공헌하기 위해 노력한다. 또한 그들은 목표를 높게 잡는다. 그들은 이미 존재하고 있는 것을 단순히 개선하거나 변형시키는 것에 만족하지 않는다. 그들은 새롭고도 다른 가치, 그리고 새롭고도 다른 만족을 창출하고자 노력하고, '물질'을 '자원'으로 바꾸어놓고자 노력한다. 또는 기존의 자원을 새롭고도 더 나은 생산적인 모습으로 결합시키고자 노력한다.

그리고 새롭고도 다른 것을 할 수 있도록 항상 기회를 제공하는 것이 곧 변화다. 그러므로 체계적 경영혁신(systematic innovation)은 변화를 목표지향적·조직적으로 탐색하고, 그런 변화가 불러올 수 있는 경제적·사회적 혁신 기회를 체계적으로 분석하는 활동이다.

일반적으로, 이들 변화는 이미 발생되어 왔거나 현재 진행되고 있는 것들이다. 성공적인 경영혁신의 내용을 보면 압도적 다수가 변화를 활용한다. 분명, 혁신 그 자체가 중요한 변화인 경우도 있다. 라이트(Wright) 형제가 발명한 비행기가 그 예다. 하지만 이는 매우 특수한 예다. 성공적인 혁신들은 대부분 생각보다 훨씬 더 평범한 것으로, 그것들은 변화를 활용한 결과다. 따라서 경영혁신의 기본 원칙(그리고 이것은 기업가정신을 발휘하기 위한 지식의 기초다)은 체계적인 현상진단 원칙이다. 즉 전형적으로 기업가적 기회를 제공하는 변화들을 체계적으로 검토하는 것 말이다.

구체적으로 말해, 체계적 경영혁신 활동은 혁신 기회를 찾기 위한 7가지 원천의 탐색을 의미한다.

그 가운데 처음 네 가지는, 영리기업이든 공공서비스 기관이든, 또는 제조업이든 서비스 부문이든 간에, 대상 기관 내부에 존재한다. 따라서 이 네 가지 원천은 일차적으로 제조업 또는 서비스 부문에 근무하는 사람들의 눈에 띈다. 이는 기본적으로 징후들이다. 그러나 이들 징후는 이미 발생했거나 별다른 노력 없이도 발생시킬 수 있는 변화를 알려주는 매우 믿을 만한 지표들이다. 네 가지 원천은 다음과 같다.

• 예상치 못했던 것들 : 예상치 못했던 성공, 예상치 못했던 실패, 예상치 못했던 외부 사건
• 불일치 : 실제로 발생한 현실과 발생하리라고 가정되었던 현실 또는 '당연히' 발생해야 할 현실 사이의 불일치
• 프로세스의 필요에 기초한 경영혁신
• 산업구조 또는 시장구조의 변화 : 아무도 모르는 사이 일어난 변화

혁신 기회를 탐색하기 위한 두번째 부류의 원천들, 즉 세 가지 원천은 기업 또는 산업 외부에서 발생하는 변화와 관련된다.

• 인구구조의 변화
• 인식, 분위기, 그리고 의미의 변화
• 새로운 지식 : 과학분야의 지식 및 비과학분야의 지식

경영혁신 기회를 제공하는 7가지 원천을 구분하는 경계선은 불분명하며, 그것들은 서로 상당히 중복되기도 한다. 그것들은 동일한 건물에 부착되어 있지만 방향이 다른 7개의 창문이라고 할 수 있다. 각각의 창문은 건물의 어

느 쪽에 있는 창문으로부터도 역시 볼 수 있는 몇몇 특성을 보여준다. 하지만 각각의 창문 중심에서 바라보는 시야는 독특하고, 또한 다른 것과는 다르다.

7가지 원천은 저마다 고유한 특성을 갖고 있기 때문에 서로 다른 분석이 필요하다. 그러나 그것들 가운데 어떤 것이 다른 것들보다도 본질적으로 더욱 중요하다거나 더욱 생산성이 높다고 할 수 없다. 중요한 경영혁신들은, 위대한 과학적 혁신을 통해 획득한 새로운 지식을 대대적으로 응용함으로써 달성할 수 있는 것처럼, 변화의 징후들을 분석함으로써 추진할 수도 있다(제품 또는 가격에 있어 사소한 변화 정도로 인식했던 것으로부터 초래된 예상치 못한 성공이 그 예다).

그러나 앞으로 논의할 7가지 원천의 검토 순서는 아무렇게나 정한 것이 아니다. 그것들은 신뢰도와 예측 가능성이 높은 정도에 따라 차례를 결정했다. 왜냐하면 거의 일반적인 통념과는 달리 새로운 지식, 특히 새로운 과학 지식은 성공적인 경영혁신과 관련해서는 가장 신뢰도가 높다거나, 또는 가장 예측 가능성이 높은 원천이라고 할 수 없기 때문이다. 과학에 기초를 둔 경영혁신의 가시성, 매력도, 그리고 중요성에도 불구하고, 실질적으로 그것은 가장 신뢰도가 낮으며, 가장 예측할 수 없는 것이기도 하다. 그 반대로, 예상치 못했던 성공 또는 예상치 못했던 실패와 같은 기초적인 변화의 징후에 대해 평범하고도 단조로운 분석은 위험부담과 불확실성이 매우 낮다. 그리고 그런 것들을 기초로 추진한 경영혁신은 새로운 벤처기업을 창업한 후, 그것이 성공하든 또는 실패하든 간에, 어느 정도나마 결과를 내기까지의 소요 기간이 대체로 가장 짧다.

03 예상치 못했던 일

1

예상치 못했던 성공

성공적인 혁신을 추진하기 위해 활용할 수 있는 기회로서 '예상치 못했던 성공' 보다 더 풍부한 기회를 제공하는 원천도 없다. 다른 어떤 혁신 기회도 이보다 덜 위험하고 또 힘이 덜 드는 원천이 없다. 그럼에도 불구하고 예상치 못했던 성공은 거의 완전히 무시되고 있다. 설상가상으로 경영자들은 그것을 적극적으로 부정하려는 경향이 있다.

여기에 하나의 예가 있다.

30년도 더 전에, 나는 뉴욕 최대 백화점 매이시(Macy)의 사장인 R. H. 매이시(R. H. Macy)로부터 "가정용품의 판매가 너무 늘어나고 있는데, 이것을 줄이는 방법을 몰라 고민하고 있습니다"라는 말을 들었다.

어리둥절해진 나는 되물었다. "왜 줄이려고 합니까?, 그 부문에 손해를 보고 있습니까?"

그는 대답했다. "그 반대입니다. 그것들은 최근 유행하는 상품들보다 이익이 더 많습니다. 반품도 없고 사실상 좀도둑도 맞지 않습니다."

나는 이어 "가정용품 고객이 유행품 고객을 쫓아버립니까?"라고 재차 물었다.

그는 다음과 같이 대답했다. "그렇지 않아요. 과거 우리는 유행품을 사러 온 고객에게 가정용품을 팔아왔는데, 요즘은 가정용품을 사러온 고객에게 유행품을 자주 팔고 있습니다. 그러나…" 하고 잠시 뜸을 들이고는 계속 말했다. "우리와 같은 백화점에서는 유행품의 매출액이 전체 매출액의 7할이 되어야 정상적이고 또 건강한 것입니다. 가정용품 매출이 너무 빨리 늘어나서 지금은 전체 매출의 6할에 이르렀습니다. 이것은 비정상적입니다. 우리는 유행품 매출이 정상적인 수준을 회복하도록 우리가 알고 있는 모든 수단을 동원했지만, 잘 되지 않습니다. 지금 남아 있는 단 하나의 수단은 가정용품 매출을 정상 수준으로 떨어뜨리는 일뿐입니다."

이런 일이 있은 후 거의 20년 가까이, 매이시 백화점의 뉴욕 지점은 혼미를 거듭했다. 매이시가 뉴욕 소매시장에서 지배적인 지위를 이용하지 못하고 혼미를 거듭하게 된 원인에는 여러 가지가 있었다. 뉴욕 중심가가 황폐하게 되었다거나, 어쩌면 점포의 규모가 '너무 커서' 점포의 경제성이 없었다거나 하는 등 많은 이유가 있을 것이다. 사실은, 1970년 새로운 경영자가 들어서면서 초점을 바꾸고는 가정용품이 전체 매출에 공헌하는 바를 인정하자마자, 매이시 백화점은 도심의 황폐화, 높은 인건비, 그리고 점포의 규모에도 불구하고 즉각 다시 번창하기 시작했다.

매이시가 '예상치 못한 성공'을 거부했었던 바로 그 무렵, 또 다른 뉴욕의 백화점 블루밍데일(Bloomingdale)은 똑같은 '예상치 못했던 성공'을 이용해서 뉴욕 소매시장에서 제2위의 자리를 차지했다. 당시 블루밍데일은 기껏해야 겨우 4위였는데도 매이시 백화점보다 유행품 비중이 한층 더 컸다. 그러나 1950년대 초 가정용품의 매출이 증가하기 시작하자, 블루밍데일은 이 기회를 활용했다. 블루밍데일은 뭔가 예상치 못한 일이 일어나고 있다는 것을 깨닫고는 그것을 분석했다. 블루밍데일은 그 다음 가정용품 백화점으로서 시장에서 새로운 위치를 구축했다. 블루밍데일은 또한 유행품과 의류 판매에 다시 초점을 맞추고는 새로운 고객을 유치했다. 가정용품의 폭발적인 판매증가를 불러온 바로 그 고객은 단지 또 하나의 고객이 출현하고 있다는 징후였던 것이다. 매이시는 매출액에 있어서는 지금도 여전히 뉴욕에서 제1위의 자리를 차지하고 있다. 그러나 블루밍데일은 '멋진 뉴욕 백화점'이 되었다. 그리고 그 짧은 30년 동안 소매업계의 경쟁자들이었던 여러 백화점들은, 예컨대 그 당시 강력한 제2위의 백화점이었고 1950년대 유행품을 주도했던 베스트(Best)는 사라지고 없다(추가적인 사례는 제15장을 참조할 것).

매이시 이야기는 극단적인 사례라고 해도 될 것이다. 그러나 매이시 사례에서 단 하나 특별한 점은 동사의 회장이 자신이 무엇을 하고 있는지를 알고 있었다는 점이다. 비록 자신들의 어리석음을 알지 못한다 해도, 오늘날 너무도 많은 경영자들이 매이시가 했던 방식을 그대로 답습하고 있다. 예상치 못했던 성공을 솔직히 받아들인다는 것은 경영자로서 결코 쉬운 일이 아니다. 현실을 직시하는 데는 결단과 구체적인 정책과 의욕이 뒷받침되어야 하고, 또 "우리가 잘못하고 있군!"이라고 솔직히 말하려면 경영자가 인간적으로 겸손해야 하기 때문이다.

경영자들이 예상치 못했던 성공을 쉽게 수용하지 못하는 한 가지 이유가 있다. 즉 우리 모두는 상당히 오랫동안 지속된 어떤 현상을 보고는 그것을 '정상적'이고 앞으로도 '영원히' 지속될 것이라고 믿는 경향이 있기 때문이다. 따라서 우리가 자연법칙이라고 간주해 왔던 것과 모순되는 것이 등장하면, 그 때는 그것이 무엇이든 간에 불합리한 것으로, 건강하지 않은 것으로, 그리고 분명 비정상적인 것으로 거부하게 되는 것이다.

예를 들면, 이것은 1970년경 미국의 한 주요 제철회사가 '미니밀'을 거부한 이유를 설명한다(이에 대해서는 제4장을 참조할 것—저자 주) 동사의 경영자들은 기존의 제철설비가 급속도로 진부화되고 있으며 또한 시설을 현대화하는 데는 수십억 달러가 투자되어야 한다는 사실을 알고 있었다. 그들은 또한 회사가 그런 필요한 자금을 조달할 수 없다는 것도 알고 있었다. 새로운, 그러나 규모가 좀더 작은 '미니밀'만이 해결책이었다.

거의 우연하게 그런 '미니밀' 한 기가 도입되었다. 그것은 급속히 성장하기 시작했고, 현금을 확보하고 이익을 냈다. 따라서 동사의 몇몇 젊은 사원은 가용 자금으로 '미니밀'을 추가로 도입해 증설을 하자고 제안했다. 그렇게만 되면 수 년 내에 '미니밀'은 현대 기술에 기초해 인건비는 낮게 하면서도 목표 시장에다 수백만 톤을 팔 수 있었을 것이다. 하지만 격분한 최고경영자는 그 제안을 거부했다. 정녕 그런 제안을 했던 모든 젊은 사원들은 수 년 내에 '해고자' 신세가 되고 말았다. 최고경영자는 다음과 같이 주장했다. "종합제철공정만이 유일한 올바른 방법이다." "다른 모든 것은 속임수에 지나지 않아. 한때 유행하는 것이고, 이익을 내지도 못하고, 그래서 오래 가지도 못해." 그로부터 10년 후, 미국의 제철산업에서 지금도 여전히 건전하게 성장하고 또 상당히 번영을 누리는 것은 '미니밀' 뿐이었다는 사실은 말할 것도 없다.

종합제철공정을 완성하는 데 일생을 다 바쳤고, 대형 제철공장 내에 있는 집에서 살고 있으며, 그리고 어쩌면 (미국의 많은 제철회사의 중역들이 그런 것처럼) 그 자신이 제철업자의 아들일지도 모르는 최고경영자에게 '대형 제철소' 이외의 것은 이상하고도 기이한 것으로, 정말이지 하나의 위협이다. '적'이라고 인식하는 대상으로부터 자신의 최대 기회를 찾아내는 데는 노력이 필요한 법이다.

규모가 크든 작든 간에, 공공서비스 기관이든 기업이든 간에, 조직의 최고경영자들은 대부분 일반적으로 한 특정한 기능 또는 한 특정 영역에서 성장했다. 그들에게는, 그런 분야만 편안하게 느껴질 뿐이다. 예를 들면, 내가 매이시의 회장과 자리를 함께 했을 때 최고경영진 가운데는 첫 출발을 유행품의 구매자로 시작하지 않았고, 그리고 패션 분야에서 경력을 쌓지 않았던 사람은 오직 한 사람, 즉 인사담당 부사장뿐이었다. 가정용품이란 그들이 보기에는, 자신들이 아닌 전혀 다른 사람들이 취급해야 할 어떤 것이었다.

예상치 못했던 성공은 화가 치밀어오르는 일일 수 있다.

수 년 동안 그 회사의 간판 제품이었고 또 '품질'을 자랑하는 오래 된 제품을 수정해 완벽하게 만들고자 열심히 노력해 온 회사가 있다고 가정하자. 동시에, 이 회사로서는 가장 싫어하는 일로서, 동사의 모든 사람들이 그것은 오래 된, 진부한, 그리고 '품질이 낮은' 제품을 개량하는 전혀 무의미한

짓이라고 알고 있는 것에서 성공을 거두었다고 하자. 예컨대 그 일은 오직 동사의 일류 세일즈맨 가운데 한 사람이 고집을 부렸던 때문이든, 아니면 어느 우수 고객이 요청을 했고 또 그것을 거절할 수 없었기 때문일 것이다. 그러나 아무도 그 제품이 팔리리라고 예상하지 않는다. 사실, 아무도 그것이 팔리기를 바라지 않는다.

그런데 이 '실패작'이 시장과 궁합을 맞추고는 심지어 의도적으로 계획하고 예상했던 '간판 제품'과 '품질 제품'이 달성해야 할 판매 부분마저도 잠식해 버렸다. 모두가 섬뜩 놀라고는 그 성공을 '다른 새의 보금자리를 빼앗은 한 마리 뻐꾸기(이런 표현을 나는 여러 번 들었다)'로 간주한 것은 놀라운 일이 아니다. 매이시 사장이 바라지 않았던, 그리고 좋아하지도 않았던 가정용품들이 자신이 일을 시작한 이후 내내 온갖 정력을 기울였던, 그래서 자신이 중시하는 패션 제품들을 대체하는 것을 보았을 때 반응했던 방식 그대로 다른 모든 사람들이 행동할 가능성이 크다.

예상치 못했던 성공은 경영자의 판단력을 시험하는 하나의 도전이다. 어느 대규모 제철회사의 회장이 미니밀을 도입하자는 제안을 거부할 때 다음과 같이 말했다고 한다. "만약 미니밀이 기회였었다면, 분명 우리 스스로 그것을 남보다 먼저 알았을 것이다." 경영자들은 그들의 판단력 때문에 보수를 받는다. 그러나 그들이 실수를 하지 않기 때문에 보수를 받는 것은 아니다. 사실 그들은 자신들이 잘못을 저질렀다는 사실을 인식하고 또 그것을 받아들이는 대가로 보수를 받는다. 특히 그들이 잘못을 인정하고는 기회를 포착할 때 그렇다. 하지만 이런 일은 결코 흔치 않다.

스위스의 한 의약품회사는 오늘날 동물용 의약품 부문에서 세계 선두주자이지만 동사는 동물용 의약품을 단 한 가지도 스스로 개발하지 않았다. 그러나 이 같은 동물용 의약품들을 개발한 회사들은 동물용 의약품 시장 진출을 거부했다. 대부분 항생물질인 의약품들은 물론 인간의 질병을 치료하기 위해 개발되었다. 수의사들이, 그런 의약품이 동물에도 꼭 마찬가지로 유효하다는 사실을 발견하고 주문을 하기 시작하자, 그것을 최초로 개발한 제약회사들은 전혀 달가워하지 않았다. 몇몇 제약회사는 수의사들에게 그것을 공급하기를 거부했다. 다른 많은 경우 동물용으로 다시 제조하거나, 포장을 다르게 하는 것 등을 싫어했다. 1953년경 한 주요 제약회사의 의약품 담당 중역은 새로운 항생물질을 동물의 질병치료에 사용하는 것이 '고상한 의약품에 대한 모독'이라고 항의를 했다. 그런 일이 있은 후, 앞의 그 스위스 회사는 그 제약회사와 다른 여러 제약회사들에게 접근하고는 별다른 어려움 없이, 그리고 낮은 가격으로 동물용 제조 허가권을 획득하게 되었다. 몇몇 제약회사는 그 당혹스런 성공으로부터 해방되었다고 매우 즐거워하기도 했다.

그 후 인체용 의약품은 치열한 가격경쟁에 시달리게 되었다. 그리고 규제당국에 의해 철저히 감시를 받고 있다. 이는 동물용 의약품을 의약품 산업에서 가장 수지맞는 분야로 발돋움시켰다. 그러나 그런 항생 물질을 처음으로 개발했던 회사들이 별로 이익을 거두어들이지 못했음은 두말 할 나위 없다.

대부분의 경우, 예상치 못했던 성공은 아예 눈에 띄지 않는다. 아무도 주의를 기울이지 않는다. 따라서 아무도 이용하지 않으며, 결과적으로 경쟁자만 좋게 되고 덕을 본다.

한 주요 병원용품 공급업자가 일련의 생물실험과 임상실험용 기구를 새로 개발했다. 새로운 제품들은 매우 잘 팔려나갔다. 그런데 갑자기 기업과 대학의 연구소로부터 주문이 들어왔다. 그러나 아무도 이런 말을 듣지 못했고, 또 아무도 그런 시장이 있으리라고 주목하지도 않았다. 회사는 자사가 제품을 판매하려고 했던 것보다도 더 큰 시장이, 그리고 더 나은 고객이 있는 제품을 개발했다는 사실을, 단순한 사고로, 아무도 깨닫지 못했던 것이다. 그런 새로운 고객들에게 세일즈맨도 파견되지 않았고, 아무런 서비스 대책도 수립되지 않았다. 그로부터 5년인가 8년이 지난 후, 다른 후발주자가 그 새로운 시장을 장악해 버렸다. 그리고 그 시장이 확대되었기 때문에, 그 후발주자는 최초의 시장 개척자보다도 더 낮은 가격에다 더 나은 서비스를 제공하면서 곧 병원 시장으로 진입할 수 있었다.

예상치 못했던 성공을 외면하는 한 가지 이유는, 우리가 사용하는 기존의 보고제도가 그런 사실에 대해 경영자가 주의를 기울이도록 경종을 울리는 것은 고사하고라도 일반적으로 그것을 보고조차 하지 않기 때문이다.

실제로 모든 기업은, 그리고 모든 공공서비스 기관도 월별 또는 분기별 보고서를 작성한다. 보고서의 첫 페이지는 실적이 예상보다 못한 분야를 열거한다. 그 곳에는 문제점들과 약점들을 나열한다. 따라서 월별 경영자 회의와 이사회에서는 모두가 문제 분야에만 초점을 맞춘다. 회사가 예상보다 잘 한 분야에 대해서는 아무도 눈길조차 주지 않는다. 그리고 만약 예상치 못했던 성공이 정량적인 것이 아니라 정성적인 것인 경우, 즉 앞에서 말한 병원용 기구회사의 경우처럼 회사의 전통적인 시장 외에 새로운 주요 시장을 개척한 경우에는 원칙적으로 예상치 못한 성공이 존재했다는 사실마저도 지적하지 못할 것이다.

예상치 못했던 성공이 제공한 혁신 기회를 이용하려면 분석이 필요하다. 예상치 못했던 성공은 하나의 징후다. 하지만 무슨 징후란 말인가? 그 밑바닥에 깔려 있는 현상은 단지 우리의 비전, 지식, 그리고 이해의 부족 때문인지도 모른다. 예컨대, 의약품 제조회사가 동물 약품시장에서 자사의 신약품이 거둔 예상치 못한 성공을 거부했던 것은 전세계에서 사육되는 가축이 얼마나 많은지, 그리고 그것이 얼마나 중요한지 파악하는 데 실패했다는 징후였고, 제2차 세계대전 후 전세계적으로 동물 단백질에 대한 수요가 급격하게 증가했다는 사실을 몰랐다는 징후였으며, 그리고 세계 농부들의 지식과 기술과 경영능력이 엄청나게 변했다는 것을 외면한 징후였던 것이다.

매이시가 가정용품에서 거둔 예상치 못했던 성공은, 블루밍데일의 경영자들이 인식했던 바와 같이, 많은 소비자의 행동과 기대와 가치가 근본적으로 바뀌었다는 것을 알리는 한 가지 징후였던 것이다. 제2차 세계대전까지는 미국의 백화점 고객은 아직도 사회경제적 신분에 따라, 즉 소득계층에 따라 일차적으로 구매를 했다. 전후에는 시장 그 자체가 지금 우리가 '라이프 스타일'이라고 부르는 것으로 점점 더 세분화되었다. 블루밍데일은, 특히 동부해안 지역에서 이런 변화를 인식하고, 이것을 이용하고, 새로운 소매점의 이미지를 혁신한 최초의 주요 백화점이었다.

병원용으로 고안된 시험기구가 기업과 대학 연구소에서 예상치 못했던 성공을 거둔 것은, 거의 100년 동안 서로 다른 최종 용도, 다른 규격, 그리고 다른 성능을 가진 각각의 시장을 창출해 왔던 과학기기 제품의 시장에 있어, 다양한 사용자들 사이에 경계가 소멸되고 있다는 것을 알리는 징후였다. 그 징후가 알리려는 것은, 그리고 앞의 회사가 몰랐던 것은 한 제품 라인이 처음에 의도했던 것과는 다른 용도를 갖고 있다는 사실만이 아니었다. 그것은, 동사가 병원 시장에서 누려왔던 구체적인 틈새시장이 종말을 맞고 있음을 알리는 신호였던 것이다. 따라서 30년 또는 40년 동안 스스로를 병원용 시험기구의 설계자, 생산자, 그리고 판매자로서 성공적으로 규정했던 동사는 마침내 자신을 일반 시험기구의 생산자로 재규정하고는 애초의 분야를 초월해 제품을 설계하고, 생산하고, 판매하고, 서비스를 제공하는 방법을 개발하고 있다. 그러나 그 때쯤에는 동사가 시장의 상당 부분을 영원히 잃은 후였다.

　따라서 예상치 못했던 성공은 그저 혁신을 위한 기회로만 그치는 것이 아니다. 그것은 혁신을 추진하지 않을 수 없게 한다. 예상치 못했던 성공은 우리로 하여금 다음과 같이 질문하도록 한다. "우리의 조직이 그 사업을, 그 기술을, 그리고 그 시장을 규정하는 방식에 있어, 지금 우리 조직을 위해서는 어떤 기본적인 변화들이 필요한가?" 만약 이런 질문에 대해 적절히 응답하게 되면, 그 다음에는, 예상치 못했던 성공은 모든 혁신 기회들 가운데 가장 성과가 크고, 가장 위험이 적은 기회를 안겨줄 가능성이 크다.

　세계 최대의 두 기업, 즉 세계 최대 화학회사 듀폰과 컴퓨터 산업의 거인 IBM이 두각을 나타낸 것은 예상치 못했던 성공을 경영혁신의 기회로 활용하려는 그들의 의욕 덕분이다.

　듀폰은 130년 동안 스스로를 화약과 폭약을 만드는 회사로 규정했었다. 그러다가 1920년대 중반 동사는 다른 분야로 진출하고자 처음으로 연구개발 활동을 조직했는데, 그 가운데 하나가 제1차 세계대전 중 독일 사람들이 개척한 폴리머 화학(polymer chemistry)이라는 매우 새로운 분야였다. 그러나 수 년 동안 전혀 성과가 없었다. 그러던 중 1928년, 한 연구 조수가 주말에

버너를 켜둔 채 나가버렸다. 월요일 아침, 담당 책임자였던 월러스 캐로더스(Wallace Carothers, 1896-1937)는 솥 안에 있던 물질이 섬유로 응고되어 있는 사실을 발견했다. 듀폰이 나일론을 인공적으로 생산하는 방법을 발견하기까지는 또 다른 10년이라는 세월이 지난 후였다. 그러나 이 이야기의 핵심은, 동일한 결과를 불러온 동일한 사고가 독일의 한 대규모 화학회사의 실험실에서 여러 번, 그리고 듀폰보다 훨씬 전에 일어났었다는 사실이다. 물론 독일 사람들도 폴리머 섬유를 찾고 있었다. 그리고 그들은 듀폰보다 10년 앞서 나일론을 개발할 수 있었을 것이고, 세계 화학산업에서 선두주자가 되었을 것이다. 하지만 그 회사는 의도적인 실험을 실시하지 않았고, 그 결과를 무시했으며, 예상치 못하고 우연하게 생산된 섬유를 쏟아버리고는 처음부터 그것을 다시 시작하곤 했다.

마찬가지로, IBM의 역사를 살펴보면 예상치 못했던 성공에 주의를 기울임으로써 할 수 있는 일이 무엇인지를 보여준다. 왜냐하면 대체로 오늘날 IBM의 모습은 예상치 못했던 성공을 한 번도 아닌 두 번이나 이용하고자 하는 의도가 빚은 결과이기 때문이다. 1930년대 초 IBM은 거의 도산 직전이었다. IBM은 가용 자금을 모두 최초의 은행용 전자기계식 장부정리 기기를 개발하는 데 모두 투입해 버렸다. 하지만 미국 은행들은 1930년대 초 대공황 시기에 새 기계를 구입할 수 없었다. IBM은 심지어 그런 역경에도 불구하고 직원을 해고하지 않는다는 정책을 고수했기 때문에 그 기계를 계속 생산했고, 그리고는 창고에 보관해야만 했다.

전해오는 이야기에 따르면, IBM이 최악의 상태에 이르렀을 때 창립자 토머스 왓슨 시니어(Thomas Watson. Sr., 1874-1956)는 어느 만찬회에서 우연히 한 여자의 옆자리에 앉게 되었다. 왓슨의 이름을 들은 그녀는 이렇게 말했다. "당신이 바로 IBM의 왓슨입니까? **왜** 당신 회사의 판매관리자는 기계를 우리에게 보여주길 거부합니**까?" 왓슨**은 **여자**가 회계 계산기로 무엇을 하려는지 도저히 알 수 없었을 **뿐 아니라,** 그녀가 뉴욕 공립도서관 관장이라고 자신을 소개했을 때도 그 점은 마찬가지였다. 사실 왓슨은 공립도서관에 가본 적이 없었던 것이다. 그러나 다음날 아침, 그는 그 도서관의 문이 열리자마자 그녀 앞에 나타났다.

그 당시 도서관은 정부로부터 많은 예산을 지원받고 있었다. 두 시간 후 왓슨은 다음달 봉급을 지불하기에도 충분한 주문을 받고서 도서관 문을 나왔다. 그리고 그는 다음과 같은 말을 덧붙였는데, 그 때마다 그는 항상 껄껄 웃었다. "나는 거기서 새로운 정책을 수립했다. 우리는 물건을 배달하기 전에 미리 현금을 받는다."

그로부터 15년 뒤, IBM은 초기 모형의 컴퓨터를 하나 개발했다. 미국의 다른 초기 모형의 컴퓨터처럼, IBM 제품도 오직 과학계산용으로 설계되었다. 정말이지, IBM이 컴퓨터를 만든 이유는 왓슨이 천문학에 관심이 있었기 때문이다. 그리고 뉴욕 메디슨가의 쇼룸에 전시되어 엄청난 관중을 모은 최초의 컴퓨터는 달의 과거, 현재, 그리고 미래의 모습을 모두 계산하도록 프로그램되어 있었다.

한편 기업들은 이 '과학적 기적'을 급여계산과 같은 가장 평범한 목적에 사용하기 위해 구입하기 시작했다. 당시 최첨단 컴퓨터이자 기업용으로 가장 적합한 컴퓨터를 개발한 유니박(Univac)은 이 과학적 기적을 기업에 공급함으로써 그 '위업이 격하되는 것'을 원치 않았다. 그러나 IBM은 비록 컴퓨터에 대한 기업의 수요에 마찬가지로 놀랐지만, 즉각 이에 응했다. 정녕 IBM은 특별히 기업회계 용도로 만든 것이 아닌 자사의 컴퓨터 설계를 포기할 의사를 천명하고는, 그 대신 경쟁기업 유니박이 개발한 컴퓨터를 사용하기로 결정했다. 4년이 채 안 되어 IBM은 컴퓨터 시장에서 주도권을 획득했는데, 심지어 10년 동안이나 동사의 컴퓨터는 기술적으로 유니박이 생산한 것보다 못했는데도 말이다. IBM은 기업을 만족시킬 의향을 갖고 있었다. 또한 기업이 필요로 하는 문제를 해결하기 위해 프로그래머들을 양성하는 등 기업의 입장에서 기업을 만족시킬 의사도 갖고 있었다.

이와 비슷한 예로서, 파나소닉(Panasonic)과 내쇼널(National)이라는 상표로 더 잘 알려진 일본의 최대 가전 메이커 마쓰시타(Matsushita)가 그토록 성공한 것은 예상치 못했던 성공을 이용하려는 의도 때문이었다.

마쓰시타는 1950년대 초에는 규모도 매우 작았고 이름도 잘 알려지지 않은 회사였으며, 도시바(Toshiba)나 히타치(Hitachi)와 같이 오래 되고 확고히 자리를 잡은 거대기업과 비교하면 어느 모로나 뒤지고 있었다. 마쓰시타는, 당시 일본의 모든 기업들이 알고 있던 것처럼 'TV는 일본에서 빠르게 성장하지 않을 것'이라는 사실을 알고 있었다. 1954년인가 1955년에 뉴욕의 어느 회의에서 만난 도시바 회장은 "일본인은 너무도 가난해서 TV 같은 사치품을 살 여유가 없습니다"라고 말한 적이 있다. 그러나 마쓰시타는, 일본의 농부들은 자신들이 가난해서 TV를 살 수 없다는 것을 틀림없이 모르고 있다는 사실을 간파할 만큼 현명했다. 농부들이 오직 알고 있었던 것은 TV가 처음으로 넓은 바깥세상과 접할 수 있도록 해준다는 점이었다. 그들은 TV를 사들일 만한 경제적 여유가 없었지만, 어쨌든 그것을 구입할 준비를 했고 또 실제로 지불을 했다. 그 반면 도시바와 히타치는 당시 더 나은 TV 세트를 만들고 있었지만, 두 회사는 도쿄의 긴자 거리와 대도시 백화점에 그것을 전시했으며, 농부들은 그런 우아한 곳에는 그다지 환영받지 못한다는 사실을 확실히 인식시켰다. 마쓰시타는 농부를 찾아갔다. 그러고는 가가호호 방문해 자사의 TV 세트를 팔았는데, 이것은 일본에서 면 내의 또는 행주치마보다 비싼 어떤 물건에 대해 일찍이 아무도 해본 적이 없는 것이었다.

물론 우연한 사건에 의존해서는 안 되고, 또한 분명히 실패하고 있는 제품에 대해 예상치 못한 관심을 보여줄 여인이 식탁에 동석할 때까지 기다려서도 안 된다. 탐색활동을 조직적으로 펼치지 않으면 안 된다.

첫째, 예상치 못했던 성공이 눈에 띄도록 확실히 조치해야 한다. 정말이지, 그것은 주의를 끌도록 경종을 울려야 한다. 예상치 못했던 성공이 발생했다는 사실을 경영자가 알고 연구를 하도록 그가 보는 보고서에 적절히 포함시켜야만 한다(그 방법에 대해서는 제13장에서 좀더 구체적으로 설명한다).

경영자는 예상치 못했던 성공을 접할 때마다 다음과 같은 질문을 던져야 한다. (1) 만약 이것을 우리가 이용하게 되면 우리에게 무슨 의미가 있는가? (2) 그것은 우리를 어디로 나아가게 할 것인가? (3) 그것을 기회로 삼으려면 우리는 무엇을 꼭 해야 하는가? (4) 그러려면 우리는 어떻게 해야 하는가? 이 말은 첫째, 예상치 못했던 성공을 검토하기 위해서 경영자는 구체적인 시간을 할애해야 한다는 것이고, 둘째, 예상치 못했던 성공을 분석하고 그 것을 어떻게 이용할 것인가에 대해 철저하게 연구하도록 누군가를 항상 지정해 두어야만 한다는 뜻이다.

그러나 또한 경영자들은 예상치 못했던 성공이 자신들에게 요구하는 바가 무엇인지를 배울 필요가 있다. 여기서도 사례를 들어 설명하는 것이 가장 좋을 듯싶다.

미국 동부의 한 주요 대학이 1950년대 초, 성인을 위한 '평생교육' 과정을 야간에 개설했다. 그 과정에서는 고등학교 졸업장을 가진 성인들에게 대학졸업 자격증을 주는 정상적인 학부 강의가 제공되었다.

동 대학의 교수들 가운데는 누구도 진심으로 그 과정이 성공할 것으로 믿지 않았다. 애당초 그 과정을 설치한 유일한 이유는, 제2차 세계대전에 참전했던 소수의 귀환 제대병들은 미처 대학을 졸업하기 전에 징집을 당했으며, 그 후 그들은 부족한 학점을 딸 기회를 달라고 요구했기 때문이다.

그러나 모두가 놀랍게도 그 프로그램은 대단한 성공을 거두었으며, 그런 자격을 갖춘 학생들이 많이 신청해 왔다. 그리고 그 프로그램에 등록한 학생들은 실질적으로 정규과정의 학부 학생들보다 성적이 더 좋았다. 이는 역으로 새로운 딜레마를 만들었다. 이 예상치 못했던 성공을 활용하기 위해서는 대학은 우수한 교수진을 꽤 많이 확보하지 않으면 안 되었다. 하지만 그 경우 동 대학의 정규과정을 약화시킬 우려가 있었다. 최소한 그것은 동 대학이 그 본분으로 삼았던 것, 즉 학부 학생의 훈련을 약화시킬 우려가 있었다. 다른 대안은 평생교육 과정을 폐지하는 것이다. 어느 쪽을 선택하든 간에, 대학으로서는 책임을 져야 하는 행동이어야만 했다. 그 대신 동 대학은 그 프로그램에 강사료가 싼 시간강사 또는 동 대학원에서 연구 중인 강의 조교들을 대부분 투입하기로 결정했다. 그 결과, 동 대학은 몇 년 안에 그 프로그램을 폐쇄했으며, 설상가상으로 대학 자체의 평판 또한 크게 훼손되었다.

예상치 못했던 성공은 하나의 기회이지만, 그것은 많은 것을 요구한다.

그것은 진지하게 다루어지기를 요구한다. 그것은 조직에서 떼놓을 수 있는 사람이면 누구라도 배치할 것이 아니라, 가능한 한 가장 우수한 사람을 배치할 것을 요구한다. 예상치 못했던 성공은, 그 기회의 크기에 상응하는 진지함과 지원을 경영자들이 제공해 주기를 요구한다. 그리고 그 기회는 꽤나 중요하다.

2

예상치 못했던 실패

성공의 경우와는 달리, 실패는 거부당할 수 없다. 그리고 주목을 받지 않고 그냥 지나치는 경우가 거의 없다. 하지만 그것들은 기회의 징후로 파악되는 경우도 드물다. 물론 대부분의 실패는 단순한 실수, 탐욕의 결과, 어리석음, 뇌화부동, 또는 계획 과정이든 집행 과정이든 간에, 무능의 결과에 지나지 않는다. 그러나 신중하게 계획되고, 철저히 설계하고, 그리고 사려 깊게 실천했는데도 어떤 것이 실패했다면, 그 실패는 때로는 근본적인 변화를 대변하는 것이고, 그것은 기회가 될 수 있음을 미리 알려주는 것이다.

제품 또는 서비스, 그것의 설계 또는 그것의 마케팅 전략이 기초로 삼았던 가정들이 더 이상 현실과 부합하지 않기 때문일 수도 있다. 어쩌면 고객들이 그들의 가치관과 인식을 바꾸었는지도 모른다. 그들이 여전히 동일한 '물건'을 구입하고 있지만, 그들은 실제로는 매우 다른 '가치' 때문에 그 물건을 구입하고 있을지도 모른다. 또는 어쩌면, 지금까지 늘 하나의 시장이었거나 또는 하나의 최종 용도로서만 팔리던 것이 각각 상당히 다른 어떤 것을 요구하는 두 가지 또는 그 이상의 시장들이나 용도들로 분할되고 있는지도 모른다. 이와 같은 변화는 경영혁신을 추진하기 위한 하나의 기회다.

나는 거의 60여 년 전, 고등학교를 졸업한 후 근로생활을 갓 시작하면서 예상치 못했던 실패를 처음으로 경험했다. 나의 첫번째 직업은 100년 이상 동안이나 영국령 인도에 철물을 수출해 온 오래 된 무역회사의 견습생이었다. 수 년 간 동사의 최대 수출품목은 값이 싼 자물쇠로서, 매월 한 배 가득히 수출하고 있었다. 그 자물쇠는 허술한 싸구려였다. 머리핀으로도 간단히 열 수 있는 그런 것이었다. 1920년대에 인도 사람들의 소득이 서서히 늘어났는데, 자물쇠의 판매는 증가하기는커녕 매우 빠르게 줄어들기 시작했다. 이렇게 되자, 우리 사장은 당연히 해야 할 대책을 마련했다. 그는 자물쇠의 설계를 고쳐 그것을 더 튼튼하게, 즉 그것을 '더 나은 품질의 제품'으로 만들었다. 추가로 든 비용은 얼마 안 되었지만 품질 면에서는 매우 향상되었다. 그러나 그 품질이 향상된 자물쇠도 결국 팔리지 않았다. 4년 후 그 회사는 청산 절차를 밟게 되었는데, 물론 인도 시장에 대한 자물쇠의 수출 부진이 도산의 주요 원인이었다.

인도 시장을 놓고 경쟁을 벌이던 한 소규모 회사가 있었는데, 이 회사는 내가 다니던 회사의 10분의 1 정도의 규모밖에 안 되었다. 그리고 그 당시 겨우 존속해 오던 회사였으나 그 예상치 못했던 실패가 기본적인 변화를 알리는 징후로 인식했다. 대부분의 인도 사람들, 즉 시골의 농부들에게 자물쇠는 마법의 상징이었다(내가 알기로는 지금도 그렇다). 따라서 감히 자물쇠를 열려는 도둑은 없었다. 열쇠는 사용된 적이 없고, 대체로 어디 있는지 모르게 사라지기 마련이었다. 열쇠가 없이는 쉽게 열리지 않는 자물쇠를 갖는다는 것은, 예컨대 나의 사장이 별로 비용은 들이지 않았지만 완벽하게 만들고자 그토록 노력한 품질이 개선된 튼튼한 자물쇠가 축복이 아니고 재앙이었던 것이다.

그러나 도시에 거주하는 소수이긴 하지만 급격히 늘어나는 중산층은 진짜 자물쇠가 필요했다. 우리 회사가 수출하는 제품은 중산층의 요구에 맞는 튼튼한 자물쇠가 아니었다는 점이 바로 그 오래 된 자물쇠의 판매가 줄어들고 시장을 잃게 된 주요 이유였다. 그들에게는 우리 회사 사장이 개량한 자물쇠조차도 여전히 적절한 것이 아니었던 것이다.

우리 회사의 경쟁자는 자물쇠를 두 가지 다른 제품으로 나누었다. 하나는 잠금장치와 열쇠가 없이 단지 간단한 방아쇠만 당기면 되는 것으로, 우리 회사가 판매하던 오래 된 제품 가격의 3분의 1 가격으로 팔았지만 이익은 두 배나 되었다. 다른 하나는 튼튼한 잠금장치와 열쇠가 3개나 되는 훌륭한 자물쇠로서, 우리 회사 제품 가격의 두 배로 판매했으나 역시 커다란 이익을 올렸다. 두 종류 모두 즉각 팔리기 시작했다. 2년 내에 그 경쟁자는 인도에 철물을 수출하는 유럽 최대의 수출회사로 발돋움했다. 그는 제2차 세계대전으로 유럽의 대인도 수출이 전면 중단되었을 때까지 10년 동안 그 지위를 유지했다.

이 사례를 어떤 사람은 말과 노새가 마차를 끌던 시절의 이상한 이야기라고 할지도 모른다. 분명 우리는 컴퓨터 시대에, 시장 연구 시대에, 그리고 경영학을 전공한 MBA들이 넘쳐나는 보다 세련된 시대에 살고 있다.

그러나 여기서 다른 사례 하나를 들겠는데, 이는 자물쇠 이야기로부터 반세기 후의 매우 '세련된' 기업의 이야기다. 하지만 이것 역시 동일한 교훈을 정확하게 들려준다.

최초의 '베이비 붐' 세대가 20대 중반, 즉 가정을 갖고 그들의 첫번째 주택을 장만할 나이에 이르자 1973~74년 두 해에 걸친 불황이 닥쳤다. 인플레가 만연했으며 특히 주택가격이 큰 영향을 받아 다른 어떤 것보다도 훨씬 더 빠르게 올랐다. 동시에, 주택담보 이자율도 하늘 높은 줄 모르고 올랐다. 그렇게 되자 미국의 대량 주택공급업자들은 당시의 표준주택보다 더 작고, 더 간단하고, 더 싼 주택을 '기본주택'이라고 이름을 붙여 설계하고 또 공급하기 시작했다.

그러나 그런 '좋은 가치'와 처음 집을 장만하는 사람의 분수에 잘 맞는 것임에도 불구하고, '기본주택'은 큰 실패로 끝났다. 그러자 주택업자들은 할부금리를 내리고, 지불기간을 늘리고, 가격을 깎아주는 등 이를 극복하고자 노력했다. 그러나 여전히 아무도 그 '기본주택'을 사지 않았다.

대부분의 주택업자들도, 예상치 못했던 실패에 부딪힌 기업가들이 하는 그런 행동을 했다. 그들은 그 오래 된 골칫거리, 즉 '비합리적인 소비자들'을 비난했다. 그러나 지금도 여전히 소규모인 한 주택업자는 현실을 파악해 보기로 결정했다. 그는 미국의 젊은 부부가 첫번째 집을 장만할 때 바라는 것이 과거와는 달라졌다는 사실을 발견했다. 그들이 최초로 구입하는 집은 부부가 남은 일생 동안, 또는 적어도 매우 긴 세월 동안, 그 곳에서 살기를 바라는 영원한 집을, 즉 주택이 그들의 할아버지 세대에게 의미했던 그런 것을 더 이상 대변하지 않았다. 1970년대의 젊은 부부들은 자신들의 최초의 집을 구입할 때 하나의 가치만 보는 것이 아니라, 두 가지 다른 '가치'를 보고 구입했다. 자신들은 몇 년 간 견딜 수 있는 집을 구입했다. 그리고 그들은 또한 수 년 후 자신들의 '진짜 집', 즉 더 크고, 훨씬 더 고급이고, 더 나은 이웃에, 학군도 더 좋은 주택을 구입하는 선택권까지 구입했던 것이다. 그러나 이처럼 훨씬 더 비싼 영구적인 주택의 할부금을 지불하기 위해서는, 그들은 최초로 장만한 주택에서 재산을 축적하는 것이 필요했을 것이다. 젊은 부부들은, 비록 그들의 자금 형편상 그 '기본주택' 밖에 구입할 수 없었지만, 그들과 동 시대 사람들이 진정 바라는 것은 그런 '기본주택'이 아니라는 사실을 잘 알고 있었다. 그러므로 그들은, 자신들이 그 '기본주택'을 적정한 가격에 되팔 수 없으리라는 것을 두려워했는데, 그것은 완벽하리만치 합리적인 판단이었다. 따라서 '기본주택'은 훗날 '진짜 집'을 사기 위한 선택권이 아니라, 그들의 진정한 주택의 필요성과 욕구를 충족시키는 데 심각한 장애물이 될 터였다.

1950년의 젊은 부부들은 아직도 자신들을 대체로 '근로 계층'이라고 인식하고 있었다. 그리고 서구의 '근로 계층'에 속하는 사람들은, 일단 자신들이 도제교육을 마치고 전일제 일자리를 잡고 나면, 자신들의 소득과 생활수준이 실질적으로 더 증가하리라고 기대하지 않는다. 연공서열 제도는 근로 계층에 속하는 사람들에게는 더 나은 소득을 의미하는 것이 아니라(일본은 중요한 예외다) 더 큰 직업 안정성을 의미한다. 그러나 '중산층'에 속하는 사람들은 전통적으로 가장이 45세 또는 48세가 될 때까지는 가구 소득이 꾸준히 증가한다는 것을 기대할 수 있다. 1950~75년 사이, 교육과 기대와 직업이라는 측면에서 미국 젊은 성인들의 현실과 자신에 대한 이미지 둘 다가 '근로 계층'에서 '중산층'으로 바뀌었다. 그리고 이런 변화와 더불어, 젊은 이들이 최초로 구입하는 주택이 의미하는 바가, 그리고 그것에 관련된 '가치'가 급격히 바뀌었다.

일단 이런 사실을 이해하고 나자, 그리고 여러 주말에 걸쳐 주택구입에 관심 있는 사람들의 이야기를 듣고 나자 경영혁신은 쉽게 성공할 수 있었다. 그가 만든 주택 그 자체는 거의 변화가 없었다. 다만, 부엌을 재설계하고 다소 면적을 넓게 했을 뿐이다. 주택의 다른 부분은 일반 주택업자가 팔지 못하고 있던 똑같은 '기본주택' 그대로였다. 그러나 그는 자신이 판매하는 주택을 '당신의 집'이라는 개념으로 접근하는 것이 아니라, 그것을 '당신이 처음으로 구입하는 집'이라는 개념으로, 그리고 '당신이 바라는 집을 만들기 위해 벽돌을 쌓는 집'으로서 접근했다. 구체적으로, 이것은 젊은 부부에게 둘 다 보여주는 것을 의미했다. 하나는 지금 서 있는 그대로의 집, 즉 '기본주택'을 보여주고, 다른 하나는 앞으로 욕실 하나, 침실 하나 내지 둘, 그리고 지하실의 '가족 거실'을 추가했을 때와 같은 모습을 가진 주택을 보여주는 것이었다. 정말이지, 그 주택업자는 '기본주택'을 '평생 살 집'으로 전환하는 데 필요한 시당국의 허가까지도 이미 받아놓았다. 더욱이 그 주택업자는 젊은 부부들에게 그들이 구입한 최초 주택의 재판매 가격을 확정했으며, 만약 5~7년 이내에 그들이 두번째의 더 크고 '평생 살 집'을 자신의 회사로부터 구입할 경우, 그것을 두번째 주택 가격에서 공제해 준다고 보증했다. 그는 "여기에는 실제로 아무런 위험이 따르지 않습니다"라고 하면서 다음과 같이 설명했다. "결국 인구구조를 보면 1980년대 말 또는 1990년대까지는 '최초의 집'에 대한 수요는 계속 증가한다는 것을 알 수 있고, 그 동안 1961년 '출산율 저하' 시대에 태어난 아이들이 25세가 될 것이고, 또한 그들도 자신들의 가족을 형성하기 시작할 것이니까요."

그 주택업자가 실패를 혁신으로 전환시키기 전에는, 그는 겨우 어느 대도시 지역에서 사업을 하고 있었고, 그것도 소규모 업자에 지나지 않았다. 그는 5년 후에는 7개의 대도시 지역에서, 그것도 각 지역에서 1위 또는 1위에 못지않는 2위 자리를 차지할 수 있었다. 심지어 1981~82년 두 해에 걸친 심각한 건설 불황기에도, 그리고 불황이 너무도 심각해서 미국의 대규모 건설업자들 가운데 몇몇 회사들은 1년 내내 단 한 채도 팔지 못했던 기간에도 이 혁신적인 건설업자는 계속 성장했다. 동사의 창업자는 다음과 같이 설명했다. "내가 성공한 한 가지 이유는, 첫번째 집을 구입하는 고객들에게 재판매 가격을 보증하는 조건을 제시하기로 결정했을 때 심지어 나 자신도 예측하지 못한 어떤 것이 일어났기 때문이다. 그 정책으로 인해 우리는 튼튼하고도 여전히 새집이나 다름없는 주택들을 꾸준하게 확보할 수 있었다. 이들 주택은 단지 조금만 수리를 하면 되었으며 그 다음에는 그것을 첫번째의 집을 구입하러 오는 새로운 고객에게 꽤 적절한 이익을 붙여서 되 팔 수 있었다."

예상치 못했던 실패에 직면했을 때 경영자들은, 특히 대조직의 경영자들은 더 많은 연구와 더 많은 분석을 실시하려는 경향이 있다. 그러나 자물쇠 이야기와 '기본주택' 이야기 둘 다가 보여주는 것과 같이, 그것은 잘못된 반응이다. 예상치 못했던 실패는 당신이 직접 나가서, 둘러보고, 들어볼 것을 요구한다. 실패는 언제나 혁신 기회를 제공하는 징후라고 간주되어야 하며, 또한 그런 방식으로 진지하게 다루어져야 한다.

납품업자의 처지에서 일어난 예상치 못했던 사건, 그리고 고객에게서 일어난 예상치 못했던 사건을 관찰하는 것도 역시 중요하다. 예를 들면 맥도널드 햄버거는 그 창업자인 레이 크록(Ray Kroc, 1902-83)이 한 고객의 예상치 못했던 성공에 주목했기 때문에 시작된 사업이다. 그 당시 크록은 햄버거 가게에 밀크셰이크 도구를 팔고 있었다. 그는, 자신의 고객들 가운데 캘리포니아의 외딴 소도시에서 조그만 햄버거 가게를 하는 한 사람이 그 위치나 점포의 크기에 걸맞지 않을 정도로 여러 대의 밀크셰이크 도구를 구입했다는 사실을 알았다. 그는 조사에 착수하고는 자신의 가게를 체계화해 사실상 패스트푸드 사업을 재창조한 한 노인을 만났다. 크록은 그 노인의 가게를 매입했다. 그리고 그것을 원주인의 예상치 못했던 성공을 바탕으로 수십억 달러의 사업으로 발전시켰다.

경쟁자의 예상치 못했던 성공 또는 실패도 마찬가지로 중요하다. 어느 쪽이든 간에, 우리는 그런 사건을 혁신 기회의 징후일 수 있다고 생각하고 진지하게 취급해야 한다. 단순히 '분석'만 해서는 안 된다. 밖으로 나가서 조사를 해야 한다.

이 책의 주제인 경영혁신은 조직적이고, 체계적이고, 합리적인 활동이다.

그러나 이것은 관념적 활동인 동시에 지각활동이다. 분명히 말하건대, 혁신가가 파악하고 배운 것은 철저하게 논리적으로 분석해야 한다. 직관만으로는 충분하지 않다. 정말이지 만약 '직관'이 '내가 느끼는 것'을 뜻한다면 그것은 아예 도움이 안 된다. 왜냐하면 그것은 대체로 '내가 그것을 있는 그대로 인식하는 것'이라기보다는 '그것이 그렇게 되기를 내가 바라는 것'이라는 말을 다른 방식으로 표현한 것이기 때문이다. 하지만 실험을 해보고, 시험생산을 해보고, 평가를 하는 등 필요한 모든 요건을 갖춘 분석은 변화에 대한 지각, 기회에 대한 지각, 새로운 현실에 대한 지각, 그리고 사람들 대부분이 현실이라고 여전히 매우 확신하고 있는 것과 실질적으로 새로운 현실이 된 것 사이의 불일치 현상에 대한 지각에서부터 출발해야 한다. 분석을 하려면 "나는 분석할 만큼 잘 알지 못하고 있습니다. 그러나 나는 밝혀내고 말겠습니다. 나는 바깥으로 나가서, 둘러보고, 물어보고, 들어보아야겠습니다"라고 기꺼이 말할 의도가 있어야 한다.

예상치 못했던 사건이 그토록 풍부한 경영혁신의 원천이 되는 이유는, 그것이 우리의 선입관, 가정, 그리고 신념을 뒤흔들어 우리를 각성케 하기 때문이다.

사실은 심지어 현실이 변한 이유를 기업가가 이해할 필요마저도 없다. 앞에서 말한 두 개의 사례에서, 무슨 일이 왜 일어났는지 파악하는 일은 쉬웠다. 흔히 우리는 어떤 사건이 발생했을 때 그 이유에 대해서는 별다른 단서 없이도 그것을 알게 된다. 게다가 우리는 그것만으로도 성공적으로 경영혁신을 추진할 수 있다.

여기에 하나의 예가 있다.

1957년 포드 자동차의 에드셀(Edsel) 모델의 실패 사례는 미국 산업계에서는 상식이다. 심지어 에드셀이 실패했을 당시에 태어나지도 않았던 사람들까지 이에 대해 알고 있다. 적어도 미국에서는 말이다. 그러나 에드셀이 무모한 도박이었다는 일반적인 믿음은 전혀 오해다.

기업 역사상 에드셀보다도 더 신중하게 설계되었고, 한층 더 주의 깊게 생산되었고, 더욱더 교묘하게 판매활동을 전개했던 제품들은 매우 드물 정도다. 에드셀은 미국의 기업 역사상 가장 철저하게 계획된 전략 가운데서도 최종 단계에 출하하기로 계획된 제품이었다. 포드 자동차가 제2차 세계대전 후 거의 도산상태에서 공격적인 경쟁자로 변신하고, 미국 시장에서 강력한 제2인자가 되고, 몇 년 뒤에는 급속히 성장하는 유럽 시장에서 제1위의 자리를 넘보는 10년에 걸친 캠페인의 마지막 단계에 말이다.

1957년까지 포드는 미국의 4대 자동차 시장 중 3대 시장에서 강력한 경쟁자의 위치를 성공적으로 다시 확보했다. '표준 시장'에서는 포드(Ford) 상표로, '중하급 시장'에서는 머큐리(Mercury)로, '상급 시장'에서는 콘티넨털(Continental)로 경쟁하고 있었다. 그 다음 에드셀은 나머지 하나의 세분 시장, 즉 '중상급 시장'을 목표로 설계된 것인데, 이 시장에서는 포드의 가장 큰 경쟁자인 GM이 뷰익(Buick)과 올스모빌(Oldsmobile)을 내놓고 있었다. 이 '중상류 시장'은 제2차 세계대전 이후 시기 자동차 시장에서 가장 빠르게 성장하는 부문이었다. 그리고 '빅3' 가운데 한 업체인 크라이슬러(Chrysler)가 강력하게 진출하지 않고 있어서 포드에게는 문이 환하게 열려 있었다.

포드 자동차는 매우 오랜 세월에 걸쳐 에드셀을 기획 · 설계했는데, 설계 과정에는 시장조사를 통해 획득한 최고의 정보를 반영했다. 즉 차체의 외관과 스타일에 대한 고객의 선호를 파악하기 위해 최고의 정보를 수집했으며, 품질관리 측면에서는 최고의 기준을 설계에 반영했다.

하지만 곧바로 에드셀은 완전 실패로 끝났다.

이에 대한 포드 자동차의 대응이 매우 뜻깊은 것이었다. 포드 자동차의 경영자들은 '비합리적인 소비자'를 탓하는 대신에, 자동차산업에 종사하는 모든 사람이 소비자행동에 대해 현실이라고 믿고 있는 가정들, 즉 오랫동안 당연한 원칙이었던 가정들과는 일치하지 않는 뭔가가 일어나고 있다고 판단했다.

포드 자동차의 결정, 즉 밖으로 나가서 조사를 해보자고 한 결정의 결과는 1920년대 알프레드 슬로언(Alfred Sloan, 1875-1966)이 미국의 자동차 시장을 사회경제적으로 세분한 이래 미국 자동차산업에서 볼 수 있는 단 하나의 진정한 경영혁신이었다. 슬로언은 미국의 자동차 시장을 인구구조의 소득에 따라 '하급 시장', '중하급 시장', '중상급 시장', 그리고 '상급 시장' 등 4가지로 분류했다. 이 같은 통찰력을 바탕으로 그 다음 그는 GM을 성장시켰다.

포드 자동차의 경영자들이 밖으로 나가 조사를 한 뒤 곧 그들은 슬로언의 시장분류가 전혀 다른 새로운 종류의 시장, 즉 지금 우리가 말하는 '라이프 스타일별'로 시장이 빠르게 대체되고 있거나, 또는 적어도 이것과 병행하고 있다는 사실을 발견했다. 그 결과 에드셀이 실패한 후 얼마 되지 않아 등장한 것이 바로 선더버드(Thunderbird) 모델이었는데, 이것은 1908년 헨리 포드(Henry Ford. Sr., 1863-1947)가 모델 T를 출하한 이래, 미국 자동차사상 가장 위대한 성공작이 되었다. 선더버드는 포드를 GM의 어린 동생이자 영원한 모방자가 아니라, 자력으로 주요 자동차 메이커가 되도록 다시 일으켰다.

하지만 오늘날까지도 우리는 무엇이 자동차 시장의 변화를 불러왔는지 확실히 모르고 있다. 그 변화는, 대체로 그것을 설명할 때 인용되는 사건들, 즉 '베이비 붐'의 결과로 인구구조의 중심이 10대로 이동했다는 것, 고등교육이 폭발적으로 확대되었다는 것, 또는 성에 대한 태도가 변했다는 것보다도 훨씬 전에 일어났다. 게다가 우리는 '라이프 스타일'이 무엇을 의미하는지조차 확실히 알지 못하고 있다. 라이프 스타일에 관해 설명하려고 한 지금까지의 모든 노력은 허사였다. 우리가 알고 있는 것은 다만 무엇인가가 일어났다는 것뿐이다.

그러나 예상치 못했던 성공이든 또는 예상치 못했던 실패든 간에, 예상치 못한 그것을 효과적이고도 의도적인 경영혁신을 추진하기 위한 기회로 삼기만 하면 충분한 것이다.

3

예상치 못했던 외부의 사건

지금까지는 기업 내부 또는 산업 내부에서 일어나는 예상치 못했던 성공과 예상치 못했던 실패에 대해 논의했다. 그러나 외부에서 일어나는 사건, 즉 경영자가 자신의 조직을 운영하는 데 필요한 정보와 숫자로서 보고되지 않는 사건도 마찬가지로 중요하다. 정말이지, 그것들은 때로는 더 중요하다.

앞으로 예상치 못했던 외부 사건의 전형적인 예와 그것을 경영혁신의 주요 기회로서 활용하는 방법을 보여주는 몇 가지 사례를 소개한다.

하나의 사례는 IBM과 개인용 컴퓨터(personal computer)에 관한 이야기다.

IBM의 경영자들과 기술자들이 회사 내에서 아무리 서로 의견이 대립했다 해도 1970년대에 깊숙이 접어들기까지는 단 한 가지 점에 대해서만은 전적으로 의견이 일치했었다. 컴퓨터의 미래는 끊임없이 커지는 기억용량과 계산능력을 가진 중앙집중식 '메인프레임' 컴퓨터로 결판이 난다는 것이었다. IBM의 기술자들은 그렇지 않은 다른 컴퓨터는 비용이 너무 많이 들고, 너무 복잡하고, 성능에 한계가 있게 마련이라고 자신만만하게 증명할 수 있었다. 따라서 IBM은 메인프레임 컴퓨터 시장에서 자사가 누리고 있는 주도권을 유지하기 위해 온갖 노력과 자원을 집중했다.

그런데 1975~76년경 모두가 깜짝 놀랄 만한 사실이 나타났는데, 열두세 살배기 아이들이 컴퓨터게임을 하기 시작했던 것이다. 그것은 그들의 아버지들이 심지어 가장 성능이 낮은 메인프레임 컴퓨터보다도 훨씬 더 용량이 작은 별도의, 소규모의, 그리고 개인 용도의 자신들만의 사무용 컴퓨터 또는 개인용 컴퓨터를 원했던 바로 그 시점이었다. IBM의 경영자들이 예측했던 바로 그 무서운 일들이 실제로 일어난 것이다.

개인 용도의 컴퓨터는 메인프레임 컴퓨터에 접속된 '단말기' 보다도 몇 배나 비싸지만 성능은 훨씬 못하다. 개인용 컴퓨터는 기종과 각각의 프로그램이 너무도 다양화되고, 실질적으로 호환성이 너무도 작기 때문에 모든 면에서 혼란이 생겼고 서비스와 수리도 엉망이 되었다. 그러나 그것은 소비자에게는 문제가 되지 않는 것으로 보인다. 오히려 미국 시장에서 개인용 컴퓨터는 1979~84년까지 5년이란 짧은 기간 동안에 '메인프레임' 이 30년 간 걸려 도달한 연간 매출액 수준, 즉 150억~160억 달러라는 거액에 이르렀다.

IBM은 이런 사태의 발전 추세를 무시할 것으로 기대될 수 있었다. 그러나 반대로, 일찍이 1977년, 개인용 컴퓨터의 매출액 규모가 전세계적으로 아직은 2억 달러가 채 안 되던 시기에(메인프레임 컴퓨터 시장은 70억 달러인 시기에), IBM은 여러 개의 태스크포스(task force) 팀을 만들어 개인용 컴퓨터를 개발하도록 경쟁을 시켰다. 그 결과, IBM은 개인용 컴퓨터 시장이 폭발적으로 확대되는 시기인 1980년 자사의 상표를 단 개인용 컴퓨터를 생산했다.

그로부터 3년 후인 1983년, IBM은 개인용 컴퓨터의 생산에 있어 세계 선두주자가 되었으며, 이 새로운 분야에서 과거 메인프레임 컴퓨터 시장에서 누렸던 것과 거의 같은 주도적 지위를 확보했다. 또한 1983년에는 뒤이어 '피너츠(Peanut)'라는 상표를 단 자사만의 초소형 '가정용 컴퓨터'를 선보였다.

IBM 경영자들과 이런 모든 것에 대해 토의를 할 때면, 나는 항상 다음과 같은 동일한 질문을 한다. "IBM 경영자들은 모두 이런 일이 일어날 수도 없고 무의미한 것이라고 그토록 철저히 확신하고 있을 때, 또 다른 한편으로 IBM의 모든 사람들이 이런 변화를 기회로 인식한 것을 어떻게 설명할 것인가?" 그리고 나는 언제나 다음과 같은 동일한 대답을 듣는다. "정확히 말해 이런 사태는 일어날 수 없었고 또 전혀 무의미하다는 것을 우리가 알고 있었다는 바로 그 이유 때문에, 개인용 컴퓨터의 보급이 우리에게 심각한 충격으로 다가온 것입니다. 우리가 가정했던 것, 우리가 그처럼 절대적으로 확신하고 있던 모든 것이 갑자기 무너지고 있다는 것을 인식했고, 그러고는 일어날 수 없다고 생각했지만 일어나고만 사태를 활용하기 위해 우리는 밖으로 나가 보아야 하고 또 스스로 조직해야 한다는 것을 알았던 것입니다."

두번째 사례는 훨씬 더 평범한 이야기다. 그러나 별다른 흥미는 없지만 교훈을 얻는다는 점에서는 앞의 것보다 조금도 덜하지 않다.

미국은 책을 사보는 나라인 적이 한번도 없었는데, 그 한 이유는 어디에나 무료 공립도서관이 있기 때문이다.

1950년대 초 TV가 등장해 점점 더 많은 미국인들이, 특히 일생에 걸쳐 가장 책을 많이 읽어야 하는 사람들, 즉 고등학교와 대학에 다니는 학생들이 점점 더 많은 시간을 브라운관 앞에서 보내기 시작하자, 도서 판매량이 급격히 떨어질 것이라고 "모두가 알고 있었다." 당황한 출판사들은 '하이테크 미디어', 즉 교육영화 또는 컴퓨터 프로그램으로 서둘러 다양화하기 시작했다(결과적으로 모두 실패했다). 하지만 출판사가 도산하기는커녕, TV가 처음 등장한 이후 미국의 도서 판매량은 대폭 늘어났다. 도서 판매량은 가족의 소득, '독서를 해야 하는 연령'의 인구, 또는 심지어 고등 학위취득 인구수와 같은 모든 지표들이 예측한 것보다 몇 배나 빠르게 증가했다.

왜 이런 일이 일어났는지는 아무도 모른다. 정말이지, 진실로 무슨 일이 일어났는지 아무도 잘 모른다. 전형적인 미국 가정에서 책은 예전과 마찬가지로 여전히 드물다(사실 이 점은 국민 1인당 책을 다른 어느 국가보다도, 그리고 미국보다도 두 배나 많이 구입하는 국가인 일본에서도 마찬가지다―저자 주).

그렇다면 이 많은 책들이 어디로 팔려나갔는가? 이 질문에 대답을 얻지 못했다고 해서 책이 더 많이 팔리고 있는 현실이 바뀌지는 않는다.

출판사와 기존의 서점 모두 도서 판매량이 내내 치솟고 있다는 것을 물론 알고 있었다. 그러나 그들은 그런 새로운 현상에 대해 아무것도 하지 않았다. 반면에 그런 예상치 못했던 사건을 미니애폴리스와 로스앤젤레스에 있는 백화점과 같은 몇몇 대규모 소매점이 이용했다. 이들 대규모 소매점은 책과는 아무런 관계가 없었고 아는 것이라고는 소매 판매행위뿐이었다. 그것들은 미국의 전통적인 서점과는 전혀 다른 서점 체인을 시작했다. 기본적으로 그것들은 슈퍼마켓이었다. 그것들은 책을 문학으로 취급한 것이 아니라 '대량 상품'으로 취급했다. 그리고 그것들은 진열장 면적당 최대 매출을 올리는, 회전이 빠른 책들에 초점을 맞추었다. 서점 사업을 하는 사람은 모두 서점이 임대료가 싼 위치에, 더욱 좋기로는 대학 근처에 있어야 한다는 것을 내내 알고 있었는데 반해, 그것들은 임대료는 비싸지만 사람들이 많이 다니는 쇼핑센터에 자리를 잡고 있었다.

전통적으로 서점 주인들은 스스로 '문학적 기질'이 있는 사람이었으며, 그리고 '책을 좋아하는 사람'을 점원으로 고용하려고 노력했다. 대규모 소매점이 시작한 서점 체인의 경영자는 과거에는 화장품 판매원이었다. 그들 사이에 가볍게 하는 농담은, 책에 붙어 있는 가격표 이상의 것을 읽으려고 하는 서적 판매원이 있다면 그가 누구든 간에, 그는 서적 점원으로서는 성공할 가망이 없는 자질이 넘치는 사람이라는 것이다.

10년이 지난 현재 그 새로운 서점 체인은 미국의 소매업계에서 가장 성공적이고 또 빨리 성장하는 부문이 되었다. 그리고 미국을 통틀어 가장 빠르게 성장하는 새로운 사업으로 자리를 잡고 있다.

이들 사례는 각각 진정한 경영혁신을 대변하고 있다. 그러나 그 가운데 어느 것도 다양화를 추진했다는 것을 의미하지는 않는다.

IBM은 컴퓨터 사업에 머물렀다. 그리고 서점 체인도 오랫동안 소매업, 쇼핑센터, 또는 '화장품' 사업을 경영해 온 사람들이 운영했다.

예상치 못했던 외부 사건을 혁신의 기회로 활용해 성공하기 위한 조건은, 그 예상치 못했던 외부 사건과 자신이 운영하고 있는 사업의 전문지식과 경험이 서로 맞아 떨어져야 한다는 것이다. 소매업에 대한 전문지식이 없이 새로운 도서 시장에 뛰어든, 또는 대량 판매업에 진출한 회사들은, 심지어 대규모 회사들도 한결같이 실패했다.

따라서 예상치 못했던 외부의 사건은 무엇보다도 기존의 전문지식을 새로운 분야에 응용하는 기회가 될 수 있다. 그러나 그 경우에도 '우리가 이미 하고 있는 사업'의 성격을 바꾸지 않는 분야에 적용해야 할 것이다. 이것은 사업을 다양화하는 것이 아니고 기존 사업의 연장이다. 게다가 앞의 사례에서 보는 바와 같이 예상치 못했던 외부의 변화는 또한 제품의 혁신, 그리고 종종 서비스와 유통경로의 경영혁신을 요구한다.

위의 사례에서 두번째로 주목해야 할 점은 그것들이 모두 대기업과 관련된다는 것이다. 물론, 이 책의 많은 사례들은 다른 경영학 서적에서와 같이 대기업 사례들을 들지 않을 수 없었다. 일반적으로, 그것들만이 입수 가능한 유일한 것들이며, 발표된 자료를 통해 확인할 수 있는 것이며, 그리고 신문이나 잡지의 비즈니스 란에서 논의되는 것들이다. 소규모 기업의 사례들은 수집하기가 훨씬 더 힘들고, 때로는 기업의 기밀을 누설하지 않고는 논의를 할 수가 없다.

그러나 예상치 못했던 외부의 사건은 특히 기존의 기업, 그리고 상당한 규모를 가진 기업에 적합한 경영혁신의 기회인 것처럼 보인다. 나는 예상치 못했던 외부의 사건을 성공적으로 활용한 중소기업에 대해서는 거의 모르고 있다. 기업가정신과 경영혁신에 대해 연구하는, 내가 가르친 다른 어떤 학생들도 그 점은 마찬가지였다. 이는 우연의 일치인지도 모른다. 그러나 아마도 기존의 대기업은 '넓은 시야'를 갖고 사물을 볼 가능성이 더 크기 때문일 것이다.

소비자가 잔돈을 어디에서 어떻게 쓰는가를 설명해 주는 통계를 늘 들여다보는 것은 미국의 대규모 소매업자들이다. 대규모 소매업자들은 역시 쇼핑센터의 입지에 대해서, 그리고 더 나은 입지를 구하는 방법도 잘 알고 있다. 그리고 소규모 기업이 IBM이 했던 것을, 그리고 일류 디자이너와 기술자로 구성된 4개의 태스크포스 팀을 만들어 일련의 새로운 제품을 개발하기 위해 투입할 수 있었겠는가? 급성장하는 산업분야에 속해 있는 좀더 규모가 작은 하이테크 기업은 일반적으로 심지어 자신의 기존의 업무에 그런 우수한 사람들을 투입하려 해도 부족한 법이다.

예상치 못했던 외부의 사건은 어쩌면 대규모 기업에게는 최소의 위험에다 최대의 기회를 제공하는 혁신 영역이 될지도 모른다. 예상치 못했던 외부의 사건은 특히 규모가 큰 기존의 기업이 추진하는 경영혁신에 적합한 분야일지도 모른다. 그것은 전문기술이 결정적으로 중요한 분야일지도 모르며, 그리고 자원을 재빨리 동원하는 능력의 유무가 가장 큰 차이를 내는 분야일지도 모른다.

그러나 앞의 사례들이 또한 보여주는 바와 같이, 단순히 규모가 크고 기반이 튼튼한 기업이라고 해서 그 기업이 예상치 못했던 외부의 사건을 인식하고, 그것을 활용하려고 스스로 성공적으로 준비할 것으로 보증하지는 않는다.

IBM의 미국 경쟁자들은 모두 수십억 달러의 매출을 가진 대기업들이다.

그 가운데 어느 것도 개인용 컴퓨터를 개발하지 못했다. 그들은 모두 IBM 과 싸우느라 정신없었다. 그리고 미국의 대규모 서점 체인들 가운데 단 하나도, 예컨대 뉴욕의 브렌타노(Brentano)도 새로운 도서 시장의 출현을 기회로 활용하지 못했다.

달리 말해, 기회는 늘 있다. 그것은 커다란 기회이고 또 자주 찾아온다. 게다가 그런 기회가 오면, 그것은 커다란 약속이며, 특히 기존의 규모가 상당히 큰 기업에게는 각별히 그렇다. 하지만 그런 기회는 단순히 행운이나 직관만으로 되는 것이 아니라 그 이상의 것을 필요로 한다. 그런 기회들은 기업으로 하여금 경영혁신의 기회를 찾아나설 것을, 그것에 필요한 조직을 갖출 것을, 그리고 그것을 활용할 수 있도록 관리할 것을 요구한다.

04 원천 2
불일치

불일치(incongruity)란 현재의 것과 '당연히' 그래야 하는 것, 또는 실제 현실의 모습과 모두가 그래야 한다고 가정하고 있는 현실의 모습 사이의 괴리이자 부조화다. 우리는 불일치가 발생한 이유를 잘 모를 수도 있다. 정말이지, 때로는 그 차이를 느끼지 못하는 경우도 많다. 그럼에도 불구하고 어떤 불일치 현상이 나타나면 그것은 경영혁신의 기회가 왔음을 알리는 한 징후인 것이다. 지질학자의 용어로 표현하면, 이는 지하에 '단층'이 있다는 것을 알려주는 것이다. 그런 단층은 바로 경영혁신을 위한 초대장이다. 그것은 불안정 상태를 창출하는데, 그런 불안정 상태에서는 비교적 작은 노력으로도 큰 것을 이동할 수 있으며, 그리고 경제의 모습 또는 사회의 모습에 변혁을 불러올 수 있다. 그러나 불일치는 경영자들이 받아보고 주의를 기울이는 통계숫자나 보고서에 대체로 잘 나타나지 않는다. 각종 불일치는 양적인 것이라기보다는 질적인 것이기 때문이다.

성공 여부에 관계없이 예상치 못했던 사건과 마찬가지로, 불일치는 변화의 징후다. 그 변화가 이미 발생했던 것이든 또는 앞으로 발생할 수 있도록하는 것이든 간에 말이다. 예상치 못했던 사건의 저변에 깔려 있는 변화와 마찬가지로, 불일치의 저변에 깔려 있는 변화는 산업, 시장, 프로세스 내에서 발생하는 변화다. 그러므로 불일치는 산업, 시장 또는 프로세스 내부에 있거나 근접해 있는 사람들은 명확하게 인식할 수 있다. 그것은 그들 눈앞에 직접 놓여 있다. 하지만 그런 불일치를 당연한 것으로 간주하는 경향이 있는 내부 사람들은 종종 그것을 무심코 지나쳐버리는 경우가 많다. 그들은 "그것은 항상 그랬던 그대로이다"라고 말하곤 하는데, 심지어 "항상 그랬다"라는 것이 아주 최근에 발생한 사태인데도 말이다.

불일치의 종류를 몇 가지로 나누어 보면 다음과 같다.

- 어떤 한 산업(또는 어떤 한 공공서비스 분야)의 경제적 현실들 사이의 불일치
- 어떤 한 산업(또는 어떤 한 공공서비스 분야)의 현실과 그 현실에 대한 제반 가정들 사이의 불일치
- 어떤 한 산업(또는 어떤 한 공공서비스 분야)에 투입되는 노력과 그 산업의 고객 가치관 및 기대 사이의 불일치
- 프로세스의 리듬 또는 논리의 내부적 불일치

1

일치하지 않는 경제적 현실

만약 어떤 제품 또는 서비스에 대한 수요가 꾸준히 증가하면 사업의 경제적 성과 또한 지속적으로 개선되어야만 한다. 수요가 안정적으로 증가하는 산업에서는 이익을 내기가 용이해야만 한다. 시류를 탄다는 말이다. 이 같은 시류에 편승한 산업에서 수익성이 좋지 않거나 결과가 미흡하다는 것은 경제적 현실들 사이에 불일치가 존재한다는 것을 대변한다.

전형적으로, 그런 불일치는 한 산업 전체 또는 한 서비스 부문 전체에서 일어나는 거시적인 현상이다. 그러나 혁신의 주요 기회는 일반적으로 규모가 작은 고도로 특성화된 신생 기업, 새로운 프로세스, 또는 새로운 서비스에 있다. 그리고 대체로 이런 불일치를 이용하는 혁신 기업은, 기존의 기업

들 또는 공급자들이 자신들이 새로운 위험스러운 경쟁에 직면하고 있다는 사실을 인식할 때까지 오랫동안 비경쟁적 상황에서 홀로 이익을 즐길 수 있다. 왜냐하면 기존의 기업들은 수요의 증대와 뒤지는 수익성 사이의 괴리를 메우기 위해 너무도 바쁜 나머지, 다른 기업들이 다른 방식으로 사업을 한다는 사실을 거의 느끼지 못하기 때문이다.

종종 우리는 무슨 일이 진행되는지 이해하고 있다. 그러나 때로는 수요의 증대가 더 나은 경영성과로 연결되지 않는 이유를 파악하는 것이 불가능한 경우도 있다. 따라서 혁신가들은 왜 일이 예상한 대로 진행되지 않는지 그 이유를 이해하고자 항상 노력할 필요는 없다. 그 대신 그는 다음과 같은 질문을 해야 한다. "이런 불일치에서 무엇을 이용할 것인가? 무엇이 그것을 기회로 전환시킬 것인가? 무엇을 할 수 있는가?" 경제적 현실들 사이의 불일치는 행동을 요구하는 하나의 신호다. 때로는 심지어 문제 그 자체가 상당히 불분명하더라도 취해야 할 행동은 비교적 명백하다. 그리고 때로는 우리가 문제를 완벽히 이해하는데도 반대로 그것에 대해 무엇을 해야 할지를 모르는 수도 있다.

철강산업의 '미니밀'은 불일치를 성공적으로 활용한 경영혁신의 좋은 사례다.

제1차 세계대전 이후 50년 이상 동안, 선진 공업국의 대규모 종합제철 공장이 좋은 업적을 남긴 것은 오직 전시(戰時)뿐이었다. 평화시 제철산업의 성과는 적어도 1973년까지는 철강수요가 꾸준히 늘어났음에도 불구하고 한결같이 부진했다.

이런 불일치 현상에 대한 이유는 오래 전부터 알려져 있었다. 종합제철 공장에서는 다소나마 수요가 증가하는 경우 그것을 충족시키기 위해 필요한 최소한 증설에조차 매우 큰 투자를 해야 하고 또 생산능력을 실질적으로 확대해야 한다. 따라서 기존의 제철소를 증설하게 되면, 철강 수요라는 것은 전시를 제외하면 항상 소규모로 점차 높은 수준으로 올라가기 때문에, 수요가 새롭게 확대된 생산능력 수준에 이를 때까지 몇 년 동안 가동률은 매우 낮을 가능성이 높다. 그러나 수요가 점증하는데도 설비능력을 확대하지 않는 것은 시장점유율을, 그리고 그것도 영원히 상실하는 것을 의미한다. 그런 위험을 감수할 수 있는 기업은 없다. 그러므로 철강산업은 오직 몇 년 동안만 수익성을 즐길 수 있다. 모든 철강회사가 신규 설비를 증설하기 시작한 시기와 그 신규 설비가 제품을 쏟아내는 시기 사이의 몇 년 동안만 말이다.

게다가 또한 오랫동안 알려져온 것과 같이 1870년대에 발명된 철강생산 프로세스는 근본적으로 비경제적이었다. 제철 프로세스는 물리적인 법칙에 반하고 있었으며, 따라서 경제법칙에도 위배되고 있다는 것을 의미한다. 물리학에서는 중력이나 관성의 법칙에 어긋나지 않는 한, 낮든 높든 간에, 온도의 변화에 많은 노력을 필요로 하지 않는다. 종합제철 프로세스에서는 네 번이나 아주 높은 온도로 가열하고는 다시 냉각하기를 반복하고 있다. 그리고 그 과정에서 고열의 중량물을 들어올리고, 그 다음에는 상당히 먼 거리를 이동한다.

이런 고유한 약점을 완화시켜 줄 프로세스를 처음으로 혁신하면 생산비를 크게 줄일 수 있을 것이라는 점은 오래 전부터 분명하게 알려져 있었다. 이것이 바로 '미니밀'이 한 일이다. 미니밀은 결코 '작은' 공장이 아니다. 최소 경제규모로도 대략 1억 달러의 매출을 올린다. 그러나 그것은 종합제철소의 최저 경제규모에 비하면 여전히 약 6분의 1에서 10분의 1 정도다. 그러므로 기존의 시장으로부터 철강에 대한 비교적 규모가 작은 추가적인 수요가 발생한다 해도 이를 공급하기 위해 경제적으로 미니밀을 증설할 수 있다. 미니밀은 오직 한 번만 가열하고는 다시 냉각을 하지 않고 프로세스 내내 그것을 이용한다. 미니밀은 철광석 대신 고철을 사용하고, 그 다음에는 단 하나의 최종 용도의 제품에, 예컨대 판재류, 빔, 철근 등에 특화한다. 그리고 종합제철소는 매우 노동집약적인데 반해, 미니밀은 자동화가 쉽다. 따라서 미니밀은 전통적인 철강 프로세스의 생산비에 비해 절반 미만으로 생산이 가능하다.

정부와 노동조합, 그리고 종합제철소들은 미니밀 도입을 저지하기 위해 모든 대책을 강구해 왔다. 그러나 미니밀은 꾸준히 보급되고 있다. 2000년까지는 미국 철강 소비량의 50% 이상이 미니밀에서 생산될 것으로 보인다. 반면에 대규모 종합제철소는 불가피하게 쇠퇴의 길을 걷게 될 것이다.

그러나 함정도 있는데, 이는 중요한 문제다. 제지산업에는 수요 측면의 경제적 현실과 프로세스상의 경제적 현실 사이에 제철산업과 유사한 불일치가 존재한다. 이 경우만은 우리가 그 불일치를 경영혁신으로 연결시키고, 그리고 기회로 이용하는 방법을 모르고 있다.

모든 선진국과 대부분의 개발도상국 정부의, 아마도 모든 국가의 정부가 동의하는 단 하나의 목적인, 종이의 수요를 증대시키기 위한 지속적인 노력에도 불구하고, 제지산업의 업적은 늘 좋지 않았다. 3년 간의 '기록적인 이익'을 올린 뒤에는 틀림없이 5년 간의 '과잉설비'와 결손이 이어졌다. 아직까지는 제지산업에 있어서는 철강산업의 '미니밀'과 같은 역할을 하는 어떤 것이 개발되지 못하고 있다. 80~90년 전부터 나무의 섬유조직은 단량체(monomer)라는 것이 알려져 있었다. 그리고 일반적으로 생각하기에, 단량체를 중합체(polymer)로 바꾸는 가소체(可塑體, plasticizer)를 찾는 것이 그다지 어렵지 않아야만 했다. 가소체만 개발되면 제지공정은 본질적으로 비효율적이고 낭비적인 기계적 생산공정으로부터 하나의 고유한 효율적인 화학적 생산공정으로 전환할 수 있을 것이다. 정말이지, 목재 펄프로부터 의류용 섬유를 만드는 공정에 관한 한 그런 기술은 거의 100년 전에 개발되었다. 인견사를 만드는 프로세스는 1880년대까지 거슬러 올라간다. 그러나 수백만 달러를 연구개발비로 투입했음에도 불구하고 종이를 그런 방법으로 생산하는 기술은 아직 아무도 개발하지 못하고 있다.

이런 사례가 보여주는 바와 같이, 불일치 상황에서 사용할 혁신적인 해결책은 명확하게 개념을 규정할 수 있는 것이어야만 한다. 그 해결책은 기존의 기술로, 그리고 쉽게 조달할 수 있는 자원으로 실천 가능한 것이어야만 한다. 그 경우에도 물론 고된 연구개발 활동이 뒤따라야 한다. 그러나 만약 많은 연구를 더 해야 되고 새로운 지식이 여전히 필요하다면, 그것은 기업가가 나서기에는 아직 이르고, 또한 "때가 되지 않은 것이다." 경제적 현실들 사이의 불일치를 성공적으로 이용하려는 경영혁신은 복잡하기보다는 단순해야 하며, 거창하기보다는 '명백한' 것이어야 한다.

공공서비스 부문 또한 경제적 현실들 사이에서 커다란 불일치를 발견할 수 있다.

선진국의 의료서비스가 하나의 예다. 1929년까지만 해도, 의료서비스는 선진국의 국민지출에서 그렇게 큰 비중을 차지하지 않았으며, 기껏 GNP 또는 소비자 지출의 1%에도 미치지 못했다. 그로부터 반 세기가 지난 현재 의료서비스는, 특히 병원에 대한 지출은 모든 선진국에서 과거보다 훨씬 더 규모가 커진 GNP의 7~11%에 달하고 있다. 하지만 의료서비스의 경제적 성과는 상승했다기보다는 하락하고 있다. 의료비용은 서비스 수준의 향상보다 훨씬 더 빠르게 상승했다. 아마도 3~4배는 될 것이다. 앞으로 30년 동안 모든 선진국에서는 고령자의 수가 꾸준히 늘어나기 때문에 의료서비스 수요는 계속 증가할 것이다. 그리고 인구의 평균 연령과 밀접한 관계가 있는 의료비용 또한 마찬가지일 것이다.

우리는 이런 현상을 이해하지 못하고 있다〔이 점은 지금까지 있은 의료서비스 문제에 대한 최고의 토론에서, 그리고 모든 선진국을 대상으로 의료서비스 문제를 조사한 단 하나의 토론에서 분명하게 확인되었다. 그 결과는 1984년 4월 29일자 〈이코노미스트(The Economist)〉지에 게재되었다—저자 주〕. 그러나 이 분야에서도 성공적인 혁신이, 비록 간단하지만 구체적인 목표를 노리고 또한 초점을 맞춘 혁신이, 영국과 미국에서 이루어졌다. 그런 혁신은 두 나라의 의료체계가 근본적으로 판이하다는 간단한 이유 때문에 그 결과도 매우 다른 양상을 보여주고 있다. 그러나 두 나라는 자국 의료체계의 구체적인 취약점을 활용하고는 그것을 혁신의 기회로 전환하고 있다.

영국의 경우, '근본적인 경영혁신'은 사적 건강보험의 도입인데, 이는 가장 빠르게 성장하고 있으며 종업원의 복리후생제도로서는 가장 인기가 있다. 사적 건강보험이 하는 것이라고는, 만약 보험가입자들이 '선택적 수술 (elective surgery: '목숨을 위태롭게 하는 질병'은 아니지만 수술을 하지 않고는 근본적으로 개선되지 않는 질병에 대한 수술을 말한다. 예를 들면 백내장 수술, 고관절 대체수술, 정형외과 수술, 또는 탈장 수술 등이다—저자 주)'이 필요하다면, 그가 즉시 전문의를 만날 수 있도록 하고, 대기자의 맨 앞줄로 가서 의료서비스를 받는데 기다리지 않도록 하는 것이다.

왜냐하면 영국의 의료제도는 의료비를 낮게 유지하기 위해서 트라이지 제도(triage, 긴급성과 유효성 기준에 의해 한정된 자원의 선별적 분배방식)를 시도해 오고 있기 때문이다. 사실상 이 제도는 한편으로는 일상적인 질병과, 다른 한편으로는 '목숨을 위태롭게 하는 질병'에 대해서는 의사가 즉각 관심을 갖고 처치를 하지만 다른 질병은 모두, 특히 선택적 수술을 해야 하는 질병은, 지금은 수 년이나 기다리는, 오랜 기간이 걸리는 대기자 명단에 올린다. 반면 건강보험 가입자는 즉시 수술을 받는다.

영국과 달리, 미국은 의료비용에 구애되지 않고 의료서비스에 대한 모든 수요를 충족시키고자 노력해 왔다. 그 결과 미국의 종합병원 의료비는 폭발적으로 상승했다. 이런 현상은 또 다른 혁신 기회를 창출했다. '병원 기능을 해체하는 것' 말이다. 이것은 그런 종합병원이라야만 가능한 고비용의 시설을 필요로 하지 않는 일련의 의료서비스를 종합병원에서부터 별도의 장소로 분리하는 것을 말한다. 예컨대 암을 치료하기 위한 바디 스캐너(body scanner) 또는 코발트 X-선, 고도의 장비를 갖춘 자동화된 의료연구소, 또는 신체재활원 등이다. 이 같은 혁신적 대응들은 하나같이 규모가 작고 또 구체적인 의료서비스를 제공한다. 예를 들면 독립적인 신생아 보육센터는 기본적으로 산모와 신생아에게 숙박시설을 제공하고, 독립적인 '절단' 외과 수술 센터는 병원에 입원하지 않아도 될 수술과 수술 후의 의료서비스를 제공하며, 정신과 진단 및 진찰 센터가 등장했으며, 비슷한 성격의 고령자 의료센터 등이 생겨났다.

이런 새로운 의료센터들이 병원 기능을 대체하는 것은 아니다. 그것들이 실질적으로 수행하는 것은 미국 병원들도 영국 사람들이 자국의 병원에게 안겨준 것과 동일한 역할을 하도록 촉구하는 것이다. 즉 응급치료, 목숨을 위태롭게 하는 질병, 그리고 중증 및 급성 질병을 돌보는 역할 말이다. 그러나 이들 혁신은 영국과 마찬가지로 일차적으로 영리를 추구하는 '영리법인들' 에 의해 추진되고 있으며, 높아만가는 의료수요라는 경제적 현실과 낮아만가는 의료성과라는 경제적 현실 사이의 불일치를 혁신 기회로 전환하고 있는 것이다.

이런 것들은 '규모가 큰' 사례들로서, 주요 산업과 공공서비스 부문에서 발췌했다. 그러나 그렇기 때문에 그런 사례들은 수집 가능하고, 눈에 잘 띄고, 이해가 쉽다는 측면이 있다. 무엇보다도, 이들 사례는 경제적 현실들 사이의 불일치가 왜 그런 커다란 경영혁신 기회를 제공하는지 그 이유를 설명해 준다. 이 같은 산업이나 공공서비스 부문에 종사하는 사람들은 자신들의 조직 내에 기본적인 문제점들이 존재하고 있다는 것을 알고 있다. 그러나 그들은 이들 문제점을 무시하도록 커다란 압력을 받고 있다. 그리고 그 대신 여기를 해결하고, 저기를 개선하고, 이 곳의 불을 끄고, 저 곳의 틈을 메우는 데 집중하지 않을 수 없다. 따라서 그들은 경영혁신을 추진하는 것은 고사하고 진지하게 생각할 수 있는 시간을 갖지 못하고 있다. 일반적으로 그런 문제점들이 너무 커져서 자신들이 종사하는 산업 또는 공공서비스 부문을 잠식하기 전까지는 그들은 심지어 그런 사실을 파악하지도 못하는데, 그 때는 이미 손을 쓸 수가 없게 된다. 그러는 동안 혁신가가 등장해 그런 분야를 자신의 것으로 만든다.

2

현실과 현실에 대한 가정 사이의 불일치

어떤 산업 또는 서비스 분야에 종사하고 있는 사람이 현실을 잘못 인식하게 되면, 그래서 그들이 현실에 대해 틀린 가정을 하게 되면 그들의 노력은 헛수고로 드러날 것이다. 그들은 결과가 나타나지 않을 분야에 힘을 집중할 것이다. 그렇게 되면 현실과 행동 사이의 불일치가 나타나는데, 다시 말해 그 누구라도 그것을 인식하고 이용하는 사람에게 또다시 기회를 제공하는 불일치가 나타난다.

한 간단한 예가 세계무역의 오랜 주역이었던 대양을 횡단하는 화물 운반선이다.

지금으로부터 35년 전인 1950년대 초(이 책의 초판은 1985년에 출판되었다—옮긴이) 대양을 횡단하는 화물선은 쇠퇴할 것으로 인식되고 있었다. 부피가 큰 화물은 제외하고, 해상운송은 항공화물로 대체되리라는 것이 일반적인 관측이었다. 해상운송 비용은 빠른 속도로 상승하고 있었고, 게다가 항구마다 심하게 적체되어 화물선으로부터 화물을 인수하는 데 점점 더 시간이 오래 걸리게 되었다. 그 다음 선박은 부두에 정박하지 못하는데도 선적을 기다리는 화물은 점점 더 적체되어 선창에는 도난사고도 증가했다.

이렇게 된 기본적 이유는 해운업계가 수 년 동안 결과를 내지도 못할 분야에 노력을 잘못 집중했기 때문이다. 해운업계는 속도가 빠른, 그리고 좀더 적은 연료와 좀더 소규모의 선원들로 운항할 수 있는 선박을 설계하려고 노력했다. 해운업계는 해상에서의, 그리고 한 항구에서 다른 항구로 이동하는 도중에서의 선박의 경제성에만 관심을 집중했던 것이다.

그러나 선박은 자본설비다. 그리고 모든 자본설비가 그렇듯이 가장 큰 비용은 시설의 가동 중단에 따르는 비용이다. 다시 말해 시설은 이익을 벌어들이지 못하는데도 그 기간 동안 이자는 여전히 지급되어야 하니까 말이다. 물론, 해운업계에 종사하는 사람들은 선박과 관련된 주요 비용은 선박 구입에 따르는 이자비용이라는 점을 알고 있다. 그런데도 해운업계는 이미 상당히 합리화된 비용, 즉 해상에서 운항하는 도중에 발생하는 운항비용을 더욱 낮게 하려고 온갖 노력을 집중하고 있었던 것이다.

해결책은 간단했다. 화물을 담은 용기를 선박에다 선적하는 과정과 용기에다 화물을 담는 과정을 분리하는 것이다. 용기에다 화물을 담는 작업을 선박이 항구에 도착하기 전에, 면적이 충분히 넓은 육지에서 미리 해두면, 나중에 할 일이라고는 화물을 담은 용기를 들어올려 선박에다 선적만 하면 되는 것이다. 달리 말하면, 선박의 운항비용보다는 비운항비용에 노력을 집중하는 것이다. 해결책은 트레일러를 그대로 운반하는 선박을 제조하고 또 컨테이너선을 만드는 것이었다.

이런 간단한 경영혁신의 결과는 놀랄 만한 것이었다. 지난 30년 동안 화물 수송량은 5배나 증가했다. 무엇보다도 해상운송비가 60%나 줄었다. 많은 경우 화물이 항구에 체류하는 시간은 4분의 3이나 줄어들었고, 동시에 항구의 혼잡함과 도난도 격감했다.

　현실에 대한 인식과 실제 현실 사이의 불일치는 종종 그 모습을 스스로 드러낸다. 그러나 진지하고도 집중적인 노력이 사태를 개선하지 못하고 오히려 악화시킬 때는, 예컨대 더 빠른 속도의 선박이 오직 항구를 더 혼잡하게 만들고, 인도 기간만 더 늘리는 것과 같은 경우, 그것은 노력이 잘못된 방향으로 집중되고 있음을 뜻할 가능성이 매우 높다. 그런 경우, 결과가 나타날 곳에다 다시 초점을 맞추게 되면 십중팔구 큰 수익을 쉽고도 빠르게 안겨줄 것이다.

　정말이지, 현실에 대한 인식과 실제 현실 사이의 불일치가 '영웅적인' 경영혁신을 요구하는 경우는 드물다. 화물을 담은 용기를 선박에다 선적하는 과정과 용기에다 화물을 담는 과정을 분리하는 것은, 일찍이 트럭과 열차를 위해 개발한 방법을 해상운송 선박에다 적용만 하면 되었던 것이다.

　현실에 대한 인식과 실제 현실 사이의 불일치는 전형적으로 한 산업 전체 또는 공공서비스 부문 전체에 걸쳐 나타나곤 한다. 그러나 그 해결책은 여기서도 다시 규모가 작고, 간단하며, 초점을 맞추고, 고도로 구체적으로 추진되어야만 한다.

3

가치와 기대에 대해 소비자가 인식하는 것과 실제 사이의 불일치

제3장에서 나는 일본의 TV 보급 사례를 예상치 못했던 성공의 한 예로서 소개한 바 있다. 이는 또한 소비자의 가치와 기대에 있어 실제와 인식 사이에 존재하는 불일치를 보여주는 좋은 본보기다. 그 일본의 기업가가 연설 도중

미국 청중들에게 자국의 빈곤층은 여유가 없어서 TV를 구입할 수 없을 것이라고 말하기 훨씬 이전에, 미국과 유럽의 빈곤층은 TV가 전통적인 경제학이 주장하는 것과는 거의 관계가 없는 기대를 충족시켜 주고 있다는 점을 이미 증명하고 있었다. 하지만 그 일본의 유능한 최고경영자는 일본 고객들에게, 특히 저소득층 고객들에게 TV는 그냥 단순한 하나의 '물건'에 그치는 것이 아니라는 점을 전혀 인식시킬 수 없었던 것이다. TV는 신세계와의 접촉을 의미하는 것이었다. 아마도 전혀 새로운 인생과의 접촉을 의미하는 것이었는지도 모른다.

마찬가지로, 1956년 니키타 흐루시초프(Nikita Khrushchev, 1894~1971)가 미국을 방문해 "소련인들은 결코 자동차 갖기를 원하지 않을 것이다. 값싼 택시를 이용하는 것이 훨씬 유리하기 때문이다"라고 말했을 때 그는 자동차가 그냥 단순한 '물건'이 아니라는 사실을 이해할 수 없었던 것이다. 당시 소련의 젊은이라면 누구나 '자동차'는 단순한 교통수단이 아니라 자유, 이동성, 힘, 그리고 낭만이라고 말했을 것이다. 그리고 결과적으로 흐루시초프의 잘못된 인식은 가장 엉뚱한 기업가적 혁신 기회를 창출하는 계기가 되었다. 즉 소련의 자동차 부족 현상은 소련에서 가장 규모가 크고 또 활발한 자동차 암시장을 만들었던 것이다.

이런 예들은 다시금 '발군의' 사례들이어서 사업가나 병원, 대학, 또는 각종 단체의 경영자에게는 큰 도움이 되지 않는다고 말할 수 있을 것이다. 그러나 그것들은 일반적인 현상을 보여주는 사례다. 다음의 것은 다른 사례로서, 그 자체는 마찬가지로 '발군의' 것이지만, 운영 측면에서는 매우 의미가 있는 것이다.

지난 수 년 동안 미국에서 가장 빠르게 성장한 금융기관은 뉴욕이 아니라 중서부 지역 어느 도시의 교외에 본사를 둔 증권회사였다. 지금 그 회사는 미국 전역에 걸쳐 2,000개의 지점을 갖고 있다. 그리고 그 회사는 자사의 성공과 성장을 어떤 불일치 현상을 이용한 덕분으로 생각하고 있다.

메릴린치(Merrill Lynch), 딘 위터스(Dean Witters), E. F. 허튼스(E. F. Huttons) 등 대형 금융기관들은 고객의 가치관이 자신들의 가치관과 같은 것으로 가정하고 있다. 이들 회사에게는, 사람들은 부자가 되기 위해 투자한다는 것이 너무도 분명하다. 결국 이것이 뉴욕증권거래소에 등록된 증권회사들에게 동기를 부여하는 것이고, 그들이 '성공'이라고 생각하는 바를 판단하는 척도다.

그러나 이런 가정은 일반 투자자 가운데 오직 일부에게만 해당되는 것이고, 확실히 다수에게는 적용되지 않는다. 일반 투자자 다수는 '금융가에 종사하는 사람들'이 아니다. 그들은, 투자로 '부자'가 되기 위해서는 사람들은 자금관리에 온 종일 관심을 기울여야 하고, 그런 일에 상당한 지식이 있어야 한다는 것을 알고 있다. 그러나 지방에서 전문직에 종사하는 사람들, 지방의 소규모 사업자들, 지방에서 꽤나 규모가 큰 농장을 경영하는 사람들은 그럴 시간도, 그런 지식도 없다. 그들은 자신들이 하는 일이 너무도 바빠서 그런 일을 할 시간적 여유가 없는 것이다.

이것이 바로 앞서 소개한 중서부 지역의 그 증권회사가 이용한 불일치였다. 표면적으로 그 회사는 다른 증권회사와 다름없어 보인다. 그 회사도 뉴욕증권거래소의 회원이다. 그러나 회사의 전체 사업분야 가운데 매우 작은 부분만, 대략 8분의 1만 증권거래 업무다. 동사는 월 스트리트의 대형 증권회사들이 가장 역점을 두고 있는 옵션과 상품선물 등은 멀리하고 있는 대신, 동사가 '현명한 투자자'라고 명명한 사람들에게 집중한다. 동사는 자사와 거래하는 고객에게 큰돈을 벌어준다고 약속을 하지 않는데, 이는 미국의 금융서비스 기관들로서는 진정한 혁신이다. 심지어 동사는 주식거래를 하는 사람들을 고객으로 확보하려 하지도 않는다. 동사는 지출보다 수입이 더 많은 사람들을 고객으로 맞이하는데, 그들은 전형적으로 성공적인 전문직, 규모가 큰 농장주, 또는 소도시의 사업가들이다. 그들이 그렇게 하는 이유는 그들의 소득수준이 높아서라기보다는 그들의 소비습관이 건전하기 때문이다. 그 다음 동사는 고객들의 돈을 안전하게 보관한다는 심리적 욕구에 호소한다. 동사는 고객들이 맡긴 자금을 채권과 주식투자를 통해, 그리고 물론 또한 연금, 세금감면 합작투자, 부동산 신탁기금 등에 투자해 원금을 안전하게 유지하는 기회를 판매하는 것이다. 동사가 고객에게 제공하는 '상품'은 남다른 것이고, 월 스트리트의 증권회사들이 지금껏 한 번도 팔아본 적이 없는 상품이다. 곧 마음의 평화를 판다는 말이다. 그리고 그것이야말로 진정 '현명한 투자가'에게 적합한 '가치'를 대변한다.

월 스트리트의 대형 증권회사들은 이 같은 고객들이 존재한다는 사실을 상상할 수도 없었다. 그 이유는 그런 고객들은 대형 증권회사들이 믿고 있고 또 진리라고 생각하고 있는 것을 모두 거부하기 때문이다. 이 성공적인 회사는 현재 자주 매스컴을 타고 있다. 동사는 규모가 크고 또 성장하는 증권거래소라면 어디에나 등록되어 있다. 하지만 대규모 증권회사들의 상급 경영자들은, 경쟁자가 성공을 하고 있다는 사실은 고사하고, 자신들에게 경쟁자가 존재한다는 사실을 아직 인정조차 하지 않고 있다.

실제 현실과 현실에 대한 인식 사이의 불일치가 존재하는 이면에는 항상 지적 오만, 지적 엄숙, 그리고 지적 독단이 도사리고 있다. 앞서 말한 일본의 기업가는 사실상 "빈곤층이 무엇을 구매할 것인가를 아는 사람은, 빈민층 자신이 아니라 나다"라고 단언했다. 흐루시초프는 "모든 훌륭한 공산주의자들이 알고 있는 바와 같이, 인간은 경제적 합리성에 따라 행동한다"라고 암시했다. 이것은 혁신가들이 불일치를 그토록 쉽게 이용하게 되는 이유이기도 하다. 그들은 경쟁상대도 없을 뿐만 아니라, 훼방을 받지 않고 자신의 생각을 추진할 수 있기 때문이다.

모든 불일치 현상 가운데서, 실제 현실과 현실에 대한 인식 사이의 불일치가 가장 일반적인 것일지도 모른다. 생산자와 공급자는 고객이 실제로 구매하는 것이 무엇인지를 거의 언제나 잘못 인식하고 있다. 그들은 자신들에게 있어 '가치'라고 인식되는 것은 고객에게도 마찬가지로 '가치' 있는 것으로 가정하지 않으면 안 된다. 어떤 일을 하든 간에 한 가지 일을 할 때는 사람들은 그것을 믿어야 하고, 그것을 진지하게 취급해야 한다. 화장품을 생산하는 사람은 자신이 만드는 제품이 좋은 제품이라고 믿어야 한다. 그렇지 않으면 그들은 엉터리 제품을 만들게 되고 머지않아 고객을 잃고 만다. 병원을 운영하는 사람은 자신이 제공하는 의료서비스를 절대선(善)으로 믿어야 한다. 그렇지 않으면 의료서비스의 질과 환자에 대한 서비스는 급속히 저하될 것이다. 게다가 고객은 자신이 생산자나 공급자가 제공하는 것을 구입한다고 생각한 적도 없다. 고객의 기대와 가치는 항상 다르게 마련이다.

　그 경우, 이에 대해 생산자와 공급자의 전형적인 반응은 고객이 '비합리적'이라거나 "품질을 몰라주고, 그에 상응한 대가를 지불하려 하지 않는다"고 불평을 한다. 이런 불평이 들릴 때마다 생산자나 공급자가 진실이라고 믿고 있는 가치와 기대가 고객과 소비자가 갖고 있는 실제의 것 사이에 불일치 현상이 존재한다고 생각해도 될 이유가 충분히 있다. 그 다음에는 매우 구체적이고 또한 성공 확률이 매우 높은 경영혁신의 기회를 탐색할 만한 이유가 발생한 것이다.

4

프로세스의 리듬 또는 논리상의 불일치

약 25년 전인 1950년대 말 한 제약회사의 어느 판매원은 스스로 사업을 하려고 생각했다. 따라서 그는 의약품 시장의 관행에 존재하는 불일치 현상을 탐색했다. 그는 거의 즉각적으로 한 가지 불일치를 발견했다. 가장 일반적인 외과수술 가운데 하나가 노인성 백내장수술이다. 오랜 기간에 걸쳐, 백내장 수술과정은 완벽하게 연습을 한 무용수의 리듬처럼, 그리고 철저한 통제 하에 수술이 진행될 정도로 세련되었고, 순서가 정해져 있었으며, 수술 도구들도 개발되어 있었다. 그러나 그 수술과정에 단 한 가지 문제가 있었는데, 다름 아닌 수술의 성격과 리듬이 부합되지 않는 것이었다. 수술이 진행되는 도중 일정 시점에 의사는 인대를 절개하고 혈관을 봉합해야 하는데, 그 과정에 출혈이 불가피하고 또 그것은 안구를 해치게 된다는 점이었다. 이 수술과정은 99% 이상 성공하고 있었다. 정말이지, 그것은 매우 어려운 일이 아니었다. 그러나 인대의 절개과정은 의사들을 매우 귀찮게 했다. 인대의 절개과정은 의사들의 수술 리듬을 바꾸었고, 또한 불안하게 만들었다. 안과 의사들은 자신들이 아무리 수술을 성공적으로 많이 했다 해도, 이 대목에 와서 재빠르게 하는 수술을 두려워했던 것이다.

앞서 말한 제약회사 직원, 윌리엄 코너(William Connor, 1907-)는 별다른 노력도 없이 인대라는 그 구체적인 근육조직을 거의 순간적으로 용해시키는 효소가 1890년대에 이미 분리되어 있다는 사실을 발견했다. 그런데 60년 전 그 당시는 누구도 이 효소를 심지어 냉장고에 넣어서도 몇 시간 이상은 보관할 수 없었던 것이다. 어쨌든 보존 기술은 1890년 이후 상당히 발전했다. 따라서 코너는 시행착오를 거친 지 몇 달도 채 안 되어 효소의 성능을 떨어뜨리지 않고도 효소를 상당 기간 보존할 수 있는 방부제를 개발할 수 있었다. 수 년 후, 세계의 모든 안과 수술의사들은 코너가 특허를 획득한 합성의약품을 사용하게 되었다. 20년 후 코너는 자신이 만든 알콘 연구소(Alcon Laboratories)를 한 다국적기업에게 많은 돈을 받고 넘겨주었다.

그리고 또 다른 재미있는 예가 있다.

O. M. 스콧(O. M. Scott)은 잔디 씨앗, 비료, 살충제 등 잔디 관련 제품을 생산하는 회사로서는 미국에서 선두주자다. 지금 그 회사는 ITT의 자회사가 되었지만, 동사는 시어스 로벅에서부터 다우 케미컬(Dow Chemicals)에 이르기까지 자사보다 규모가 몇 배나 더 큰 회사와 치열하게 경쟁하는 소규모의 독자적인 회사로서 시장에서 주도권을 확보하고 있다. 동사의 제품은 우수하지만 경쟁도 치열하다. 동사가 주도권을 확보하게 된 것은 스프레더(Spreader)라고 하는 간단한 살포기인데, 이것은 동사가 생산하는 제품을 적당한 양으로, 일정하게 내보내도록 조절할 수 있는 구멍을 가진 작고 가벼운 외바퀴 손수레다.

잔디 관련 물품에 대해서는 모든 회사들이 '과학적' 인 것이라고 주장하고 있으며, 그것들은 철저한 시험을 거쳐 합성된 것들이다. 토질의 조건과 온도에 따라 잔디에 무엇을 얼마나 뿌릴 것인지에 대해 매우 상세하게 처방이 되어 있다. 모든 회사들은 잔디 키우기는 비록 '과학적인 것' 은 아니라해도 '정확해야 하고', '규정을 따라야 하는 것' 임을 소비자에게 전달하고자 노력한다. 그러나 스콧의 스프레더가 등장하기 전까지는, 잔디 관련 물품 공급자들 가운데 고객에게 그런 프로세스를 통제할 도구를 제공한 회사는 없었다. 그리고 그런 도구가 없이는 프로세스 논리상에는 고객을 화나게 하고 또 실망시키는 내부적 불일치가 존재하는 것이다.

한 프로세스 내부에 존재하는 그런 내부적 불일치를 파악하는 일은 '직 감'과 우연한 사건의 결과인가? 또는 그것은 조직적으로, 그리고 체계적으로 도출할 수 있는 것인가?

코너는 안과 수술의사들에게 수술과정에 그들이 어느 부분에서 불편을 느끼는지 질문을 하는 것부터 시작했다고 한다. 스콧은 거래점과 고객에게 그들이 사용하는 제품들 가운데 무엇이 잘못되었는지를 질문했기 때문에, 지방의 한 조그만 종자 판매업자로부터 상당히 규모가 큰 전국적인 회사로 성장했다. 그 다음 동사는 스프레더를 중심으로 자사의 제품군을 설계했다.

프로세스 내부의 리듬이나 논리상의 불일치는 그다지 모호한 것이 아니다. 사용자는 항상 그것을 느끼고 있다. 모든 안과 의사는 안구 근육을 절개해야만 하는 경우 자신이 느끼는 불안감에 대해 알고 있었다. 그리고 그것에 대해 의견을 나누곤 했다. 철물점 종업원은 모두 자신의 잔디 관련 고객이 느끼는 좌절감에 대해 알고 있었다. 그리고 그것에 대해 이야기를 했다. 그러나 부족한 것이 무엇인가 하면, 그것은 고객의 불만에 귀를 기울이는 사람이 없었고, 모든 사람들이 불평하는 것을 진지하게 취급하는 사람이 없었다는 것이다. 하나의 제품이나 서비스의 목적은 고객을 만족시키는 것이다. 이런 자명한 이치를 받아들이고, 그것에 기초해 행동하면, 불일치를 경영혁신의 기회로 이용하는 것은 매우 용이하다. 그리고 매우 효과적이다.

그러나 거기에는 한 가지 중대한 한계가 있다. 그런 불일치는 일반적으로 오직 주어진 특정 산업 또는 서비스 분야 내부에 종사하는 사람들만이 이용할 수 있다는 점이다. 그것은 외부 사람이라도 파악할 가능성이 있고, 이해할 수 있고, 따라서 이용할 수 있는 그런 것이 아니라는 말이다.

05 | 프로세스상의 필요성

"기회는 경영혁신의 원천이다"라는 것이 앞선 두 장의 주제였다. 그러나 옛날 속담에 "필요는 발명의 어머니다"라는 것도 있다. 이 장에서는 '필요(need)'를 경영혁신의 원천으로 보고 있다. 그리고 정말이지 중요한 혁신 기회로 인식한다.

우리가 경영혁신 기회의 원천으로서 논의하게 될 '필요'는 매우 구체적인 것인데, 나는 이것을 '프로세스상의 필요성(process need)'이라고 부른다. 그것은 막연하거나 일반적인 것이 아니라 구체적인 것이다. 예상치 못했던 것, 또는 불일치와 같이 그것은 어떤 기업, 어떤 산업, 어떤 서비스 부문 내부에 존재한다. '프로세스상의 필요성'에 기초한 몇몇 혁신은 불일치를 이용하고, 또 다른 몇몇 혁신은 인구구조의 변화를 이용한다. 정말이지, '프로세스상의 필요성'은 다른 혁신의 원천들과는 달리 내부 환경이든 외부 환경이든 간에, 환경 변화를 출발점으로 삼지 않는다. 그것은 마땅히 해야만 할 일을 기초로 시작한다. 그것은 상황에 초점을 맞추는 것이 아니라 과업에 초점을 맞춘다. 그것은 기존의 프로세스를 완성시키며, 결함이 있는 연결부분을 대체하며, 새로운 지식을 활용해 기존의 낡은 프로세스를 다시 디자인한다. 종종 그것은 '잃어버린 연결고리'를 찾음으로써 프로세스를 완성시킨다.

'프로세스상의 필요성'에 기초한 경영혁신에서는 조직에 근무하는 모든 사람이 그 필요가 이미 존재한다는 것을 언제나 알고 있다. 그런데도 그 필요에 대해 아무도 무슨 대책을 세우지 않고 있다. 그러나 경영혁신이 추진되면, 그 필요는 즉각 '당연한' 것으로 받아들여지고, 곧이어 그것이 '표준'이 되게 마련이다.

그 한 예를 이미 제4장에서 언급한 바 있다. 백내장 수술 과정에 있어 인대와 관련된 매우 까다로운 문제를 필수불가결한 제품으로 만든, 코너가 개발한 효소의 변질을 막는 합성약품 말이다. 백내장 수술 프로세스 그 자체는 오래 전부터 있었던 것이다. 프로세스를 완벽히 진행하는 데 필요한 효소도 수십 년 전부터 알려져 있었다. 혁신이 요구되는 부분은 냉장고 안에서 그 효소를 신선하게 보존할 수 있는 방부제의 개발이었다. 일단 그런 프로세스상의 필요성이 충족될 수만 있다면, 코너가 합성한 약품을 사용하지 않고 수술을 하는 안과 의사가 있으리라고는 상상할 수 없었다.

프로세스상의 필요성에 기초한 혁신들 가운데는, 필요를 충족하자마자 곧바로 요긴한 해결책이 나타난 이런 경우와 같이 급속히 주목을 끄는 경우는 매우 드물다. 그러나 본질적으로 프로세스상의 필요성에 기초한 혁신들은 비록 전부는 아니라 해도, 대부분 동일한 요소를 갖고 있다.

여기 프로세스상의 필요성에 기초한 혁신의 또 다른 사례가 있다. 1885년 오트마 메르겐탈러(Ottmar Mergenthaler, 1854~99)는 조판 기계를 위한 자동주조 식자기(linotype)를 고안했다. 앞서 수십 년 동안 잡지·신문·서적 등의 각종 출판물은 문맹자가 급속히 줄어들고 또 교통 및 통신수단의 개발로 인해 모두 폭발적으로 증가하고 있었다. 인쇄 프로세스에서 다른 모든 요소는 이미 변했다. 예컨대 고속 인쇄 기계가 개발되었으며, 고속 제지기계가 종이를 만들고 있었다. 오직 조판 기술만은 400년 전 구텐베르크 시대 이후 변함없이 그대로였다. 조판 과정은 도제훈련(徒弟訓練)을 통해 고도의 기술을 배우고 또 장기간의 경험을 쌓아야 하는, 여전히 느리고 인건비가 비싼 수공업 노동이었다. 코너와 같이 메르겐탈러는 무엇이 필요한지를 파악했다. 그것은 다름 아닌 키보드(keyboard)로서, 금속으로 만든 글자들을 담아둔 통에서 인쇄에 필요한 적절한 글자를, 손으로 하는 것이 아니라 기계적으로 선별하는 장치였다. 그것은 글자들을 조합하고, 그것들을 문장으로 정리하는 장치였다. 그리고 그것은 어쨌든 가장 어려운 조판 과정으로서, 앞으로 다시 사용하기 위해 각각의 글자들을 적절한 위치에다 되돌려놓는 장치였다. 이 같은 문제들을 해결하기 위해 수 년 간 고된 노력과 상당한 수준의 창의력도 필요로 했다. 그러나 그런 문제들은 새로운 과학은 고사하고 새로운 지식을 필요로 하는 것은 아니었다. 메르겐탈러의 자동주조 식자기는 오랫동안 이 업무를 해온 장인 식자공의 격렬한 반발에도 불구하고, 발명된 지 5년이 채 안 되어 '표준'이 되었다.

코너의 효소와 메르겐탈러의 자동주조 식자기에 관한 두 사례에서 프로세스상의 필요성이 발생한 것은 한 특정 프로세스와 나머지 프로세스가 서로 일치하지 않았기 때문이다. 그러나 인구구조 역시 마찬가지로 프로세스상의 필요성을 대변하고 또 프로세스 혁신을 위한 기회가 되는 경우도 많이 있다.

1909년경 벨 텔레폰 시스템(Bell Telephone System)의 한 통계담당자는 15년 후를 내다보는 두 가지 곡선을 추정했다. 하나는 미국의 인구증가를 추정한 것이고, 다른 하나는 증가하는 전화 회선을 취급할 중앙통제소 교환수들의 수를 추정한 것이었다. 그 결과, 만약 수작업 전화 교환체제가 1925년 또는 1930년까지도 지속된다면, 17~60세까지의 모든 미국 여성은 교환수로 근무해야 될 지경이었다. 2년 후, 벨의 기술자들은 최초의 자동교환기를 개발하고는 서비스에 들어갔다.

마찬가지로, 최근 로봇에 대한 급격한 관심 증가 역시 주로 인구구조 변화로 인한 프로세스상의 필요성에서 비롯된 것이다. 로봇 제작에 필요한 기술은 수 년 전에 이미 개발되어 있었다. 그러나 '출산율 저하 현상'의 결과가 산업국가의, 특히 일본과 미국 같은 선진 공업국가의 주요 제조업체들에게 있어 현저해지기 전까지는 조립 라인의 반숙련 노동자들을 기계로 대체할 필요성을 느끼지 못했다. 일본은 기술우위 때문에 로봇 산업에서 앞선 것이 아니다. 일본의 로봇 설계 기술는 대부분 미국으로부터 도입한 것이다. 그러나 일본의 출산율 저하현상은 미국보다 4~5년, 서독에 비하면 거의 10년 정도 먼저 나타났다. 일본은 미국 또는 서독과 마찬가지로 자국이 노동력 부족 현상에 직면하고 있다는 사실을 인식하는 데 10년이나 걸렸다. 그러나 그 10년은 미국에 비하면 일본이 훨씬 먼저 시작했으며, 서독은 이 책을 쓰고 있는 지금까지도 그 10년이 종료되지 않고 있다.

메르겐탈러의 자동주조 식자기 역시 대체로 인구구조 변화의 결과였다. 출판물에 대한 수요가 폭발적으로 증가함에 따라 6~8년 간의 도제수업을 받아야 하는 조판공의 공급은 턱없이 부족하게 되었고, 그들에게 지급하는 임금은 하늘 높은 줄 모르고 올라갔다. 그 결과, 출판업자들은 프로세스의 어딘가에 '약한 연결고리(weak link)'가 존재한다는 것을 인식하게 되었고, 또한 다섯 명의 값비싼 장인 조판공 대신에 한 명의 반숙련 기계공을 쓰는 기계라면 상당한 금액을 투자해서라도 기꺼이 그 기계를 도입할 태세가 되어 있었다.

프로세스의 불일치와 인구구조의 변화는 프로세스상의 필요성을 혁신 기회로 이용할 수 있는 가장 흔한 이유이기도 하다. 그러나 또 다른 범주의 것도 있는데, 이는 많은 경우 비록 중요성은 훨씬 더 크지만 한층 더 어렵고 위험하다. 그것은 최근 (전통적으로 과학자들이 수행하는 '순수 연구'에 대응한 개념으로서) 프로그램 연구(program research)라고 불리고 있는 것이다. 만약 '약한 연결고리'가 존재한다면, 그것에 대해서는 정의를 내릴 수 있고 정말이지, 그 결함은 명확하게 볼 수 있고 또한 느낄 수도 있다. 하지만 프로세스상의 필요성을 충족시키기 위해서는 많은 새로운 지식을 축적해야만 한다.

사진 기술보다도 더 성공한 발명은 거의 없다. 사진은 발명된 지 20년도 채 안 되어 전세계적으로 인기를 얻었다. 20여 년 만에 나라마다 위대한 사진가들이 나타났다. 매튜 브래디(Mathew Brady, 1823-96)가 찍은 미국 남북전쟁 사진은 지금도 최고의 걸작으로 평가되고 있다. 1860년에는 모든 신혼부부가 결혼사진을 찍어야 했다. 사진은 메이지유신 훨씬 전에, 그리고 일본이 여전히 외국인과 외국의 사상을 굳게 거부하고 있는 시대에 일본이 도입한 최초의 서구 기술이었다.

1870년이 되자 아마추어 사진가들이 등장해 한껏 취미생활을 즐겼다. 그러나 그들이 이용할 수 있는 기술은, 그들에게는 쉽지가 않았다. 사진 원판은 무겁고 잘 부서지는 유리판을 필요로 했으므로 운반하기에 무거웠고 또 매우 주의를 기울여야만 했다. 마찬가지로 사진기 또한 무거웠고, 촬영을 하려면 정교하게 조작을 하는 등 사전 준비에도 많은 시간이 소요되었다. 이 점은 누구나 알고 있었다. 정말이지, 그 당시 사진 잡지는 최초의 전문 대중잡지들 가운데 하나였는데, 사진촬영이 엄청나게 불편하다는 점과 해결책에 대한 제안으로 가득 차 있었다. 그러나 이들 문제는 1870년의 과학기술로는 해결할 수 없었다.

그러나 1880년대 중반까지는 새로운 기술이 등장했는데, 그러자 이스트먼 코닥(Eastman Kodak)의 창립자인 조지 이스트먼(George Eastman, 1854-1932)은 그 기술을 이용해서 셀룰로이드 필름을 만들어 무거운 유리판을 대체했으며, 이 필름은 실질적으로 무게가 나가지 않았을 뿐 아니라, 거칠게 다루어도 손상되는 일이 거의 없었다. 그리고 이런 필름을 장착한 가벼운 사진기를 개발할 수 있도록 했다. 그 후 10년도 채 안 되어, 이스트먼 코닥은 사진업계에서 세계적인 주도권을 확보하게 되었으며, 아직도 그 지위를 유지하고 있다.

'프로그램 연구'는 가능성이 있는 프로세스를 현실로 구현하는 작업에 종종 필요하다. 다시 말하거니와, 그 필요성은 느껴져야만 하고, 무엇이 필요한지 파악하는 일이 가능해야만 한다. 그 다음 새로운 기술이 개발되어야만 한다. 이런 식으로 프로세스상의 필요성을 바탕으로 혁신을 추진하는 대표적인 사람이 에디슨이었다(제9장 참조). 20여 년 이내에 '전력산업'이 등장할 것이라는 사실을 모두가 알고 있었다. 그 기간의 마지막 5~6년 동안은 '잃어버린 연결고리(missing link)'가 무엇인지도 매우 확실해졌다. 그것은 전구였다. 전구가 없이는 전력산업이 존재할 수 없었다. 에디슨은 이런 잠재적인 전기산업을 현실로 만들기 위해서 필요한 새로운 지식이 무엇인지를 파악한 후 연구에 돌입했고, 2년도 채 안 되어 전구를 발명했다.

잠재적 가능성을 현실로 구현시키기 위한 프로그램 연구는 제1급 산업연구소의 중심적인 방법론이 되었으며 국방, 농업, 의약, 그리고 환경보호 등의 연구소에서도 물론 마찬가지였다.

프로그램 연구는 거창한 것으로 들리기도 한다. 많은 사람들에게 그것은 '사람을 달에 보낸다' 또는 '소아마비의 백신을 발견한다' 는 것으로 인식되고 있다. 그러나 프로그램 연구의 가장 성공적인 적용은 규모가 작고 또 명확하게 규정되는 프로젝트들이다. 연구범위가 좁을수록, 그리고 한층 더 명백하게 초점을 맞출수록 더 나은 성과를 얻게 된다. 정말이지 가장 좋은 예는, 그리고 프로세스상의 필요성에 기초해 가장 성공한 단일 사례는 아마도 일본의 자동차 사고율을 거의 3분의 2나 감소시킨 아주 작은 혁신, 즉 고속도로의 반사경이다.

1965년이 다 되어서도, 일본은 대도시들을 제외하면 도로가 거의 포장이 되지 않았다. 그러나 일본에서는 자동차가 급속하게 보급되고 있었으므로 정부는 서둘러 도로를 포장했다. 그러자 자동차들은 고속으로 달릴 수 있게 되었고, 실제로 빨리 달렸다. 하지만 포장을 하긴 했지만 일본의 도로는 10세기 우마차가 다니기 위해 만든 그 오래 된 도로와 마찬가지였다. 자동차 두 대가 겨우 스쳐갈 정도의 폭이었고, 모퉁이마다 사각지대가 많은데다 진입로도 잘 보이지 않았으며, 몇 킬로미터마다 교차로가 있었고, 게다가 6거리의 어느 방향에서도 자동차들이 쏟아져 나왔다. 사고율은 놀라울 정도로 높아지기 시작했으며, 특히 야간에 심했다. 언론, 라디오와 TV, 그리고 야당에서는 즉각 정부에 대해 '뭣이든 하도록' 촉구하기 시작했다. 하지만 도로를 다시 건설할 수 없다는 것은 당연한 사실이었다. 그것은 어쨌든 20년이나 걸릴 일이니까 말이다. 게다가 운전자들로 하여금 '안전운전을 하도록' 하는 대대적인 대민 캠페인을 전개했다. 그러나 그런 캠페인이 일반적으로 거두는 성과밖에 거두지 못했다. 다시 말해 아무런 성과가 없었다.

다몬 이와사(Tamon Iwasa, 1933-)라는 일본의 한 젊은이가 이런 위기를 하나의 혁신 기회로 이용했다. 그는 전통적인 고속도로 반사경을 다시 설계했는데, 반사경에다 거울 역할을 하는 조그만 유리구슬을 부착하고는 어느 방향에서 진입하는 자동차의 전조등불이든 간에, 그것을 다른 방향의 반사경에다 반사되도록 조정했다. 정부는 이와사가 개발한 반사경을 수십만 개나 서둘러 설치했다. 그러자 사고율은 크게 떨어졌다.

다른 예를 들겠다.

제1차 세계대전이 끝나자 미국에서는 국내외 뉴스에 깊은 관심을 가진 일단의 시민들이 등장했다. 모두가 이런 사실은 인식하고 있었다. 정말이지, 제1차 세계대전 직후 시기의 신문과 잡지에는 이런 필요성을 만족시킬 수 있는 방법에 대해 많은 논의가 게재되었다. 그러나 지방지는 그 일을 해낼 수 없었다. 〈뉴욕 타임스(New York Times)〉를 포함해 몇몇 유력지가 그 일을 시도했다. 그러나 성공한 언론사는 하나도 없었다. 그런데 헨리 루스는 그런 프로세스상의 필요성을 확인하고는 그것을 만족시키기 위해서는 무엇이 필요한지 규정했다. 그것은 지방지여서는 안 되고 전국지라야만 했는데, 그렇지 않으면 독자들도 충분하지 않을 것이고 또한 광고주도 마찬가지였을 터다. 그리고 또한 일간지가 될 수도 없었을 것이다. 수많은 대중이 공통으로 관심을 가질 만한 뉴스도 그다지 많지 않았다. 사설 형식의 주간지가 등장하게 된 것은 사실상 그 당시 이런 명세서에 따라 결정되었다. 그 결과 〈타임〉지가 세계 최초의 뉴스 잡지로 출판되자마자 그것은 즉각 성공했다.

이런 예들, 특히 이와사의 성공사례는 프로세스상의 필요성에 기초한 성공적인 경영혁신에는 다섯 가지의 기초적인 잣대가 필요하다는 사실을 보여준다.

- 독립적인 프로세스여야 한다.
- 하나의 '약한' 또는 '잃어버린' 연결고리가 존재해야 한다.
- 목적이 무엇인지 분명하게 정의할 수 있어야 한다.
- 문제 해결을 위한 명세서가 명확하게 규정될 수 있어야 한다.
- "반드시 좋은 해결책이 있다"고 하는 것에 대한 폭넓은 인식, 즉 폭넓게 지지를 받아야 한다.

그러나 프로세스상의 필요성을 이용하기 위해서는 몇 가지 중요한 단서 조건들이 있다.

1. 그 필요성은 "이해될 수 있는 것이어야 한다." 그것이 막연히 '느껴지는 것'만으로는 충분하지 않다는 말이다. 그렇지 않으면, 우리는 해결책을 마련하기 위한 명세서를 규정할 수 없기 때문이다.

예를 들면, 우리는 수학이 학교에서는 골치 아픈 과목이라는 사실을 수백 년 전부터 알고 있었다. 소수 학생들은, 단언하건대 전체 학생의 5분의 1을 넘지 않는 학생들은 수학에 어려움이 없으며, 그리고 수학을 쉽게 배우는 것처럼 보인다. 나머지 학생들은 실제로 수학을 배우지 못하고 있다. 다수 학생들이 수학시험을 통과하도록 연습하는 것은 물론 가능하다. 일본 학생들은 수학에 많은 시간을 투입함으로써 시험에 통과하고 있다. 그러나 그것이 일본 어린이들이 수학을 배웠다는 것을 의미하는 것은 아니다. 그들은 수학시험에 합격하는 것만 배웠고 그 다음 그들은 즉각 수학은 잊어버리고 만다. 10년 후, 20대 후반이 되었을 때 그들은 서구인과 마찬가지로 수학을 잘 못한다. 어느 시대에나 심지어 재능이 없는 학생도 배우도록, 또는 적어도 상당히 나아지도록 할 수 있는 천재적인 수학교사가 있다. 그러나 그 후 아무도 그 천재교사가 행한 학습방법을 되풀이할 수 없었다. 수학을 잘 가르칠 필요성은 강하게 느끼면서도 우리는 문제의 본질은 명확히 이해하지 못하고 있다. 그것은 타고난 재능의 부족 때문인가? 우리가 가르치는 방법이 잘못된 것인가? 아니면 심리적인, 그리고 감정적인 문제가 있는가? 아무도 그 대답을 모른다. 그리고 문제의 본질을 이해하지 못하면 우리는 어떤 해답도 구할 수 없다. 해답을 아는 사람은 아무도 없다.

2. 우리는 프로세스를 심지어 이해한다 해도 여전히 그 프로세스의 문제를 해결하는 데 필요한 지식을 갖고 있지 않을 수도 있다. 앞의 장에서 제지 생산 프로세스에 존재하는 프로세스상의 분명한 불일치에 대해 언급했고 또 그것을 이해했다. 즉 기존의 것보다 덜 낭비적이고 또한 덜 비경제적인 프로세스를 발견해야 한다는 것 말이다. 지난 1세기 동안 우수한 인재들이 이 문제를 해결하려 연구를 거듭했다. 우리는 무엇이 필요한지를 정확하게

알고 있다. 그것은 리그닌(lignin) 분자를 중합시키는 것이다. 그것은 쉬운 것이어야만 한다. 왜냐하면 비슷한 많은 분자들을 중합해 온 경험이 있었기 때문이다. 그러나 고도의 교육을 받은 사람들이 100년 동안 열심히 노력했음에도 불구하고 리그닌 분자를 중합시키는 지식은 여전히 부족하다. 우리가 할 수 있는 말은 고작 "다른 방법으로 한 번 더 해보자"라는 것뿐이다.

3. 해결책은 사람들이 일을 하는 방식과, 그리고 일을 하기 바라는 방식과 부합해야 한다. 아마추어 사진작가들은 초기의 사진제작 프로세스가 복잡한 기술을 요구한데 대해 특별히 심리적인 부담을 갖지 않았다. 그들이 원했던 것은 가능한 한 간단하게 좋은 사진을 뽑는 것이었다. 그러므로 그들은 사진을 만드는 데 노력과 기술을 요하는 프로세스라도 수용했던 것이다. 마찬가지로 안과 수술의사들은 다만 우아하면서도 논리적인, 피를 흘리지 않고 하는 수술 프로세스에만 관심을 가졌던 것이다. 따라서 그들에게 그런 문제를 해결해 준 효소는 그들의 기대와 가치를 충족시켰던 것이다.

그러나 다음에 설명하는 것은 분명하고도 실질적인 프로세스상의 필요성을 기초로 수행한 것이지만, 관련자들의 기대와 가치와 잘 부합하지 못한 결과 쉽사리 수용되지 않은 혁신 사례다.

오랫동안 변호사, 회계사, 기술자, 그리고 의사 등과 같은 많은 전문가들이 필요로 하는 정보는 그것을 수집하는 능력을 넘어 빠르게 증가해 왔다. 전문가들은 필요한 정보를 입수하기 위해 법률전문 도서관에서 편람이나 교과서를, 또는 가제식(加除式) 정보서비스 등을 들여다보느라 너무 많은 시간이 소비된다고 불평해 왔다. 그러므로 어떤 사람은 '데이터 뱅크'를 만들면 즉각 성공할 것으로 기대하기도 했다. 데이터 뱅크는 컴퓨터 프로그램과 터미널을 통해 전문가들에게 생생한 정보를 제공한다. 변호사들에게는 판례를, 회계사들에게는 세제에 대해, 의사들에게는 의약품과 독극물에 대해 정보를 제공한다. 그러나 그런 서비스는 손익분기점을 맞추기에 충분할 정도의 가입자를 확보하는 것이 매우 어렵다는 사실을 알게 되었다. 법률가를 대상으로 하는 렉시스(Lexis) 같은 경우에는 가입자를 모집하는 데 10년 이상의 시간과 막대한 자금이 소요되었다. 그 이유는 어쩌면 데이터 뱅크가 문제를 너무도 쉽게 해결하기 때문이 아닌가 한다. 전문가들은 그들의 '기억력'에 대해, 즉 그들이 필요로 하는 정보 그 자체를 기억하거나 정보의 소재지를 기억하는 능력에 대해 스스로 자부심을 갖는다. "당신이 필요로 하는 판례와, 그 판례의 소재지를 반드시 기억해야 한다"라는 말은 여전히 신참 변호사가 선배 변호사로부터 듣는 훈계다. 따라서 법률관련 데이터 뱅크가 비록 유용하고 많은 시간과 경비를 절약한다 해도 전문가들의 바로 그 오래 된 가치관과는 일치하지 않는 것이다. 어느 날 한 유명한 내과의사는 자신의 환자 하나가 "왜 선생님은 진단을 하고 또 확인하는 데 필요한 정보를 제공하는 의료정보 서비스를 활용하지 않습니까? 그리고 그 다음에는 어떤 치료방법이 저의 경우에 가장 좋은 것인지 판단을 내리지 않습니까?"라고 질문하자, 그는 다음과 같이 대꾸했다. "아니, 그것을 그리 쉽게 파악할 수 있다면 무엇 때문에 나를 찾아왔소?"

프로세스상의 필요성에 기초한 경영혁신의 기회는 체계적으로 파악할 수 있다. 그것이 바로 에디슨이 전기 및 전자에 대해 했던 일이다. 그것이 헨리 루스가 아직도 예일 대학교에 다닐 때 했던 일이다. 그것이 윌리엄 코너가 했던 일이다. 사실, 프로세스상의 필요성 그 자체가 체계적 연구와 분석의 대상이 되는 경우가 많다.

그러나 일단 프로세스상의 필요성 하나가 파악되면 그것은 전술한 다섯 가지의 기초적인 잣대와 부합하는지 검토되어야 한다. 그런 다음에 그것을 마지막으로 다음의 세 가지 제약조건을 충족하는지에 대해서도 시험해 보아야 한다. 필요한 것이 무엇인지 우리가 이해하고 있는가? 그 필요한 것을 충족시키기 위한 지식은 이용 가능한가, 또는 현재의 '최신 기술' 수준에서 해결할 수 있는가? 그리고 그로 인한 해결책이 목표시장의 사용자의 도덕관과 가치관에 부합되는가? 또는 위배되는가?

산업과 시장구조는 때로는 오랫동안 그대로 유지되고, 전적으로 안정적인 것처럼 보이기도 한다. 예를 들면, 세계 알루미늄 산업은 최초의 특허를 얻은 피츠버그에 위치한 알루미늄 컴퍼니 오브 아메리카(Aluminum Company of America)와 동사의 캐나다 자회사 알칸 오브 몬트리올(Alcan of Montreal)이 한 세기가 지났는데도 여전히 장악하고 있다. 1920년 이래 세계 담배산업에 진입한 주요 신규 기업으로서는 오직 남아프리카의 렘브란트(Rembrandt) 그룹 뿐이었다. 그리고 20세기 내내 세계 전기장치 산업에서는 오직 두 기업만이 선두주자로 두각을 나타냈는데, 다름 아닌 네덜란드의 필립스(Philips)와 일본의 히타치(Hitachi)다. 마찬가지로 1920년대 초 시어스 로벅이 우편판매에서 소매업으로 전환하기 시작해, 1960년대 중반 10센트짜리 물품을 중심으로 파는 역사가 오래 된 한 소매연쇄점 크레스게(Kresge)가 디스카운트 스토어 체인 K마트(K-Mart)로 변신하는 사이의 40년 동안, 미국의 소매연쇄점 업계에서는 주요 신규 소매연쇄점이 등장하지 않았다. 정말이지, 산업과 시장구조는 너무도 단단한 것으로 보이기 때문에 어떤 산업에 종사하는 사람들은 자신들이 운명적으로 그런 산업에 속해 있고, 그것은 자연 질서의 한 부분이고, 앞으로도 지속될 것으로 확신하기 쉽다.

실질적으로 산업과 시장구조는 꽤나 변하기 쉽다. 한 조그만 충격만으로도 산업과 시장구조는 해체되며, 그것도 종종 매우 빠르게 진행되기도 한다. 이런 일이 발생하면 해당 산업의 모든 구성원들이 대응하지 않으면 안 된다. 기존 사업을 과거와 같은 방식대로 지속하는 것은 거의 재난을 약속하는 것이고, 회사를 도산시키려고 작정한 것이나 진배없다. 적어도 회사는 자신이 누리던 지위를 상실하고 말 것이다. 선두주자의 자리는 일단 상실하고 나면 되찾는 것은 거의 불가능하다. 그러나 산업과 시장구조의 변화 역시 경영혁신을 추진하기 위한 주요 기회다.

산업구조에 있어 어떤 변화가 발생하면 그것은 그 산업의 모든 구성원이 기업가정신을 발휘하도록 한다. 그것은 각각에게 다시금 질문을 하도록 한다. "우리가 하는 사업은 무엇인가?" 그리고 구성원 각자는 서로 다른, 그러나 무엇보다도 새로운 대답을 탐색해야만 할 것이다.

1

자동차산업 이야기

자동차산업은 20세기 초 너무도 빠르게 성장했으며 시장 또한 급격히 변해왔다. 그 변화에 대해 네 가지 대응전략이 있었는데, 모두 성공했다. 1900년경 초기 자동차산업은 기본적으로 매우 부유한 사람들에게 사치품을 공급하는 역할을 했다. 그러나 그 무렵 자동차산업은 매 3년마다 매출이 두 배가 될 정도로 그 좁은 시장을 넘어 성장하고 있었다. 하지만 기존의 모든 회사들은 여전히 '수송 수단의 판매'에만 집중하고 있었다.

이에 대한 한 대응전략이 1904년 설립된 영국의 자동차 회사 롤스로이스(Rolls-Royce)로부터 수립되었다. 동사의 창업자들은 자동차산업이 너무도 빨리 성장해 '일반화'되고 있음을 알아차리고는, 동사가 초기의 사업설명서에서 말한 것처럼, '왕족만이 타는 차라는 봉인'이 있는 자동차를 만들어 팔 계획을 세웠다. 창업자들은 각각의 자동차를 숙련된 기계공이 가공하고는 일일이 수동 공구로 조립하는 과거의, 이미 진부화된 자동차 제조 방법으로 의도적으로 되돌아갔다. 그런 다음 그들은 롤스로이스는 절대로 닳지 않는다고 약속했다. 그들은 롤스로이스를 자신들이 훈련시킨 전문적인 운전사만이 몰도록 설계했다. 그들은 자신들이 인정하는 고객들에게만 한정적으로 자동차를 팔았다. 물론 귀족 작위를 가진 사람을 우대했다. 그리고 '일반 사람' 아무나 자신들의 자동차를 사지 못하도록 확실히 해두기 위해, 그들은 롤스로이스 가격을 소규모 요트 가격만큼 높게 책정했는데, 그것은 숙련 기계공 또는 사업이 활발한 상인의 연간 소득의 40배나 되었다.

그로부터 몇 년 후, 디트로이트에서는 헨리 포드(Henry Ford)라는 젊은이가 또한 자동차의 시장구조가 변하고 있으며, 그리고 미국의 자동차들은 더이상 부자들의 장난감이 아니라는 사실을 깨달았다. 그의 대응전략은 주로 반숙련공에 의해, 완전히 대량생산 방식으로 생산할 수 있는, 그리고 소유자가 직접 몰 수 있고 또 수리할 수 있는 자동차를 개발하는 것이었다. 전해 내려오는 이야기와는 달리, 1908년형 모델 T 승용차는 값이 '싼' 것이 아니었다. 그것은 당시 세계 최고의 숙련 기계공, 즉 미국의 기계공이 연간 벌어들이는 소득보다 조금 더 높았다(요즘 미국 시장에서 가격이 가장 낮은 신차종은 미숙련 조립노동자가 1년 간 받는 임금과 복리후생비의 약 10분의 1 수준이다). 그러나 모델 T는 그 당시 시장에서 가장 싸게 팔리는 자동차 가격의 5분의 1이었고, 게다가 운전하고 또 수리하기에 엄청 더 쉬웠다.

또 다른 한 미국인 윌리엄 듀런트(William Durant, 1861~1947)는 시장구조의 변화를 깨닫고는, 이것을 대형 자동차 회사를 창업하는 기회로 삼았다. 그는 자동차 시장이 거대 '종합' 시장으로 성장할 것을 예견했으며, 모든 세분화된 시장을 만족시킬 수 있는 전문가가 경영하는 회사를 만들려고 했다. 1905년 그는 종합자동차 회사(General Motors)라는 의미의 GM을 창업하고는 기존의 자동차 회사들을 구입하기 시작했으며, 그것들을 대규모의 현대적인 사업체로 통합했다.

두 미국인보다 좀 일찍이 1899년 이탈리아의 한 젊은이 지오반니 아넬리

(Giovanni Agnelli, 1866-1945)는 자동차는 필수 군수품, 특히 장교들을 위한 지휘관용 승용차가 될 것으로 내다보았다. 그는 튜린에서 피아트(FIAT)를 창업했는데, 동사는 수 년 내에 이탈리아, 러시아, 그리고 오스트리아-헝가리 군대에다 지휘관용 승용차를 공급하는 선두주자가 되었다.

세계 자동차산업의 시장구조는 1960~80년 사이 또 한 차례 변했다. 제1차 세계대전 이후 40년 동안, 자동차산업은 국내 시장을 지배하는 국내 공급자들로 구성되어 있었다. 이탈리아의 도로와 주차장에서 보는 자동차들은 주로 피아트(Fiat)였고, 어쩌다 눈에 띄는 차량도 역시 이탈리아산인 알파 로메오(Alfa Romeo)와 란시아(Lancia)뿐이었다. 이탈리아 바깥으로 나가면 그런 상표들은 비교적 드물었다. 프랑스에서는 르노(Renault), 푸조(Peugeot), 시트로앵(Citroen)이, 독일에서는 메르세데스 벤츠(Mercedes Benz), 오펠(Opel), 그리고 독일 포드(German Ford)가, 미국에서는 GM, 포드, 크라이슬러뿐이었다. 그러다가 1960년경 자동차산업은 갑자기 '글로벌' 산업이 되었다.

회사마다 매우 다른 대응전략을 수립했다. 일본 자동차 회사들은 그 때까지도 가장 고립적이었고 또 자동차를 거의 수출하지 않고 있다가 세계 수출시장에 진입하기로 결정했다. 1960년대 후반 미국 시장에 처음 발을 들여놓았다가 큰 실패를 했다. 그들은 다시 판을 짜고는, 자사의 정책을 어떻게 설정해야 할지를 다시 철저히 숙고한 뒤에, 그것을 미국식 자동차를 제공하는 것으로 재규정했다. 그것은 미국 스타일의, 미국인들에게 안락감을 주는, 그리고 미국인들이 생각하기에 성공한 사람들이 타는 것을 의미하는 자동차이지만, 크기는 더 작고, 연비는 더 낮고, 품질은 더 좋고, 무엇보다 고객 서비스가 훨씬 더 좋은 자동차였다. 일본 자동차 회사들이 1979년 제1차 오일쇼크 시기에 두번째로 진입했을 때는 멋지게 성공했다. 포드 자동차 역시 '대유럽' 전략을 수립하고는 '글로벌' 시장에 뛰어들었다. 그로부터 10년 후인 1970년대 중반, 포드는 유럽에서 제1위의 자리를 노리는 강력한 경쟁자가 되었다.

피아트는 단순히 한 이탈리아 회사로 머물기보다는 유럽의 회사가 되고

자 결정했는데, 이탈리아에서는 제1위의 자리를 그대로 유지하는 한편 유럽의 모든 주요 국가에서는 강력한 제2위의 자리를 노렸다. GM은 처음에는 미국 시장에서 안주하려 했었고 미국 시장에서 시장점유율 50%를 확보하려고 노력했는데, 그런 식으로 북미 시장에서 자동차를 판매한 이익의 70% 정도를 GM이 독차지한다는 전략이었다. 그리고 그 전략은 성공했다. 10년 후인 1970년대 중반 전략을 바꾼 GM은 유럽 시장에 진출해 포드와 피아트에게 도전하기로 결정했다. 그러고는 또다시 성공했다. 1983~84년, 마지막으로 GM은 진정한 글로벌 기업이 되기로 결정하고는 몇몇 일본 자동차 회사와 제휴하는 것으로 비쳐졌다. 처음에는 소규모 회사들과, 그리고 나중에는 도요타와 제휴했다. 서독의 메르세데스는 또 다른 한 전략을 수립했는데, 역시 글로벌 시장을 노리기는 했지만 자사를 세계 시장에서는 좁은 분야인 고급 승용차, 택시, 버스 시장에 스스로 국한했다.

이들 전략은 모두 비교적 성공했다. 정말이지, 어느 전략이 다른 것보다도 더 나았는지는 말하기가 어렵다. 하지만 어려운 선택을 거부한 회사들은, 또는 어떤 다른 것이 일어나고 있다는 사실을 인정하기를 거부한 회사들은 꽤나 고전을 했다. 그런 회사들이 존속해 있다 해도 그것은 오직 각국의 정부가 그런 회사들이 도산하지 않도록 구제하고 있기 때문일 것이다.

물론 한 예가 크라이슬러다. 크라이슬러의 종업원들은 자동차산업에서, 누구나 그랬던 것처럼, 무엇이 일어나고 있다는 것을 알고 있었다. 그러나 그들은 대응전략을 수립하지 않고 현실을 회피했다. 크라이슬러는 '미국식' 전략을 채택하고, 여전히 세계 최대 자동차 시장인 미국 내에서 자사의 지위를 강화하기 위해 모든 자원을 투입할 수도 있었다. 그렇지 않으면, 강력한 유럽 기업과 손을 잡고는, 미국과 유럽이라는 세계에서 가장 중요한 자동차 시장에서 제3의 지위를 노릴 수도 있었을 것이다. 메르세데스는 진지한 관심을 갖고 있었지만 크라이슬러는 그렇지 않았다는 것은 익히 아는 사실이다. 그 대신 크라이슬러는 자사의 자원을 남들이 보기에 좋도록 하는 데 찔끔찔끔 투입했다. 크라이슬러는 자사가 다국적기업으로 보이도록 하기 위해 유럽에서는 한물간 '등외마들(also-rans)'을 합병했다. 하지만 이들

기업은, 크라이슬러에게 아무런 힘도 보태지 못하면서, 자원을 고갈시켰고 미국 시장에서 크라이슬러가 기회를 잡는 데 필요한 투자 자원마저도 남겨두지 않았다. 1979년 오일쇼크 이후 심판의 날이 다가왔을 때, 크라이슬러는 유럽에는 아무것도 없었고 미국에도 남은 것이 별로 없었다. 오직 미국 정부가 크라이슬러를 구제해 주었다.

한때 영국에서 가장 큰 자동차 회사였고 유럽에서 주도권을 노리는 강력한 경쟁자였던 영국의 레이랜드(Leyland) 경우도 별반 다르지 않다. 프랑스의 대규모 자동차 회사 푸조(Peugeot)의 경우도 마찬가지다. 이 두 회사 모두, 결정을 내릴 필요가 있다는 사실의 인정을 거부했던 것이다. 그 결과, 그들은 시장점유율과 수익성 둘 다를 급속히 상실했다. 오늘날 크라이슬러, 레이랜드, 그리고 푸조 세 회사는, 다소 차이는 있지만, 모두 한계 기업으로 전락하고 말았다.

그러나 가장 흥미 있고 또 중요한 사례들은 그것들보다 훨씬 규모가 작은 회사들의 이야기다. 크든 작든 간에, 세계 자동차 회사들은 모두 응전을 해오고 있었으며, 그렇지 않으면 영원히 죽을 운명에 놓여 있다. 그러나 규모가 작고 또 꽤나 한계적인 세 개의 자동차 회사들이 세계화 추세를 혁신의 주요 기회로 삼았다. 그것들은 볼보(Volvo), BMW, 그리고 포르셰(Porche)였다.

1960년경 자동차 시장이 갑자기 변하게 되자, 다가올 '재편' 과정에 세 회사는 사라져버릴 것이라는 쪽으로 내기를 거는 사람들이 매우 많았다. 그런데 현실은 세 회사 모두 성과가 좋았으며, 그리고 그것들이 주도권을 잡는 틈새시장을 스스로 찾아냈다. 그것들은 너무도 완벽하게 혁신전략을 추진했기 때문에 스스로를 사실상 전혀 다른 회사로 그 면모를 일신했다. 1965년 볼보는 규모가 작고, 생존투쟁을 벌이며 겨우 손익분기점을 맞추는 정도였다. 몇 년 동안 볼보는 엄청난 돈을 날려버렸다. 그러나 볼보는 그 과정에서 말하자면 제2의 창업을 했던 것이다. 볼보는 우리가 '감각이 있는' 자동차라고 부를 그런 세계 시장에서, 특히 미국 시장에서 강력하면서도 공격적인 판매자가 되었다. '감각이 있다' 라는 것은 그다지 사치스럽지 않은 대신 저가 자동차와는 한창 거리가 멀고, 전혀 유행을 따르지 않지만, 튼튼하고 공통적인 감각과 '더 나은 가치'를 발산하는 그런 것을 의미했다. 볼보는, 자신이 몰고 있는 자동차를 통해 그들이 얼마나 성공했는지를 과시할 필요가 없는, 그러나 '올바른 판단력'을 가진 사람으로 평가받는 것을 가치 있게 생각하는 전문직 종사자들을 위한 자동차를 판매하는 회사로 자사를 부각시켰다.

1960년 볼보보다 그다지 더 낫다고 할 것이 없는, 마찬가지로 한계 기업이었던 BMW 또한 성공했다. 특히 이탈리아와 프랑스 같은 나라에서 성공을 거두었다. BMW는 자사를 '젊은 유망주들'을 위한, 즉 자신들이 젊은이로 인정받기를 원하면서도 이미 자신들이 하는 일과 직업에서 상당히 성공을 거둔 사람들을 위한, 자신들은 '남다르다는 것을 안다'는 사실을 과시하면서 기꺼이 그에 대해 대가를 치르고자 하는 사람들을 위한 자동차를 만드는 회사로 자리를 잡았다. BMW는 부유한 사람들에게도 손색이 없는 자동차이지만, '대를 이어오는 사람이 아닌 자'로 취급받기를 바라는 풍족한 사람들에게 초점을 맞춘다. 메르세데스와 캐딜락이 회사 사장들과 국가 수반들을 위한 자동차인 반면, BMW는 억센 사나이를 위한 자동차이고 또 '최상의 운전기계'로 자부했다.

마지막으로 포르셰(원래는 스타일이 독특한 폴크스바겐이었다)는 자사를 스포츠카, 즉 수송수단으로서보다는 속도를 즐기는 사람들을 위한 단 하나의 유일한 자동차를 생산하는 회사로 다시 자리를 잡았다.

그러나 사실상 달라진 사업 환경에서 스스로 혁신을 하지 않고 또 다른 것을 보여주지 못한 회사들, 즉 그들의 기존 방식을 답습한 소규모 자동차 회사들은 거의 도산하고 말았다. 예를 들면, 영국의 MG는 30년 전에는 지금의 포르셰와 같이 뛰어난 스포츠카 메이커였다. MG는 현재 거의 사라진 상태다. 그리고 시트로앵은 어디에 있는가? 30년 전만 해도 시트로앵은 굳건한 혁신적인 공학기술과 튼튼한 차체를 가진 중산층을 위한 자동차였다. 시트로앵은 현재 볼보가 확보한 틈새시장에서 가장 이상적으로 자리잡고 있는 것으로 보인다. 하지만 시트로앵은 자사의 사업을 진지하게 숙고하고 또 혁신을 하는 데 실패했으며, 그 결과 제품도 전략도 없이 되고 말았다.

2

기회

산업구조의 변화는 그 산업 외부에 있는 사람들에게는 매우 뚜렷이 보이고 또 매우 정확하게 예측할 수 있는, 특별한 기회를 제공한다. 그러나 산업 내부에 있는 사람들은 그런 동일한 변화를 두고도 일차적으로 위협으로 인식한다. 따라서 혁신을 추진하는 외부 사람들은 주요 산업이나 주요 분야에서, 꽤나 빠르면서도 비교적 낮은 위험으로, 비중이 높은 참가자가 될 수 있다.

여기에 몇 가지 사례가 있다.

1950년대 후반 세 젊은이가 우연한 기회에 뉴욕에서 만났다. 그들은 각각 주로 월 스트리트에 사무소를 둔 금융기관에서 근무하고 있었다. 그들은 단 한 가지 문제에 대해 모두 합의를 보았다. 즉 그보다 20년 전에 있은 대공황 이래 변한 것이 없는 증권산업이 급격히 구조 변화를 맞게 된다는 사실에 대해서 말이다. 그들은 이 변화가 틀림없이 기회가 될 것이라고 판단했다. 따라서 그들은 한정된 자본밖에 없고 또 실질적으로 아무런 연고도 없는 신규 참여자에게 기회가 될 만한 것을 탐색하기 위해 금융산업과 금융시장을 체계적으로 연구했다. 그 결과 등장한 것이 도널드슨, 루프킨&젠레트(Donaldson, Lufkin & Jenrett)라는 새로운 금융회사였다. 1959년 출범한 동사는 5년 후 월 스트리트에서 주요 회사로 발돋움했다.

이들 세 젊은이가 파악한 것은 일단의 새로운 고객들, 즉 연기금 관리자들이 빠른 속도로 등장하고 있다는 사실이었다. 그런 새로운 고객들은 특별히 제공하기에 어려운 어떤 것을 필요로 하지는 않지만, 뭔가 다른 것을 요구하고 있었다. 그런데 기존의 회사들은 그것을 그들에게 제공할 준비가 되어 있지 않았다. 도널드슨, 루프킨&젠레트는 그런 새로운 고객들에게 초점을 맞추기 위해, 그리고 그들이 필요로 하는 '연구'를 제공하기 위해 증권 중개회사를 설립했다.

거의 같은 시기에 증권산업에 종사하는 다른 한 젊은이 역시 동 산업이 구조 변화의 기로에 서 있다는 것, 그리고 그것이 자신 소유의 다른 증권회사를 설립할 기회를 제공할 수 있으리라는 것을 알아챘다. 그가 발견한 기회란 바로 앞서 소개한 '현명한 투자자' 였다. 이를 바탕으로 그 다음 그는 지금은 이미 대규모로 성장한, 그리고 여전히 빠르게 성장하는 회사를 창업했다. 1960년대 초 또는 중반, 미국 의료서비스의 구조는 빠르게 변하기 시작했다. 당시 중서부 어느 병원에서 중간관리자로 일하고 있던, 가장 나이가 많은 자가 겨우 30세도 채 안 되는 세 젊은이가 그것이 자신들 소유의 혁신적인 사업을 시작할 기회를 제공할 것으로 판단했다. 그들은 부엌, 세탁소, 건물 수리 등과 같은 살림 꾸리기 업무에 점점 더 전문가들을 필요로 할 것이라고 결론을 내렸다. 그들은 그런 일을 하는 방식을 체계화했다. 그러고는 그들은 자신들이 설립한 새로운 회사가, 결과적으로 남기게 되는 이익 금액의 일부를 수수료로 받는 조건으로, 그런 서비스를 담당할 훈련받은 종업원을 파견하겠다고 여러 병원들에게 계약을 맺을 것을 제안했다. 그로부터 20년 후 이 회사는 거의 10억 달러에 이르는 용역업체로 성장했다.

마지막으로 드는 사례는 MCI와 스프린트(Sprint) 같은 미국의 장거리 통신 시장에서 할인요금을 제공하는 통신업체의 사례다. 이들 회사는 완전히 국외자들이었다. 예를 들면 스프린트는 철도회사인 서던 퍼시픽(Southern Pacific)이 시작한 회사다. 이 같은 국외자들은 벨 전화회사의 갑옷 속에 숨은 약점을 찾기 시작했다. 그것들은 장거리 통신 서비스의 가격구조에 약점이 있다는 것을 발견했다. 제2차 세계대전까지는 장거리 통신은 정부기관과 대기업만이 사용하는 것, 또는 가족의 사망 등과 같은 긴급한 용도에만 국한해 사용하는 값비싼 사치품이었다. 제2차 세계대전 이후 그것들은 일상적인 것이 되었다. 정말이지, 그것들은 통신시장에 있어 성장부문이 되었다. 그러나 통신요금을 통제하는 많은 주 당국의 압력 때문에 벨 전화회사는 장거리 통신요금을 계속 비싸게 유지했는데, 그것은 통신 원가에 비해 훨씬 높았으며, 결과적으로 그 이익은 지역 내 통신 서비스를 지원하는 데 사용되었다. 그러나 그런 구조적 문제를 다소나마 완화하기 위해 벨 전화회사는 장거리 통신의 대량 사용자에게 요금을 대폭 할인해 주었다.

1970년에 이르러 장거리 서비스의 수입이 지역 서비스의 것과 동일하게 되었고, 오히려 빠르게 앞서가고 있었다. 그런데도 당초의 가격구조는 그대로 유지되었다. 그리고 그 점을 신규 참여자들이 활용했던 것이다. 신규 참여자들은 할인가격으로 장거리 전화회선을 대량으로 구입할 것을 계약하고는, 그 다음 그것을 다시 약간 할인해서 소규모 사용자들에게 소매를 했다. 그것은 MCI나 스프린트 같은 도매 통신회사에게 실질적인 이익을 안겨주었다. 또한 도매 통신회사는 사실상 더 낮은 원가로 장거리 통신 서비스를 제공할 수 있었다. 그로부터 10년 후인 1980년대 초, 장거리 통신회사들은, 장거리 통신회사들이 처음 출범했을 때 벨 전화회사가 취급했던 회선 전체보다도 더 많은 회선을 취급하게 되었다.

이런 사례는 하나의 사실만을 빼고는 그냥 일화에 지나지 않을 수도 있다. 그 하나라는 것은 관련된 혁신 기업들 각각이 산업에 있어 주요 혁신 기회가 발생한 것을 알았다는 점이다. 각각은 혁신이 성공할 것이고, 그것도 최소의 위험 아래 성공할 것이라는 점을 비교적 확신하고 있었다. 그들이 어떻게 그토록 확신을 할 수 있었는가?

3

산업구조는 언제 바뀌는가?

산업구조에 있어 변화가 임박했다는 것을 거의 확실하게 알려주는, 매우 식별하기 쉬운 네 가지 지표를 다음과 같이 제시할 수 있다.

1. 이들 지표 가운데 가장 신뢰할 수 있고, 가장 찾기 쉬운 것은 산업이 빠르게 성장한다는 사실이다. 이것은 사실상 앞서 말한 사례들(그리고 자동차 산업도 마찬가지로)이 각각 공통적으로 갖고 있는 지표다. 만약 어떤 산업이

경제 전체 또는 인구보다도 매우 **빠르게** 성장한다면, 그 산업구조는 앞으로 급격하게 변하게 될 것이라는 점을 높은 확률로 예견할 수 있다. 아무리 늦게 잡아도 그 산업의 매출이 두 배가 될 때쯤에는 급변할 것이 틀림없다. 그동안 기존의 사업 관행들은 여전히 성공을 하고 있다. 따라서 아무도 그런 변화에 대해 참견하고 싶어하지 않는다. 하지만 그것들은 서서히 진부화되고 있는 것이다. 시트로엥의 종업원들도, 벨 전화회사의 종업원들도 그런 사실을 인정할 의도가 없었다. 그러나 이것이 바로 '신규 참여자', '국외자' 또는 과거 '2류'였던 기업들이 선두주자들을 그들의 본거지에서 어떻게 무너뜨릴 수 있었는지 그 이유를 설명한다.

2. 빠르게 성장하는 한 산업이 매출 면에 있어 두 배로 성장할 무렵이 되면, 동 산업이 그 시장에 대해 인식하고 또 서비스하는 방식은 적당하지 않은 것이 되어 있을 가능성이 크다. 구체적으로, 전통적인 선두주자들이 시장에 대해 정의를 내리고 또 세분화하는 방식은 더 이상 현실을 반영하지 못하며, 그것은 다만 역사를 말하는 데 지나지 않는다. 게다가 보고서들과 숫자들은 시장에 대해 전통적인 견해만 여전히 대변해 준다. 이 점이 도널드슨, 루프킨&젠레트와 '현명한 투자자'를 대상으로 한 중서부의 어느 증권회사와 같은 서로 다른 혁신 기업들이 성공을 거둔 이유를 설명해 준다. 각자는, 기존의 금융서비스 기관이 인식하지 못한 세분 시장을, 따라서 적절하게 서비스하지 못했던 세분 시장을 발견했다. 연기금 시장은 그것이 너무도 새로운 것이라서, 그리고 '현명한 투자자' 시장은 그것이 월 스트리트의 전형적인 투자자와 부합되지 않았기 때문이다.

그러나 병원관리 이야기는 역시 급성장 시기를 지난 후에는 더 이상 적합하지 않은 전통적인 것들을 보여주는 한 사례다. 제2차 세계대전 이후에 급성장한 분야 중 하나가 X-선 기사, 병리학자, 의학연구소, 각종 치료사 등 '준의료행위', 즉 병원 관련 직업이었다. 제2차 세계대전 전에는 이 같은 직업들이 거의 존재하지도 않았다. 그리고 병원관리 그 자체는 하나의 직업으로 존재했다. 따라서 과거 병원 운영에 있어 중심적인 역할을 했던 그런 전통적인 '병원 살림 꾸리기' 서비스는 병원종사자들에게는, 특히 임금이 낮은 직종의 종사자들이 노동조합을 결성하기 시작함에 따라 차츰 다루기 어렵고도 비용이 많이 드는 것으로 드러나면서, 병원경영자들에게는 꾸준히 문젯거리로 등장했다.

그리고 제3장에서 설명한 도서 체인점의 경우 역시 급성장이 초래한 구조 변화 이야기다. 출판사들도, 미국의 전통적인 서점들도 인식하지 못한 것은 새로운 고객들, 즉 '쇼핑객'이 과거의 고객들 및 전통적인 독자층과 나란히 등장하고 있다는 사실이었다. 전통적인 서점들은 그런 새로운 고객들이 등장했다는 사실을 전혀 간파하지 못했기 때문에 결국 그들에게 접근하려는 시도조차 하지 않았던 것이다.

하지만 만약 한 산업이 매우 빠르게 성장하면 자만하는 경향이, 그리고 무엇보다도 '단물만 빨아먹으려고' 노력하는 경향이 또한 발생한다. 이것이 바로 장거리 통신과 관련해 벨 전화회사가 했던 일이다. 그로 인한 단 하나의 결과는 경쟁자를 초대하는 일뿐이다(이 점에 대해 제17장을 참조할 것).

그러나 다른 사례를 미국의 예술분야에서 찾을 수 있다. 제2차 세계대전 이전에는 박물관은 '상류층'만 가는 곳으로 간주되었다. 제2차 세계대전 이후에는 박물관 관람이 중산층이 즐겨하는 일이 되었다. 도심 내에는, 그리고 도시마다 박물관들이 건설되었다. 제2차 세계대전 이전에는 각종 예술품을 수집하는 일은 몇몇 매우 부유한 사람들이나 하는 어떤 일로 생각되었다. 제2차 세계대전 이후에는 각종 예술품을 수집하는 일은 점점 더 인기 있는 일이 되었고, 수많은 사람들이 수집 대열에 합류했으며, 그런 사람들 가운데 일부는 그다지 넉넉지 않은 사람들이었다.

박물관에 근무하는 한 젊은이가 이런 현상을 혁신 기회로 삼았다. 그는 그 사실을 전혀 생각지도 못한 장소에서 발견했다. 사실, 그 전에 자신이 들어본 적이 없는 곳, 즉 보험분야에서 기회를 발견했다. 그는 스스로 예술품을 전문적으로 취급하는 보험 중개회사를 차리고는, 박물관과 수집가 둘 다에게 보험을 제공했다. 예술품에 대해 보험을 들어주는 것을 꺼렸던 주요 보험회사의 보험중개인들은 그가 예술품에 조예가 깊다는 사실 때문에 기꺼이 위험을 감수하게 되었고, 그 결과 보험수수료가 과거의 것보다도 70%

나 내려갔다. 이 젊은이는 현재 규모가 큰 보험 중개회사를 소유하고 있다.

3. 산업구조에 갑자기 변화를 불러올 것으로 예측할 수 있는 다른 한 사태는 지금까지는 분명 다른 것으로 보였던 기술들이 통합되는 현상이다.

한 예가 사설 구내 전화교환대(PBX)인데, 이것은 사무실, 그리고 전화를 많이 사용하는 다른 여러 고객들을 위한 전화교환대다. 기본적으로 이것과 관련된 모든 과학적·기술적인 문제는 미국 벨 전화회사의 부설연구소인 벨연구소에서 완료되었다. 그러나 가장 덕을 본 것은 ROLM과 같은 몇몇 신규 참여자였다. 새로운 PBX에는 두 가지 다른 기술이 합류했다. 전화기술과 컴퓨터 기술 말이다. PBX는 컴퓨터를 사용하는 통신기구로 보일 수도 있고, 또는 통신업무에 사용되는 컴퓨터로도 볼 수 있다. 기술적으로 벨 전화회사는 이를 완벽하게 취급할 수 있었을 터다. 사실, 벨 전화회사는 오랫동안 컴퓨터 기술의 선구자였다. 그러나 시장의 관점에서, 그리고 제품 사용자의 관점에서, 벨 전화회사는 컴퓨터를 자사와는 전혀 관계가 없는 동떨어진 어떤 것으로 보았다. 벨 전화회사는 컴퓨터 유형의 PBX를 고안하고 실질적으로 도입했으면서도, 그것을 판매하는 데는 관심을 두지 않았다. 그 결과, 전혀 새로운 신규 참여자가 주요 경쟁자로 등장했다. 사실, ROLM은 네 명의 젊은 기술자들이 전투기에 사용할 작은 컴퓨터를 생산하려고 출범한 회사인데, 그 후 우연히 전화 사업으로 진출하게 되었다. 벨 전화회사는 이 분야에서 기술적으로는 주도권을 쥐고 있음에도 불구하고, 시장의 3분의 1을 크게 넘지 못하고 있다.

4. 만약 한 산업에 있어 사업하는 방식이 빠르게 변한다면, 그 산업은 기본적인 구조 변화를 필요로 할 만큼 성숙하게 된 것이다.

30년 전, 미국의 내과의사들은 거의 압도적 다수가 자신들 소유의 병원에서 의료행위를 했다. 1980년이 되자 겨우 60%만이 그렇게 했다. 지금은 40%가 (그리고 젊은 의사의 경우 75%) 파트너십 또는 각종 건강관리 조직이나 병원의 종업원으로서, 집단으로 진료행위를 하고 있다. 1970년경, 몇몇 사람이 일찍이 이 분야가 어떻게 돌아가는지 파악하고는, 그것이 혁신을 추구할 기회를 제공한다는 사실을 인식했다. 그들은 용역회사를 만들고는 공동으로 치료행위를 하는 의사들을 위한 사무소를 설계하고, 의사들이 필요로 하는 설비에 대해 조언을 하고, 의사들을 대신해 집단치료 행위를 관리해 주거나 병원 관리자들을 훈련시키고 있다.

산업구조의 변화를 활용한 경영혁신은, 만약 그 산업과 시장이 하나의 규모가 매우 큰, 또는 극히 소수의 제조업체나 공급업자에 의해 지배되고 있을 때, 각별히 성공하기 쉽다. 심지어 실제로 독점은 아니라 해도 그런 규모가 큰 지배적인 생산자와 공급자는 오랫동안 성공적이었고 또 도전을 받지 않았기 때문에 자만하는 경향이 있다. 처음 그들은 신규 참여자를 별것 아닌 것으로 무시하고, 정말이지 아마추어로 치부한다. 그러나 심지어 신규 참여자가 독점 공급자의 사업을 점점 더 많이 가져간다 해도, 그 독점 공급자는 자신을 방어하기 위해 자원을 활용하는 일이 어렵다는 것을 알게 된다. 벨 전화회사가 처음으로 장거리통신 할인업자와 PBX 제조업체에 대해 반격을 가하기까지는 거의 10년이나 걸렸다.

그러나 타이레놀(Tylenol)과 다트릴(Datril) 같은 '비아스피린계 아스피린(non-aspirin aspirins)'이 처음으로 출시되었을 때 미국의 아스피린 제조회사들이 마찬가지로 느리게 대응했다(이에 대해서도 역시 제17장을 참조할 것). 여기서도 다시, 주로 급성장에 기초해 진행되고 있는 임박한 산업구조의 변화 때문에, 혁신가들은 기회가 있을 것으로 진단했던 것이다. 기존의 아스피린 제조업자들이, 즉 몇몇 소수의 매우 규모가 큰 기업들이 '비아스피린계 아스피린'을 만들 수 없는, 그리고 그것을 효과적으로 판매할 수 없는 이유가, 그것이 무엇이든 간에 없었다. 결국 아스피린의 위험성과 한계점은 이미 비밀이 아니었다. 의학서적에는 그런 것으로 넘쳐났다. 어쨌든 5년 동안인지 또는 8년 동안인지, 신규 참여자들이 시장을 독차지했다.

마찬가지로, 미국의 국영 우편서비스는 가장 수지맞는 서비스 부문에서 점점 더 큰 덩어리를 차지하고 있는 혁신 기업들에 대해 수 년 동안 아무런 대응을 하지 않았다. 먼저 UPS가 일반적인 소포부문을 차지해 버렸다. 그 다음 에머리 항공화물(Emery Air Freight)과 페더럴 익스프레스(Federal Express)가 심지어 한층 더 수지맞는 긴급한 소포와 편지의 배달 또는 고가의 소포와 편지의 배달부문을 가져갔다. 미국의 국영 우편서비스를 그토록 취약하게 만든 것은 우편서비스가 너무도 빠르게 성장한 때문이었다. 물량이 너무도 빠르게 성장했으므로 국영 우편서비스는 지금껏 작은 부문으로 취급했던 것을 무시했고, 따라서 혁신가들에게 사실상 초대장을 발송한 셈이었던 것이다.

되풀이해 말하거니와, 시장 또는 산업이 변하면 오늘날 산업에서 선두주자들인 생산자와 공급자는 가장 빠르게 성장하는 시장부문을 무시하고 있음을 알 수 있을 것이다. 그들은 빠르게 비기능적으로 되고 있는, 그리고 진부화되고 있는 사업 관행을 고수할 것이다. 새로운 성장 기회는 해당 기업이 시장에 대해 '항상' 접근했던 그런 방식과는, 시장에 대해 조직했던 방식과는, 그리고 시장을 규정했던 방식과는 거의 부합하지 않는다. 그러므로 이런 분야의 혁신가들은 홀로 즐길 좋은 기회를 갖게 되는 것이다. 당분간, 그런 분야의 오래 된 기업들은 오래 된 시장을 오래 된 방식으로 여전히 잘 서비스할 것이다. 그들은 새로운 도전에 대해, 그것을 양보하든 또는 그것을 무시하든 간에 어쨌든, 거의 관심을 기울이지 않을 가능성이 크다.

그러나 거기에는 하나의 중대한 단서 조건이 붙어 있다. 산업구조와 시장구조의 변화에 바탕한 혁신은 단순하게 유지하는 것이 절대로 필수적이다. 복잡한 혁신은 효과를 내지 못한다. 여기에 한 예가 있는데, 이것은 내가 아는 가장 현명한 기업전략이자 가장 비참한 실패 사례다.

폴크스바겐은 1960년경 자동차산업을 세계 시장으로 이동시키는 변화를 촉발했다. 폴크스바겐의 비틀(Beetle)은 40년 전 진정한 국제적인 자동차였던 모델 T 이후 최초의 국제적 자동차였다. 비틀은 본거지 독일에서와 마찬가지로 미국 전역에서 볼 수 있었고, 솔로몬 군도(Solomon Islands)에서 만큼이나 아프리카의 탄가니카(Tanganyika)에서도 익히 볼 수 있는 자동차였다. 게다가 폴크스바겐은 그 스스로 창출했던 기회마저도 놓쳐버렸다. 일차적으로 그것은 너무도 복잡하게 똑똑했기 때문이다.

세계 시장에 진입한 이후 10년이 지난 1970년에 이르자 비틀은 이제 유럽에서 한물가기 시작했다. 비틀의 두번째 시장인 미국에서는 여전히 평균적으로 잘 팔리고 있었다. 그리고 세번째 시장인 브라질에서는 앞으로도 커다란 성장을 거둘 것이 예상되었다. 확실히 새로운 전략이 수립되어야만 했다.

폴크스바겐의 최고경영자는 독일의 공장에서 생산하는 것을 전부 새로운 모델, 즉 비틀의 후속 모델로 대체하자고, 그리고 그것을 역시 미국 시장에 다 공급하자고 제안했다. 그러나 미국 시장에서 계속되고 있는 비틀에 대한 수요는 브라질 공장에서부터 공급될 수 있었을 것이고, 그렇게 되면 그 다음 그것은 브라질의 폴크스바겐 자회사인 폴크스바겐 도 브라질(Volkswagen do Brasil)에게 그 곳의 공장을 확장하는 데, 그리고 성장하는 브라질 시장에서 비틀의 주도권을 또다시 10년 간 확보할 수 있도록 하는 데 필요한 자금을 제공할 수 있게 될 터였다. 미국의 고객에게 비틀의 주요 매력 포인트 중 하나인 '독일 품질'을 보증하기 위해, 미국에서 판매되는 모든 자동차에 있어 엔진과 트랜스미션과 같은 주요 부품들은 어쨌든 여전히 독일에서 생산하고, 그 다음 북미 시장용 완성차는 미국에서 조립한다는 것이었다.

그런 식으로 해서, 이것은 각각의 다른 부품들을 다른 여러 나라에서 만들고, 다른 시장의 요구에 따라 다른 나라에서 조립을 하는 최초의 진정한 글로벌 전략이 되었던 것이다. 만약 그 전략이 효과를 냈다면 그것은 올바른 전략이 되었을 것이고, 그것은 그 분야에서 매우 혁신적인 전략이 되었을 것이다. 폴크스바겐은 일차적으로 독일의 노동조합이 파멸시켰다. "비틀을 미국에서 조립한다는 것은 독일의 일자리를 내주는 것을 의미하므로 우리는 참을 수 없다"고 그들은 주장했다. 하지만 미국의 대리점들 역시, 심지어 주요 부품들이 여전히 '메이드 인 독일'이라 해도, '메이드 인 브라질' 자동차에 대해 그 품질을 의심했다. 그렇게 해서 폴크스바겐은 그 화려한 청사진을 포기하지 않을 수 없었다.

결과는 폴크스바겐의 두번째 시장인 미국 시장의 상실로 나타났다. 이란의 샤(Shah) 왕의 몰락이 두번째 오일쇼크를 촉발한 후 소형차가 선풍적인 인기를 얻고 있을 때, 폴크스바겐이, 다시 말해 일본의 자동차 회사들이 아니라 폴크스바겐이 소형차 시장을 지배했어야만 했다. 독일의 자동차 회사들은 상황에 걸맞는 제품이 없었던 것이다. 그리고 몇 년 후, 브라질은 심각한 경제위기를 맞게 되자 자동차 판매는 하락하고, 폴크스바겐 도 브라질은 곤경에 처하게 되었다. 폴크스바겐 도 브라질이 1970년대에 그 곳에서 설립해 두었던 공장의 생산능력에 걸맞는 수출시장이 사라지고 없었던 것이다.

폴크스바겐의 화려한 전략이 실패로 끝난, 그리고 폴크스바겐의 먼 장래에도 부담을 안겨줄 정도로까지 실패한 구체적 이유가 무엇인가 하는 것은 부차적인 문제다. 이 사례가 들려주는 교훈은, 복잡하고 너무 '똑똑한' 경영혁신 전략은, 특히 그것이 산업구조의 변화가 불러온 기회를 활용하려는 전략이라면 언제나 실패한다는 것이다. 따라서 매우 단순한 구체적인 전략만이 성공할 가능성을 갖게 된다.

제3~제6장까지 논의한 경영혁신 기회의 원천들, 즉 예상치 못했던 일, 불일치, 시장구조와 산업구조의 변화, 프로세스상의 필요성 등은 해당 기업, 산업, 또는 시장 내부에서 그 모습을 드러낸다. 그것들은 실질적으로 경제에서, 사회에서, 그리고 지식에서 일어나는, 즉 외부에서 일어나는 변화의 징후일 수도 있다. 그러나 그런 것들은 내부적으로 나타난다.

7가지 혁신 기회의 원천들 가운데 나머지는 다음과 같다.

- 인구구조의 변화
- 인식, 의미, 그리고 분위기의 변화
- 새로운 지식의 등장

이런 것들은 외부에서 일어나는 것이다. 그것들은 사회적 · 철학적 · 정치적 · 지적 환경의 변화들이다.

1

외부에서 일어나는 모든 변화들 가운데 인구구조의 변화, 즉 총인구, 연령구조, 성별구조, 고용통계, 교육수준, 그리고 소득구조 등 인구통계의 변화로 정의되는 것이 가장 분명하다. 그것들은 모호하지 않다. 그런 변화가 불러올 결과들은 가장 예측이 가능한 것들이다.

인구구조의 변화는 또한 리드 타임(lead time：경영학에서는 어떤 물건을 주문해 창고에 입고되기까지 걸리는 시간을 의미하지만, 여기서는 주요 사건이 발생해 종결이 되는 시점까지의 기간을 의미함—옮긴이)을, 그것도 거의 확실한 것을 알고 있다. 2000년 미국의 노동시장에 등장할 사람들은 이미 이 세상에 살고 있는 사람들이다(물론 그들이 꼭 미국에서 살고 있어야 하는 것은 아니다. 예컨대 지금부터 15년 후 미국의 근로자들로 일을 하게 될 많은 사람들 가운데, 현재 멕시코 푸에블로에 살고 있는 아이들일 수도 있다). 2030년경 선진국에서 은퇴 연령에 이르게 될 모든 사람들은 이미 일을 하고 있으며, 게다가 대부분의 경우 그들이 은퇴하거나 또는 죽을 때까지 하게 될 그런 직업에서 일을 하고 있다. 그리고 지금 20대 초반 또는 중반의 청년들이 획득한 교육수준은 앞으로 40여 년 간 그들의 경력경로를 대체로 결정하게 될 것이다.

인구구조는 어떤 물건이 팔리게 될지, 그것을 누가 구입할지, 그리고 얼마나 팔릴지에 대해 큰 영향을 미친다. 예컨대 미국의 10대들은 싸구려 신발을 매년 여러 켤레 구입한다. 그들은 오래 신을 수 있는 신발이 아니라 유행하는 것을 구입하지만 지갑은 어쩔 수 없이 얄팍하다. 바로 그들이 10년 후에는 매년 신발을 사는 경우는 거의 없으며, 아마도 그들이 17세였을 때 구입했던 양의 6분의 1쯤 될지는 모르지만, 그 대신 그들은 편안하고 또 오래 신는 것을 첫번째로, 그리고 유행은 두번째로 고려한다. 선진국에 사는 60~70대 노인들은, 다시 말해 갓 은퇴를 한 사람들은 여행과 레저 시장에 주요 고객이 된다. 그들 또한 10년만 지나면 은퇴자들이 사는 주택, 양로원, 그리고 여러 (값비싼) 의료서비스를 요구하는 고객이 된다. 맞벌이 부부는 돈쓸 시간보다는 돈이 더 많고, 그리고 그런 것을 고려해 돈을 쓴다. 젊은 시절 고등교육을 받은 사람들, 특히 전문직업 또는 기술학교에서 교육을 받은 사람들은 10~20년 후에는 고급전문가 과정의 고객이 된다.

그러나 고등교육을 받은 사람들은 또한 일차적으로 지식근로자들(knowledge worker)로서 고용될 가능성이 크다. 심지어 1955년 이후 유아 사망률이 감소함으로써 제3세계의 젊은 인구가 폭발적으로 증가함에 따라, 오직 미숙련(unskilled) 작업 또는 반숙련(half-skilled) 작업에만 적합하게 훈련된 사람들이 엄청 많은 저임금 국가들과 경쟁을 하지 않는다 해도, 서구와 일본 등 선진공업국들은 공장을 자동화해야만 할 것이다. 출산율의 급감과 '교육의 폭발적 증가'가 복합적으로 작용한 결과인 인구구조의 변화만으로도, 선진공업국의 전통적인 육체근로자의 고용은 2010년까지는 1970년의 고용의 3분의 1 또는 그 이하를 초과할 수 없다는 것을 거의 확실하게 만든다(그렇지만 제조업의 총생산은 자동화 결과로 그 당시보다도 3~4배가 될 것이다).

이 모든 것은 너무도 명백하기 때문에, 인구구조의 중요성을 상기시켜 주어야 할 필요가 있는 사람은 아무도 없다고 생각해도 무방할 것이다. 그리고 정말이지, 사업가와 경제학자, 그리고 정치가들은 인구 추세, 인구 변화, 그리고 원동력 등이 매우 중요하다는 사실을 항상 인정하고 있었다. 그러나 일상적인 의사결정을 하는 과정에서 인구구조의 변화에 대해서는 관심을 기울일 필요가 없다고 그들은 또한 믿고 있었다. 인구 변화는, 출산율이든 또는 사망률이든, 교육 수준이든, 노동력의 구성과 노동 참여율이든, 또는 거주지에서든 그 이주로 인한 것이든 간에 서서히 일어난다고 생각해 왔으므로, 그런 오랜 기간 동안에 실질적으로는 관심을 기울일 일이 거의 없다고 취급되었던 것이다. 14세기 유럽의 흑사병과 같은 인구통계상의 대재난은 사회와 경제에 즉각적인 영향을 미친다고 인정되고 있다. 그러나 그 밖의 경우 인구 변화는 사업가들이나 행정가들에게보다는 역사가와 통계학자들이 관심을 기울일 '관심 밖'의 변화였다.

이것은 항상 위험에 빠뜨릴 수 있는 오류다. 19세기 유럽에서 남북미 둘다로, 그리고 호주와 뉴질랜드로의 대규모 이동은 경제적·정치적 지리를 상상 이상으로 바꾸어놓았다. 그것은 기업가적 기회를 엄청나게 제공했다.

그것은 수 세기 동안 유럽의 정치와 군사전략의 기초가 되었던 지정학적 개념을 진부한 것으로 만들어버렸다. 게다가 그것은 1860년대 중반에서 1914년까지 단지 50년 동안에 일어났다. 이를 무시한 사람은 그 누구라도 뒤처졌을 것이고, 그것도 빠르게 그렇게 되었을 것이다.

예를 들면, 1860년대까지 로스차일드 가문은 세계 금융계에서 지배적인 위치를 차지하고 있었다. 그러나 로스차일드가는 대서양을 건너는 이민의 중요성을 인식하는 데 실패했다. 그들은 단지 하층민만 유럽을 떠날 것으로 생각했다. 그 결과, 로스차일드가는 1870년경에 이르러 금융계에서 그들이 차지하던 비중을 상실했다. 그들은 다만 부유한 개인들에 지나지 않게 되었다. 그 자리를 넘겨받은 사람은 J. P. 모건이었다. 그의 '비결'은 대서양을 건너는 이민을 보고 처음부터 그것을 기회로 인식하고, 그 중요성을 즉각 이해했으며, 유럽이 아니라 뉴욕에 세계적인 은행을 설립함으로써 그것을 기회로 이용했다. 그리고 이민 노동자를 고용할 수 있는 미국의 기업들에게 자금을 공급하는 수단으로서 이용했던 것이다. 또한 유럽과 미국의 동부 지역이 시골의 농업에 기초한 사회로부터 산업이 중심이 되는 대도시 문명으로 전환하는 데는 1830~60년까지 고작 30년이 걸렸다.

인구구조의 변화는 과거에도 이토록 빠르고 갑작스럽게 진행되는 경향이 있었다. 그리고 마찬가지로 충분히 영향을 미쳤다. 인구구조가 과거에는 천천히 변했다는 신념은 전혀 사실이 아니다. 그보다는 한 장소에서 오랜 기간 동안 머무는 정착민은 역사적으로 일반적인 것이라기보다는 예외적인 존재였다.

산업화 초기에도 인구구성의 변화는 이처럼 급속하고, 돌발적이며, 충격적이었던 것이다. 과거의 인구변화는 완만했다는 이론은 단지 신화에 지나지 않는다. 인구가 장기간 동안 이동하지 않고 한 곳에 머무른다는 것은 역사적으로 볼 때 법칙이 아니라 예외적인 현상일 뿐이었다(이 점에 관해서는 문명에 대한 현대 프랑스 역사학자들의 연구가 탁월하다—저자 주).

20세기에 들어서도 인구구조를 무시하는 것은 참으로 어리석은 일이다.

20세기의 기본적인 가정은, 인구 현상은 본질적으로 불안정하며 급작스런 변화를 겪을 수 있는 것이라고, 그리고 그것은 사업가든 정치가든 간에 의사결정자가 분석하고 또 숙고해야 할 첫번째 환경요인이라고 해야만 할 것이다. 예컨대 20세기의 이슈들 가운데, 한편으로 선진국의 노령화 현상만큼 국내외의 정치상으로 중요한 것은 거의 없을 것이고, 다른 한편으로 제3세계에서 젊은 성인인구가 넘쳐나는 현상만큼 중요한 것도 거의 없을 것이다. 그 이유가 무엇이든 간에, 선진국과 개발도상국 모두 20세기 사회에는 몹시 빠르고도 근본적인 인구변화가 일어날 가능성이 매우 높아졌다. 그것도 사전 예고 없이 발생한다.

1938년 프랭클린 D. 루스벨트(Franklin D. Roosevelt, 1882-1945) 대통령이 소집한 미국에서 가장 뛰어난 인구통계 전문가들은, 미국의 인구는 1943~44년경 1억 4,000만 명으로 절정을 이루고 그 후에는 서서히 감소할 것으로 만장일치로 예측했다. 현재 미국 인구는, 유입 이민 인구가 최저 수준인데도 2억 4,000만 명이다. 왜냐하면 1949년 전혀 낌새도 없이 미국은 '베이비붐'을 시작했는데, 그 후 12년 동안 가족의 규모는 전례없이 늘어났으며, 1960년에는 또 갑자기 '출산율 저하(baby bust)' 현상이 일어나 가족의 규모를 역시 전례없이 줄여버렸기 때문이다. 1938년 그 인구통계 전문가들은 무능한 사람도, 바보도 아니었다. 다만 그 당시 '베이비붐'을 예측할 수 있는 지표가 전혀 없었을 뿐이다.

그로부터 20년 후 또 다른 미국 대통령 존 F. 케네디는 '진보를 위한 동맹'이라는 라틴 아메리카에 대한 원조 및 개발 프로그램을 추진하기 위해 일련의 뛰어난 전문가들을 소집했다. 1961년 당시 전문가들 가운데 아무도 그로부터 15년 동안 남미의 사회와 경제를 철저히 바꾸게 될 유아 사망률의 급격한 하락현상에 대해 관심을 기울이지 않았다. 또한 전문가들은 모두 전혀 이견이 없이 남미는 계속 농업사회에 머무를 것으로 가정했던 것이다. 그들 역시 무능한 사람도, 바보도 아니었다. 그러나 남미의 유아 사망률 하락 현상과 도시화는 그 당시 겨우 시작할 무렵이었다.

1972년과 1973년, 미국에서 가장 경험이 많은 노동문제 분석 전문가들은 여성의 노동참가율이, 지난 수 년 간 그랬듯 의문의 여지없이, 계속 줄어들 것으로 여전히 믿고 있었다. '베이비붐 세대'가 기록적으로 많이 노동시장에 진입하게 되자, 그들은 젊은 남자들을 위한 일자리를 어디서 공급할 수 있을지 걱정했다(그러나 결과적으로 그것은 불필요한 걱정으로 드러났다). 아무도 젊은 여성들을 위한 일자리를 어떻게 공급할지에 대해서는 걱정을 하지 않았다. 그들은 아예 그런 일이 일어나리라고는 생각지 않았던 것이다. 10년 후 55세 이하 미국 여성의 노동참가율은 64%에 이르렀다. 이는 전례없이 높은 비율이었다. 그리고 기혼자와 미혼자, 또는 자녀의 유무 사이에 있어 노동참여율은 거의 차이가 없었다.

이들 변화는 갑작스런 것만으로 그치는 것이 아니다, 이들 변화는 종종 파악하기 힘든 것이고 또 설명하기도 어렵다. 제3세계의 유아 사망률 하락은 나중에서야 그 이유를 알게 되었던 것이다. 그것은 오래 된 기술, 즉 공중 보건소의 보급, 화장실의 위치를 우물보다 낮게 설치하는 것, 창문에 그물망을 설치하는 것 등과 신기술, 즉 항생제의 발달과 DDT 같은 살충제의 보급 등이 서로 상승작용을 한 결과였다. 하지만 그것은 전적으로 예측이 불가능했다. 그리고 '베이비붐' 또는 '출산율 저하' 현상은 어떻게 설명할 수 있는가? 미국 여성들이 (그리고 비록 몇 년 후의 일이긴 하지만, 유럽 여성도 마찬가지로) 갑자기 노동시장에 진출한 것에 대해서는 어떻게 설명할 것인가? 또 남미 젊은이들이 도시의 슬럼가로 이동한 것은 어떻게 설명할 것인가?

20세기의 인구 변화는 본질적으로 예측이 불가능한 것인지도 모른다. 그러나 실제로 영향이 나타나기 전에 리드 타임이 있는데, 무엇보다도 그 리드 타임은 예측 가능하다는 점이 중요하다. 신생아가 유치원에 다니고 교실, 운동장, 그리고 유치원 교사가 필요하기까지는 5년이 요구될 것이다. 그들이 고객으로서 중요한 몫을 하려면 15년 후가 될 것이다. 그리고 그들이 성인이 되어 노동시장에 참여하려면 19~20년 후가 될 것이다. 남미의 인구는 유아 사망률이 하락하기 시작하자 곧 꽤나 급격하게 증가하기 시작했다. 죽지 않고 살아난 아이들이라 해도 5~6년 동안은 취학 아동이 될 수 없으며, 15~16년 동안은 일자리를 찾는 성인도 아니다. 그리고 교육수준에 있어 어떤 변화가 일어나 그 자체가 노동시장의 구성과 인적 자원이 가진 기술의 변화로 이어지기까지는 적어도 10년, 또는 일반적으로 15년이 걸린다.

인구구조 변화가 혁신가들에게 있어 이토록 유익한 기회가 되는 이유는 정확히 말해, 사업가든 공공서비스 기관 직원이든, 또는 국회의원이든 간에 의사결정자들이 이를 무시하기 때문이다. 그들은 인구구조는 변하지 않는다는, 또는 적어도 빠르게 변하지는 않는다는 가정을 여전히 고집하고 있다. 정말이지, 그들은 심지어 인구변화에 대한 가장 평범한 증거마저도 거부한다. 이에 대해서는 꽤나 전형적인 몇몇 사례가 있다.

1970년이 되자, 미국 취학 아동의 수는 적어도 10~15년 동안 1960년대의 그것보다도 25~30% 정도 줄어들 것이라는 관측이 불을 보듯 분명하게 되었다. 결국 1970년에 유치원에 입학할 아이들은 늦어도 1965년 이전에는 생존하고 있어야만 했지만, '출산율 저하' 현상은 그 때까지는 급격한 반전이 가능한 수준을 훨씬 넘어 착착 진행되고 있었던 것이다. 하지만 미국의 교육대학들은 이 같은 사실의 인정을 단호하게 거부했다. 남들이 보기에, 그들은 취학 아동의 수는 해마다 늘어나야 한다는 것을 자연법처럼 취급하는 듯했다. 따라서 그들은 학생을 모집하는 데 갖은 노력을 다했지만, 몇 년후에는 결과적으로 졸업생들이 졸업과 동시에 상당수 실업자가 되도록 했다. 아울러 교사들의 급료를 감봉하지 않을 수 없었는데, 이는 교육대학을 대거 폐교하는 사태를 불러왔다.

다음은 내가 직접 겪은 두 가지 경험적 사례다. 1957년 나는 25년 후에는, 즉 1970년대 중반까지는 미국의 대학생 수가 1,000만~1,200만 명쯤 될 것이라는 예측을 내놓았다. 이 숫자는 이미 일어난 두 가지 인구통계학적 사건, 즉 출생률 증가와 젊은이들의 대학진학률 비율의 증가를 단순히 통합함으로써 도출되었다. 그 예측은 매우 정확했다. 하지만 대학들은 실질적으로 그 통계에 대해 시큰둥했다. 20년이 지난 1976년 나는 연령구조를 살펴보고는 미국의 정년퇴직 연령을 10년 내에 70세로 올리든지, 아니면 아예 없애든지 해야 할 것으로 예측했다. 그 추세는 훨씬 더 빠르게 진행되었다.

1년 뒤 캘리포니아 주는 어떤 일정 연령에 도달하면 정년퇴직시키는 관행을 폐기했다. 그리고 70세 이전의 정년퇴직은 2년 뒤인 1978년 나머지 주들에서 폐기되었다. 이런 예측을 사실상 확실한 것으로 만들어준 인구통계 숫자는 이미 잘 알려진 것으로 시중에 출판된 것이었다. 하지만 정부, 노조, 기업경제 분석가, 통계학자 등 이른바 전문가들은 대부분 나의 예측을 전혀 의미 없다고 일축해 버렸다. "그런 일은 결코 일어나지 않을 것이다"라는 것이 한결같은 반응이었다. 당시 노동조합은 정년퇴직 연령을 60세 또는 그 이하로 낮추자고 제안했다.

전문가들은 자신들이 당연시했던 것들과 일치하지 않는 어떤 인구통계학적 현실들은 수용하지 않는다는 사실, 그리고 받아들일 능력이 없다는 사실이 기업가에게 기회를 안겨주는 것이다. 리드 타임은 알려져 있다. 그런 현상은 이미 일어나고 있다. 그러나 아무도 그것들을, 기회로 삼지 않는 것은 말할 것 없고, 현실로 인정하지도 않고 있다. 따라서 전통적인 지혜를 거부하고 새로운 사실을 수용하는 사람들은, 정말이지 그런 것들을 적극적으로 찾는 사람들은 상당 기간 혼자 독주할 수 있다. 대체로 경쟁자들은 인구통계학적 현실을 그것이 새로운 인구통계학적 변화와 새로운 인구통계학적 현실로 이미 대체될 지경에 이르러서야 겨우 수용하게 될 것이다.

2

다음은 인구구조의 변화를 성공적으로 이용한 몇몇 사례다.

미국의 대규모 대학들은 1970년대까지 대학생 수가 1,000만~1,200만 명에 이를 것이라는 나의 예측을 상식에 맞지 않는다고 무시했다. 그러나 기업가적 대학들은 이를 진지하게 받아들였는데, 바로 뉴욕의 페이스 대학교와 샌프란시스코의 골든게이트 대학교였다. 이들 대학도 처음에는 회의적이었다. 하지만 이들은 예측을 검토하고는 그것이 타당하다는 것, 그리고 사실 유일한 합리적 예측이라는 결론을 내렸다. 그 다음 두 대학은 학생들의 등록이 증가할 것을 대비해 스스로 준비를 했다. 반면에 전통적인 대학들, 특히 '명문' 대학들은 아무런 준비를 하지 않았다. 그 결과 20년 후 적극적이었던 두 신규 대학은 학생들을 확보했다. 그리고 '출산율 저하' 때문에 전국적으로 등록이 줄어들었을 때에도 여전히 성장을 지속했다.

'베이비붐' 현상을 활용한 미국의 한 소매업자는 그 당시 소규모의 그다지 알려지지 않은 구두체인점 멜빌(Melville)이었다. 1960년대 초 첫번째 '베이비붐' 세대가 성인이 되기 바로 직전, 멜빌은 스스로 이 새로운 시장에 방향을 맞추었다. 멜빌은 구체적으로 10대를 위한 새롭고도 차별화된 점포를 만들었다. 취급하는 상품도 다시 디자인했다. 광고도, 판매촉진도 16~17세의 청춘에게 초점을 맞추었다. 그리고 10대를 위한 신발뿐 아니라 남녀 의류도 취급했다. 그 결과, 멜빌은 미국에서 가장 빠르게 성장하고, 이익도 가장 많이 내는 소매점들 가운데 하나가 되었다. 10년 뒤 다른 소매업자들이 등장해 10대를 위한 판매활동을 하기 시작했다. 바로 그 시점에는 인구의 중심이 10대에서 20~25세에 이르는 '젊은 성인들'로 이동하기 시작했다. 그 무렵 멜빌은 이미 자사의 초점을 그 새로운 연령의 인구집단에 맞추고 있었다.

1961년 케네디 대통령은 자신이 추진한 '진보를 위한 동맹' 프로그램을 검토하기 위해 남미 학자들을 소집했는데, 그들은 남미가 도시화하고 있는 현상을 인식하지 못했다. 그러나 미국의 소매 체인점 시어스 로벅은 이를 몇 년 앞서 인식했는데, 그것은 통계자료를 검토한 것이 아니라 현장으로 나가서, 즉 멕시코시티, 리마, 상파울루, 그리고 보고타의 고객들을 조사한 결과였다. 그 결과 시어스 로벅은 1950년대 중반 남미 주요 도시에 미국식 백화점 체인을 건설하기 시작했고, 아직은 '부자'는 아니지만 화폐경제의 일원이 된, 그리고 중산층으로서의 열망이 강한 도시의 새로운 중류계급에 적합하게 디자인했다. 시어스 로벅은 몇 년 안 되어 남미에서 주도적인 소매업자가 되었다.

그리고 다음에는 인구구조의 변화를 혁신 기회로 이용해 고도로 생산성이 높은 노동력을 만든 두 가지 사례다. 뉴욕 소재 시티뱅크(Citibank)의 확장은 주로 젊은이들의 이동현상, 특히 고등교육을 받은 야심이 큰 젊은 여성들이 일터로 나가는 현상을 일찍이 파악한 데 기인한다. 미국의 규모가 큰 고용주들은 대부분 1980년에 이를 때까지도 이들 여성을 '문제'로 생각했다. 많은 경우 그 점은 오늘날에도 여전하다. 시티뱅크는 대규모 고용주로서는 거의 유일하게 여성들을 기회로 보았다. 시티뱅크는 1970년대에 여성들을 적극적으로 모집하고, 훈련을 시키고, 그녀들을 대출담당자로서 미국 전역에 파견했다. 그 야심찬 젊은 여성들이야말로 시티뱅크를 전국적으로 선두은행으로 만드는 데, 그리고 시티뱅크가 진정 '국민' 은행이 되는 데 매우 중요한 역할을 했다. 같은 시기에 (혁신적인 기업이나 벤처기업에 자금을 공급하지는 않는) 몇몇 저축대부조합은, 아이들이 어릴 때 일찍 일자리를 떠난 나이 많은 기혼 여성들이 시간제 근로자이지만 정규직으로 되돌아온다면 양질의 근로자가 될 것이라는 점을 인식했다. 시간제 근로자들은 '임시직'이라는 사실을 "모두가 알고 있었다." 그리고 노동시장을 떠난 여성들은 노동시장에 다시 복귀하지 않는다는 사실도 마찬가지였다. 둘 다 과거에는 완벽히 수긍이 가는 규칙이었다. 그러나 인구구조의 변화가 그 규칙을 진부하게 만들고 말았다. 그런 현상을 수용할 의사가 있었다는 것이, 다시 말하거니와 이 같은 의사는 통계숫자를 보고 파악하는 것이 아니라 바깥으로 나가서 조사를 해보야 하는 것인데, 저축대부조합들에게 매우 충성심이 높고 또 매우 생산성이 높은 근로자들을 특히 캘리포니아 지역에 공급했다.

여행 및 휴가업계에서 클럽 메드(Club Med)가 성공한 것 또한 인구구조의 변화를 활용한 결과다. 즉 유럽과 미국에서 풍요하고도 교육수준은 높지만, 근로계층을 벗어난 지 한 세대밖에 안 된 젊은 성인인구가 엄청나게 많이 등장하고 있다는 사실을 말이다. 아직은 자신들의 정체성에 대해 자신감이 없으며, 여전히 자신들을 여행가로 취급하지도 않는다. 하지만 그들은 자신들의 휴가, 여행, 그리고 재미있게 시간을 보내는 방법을 아는 누군가를 만났으면 하는 생각이 간절했다. 게다가 그들은 근로계층의 부모들 또는 자신들보다도 나이가 많은 중산층 사람들과는 진정 어울리기가 싫었다. 따라서 그들은 과거 10대들이 즐겨 찾던 저급한 오락장의 새로운 '이국적인' 변형물이 나타나기만 하면 즉각 고객이 될 준비가 되어 있었던 것이다.

3

인구구조의 변화를 분석하는 작업은 인구통계 숫자를 파악하는 일에서 시작된다. 그러나 총인구 수는 중요성이 가장 떨어지는 수치다. 예컨대 연령 분포는 그보다 훨씬 더 중요하다. 1960년대에 있어, 대부분의 비공산권 선진국에서 가장 중요한 사실로 드러난 인구구조의 변화는 (단 하나의 중요한 예외는 '베이비붐'이 단기간에 머문 영국뿐이다) 젊은 인구의 급격한 증가현상이었다. 1980년대, 그리고 1990년대는 한층 더 중요한 것은 젊은 인구의 감소현상, (40세까지) 초기 중년 연령 인구의 지속적인 증가현상, 그리고 (70세 이상) 고령 인구의 급속한 증가현상일 것이다. 이 같은 사태의 변화는 어떤 기회를 제공하는가? 이처럼 다양한 인구연령 집단의 가치관과 기대, 필요성과 욕구는 무엇인가?

전통적인 대학의 학생 수가 늘어날 수는 없다. 기껏 기대할 수 있는 것은 그 숫자가 감소하지 않으리라는 것, 즉 중등교육을 받은 후에도 계속 공부를 하는 18~19세 학생들의 비율이 충분히 증가해 전체 인구 숫자의 감소를 보충해 주기를 바랄 뿐이다. 그러나 일찍이 학사학위를 받은 30대 중반과 40대 인구의 증가로 인해 의사, 변호사, 건축가, 기술자, 경영자, 또는 교사를 불문하고 한층 더 고급 전문기술을 배우거나 다시 배우려는 고학력 인구 숫자가 많아질 것이다. 이들은 무엇을 노리는가? 그들이 필요로 하는 것은 무엇인가? 그들이 어떻게 그 많은 교육비를 지급할 수 있는가? 전통적인 대학들은 그처럼 매우 다른 학생들을 끌어들이고 또 만족시키기 위해 무엇을 해야 하는가? 그리고 마지막으로, 나이 많은 사람들의 욕구, 필요, 가치관은 무엇인가? 정말이지 다른 집단과는 다른 기대, 다른 필요물, 다른 가치, 그리고 다른 공통의 만족 대상을 갖는 어떤 하나의 독특한 '나이 많은 집단'이 있는가? 아니면 동일한 연령 집단이라 해도 각각 다른 취향을 갖는 여러 부류의 세분 집단들이 있는가?

연령 분포에 있어 특히 중요한 것은, 다시 말해 변화의 의미를 가장 잘 표현하는 것은 인구의 중심이 어떻게 변하고 있는가 하는 것이다. 그것은 어느 일정 시점에 전체 인구에서 가장 규모가 크고 또 가장 빠르게 증가하는 연령 집단이 어느 인구집단인가 하는 것이다.

아이젠하워 정부 말기인 1950년대 말 미국 인구의 중심은 미국 역사상 최고령 수준에 도달했다. 그러나 몇 년 내에 급격한 변화가 일어나기 시작했다. '베이비붐'의 결과로 인해, 미국 인구의 중심은 합중국으로 독립한 초기 시절 이후 가장 낮은 수준인 16~17세로 급격히 바뀌고 있었다. 분위기와 가치관이 급격히 변할 것이라는 사실은 예측할 수 있는 일이었다. 그리고 정말이지 인구통계를 진지하게 취급하고 또 그 숫자를 들여다보면 누구라도 예측할 수 있었던 것이다. 1960년대 '젊은이들의 반란'이 일어난 원인은 주로, 언제나 청춘기의 전형적인 행동양식이었던 그것으로 관심의 대상이 바뀌었기 때문이다. 인구의 중심이 20대 후반과 30대 초반이었던 과거에는, 지독히도 초보수적인 연령 집단들이 보기에 청춘기의 행동양식은 "소년은 소년일 뿐이지(그리고 "소녀는 소녀일 것이고")"라는 식으로 무시되었다. 1960년대에 이르자 그 청춘기의 행동양식이 갑자기 대표적인 행동양식이 되어버렸다.

그러나 모두가 '가치관의 영원한 변화' 또는 '젊은 미국'에 대해 말하고 있을 무렵 연령 시계추는 이미 방향을 바꾸었는데, 그것도 매우 격렬하게 바꾸었다. 1969년이 되자 '출산율 저하' 현상의 최초 효과가 이미 나타나고 있었지만, 아직 통계로는 잡히고 있지 않았을 뿐이다. 1974년 또는 1975년은 16세와 17세가 인구의 중심이 되는 마지막 해가 될 터였다. 그 후에는 주축 인구의 나이가 급격히 올라갈 예정이었다. 1980년대 초가 되면, 그것은 다시 20대 후반이 될 것이다. 그리고 그런 이동현상과 더불어 '대표적인 행동'이라고 해야 할 그것도 바뀌어야 할 것이다. 물론, 10대는 계속 10대처럼 행동할 것이다. 하지만 그런 행동은 과거처럼 사회의 전반적인 가치관과 행동으로서보다는 단지 10대의 행동으로서 다시 무시되고 말 것이다. 그렇게 되면 예컨대 1970년대 중반까지는 대학 캠퍼스가 '행동주의적' 또는 '반

항적' 이기를 중단할 것이다. 그리고 대학생들은 다시금 학점과 일자리에 관심을 기울이게 될 것이라는 점은 (일부 사람들이 이미 예언하고 있는 바와 같이) 거의 확실하게 예측할 수 있다. 그러나 또한 1968년의 그 '낙오자들' 가운데 압도적 다수는 10년 후 경력, 승진, 절세, 그리고 스톡옵션 등에 관심이 많은 '상승지향적인 전문가'가 되어 있을 것이었다.

교육수준에 따른 인구구조의 세분화 또한 중요할지 모른다. 정말이지 어떤 특정한 목적에서는 남달리 중요할 것이다(예컨대 백과사전을 판다거나, 전문분야의 교육을 지속한다거나 하는 것은 물론이고, 휴가 여행을 위한 시장 분석 등이 있다). 그 다음 노동력과 직업별로도 분류할 수 있다. 마지막으로 소득분포, 그리고 특히 가처분 소득과 재량 소득(discretionary income)의 분포도 있다. 또 다른 예로서 맞벌이 부부의 저축 성향에는 어떤 변화가 일어나고 있는가?

실질적으로 이것들에 대한 대답들은 수집이 가능하다. 그것들이 바로 시장조사를 할 때 조사하는 항목들이다. 그러나 오직 필요한 사항은 그런 질문을 할 의사가 있는가 하는 것이다.

그러나 통계에 집착하는 것 이상의 것이 필요하다. 분명, 통계숫자는 출발점이다. 그런 통계 숫자를 보고 멜빌은 10대들로 중심이 이동한 것이 소매점에게 어떤 기회를 제공하는지 질문했고, 시어스 로벅의 최고경영자들은 남미를 잠재시장으로 인식했던 것이다. 그러나 그 다음 그런 회사들의 경영자들은, 또는 페이스 대학과 골든게이트 대학 같은 대도시 대학의 관리자들은 현장 조사를 하고 또 귀를 기울였다.

이 사례는 시어스 로벅이 어떻게 남미시장에 진출하기로 결정했는지를 문자 그대로 보여주고 있다. 로버트 우드(Robert Wood, 1879–1969)는 1950년대 초 멕시코시티와 상파울루가 1975년까지는 미국의 모든 도시들보다도 더 커질 것으로 기대된다고 하는 내용의 보도를 읽었다. 그 보도를 접한 그는 너무도 관심이 컸으므로 남미의 주요 도시들을 직접 보러 갔다. 그는 멕시코시티, 과달라할라, 보고타, 리마, 산티아고, 리오, 상파울루 등지에 각각 1주일씩, 그것도 걸어서 가게들을 둘러보고(그가 직접 본 것에 대해 엄청 놀랐다), 교통 형편을 연구했다. 그 후 그는 어떤 고객을 노려야 할지, 어떤 식으로 건물을 지어야 할지, 어디에다 가게를 설립해야 할지, 그리고 그 곳에 어떤 상품들을 진열할 것인지를 알게 되었다.

마찬가지로, 클럽 메드의 창업자들은 그들 소유의 최초 리조트 시설을 건설하기 전에 패키지로 여행하는 고객들을 찾아나섰고, 고객들과 이야기를 나누었고, 고객들에게 귀를 기울였다. 그리고 시골의 별볼일 없는 구두점 체인에 불과했던 멜빌을 미국에서 가장 빠르게 성장하는 인기 패션점으로 변신시킨 두 젊은이 또한 쇼핑센터에서 고객들을 바라보고, 그들에게 귀를 기울이고, 그들의 가치를 파악하는 데 몇 주일, 몇 달을 보냈다. 그들은 젊은이들의 쇼핑 습관은 어떤지, 그들이 좋아하는 분위기는 어떤지(예컨대 10대 소년·소녀들이 신발을 살 때 동일한 가게에서 구입하는지 또는 다른 곳에서 구입하는지 등등), 그리고 그들이 구입하는 상품에 있어 무엇을 '가치'로 느끼고 있는지 연구했다.

그런 식으로, 현장에 직접 나가서 관찰하고 또 귀를 기울이고 할 의사가 진정으로 있는 사람들에게는, 인구구조의 변화는 매우 생산성 높은 혁신 기회이자 매우 신뢰할 수 있는 혁신 기회가 된다.

08

원천 6
인식의 변화와 지각상의 변화

1

"물컵에 반이 차 있다."

수학에서는 "물컵에 반이 차 있다"와 "물컵에 반이 비어 있다"는 것 사이에는 차이가 없다. 그러나 이 두 문장의 의미는 전혀 다르고, 따라서 그 결과도 철저히 다르다. 만약 일반적인 인식 또는 지각(perception : 인간은 사물 또는 사회현상을 직접 보고 관찰하는 경우에도 진실 또는 진리를 그대로 인식 또는 지각하는 것이 아니라, 그 상황에서 물리적·심리적 한계, 그리고 자신의 판단을 가미해 나름대로 진실이라고 느낀다. 간단한 예로서 지구가 태양 주위를 돌지만 우리는 해가 동쪽에서 뜬다고 느낀다—옮긴이)이 반쯤 물이 담긴 물컵을 '반이 찬 것'으로 보는 것에서부터 그것을 '반이 빈 것'으로 보는 것으로 변하면, 그 경우 중요한 혁신 기회가 존재한다.

다음에 소개하는 것은 이 같은 지각상 변화들의 사례들, 그리고 그것들이 기업에, 정치에, 교육분야에, 그리고 기타 여러 분야에 열어준 혁신 기회의 사례들을 보여준다.

1. 모든 사실적인 증거에 따르면, 지난 20년 동안, 즉 1960년대 초 이후

내내 미국인들의 건강상태는 전례없이 호전·개선되었다. 신생아의 사망률을 보든, 매우 나이가 많은 사람들의 생존율을 보든, 암(폐암은 제외하고) 발생률을 보든, 또는 암의 치유율을 보든, 그리고 그 밖의 것을 보더라도, 육체적 건강과 기능에 대한 모든 지표들은 지속적으로 상승해 오고 있었다. 그런데도 미국은 집단우울증에 걸려 있다. 일찍이 건강에 대해 이처럼 관심을 둔 적도, 그리고 이토록 걱정한 적도 없었다. 갑자기 모든 것이 암을 유발하거나 퇴행성 심장병이나 또는 조기 기억상실증을 일으키는 것으로 보인다. 물컵은 분명 "반이 비어 있다." 우리가 지금 보고 있는 것은 건강과 기능의 획기적인 개선이 아니라, 우리는 과거와 마찬가지로 영생과는 거리가 한참 멀고, 그것을 향해 전혀 다가가지 못하고 있다고 보는 것이다. 사실, 만약 지난 20년 동안 미국인들의 건강상태상에서 어떤 실질적인 문제가 있다면, 그것은 정확히 말해 건강과 육체미에 대한 지나친 관심, 즉 늙고, 육체적 아름다움을 상실하고, 만성질병에 걸리고, 또는 노화현상이 나타나는 것에 대한 강박관념 때문이라고 할 수 있다. 25년 전에는, 국민 건강상 심지어 조그마한 개선만 있어도 커다란 진전으로 인식되었다. 지금은 심지어 커다란 개선마저도 거의 주목을 받지 못하고 있다.

지각상의 변화를 일으킨 원인이야 무엇이든 간에, 지각상의 변화는 실질적으로 혁신 기회를 창출한다. 한 예로서 그것은 건강과 관련된 새로운 잡지 시장을 창출했다. 그 가운데 하나인 〈아메리칸 헬스(American Health)〉는 창간한 지 2년 만에 발행부수 100만 부를 돌파했다. 그것은 전통적인 식품들이 치명적인 질병을 유발할지도 모른다는 우려를 활용해 꽤나 많은 새로운 혁신적인 사업 기회를 창출했다. 콜로라도 주 보울더 시에 자리한 셀레스티얼 시즈닝스(Celestial Seasonings)라는 회사는 1960년대 후반 산에서 약초를 캐어 포장을 하고는 길거리에서 내다파는 '꽃을 파는 어린이들' 가운데 한 명이 시작한 것이었다. 15년 후, 셀레스티얼 시즈닝스는 매년 수억 달러의 매출을 올리는 회사로 성장했다. 그러고는 한 대규모 식품가공회사에 2,000만 달러 이상을 받고 매도되었다. 수익성 높은 건강식품 체인회사들이 많이 등장했다. 조깅 관련용품 또한 큰 사업으로 성장했으며, 1983년 미국에서 가장 빠르게 성장한 새로운 기업은 실내 운동기구를 생산하는 회사였다.

2. 전통적으로, 사람들이 식사를 하는 방식은 소득수준과 그들이 속해 있는 사회적 계층이 어떤 것인지의 여부가 거의 결정했다. 평범한 사람들은 "밥을 먹는다." 부자들은 "정찬을 한다." 이런 인식은 지난 20년 동안 바뀌었다. 지금은 평범한 사람도 부자도 '먹고' 또 "정찬도 즐긴다." 생존에 필수적인 음식을 먹는다는 것을 의미하는 '식사'에 대한 한 추세는 가능하면 가장 쉽고도 간단한 방식을 찾는다는 것이다. 편이식품, TV를 보면서 간단히 먹는 음식, 맥도널드 햄버거, 켄터키 프라이드치킨 등이 늘어나고 있다.

그러나 그 다음 그런 간편 식품을 즐기는 사람들 또한 고급 요리를 직접 만들어 먹는 미식가가 되었다는 점이다. 고급 요리를 만드는 법을 가르치는 TV 프로그램은 매우 인기가 높으며, 높은 시청률을 기록하고 있다. 고급 요리책은 베스트셀러가 되었다. 고급 요리 재료를 전문으로 파는 식품연쇄점이 생겼다. 마지막으로 사업 내용의 90%가 '먹거리'용 식품인 전통적인 슈퍼마켓들이 '고급 요리 코너'를 따로 개설하고 있는데, 많은 경우 이 곳에서는 종래의 가공식품보다도 훨씬 더 큰 이익을 올리고 있다. 이런 새로운 인식의 변화는 결코 미국에만 국한된 것이 아니다. 최근 내가 서독에서 만난 한 젊은 여자 내과의사는 다음과 같은 말을 했다. "우리는 1주일에 6일은 밥을 먹고(essen), 하루는 정찬을 한다(speisen)." 서독의 경우 얼마 전만 해도 'essen'이라는 표현은 평범한 사람들이 1주일 내내 하는 그런 것이었다. 그리고 'speisen'은 엘리트, 부자, 그리고 귀족이 1주일 내내 하는 것이었다.

3. 1960년경, 그러니까 아이젠하워 정부 말기와 케네디 정부 초기에 만약 어떤 사람이 미국의 흑인이 앞으로 10~15년 동안 달성하게 될 소득에 대해 예측을 했었다면, 그는 비록 미친 사람으로 치부되지는 않는다 해도 비현실적인 몽상가라고 무시되었을 것이다. 심지어 그 10~15년 동안 실질적으로 기록한 소득의 절반만이라도 흑인들이 달성할 것으로 예측하는 것도 터무니없는 낙관론자로 취급될 터였다. 그 짧은 기간 동안 흑인 계층의 사회적 신분이 그토록 크게 변한 것은 역사상 일찍이 없는 일이었다. 1960년경부터

시작해 그 후 15년 간에 이르는 기간의 초기에, 고등학교를 졸업하고 고등 교육을 받는 흑인의 비율은 백인의 그것에 비해 대략 5분의 1에 그쳤다. 1970년대 초 그 비율은 백인의 것과 동일하게 되었다. 그리고 백인 집단을 구성하는 여러 인종들에 비해 높은 경우도 있었다. 고용, 소득, 그리고 특히 전문직·관리직에의 취업에서도 같은 비율로 증가했다. 12~15년 전 미래를 진보적인 눈으로 본 사람들은 누구나 미국의 '흑인 문제'는 해결될 것으로, 또는 적어도 해결점을 향해 상당한 진척을 보일 것으로 생각했다.

그러나 1980년대 중반에 이른 오늘날 미국 흑인 인구의 상당 부분이 실질적으로 느끼는 것은 물컵이 '반이 찼다'가 아니라, 여전히 그것은 '반이 비었다'는 것이다. 사실, 미국 흑인 인구의 많은 소수 집단에 있어서는 좌절, 분노, 소외 감정이 완화되었다기보다는 증가되었다. 그들은 흑인 인구의 3분의 2가 경제적으로도, 사회적으로도 중산층으로 이동했다는 성취는 보지 않고, 상승 이동에 실패한 나머지 3분의 1만 주목하고 있는 것이다. 그들이 보고 있는 것은 현실이 얼마나 빠르게 변하고 있는가가 아니라, 앞으로 할 일이 얼마나 남아 있는가 하는 것이다. 앞으로 가야 할 일이 얼마나 느리고 또 어려운가 하는 것 말이다. 미국 흑인의 오랜 친구들, 즉 백인 진보주의자들, 노동조합, 유태인 공동체, 학자들은 진보를 인정하고 있다. 그들은 물컵이 '반이 찼다'고 보고 있는 것이다. 이 같은 인식의 차이는 그 다음 흑인과 진보주의자들 사이를 근본적으로 갈라놓았다. 물론 그것은 결과적으로 흑인들이 물컵이 '반이 비었다'라는 것을 한층 더 확실하게 느끼도록 할 뿐이었다.

그러나 차츰 백인 진보주의자들은 흑인들이 더 이상 '착취' 당하지 않고 있다고, 역차별 같은 특별 취급이 더 이상 필요하지 않다고, 특별 수당의 지급 및 고용과 승진 등에 있어 우선권을 제공할 필요성이 더 이상 없다고 느끼게 되었다. 이런 인식의 변화는 새로운 유형의 흑인 지도자, 즉 제시 잭슨(Jesse Jackson, 1941-) 목사에게 기회를 제공했다. 역사적으로 거의 100년 동안, 20세기 초의 부커 워싱턴(Booker Washington, 1856-1915)에서부터 뉴딜 시대의 월터 화이트(Walter White, 1893-1955), 케네디 및 존슨 대통령 시대의 마틴 루터 킹 주니어(Martin Luther King Jr., 1929–68)에 이르기까지 어떤 흑인이 흑인 사회에서 지도자가 되는 유일한 방법은 자신이 백인 진보주의자들의 지지를 획득하는 능력이 있음을 증명하는 것뿐이었다. 그것은 미국 흑인들의 권익을 향상하는 데 필요한 정치세력을 충분히 확보할 수 있는 단 하나의 방법이었다. 제시 잭슨은, 현재 지각상의 변화가 일어나서 미국 흑인들을 그들의 오랜 친구들과 전우들, 그리고 백인 진보주의자들과 분열시키고 있다는 사실을 알아차렸다. 그것은 백인 진보주의자들을 목소리 높여 비난하고 또 심지어 그들을 전면적으로 공격함으로써 전혀 다른 유형의 흑인 리더십을 창출할 기회를 제공한다는 것을 인식했다. 과거에는 제시 잭슨이 했던 것처럼 반진보주의적·반노동조합적·반유태인적으로 들리는 주장을 하는 것은 자살행위였을 것이다. 1984년 불과 몇 주 만에 그것은 잭슨을 미국 흑인 사회의 확고부동한 지도자로 만들었다.

4. 오늘날 미국의 여성운동가들은 1930~40년대를 여성의 어떤 사회적 역할도 거부당한 가장 암울한 시대로 간주하고 있다. 사실은 이런 주장보다 더 어리석은 것도 없다. 1930~40년대의 미국은 제일급의 탁월한 여성들에 의해 지배되었다. 미국 역사상 그녀에게 필적할 남성이 없을 정도로 자신을 양심의 대변자로, 그리고 원칙과 열정의 대변자 역할을 한 최초의 미국 대통령 부인인 엘레노어 루스벨트(Eleanor Roosevelt, 1884–1962)가 있다. 그녀의 친구 프랜시스 퍼킨스(Frances Perkins, 1882–1965)는 최초의 여성 각료로 노동장관에 취임해 루스벨트 정부에서 가장 강력하고 영향력을 발휘한 인물이었다. 안나 로젠버그(Anna Rosenberg, 1902–)는 대기업 중역이 된 최초의 여성으로서, 당시 최대 소매점인 메이시의 인사담당 부사장으로 활동했으며, 한국전쟁 중에는 미 국방부 인력동원담당 차관보로서 장군들의 '상사'가 되었다. 종합대학교와 단과대학의 책임자로서 전국적으로 명성을 남긴 뛰어나고 강력한 여성들은 수없이 많다. 클레어 부스 루스(Clare Booth Luce, 1903–)와 릴리언 헬먼(Lillian Hellman, 1905–84) 등은 여성으로서 이름을 날렸다. 루스 여사는 당시 중요한 정치가였는데, 코네티컷 주 하원의원을 거쳐 이탈리아 대사도 지냈다. 당시 언론에 가장 많이 오르내린 의학 발전은 여

성이 이룬 업적이었다. 헬렌 타우시히(Helen Taussig, 1898–)는 생명에 치명적인 심장수술, 즉 '심장 기형에 의한 청색아(blue baby)'에 대한 수술에 최초 성공, 전세계 수많은 어린 생명을 구함으로써 심장수술 시대를 열었다. 심장이식 및 심장 바이패스(by-pass) 수술의 개척에 직접적으로 기여했다. 그리고 흑인 가수 매리언 앤더슨(Marian Anderson, 1902–)은 라디오를 통해 미국의 모든 안방에 침투한 최초 흑인이다. 그리고 25년 후 마틴 루터 킹이 등장하기 전까지는 아무도 다시 할 수 없을 정도로 수백만 미국인의 심금을 울리고 감동을 안겨주었다. 이들의 목록을 만들자면 끝없이 계속될 것이다.

그들은 매우 자존심이 강한 여성으로서 자신들의 업적, 우수성, 그리고 중요성을 스스로 인식하고 있었다. 하지만 그들은 자신들을 '역할 모델'로 생각하지는 않았다. 그들은 자신들을 여성이 아니라 개인으로 보았다. 그들은 자신들을 '일반적인 여성의 대표적인 모습'이 아니라 예외적인 여성으로 간주했다.

어떻게 해서 그런 변화가 일어났는지, 그리고 그 이유는 무엇인지에 대해서는 후세의 역사가들이 설명하도록 나로서는 내버려두겠다. 그러나 1970년경 그런 일이 일어났을 때, 이처럼 위대한 여성 지도자들은 그녀들의 사상을 계승한 여성운동가들로부터 사실상 "존재를 무시당했다." 지금은 노동을 하지 않는 여성과 전통적으로 '남성'만이 하는 것으로 취급된 직장에서 일하지 않는 여성은 일반적인 여성들의 모습을 대표하는 것이 아니라 예외적인 여성으로 취급된다.

이 점은 몇몇 기업, 특히 시티뱅크가 경영혁신의 기회로 활용했다(제7장 참조). 그러나 이런 기회를 백화점, 광고대리점, 잡지 또는 출판사와 같이 여성들이 오랫동안 전문직과 경영자로서 근무했던 바로 그런 산업들은 전혀 주목하지 않았다. 전통적으로 전문직 여성과 여성 경영자를 고용했던 고용기관들은 오늘날 주요 직위에 30년 또는 40년 전보다도 여성들을 실질적으로 더 적게 채용하고 있다. 이와는 대조적으로 시티뱅크는 극단적으로 남성위주의 기업이었다. 그랬기 때문에 사회에 변화가 일어났다는 사실을 시티뱅크가 알아차렸는지도 모른다. 시티뱅크는 그런 새로운 인식을 통해 특출하게 유능하고, 야심이 크고, 적극적으로 노력하는 여성들에게 환심을 사는 중요한 기회를 스스로 활용할 수 있음을 파악했다. 따라서 여성들을 채용하고 또 계속 확보했던 것이다. 게다가 시티뱅크는 경력 여성을 채용하는 전통적인 고용기관들과 경쟁을 하지 않고도 그렇게 할 수 있었다. 지각상의 변화를 활용하면, 앞에서 살펴본 바와 같이 혁신가들은 일반적으로 그 분야를 상당히 오랫동안 독차지할 수 있다.

5. 1950년대 초에 있었던 것으로, 이보다 훨씬 더 오래 된 한 사례 역시 지각상의 변화를 비슷하게 활용했다. 1950년경, 미국인들은 압도적으로 자신들을 '중산층'으로 생각하기 시작했다. 또한 자신들의 소득이나 직업과는 거의 관계없이 그렇게 행동하기 시작했다. 분명, 미국인들은 자신의 사회적 지위에 대한 인식을 바꾸었다. 그러나 그 변화의 의미는 바는 과연 무엇인가? (나중에 코네티컷 주 상원의원이 된) 윌리엄 벤튼(William Benton, 1900-73)이라는 한 광고 회사 중역은 바깥으로 나가서 사람들에게 '중산층'이라는 것이 그들에게 무엇을 의미하는지 물었다. 결과는 명백했다. '중산층'이란 '노동계층'과 달리 자신의 자식들이 공부를 잘 해서 사회적으로 출세할 수 있는 능력이 있다고 믿는 것을 의미했다. 이를 바탕으로 벤튼은 엔사이클로피디어 브리태니커(Encyclopedia Britanica)라는 백과사전 회사를 인수하고는 가가호호 방문판매를 시작했다. 주로 고등학교 교사들을 통해, 자식들이 가족 중에서 처음으로 고등학교를 다니기 시작하는 세대의 부모들에게 초점을 맞추었다. 판매원들은 사실상 다음과 같은 말을 하고 다녔다. "만약 '중산층'이 되고 싶으시다면, 자제분이 공부를 잘 해야 되고, 또 그러면 백과사전 한 권쯤은 꼭 사주셔야죠." 3년도 채 안 되어, 벤튼은 거의 도산지경이었던 회사를 회생시켜 놓았다. 그리고 10년 후 동사는 일본에서 똑같은 이유로, 정확히 똑같은 전략을 도입해 똑같은 성공을 거두었다.

6. 예상치 못했던 성공 또는 예상치 못했던 실패는 종종 지각상의 변화와 의미상의 변화가 일어났음을 가리키는 한 지표 노릇을 한다. 제3장에서 우리는 선더버드라는 불사조가 어떻게 에드셀이라는 잿더미에서 부활했는지 살펴보았다. 포드 자동차가 에드셀의 실패 원인을 찾으려 했을 때 발견한

것이 바로 지각상의 변화였다. 기껏 수 년 전만 해도 소득별로 세분화되었던 자동차 시장이 당시에는 '라이프 스타일' 별로 다시 분류되었던 것이다.

지각상의 변화가 일어나는 경우에도 본질은 변하지 않는다. 다만 의미만 변하는 것이다. 다시 말해 반쯤 물이 찬 컵을 보고 그것을 지금까지 "물컵이 반쯤 차 있다"로 보던 것이 지금부터 "물컵이 반쯤 비었다"로 그 의미만 변하는 것이다. 자신을 '노동계층'으로 보던 것이 스스로 '중산층'으로 그 의미가 변하고, 그 결과 자신의 사회적 지위와 경제적 기회를 매우 중요하게 생각하는 것이다. 이 같은 변화는 매우 빠르게 도래할 수도 있다. 많은 미국인들이 자신을 '노동계층'으로 보던 것에서부터 '중산층'으로 그 의미를 바꾸는 데 아마도 10년 이상 걸리지는 않았을 것이다.

한 국가의 경제적 실태가 그런 변화를 필수적으로 유도하지는 않는다. 사실 그것은 적절한 일이 아닐지도 모른다. 소득분포라는 측면에서 영국은 미국보다 한층 더 평등한 국가다. 심지어 경제적 기준 하나만 보면 적어도 3분의 2가 '노동계층' 이상이고 절반가량은 '중하층 계층' 이상인데도 불구하고, 영국 인구의 거의 70%가 여전히 자신을 '노동계층'으로 인식하고 있다. 물컵이 '반쯤 찼다'거나 또는 '반쯤 비었다'를 결정하는 것은 사물의 실체가 아니라 세상 일반의 풍조 때문이다. 그것은 '실존적 문제'라고 명명할 수 있는 어떤 경험의 결과다. 미국의 흑인이 "물컵이 반쯤 비었다"라고 느끼는 것은 오늘날 미국 사회의 어떤 것과도 관계가 있겠지만 지난 여러 세기에 걸쳐 입은 치유되지 않은 상처와도 같은 관계가 있다. 많은 영국인들이 자신을 '노동계층'으로 느끼는 것은 주로 19세기 영국의 '국교도가 다니던 교회(church)'와 '비국교도가 다니던 예배당(chapel)' 사이의 간격이 초래한 유산 때문이다. 그리고 미국인들의 건강 염려증은 어떤 건강 관련 통계보다도, 청춘 숭배와 같은 미국인들의 가치관을 훨씬 더 잘 표현하고 있다.

사회학자 또는 경제학자가 지각과 관련된 현상을 설명할 수 있는지의 여부는 중요하지 않다. 그것은 실체로서 그대로 남아 있다. 실체적 현상은 대부분 양적으로 표현하기 어렵다. 또는 차라리 그것이 양적으로 표현될 수 있을 쯤에는 그것을 혁신을 위한 기회로 삼기에는 너무 늦어진 후가 되고 만다. 그러나 이는 이색적인 것도, 파악할 수 없는 것도 아니다. 그것은 구체적이다. 그것에 대해 정의를 내릴 수 있으며, 그것을 검증할 수 있으며, 무엇보다도 그것을 이용할 수 있다.

2

타이밍이 관건이다

경영자와 관리자는 지각상의 변화에 기초한 경영혁신이 갖는 파괴력을 인정하고 있다. 그러나 그들은 그것을 '현실적인 것이 아니라고' 판단하고는 머뭇거리는 경향이 있다. 그들은 지각상의 변화에 기초해 혁신을 추구하는 사람을 그저 이상하게 여기거나 별난 인물로 간주한다. 그러나 브리태니커에, 포드의 선더버드에, 또는 셀레스티얼 시즈닝스에 별달리 이상한 것이라고는 없다. 물론, 어떤 분야에서든 성공한 혁신가들은 그들이 혁신한 그 분야에 가까이 있는 경향이 있다. 그러나 그들이 남다른 일을 하는 단 한 가지 이유는, 기회에 늘 관심을 기울이고 있기 때문이다.

요즈음 가장 인기 있는 고급요리책들 중 하나는 항공기 잡지의 식품담당 편집인 출신의 한 젊은이가 시작한 것이었다. 그는 어느 주간지에 실린 세 가지 서로 상충되는 기사들을 읽으면서 거기서 발견한 지각상의 변화에 민첩하게 대응했다. 첫번째 기사는, 냉동식품, TV를 보면서 때우는 저녁식사, 그리고 켄터키 프라이드치킨과 같은 간편 식품이 미국에서 소비되는 음식물의 절반 이상이고, 수 년 내에 그것들이 4분의 3까지 상승할 것으로 예상된다는 것이었다. 두번째 기사는 고급요리에 관한 TV 프로그램이 가장 시청률이 높은 것들 가운데 하나라는 것이었다. 그리고 세번째는 반양장 고급요리책, 즉 일반 대중용 고급요리책이 베스트셀러 목록에 오르고 있다는 것이다. 이처럼 명백하게 서로 상충되는 기사를 읽은 그는 밖으로 나가 질문을 했다. "일이 어떻게 돌아가는 거야?" 1년 뒤, 그는 기존 서적과는 매우 차별화된 고급요리 잡지를 출판하기 시작했다.

시티뱅크는, 대학 출신 신입사원을 모집하는 동사의 인사담당 직원이, 경영학 중에서도 재무 및 마케팅 분야에서 최우수 남자학생들을 채용하라는 회사의 지시사항을 더 이상 이행할 수 없다는 내용의 보고서를 제출하자, 여성들이 일터로 이동하는 현상을 파악하고 이를 혁신의 기회로 인식했다. 인사담당자는, 그런 분야에서의 최우수 학생들은 점점 더 여성들이 차지하고 있다고 보고했던 것이다. 그 당시, 은행들을 비롯해 다른 많은 회사들의 대학 출신 신입사원 모집담당자들 또한 회사에 동일한 보고서를 제출했다. 그에 대한 반응은 대부분 "가장 우수한 녀석들을 빼오기 위해 좀더 노력해보게"라는 것이었다. 시티뱅크의 최고경영자는 이런 변화를 기회로 인식하고 또 그것에 대해 조치를 취했던 것이다.

하지만 이런 모든 사례들은 또한 지각상의 변화에 기초한 혁신이 직면할 수 있는 핵심적인 문제가 무엇인지 보여준다. 타이밍 말이다. 만약 포드 자동차가 에드셀이 실패하고 나서 단 1년이라도 머뭇거렸다면 포드 자동차는 '라이프 스타일' 별 시장을 GM의 폰티악(Pontiac) 모델에 빼앗겼을 가능성이 높았다. 만약 시티뱅크가 여성 MBA를 채용하는 첫번째 기업이 되지 않았다면 동사는 기업에서 일을 하려는 최우수의, 그리고 가장 야심만만한 젊은 여성들이 선호하는 고용기관이 될 수 없었을지도 모른다.

하지만 지각상의 변화를 미숙하게 이용하는 것보다 더 위험한 것도 없다. 우선, 지각상의 변화처럼 보이는 것들 가운데 많은 것이 일시적인 유행현상으로 그치고 만다는 점이다. 그것들은 1~2년 후에는 흔적도 없이 사라져버린다. 일찍이 컴퓨터 게임을 즐기는 아이들은 일시적인 현상이었다. 아타리(Atari) 같은 회사들은 그것을 지각상의 변화로 인식하고 투자를 했지만 1~2년을 버티지 못하고 도산하고 말았다. 그러나 당시 그런 아이들의 아버지가 홈컴퓨터를 만지기 시작한 것은 진정한 변화였다. 게다가 그런 지각상의 변화로 인해 초래될 결과의 예측은 거의 불가능한 일이다. 좋은 사례가 프랑스, 일본, 서독, 그리고 미국에서 일어난 학생 운동의 결과다. 1960년대 후반 학생 운동은 영원히 진행될 것이고, 커다란 영향을 끼칠 것으로 모두가 확신했다. 그러나 지금 그 때의 주역들은 무엇을 하고 있는가? 적어도 대학에 관한 한, 학생 운동은 전혀 지속적인 영향을 끼치지 않은 것으로 보인다. 그리고 그로부터 15년 후 1968년 학생 운동의 주역들이 젊은, 출세지향적인 전문직의, 철저히 물질적인, 직업의식이 강한, 그리고 승진을 위해서는 물불을 가리지 않는 '여피(Yuppies, young urban professionals의 준말)'가 되어 1984년 미국 대통령 후보 예비선거에서 하트(Gary Hart, 1937-) 상원의원이 그들을 상대로 지지를 호소하게 될 것으로 예상할 수 있었을까? 요즘은 '중도탈락자들'이 과거보다 실질적으로 훨씬 더 적다. 오직 다른 것 하나는 매스컴만 그들에게 계속 관심을 기울인다는 점이다. 동성애자들의 등장이 각광을 받는 것이 학생 운동의 결과와 무슨 관계가 있는가? 그런 것은 1968년의 학생들과 아무 관계가 없음이 분명하며, 그 당시의 관측가들과 학자들 가운데 그 누구도 그런 상황을 도저히 예측할 수 없었을 것이다.

그런 식으로 예측이 불가능함에도 불구하고, 타이밍이 핵심이다. 지각상의 변화를 이용하는 경우, (제17장에서 논의할) '창조적 모방'은 별로 효과를 보지 못한다. 첫번째가 되어야만 한다는 말이다. 그러나 정확히 말해, 지각상의 변화가 일시적 유행으로 그칠지, 또는 지속적인 추세가 될지 불확실하기 때문에, 그리고 그 결과가 진정 어떻게 나타날지 모르기 때문에, 지각상의 변화에 기초한 혁신은 애초에 소규모로 출발해야 하고 매우 구체적으로 시작해야 한다.

09

원천 7

새로운 지식

지식에 기초한 경영혁신(knowledge-based innovation)은 기업가정신을 발휘하는 방법으로서는 '최상급의 혁신'이다. 그것은 매스컴을 탄다. 그것은 돈이 된다. 사람들이 경영혁신이라고 말할 때 일반적으로 의미하는 것이 바로 지식에 기초한 경영혁신이다. 물론, 지식에 기초한 경영혁신이 하나같이 중요한 것은 아니다. 어떤 것들은 정말 사소하기 그지없다. 그러나 역사적으로 몇 안 되는 중요한 경영혁신 가운데 지식에 기초한 경영혁신은 높은 자리를 차지한다. 그렇긴 해도 지식에 기초한 경영혁신이 필수적으로 과학상의 혁신 또는 기술적인 혁신은 아니다. 지식에 기초한 사회 혁신(social innovation) 역시 마찬가지로 또는 심지어 더 큰 영향을 미친다.

지식에 기초한 경영혁신은 그 기본적인 성격부터 여느 혁신들과 다르다. 소요기간, 실패율, 예측 가능성, 그리고 그것이 기업가들에게 안겨주는 도전이라는 차원에서 말이다. 그리고 대부분의 '최상급의 혁신'과 마찬가지로 지식에 기초한 경영혁신은 까다롭고, 변하기 쉽고, 관리하기가 어렵다.

1

지식에 기초한 경영혁신의 특성

지식에 의한 경영혁신은 여러 경영혁신 중에서 리드 타임이 가장 길다. 첫째, 새로운 지식이 출현해 그것이 현실에서 적용 가능한 기술이 되기까지 사이에 긴 시간이 걸린다. 그리고 그 새로운 기술이 제품, 프로세스, 또는 서비스가 되어 시장에 등장하기까지 또 오랜 기간이 걸린다.

1907~10년 사이, 생화학자 파울 에를리히(Paul Ehrlich, 1854-1915)는 박테리아와 같은 미생물을 화학합성 의약품으로 치료하는, 이른바 화학요법을 개발했다. 그는 매독을 치료하는 최초의 세균 치료제 살바르산(Salvarsan)을 직접 개발했다. 에를리히의 화학요법을 응용해 만든 광범위 세균성 질병 치료제인 설파제(sulfa)가 시장에 출하된 것은 살바르산이 개발된 지 25년이 지난 1936년 이후였다.

루돌프 디젤(Rudolph Diesel, 1858-1913)이 자신의 이름을 붙인 엔진을 설계한 것은 1897년이었다. 그 당시 모든 사람들은 그것을 중요한 경영혁신으로 이내 인식했다. 하지만 그 후 여러 해가 지나도록 실제로 그것을 적용한 경우는 드물었다. 그러다가 1935년 미국인 찰스 케터링(Charles Kettering, 1876-1959)이 그것을 전면적으로 개조해 다양한 종류의 선박 · 기관차 · 트럭 · 버스 · 승용차에 동력기관으로 사용할 수 있도록 만들었다.

일련의 지식이 집적되어 컴퓨터의 출현을 가능하게 했다. 가장 먼저 등장한 지식이 2진법인데, 이는 모든 숫자를 오직 두 가지로, 즉 1과 0으로 표현 가능하게 한 수학이론으로서 그 기원은 17세기로 거슬러 올라간다. 19세기 초 찰스 배비지(Charles Babbage, 1801-41)는 2진법을 계산기에 응용했다. 1890년 헤르만 홀러리스(Hermann Hollerith, 1860-1929)는 19세기 초 프랑스인 J-M. 자카드(J-M. Jackard, 1752-1834)의 아이디어를 응용해 펀치카드를 발명했다. 펀치카드는 숫자들을 '지시문'으로 전환하는 것을 가능하게 했다. 1906년 미국인 리 드 포러스트(Lee de Forest, 1873-1961)가 삼극 진공관(audion tube)을 발명했으며, 이를 바탕으로 전자제품들이 출현하게 되었다. 그 다음 1910~13

년 사이, 버트런드 러셀(Bertrand Russell, 1872-1970)과 알프레드 노스 화이트헤드(Alfred North Whitehead, 1861-1947)가 그들의 공저 《수학원리(Principia Mathematica)》에서 모든 논리적 개념을 숫자로 표현할 수 있게 한 상징 논리를 개발했다. 마지막으로 제1차 세계대전 중 프로그래밍 개념 및 피드백 개념이 개발되었는데, 이것들의 일차적 목적은 지대공 대포의 조준에 적용하는 것이었다. 달리 말해 1918년까지는 컴퓨터를 개발하는 데 필요한 모든 지식들이 모두 등장해 있었던 것이다. 1946년 마침내 최초의 컴퓨터가 작동하게 되었다.

1951년 포드 자동차의 한 생산담당 임원이 자동화라는 의미로 '오토메이션(automation)'이라는 단어를 만들고는, 생산 활동을 자동으로 수행하는 데 필요한 모든 제조 프로세스를 상세하게 기술했다. '로봇공학(Robotics)'과 공장자동화라는 말은 약 25년 간 폭넓게 사용되었지만, 그 기간 동안 실제로 설치된 곳은 전혀 없었다. 일본의 닛산과 도요타는 1978년 이전까지는 자사 공장에 로봇을 도입하지 않았다. 1980년대 초, GE는 펜실베이니아 주 이리(Erie)에 자동화된 엔진 공장을 건설했다. 그 때서야 비로소 GM은 몇몇 엔진 및 부속품 생산공장을 자동화하기 시작했다. 1985년 초, 폴크스바겐이 거의 완벽한 자동 생산기계인 '홀 54(Hall 54)'를 가동하기 시작했다.

기하학자로 자처한 버크민스터 풀러(Buckminster Fuller, 1905-83)는 사실 수학자이자 철학자였다. 그는 위상수학을 응용해 자신이 '다이맥시온 하우스(Dymaxion House)'라고 명명한 건축물을 설계했으며, 그가 그렇게 부른 이유는 단지 발음이 좋았기 때문이다. 다이맥시온 하우스는 최소 표면적에다 최대 주거공간을 만드는 건축기술이다. 따라서 그것은 최적 단열, 최적 냉난방, 그리고 최고 음향효과를 갖추고 있다. 그것은 또한 가벼운 재료로 건축이 가능하기 때문에 기초공사가 불필요하고, 기둥도 최소한으로 세우고, 그러면서도 지진 또는 아무리 강한 바람에도 끄떡없이 견딜 수 있다. 1940년경 풀러는 이 다이맥시온 하우스를 규모가 작은 뉴잉글랜드의 한 대학 캠퍼스에 설치했다. 그리고 현재도 그대로 있다. 그 후 다이맥시온 하우스는 별로 보급되지 않았다. 그 당시 미국인들은 둥근 모양의 주택에 살고 싶어하지 않는 듯 보였다. 그러나 1965년경 다이맥시온 하우스는, 전통적인 건축물은 적합하지 않고, 비싸게 치이고, 또 건설하기도 어려운 북극과 남극에서 건설되기 시작했다. 그 후 다이맥시온 하우스식 건축물은 강당, 연주회용 텐트, 체육관 등과 같은 대규모 건축물로 자리잡게 되었다.

오직 외부로부터 큰 충격이 있어야만 이런 긴 리드 타임을 단축할 수 있다. 1906년 포러스트가 삼극 진공관을 발명함에 따라 거의 즉각적으로 라디오가 출현할 단계에 있었는데도 불구하고 1930년대 후반까지도 라디오는 여전히 시장에 등장하지 않을 가능성도 있었다. 그러나 제1차 세계대전이 발발하자 각국 정부들, 특히 미국 정부가 무선 통신의 개발에 관심을 갖고 라디오 개발을 촉진했다. 전선으로 연결된 야전용 전화는 도청당할 우려가 너무 컸다. 그리고 무선 전화는 점과 선, 즉 모르스 신호만을 보낼 수 있었다. 그러던 차에 1920년대 초 라디오가 출현하게 되었는데, 이는 그 기초가 되는 지식이 등장한 지 15년 만의 일이었다.

마찬가지로, 페니실린은 어쩌면 1950년대까지도 개발되지 않을 수 있었지만 제2차 세계대전의 발발로 그 개발이 단축되었다. 1920년대 중반 플레밍은 박테리아를 죽이는 곰팡이, 즉 페니실리움(penicillium)을 발견했다. 영국의 생화학자 하워드 플로리(Howard Florey, 1898-1968)는 이를 바탕으로 의약품을 연구하기 시작했다. 그러나 페니실린의 조기 출하를 강요한 것은 제2차 세계대전의 발발이었다. 전염병 확산을 막을 수 있는 강력한 의약품이 필요하다는 사실이 영국 정부로 하여금 플로리의 연구를 더욱 촉진한 것이다. 영국 병사들은 그들이 어디서 싸우든 간에, 부상을 당하면 실험용 동물처럼 페니실린 주사를 맞았다.

컴퓨터도, 만약 제2차 세계대전으로 인해 미국 정부가 컴퓨터 개발에 박차를 가하고 또 사람과 돈을 엄청나게 투자하지 않았더라면, 아마도 벨연구소의 물리학자들이 트랜지스터를 발견한 1947년까지 기다려야 했을지도 모른다.

지식에 기초한 경영혁신의 리드 타임이 긴 것은 결코 과학분야나 기술분야의 지식에만 국한되는 것은 아니다. 그것은 과학과는 관련이 없는, 그리고 기술이라고 말할 것도 없는 그런 지식에 기초한 혁신에도 마찬가지로 적용된다.

공상적 사회주의자 생시몽(Saint-Simon, 1760-1826)은, 나폴레옹 전쟁 직후, 경제개발을 촉진하기 위해 자본을 의도적으로 제공하는 투자은행에 관한 이론을 개발했다. 그 때까지, 은행은 '안전장치'를 제공하고 (예컨대 군주의 징세권을 담보로) 돈을 빌리려는 사람들을 위한 대출기관에 지나지 않았다. 생시몽의 은행은 '투자를 하는 것', 즉 새로운 부(富)의 생산 능력을 창출하려는 것이었다. 생시몽은 자신이 살아 있는 동안에도 사회에 커다란 영향을 끼쳤지만, 1826년 그가 죽은 후에도 그에 대한 추억과 그의 아이디어를 중심으로 일련의 추종 세력이 형성되었다. 그러나 생시몽의 이론은 그의 두 사도, 즉 자콥(Jacob Pereire, 1800-75)과 이삭 페레이레(Isaac Pereire, 1806-80) 형제가 최초의 투자은행 크레디 모빌리에(Crédit Mobilier)를 설립한, 그리고 이를 바탕으로 우리가 현재 금융자본주의라고 부르는 것의 기초를 닦은 1852년 전까지는 현실이 되지 못했다.

마찬가지로, 우리가 오늘날 경영(management)이라고 부르는 단어가 현실이 되는 데 필요한 많은 요소들이 제1차 세계대전 직후에 이미 존재했었다. 정말이지 1923년에는, 미국 대통령에 취임하기 직전의 허버트 후버(Herbert Hoover, 1874-1964)와 체코슬로바키아의 창건자이자 당시 대통령이었던 토머스 마사리크(Thomas Masaryk, 1850-1937)가 프라하에서 최초의 국제경영자회의(International Management Congress : 프레더릭 테일러의 과학적 관리법을 세계적으로 보급하기 위해 린달 어윅이 중심이 되어 개최한 국제회의—옮긴이)를 개최했다. 같은 시기에 여러 나라에서 몇몇 대기업이 등장해, 특히 미국의 듀폰과 GM이 새로운 경영 개념을 기초로 회사를 재조직하기 시작했다. 그로부터 10년 동안 경영의 필요성을 '진정으로 신봉하는 사람들', 특히 아직도 그의 이름을 회사명으로 사용하고 있는, 최초의 경영컨설팅 회사를 설립한 영국인 린달 어윅(Lyndall Urwick, 1891-1983)이 경영관리에 대한 책을 쓰기 시작했다. 하지만 나의 책《기업의 개념(Concept of the Corporation)》(1946)과《현대경영의 실제(Practice of Management)》(1954)가 출판되기 전까지는, 여전히 경영학은 전세계적으로 모든 경영자들이 보편적으로 이용 가능한 학문이 되지 못했다. 그 전까지는 '경영학'을 연구하는 학자나 실무를 담당하는 경영자 모두 저마다 자신의 관심 분야에만 초점을 맞추었다. 예컨대 어윅은 조직에, 어떤 사람은 인사관리에, 그리고 또 어떤 사람은 또 다른 분야에 말이다. 나의 책들은 그것들을 분류·정리·체계화했다. 그러자 수 년 내에 경영학은 전세계적으로 통용되는 학문으로 자리잡았다.

오늘날 우리는 학습이론(learning theory)과 관련해 비슷한 리드 타임을 경험하고 있다. 학습이라는 주제를 과학적으로 연구하기 시작한 사람은 1890년경 독일의 빌헬름 분트(Wilhelm Wundt, 1832-1920)와 미국의 윌리엄 제임스(William James, 1842-1910)였다. 제2차 세계대전 후 하버드 대학에 근무하고 있던 두 미국인 학자 B. F. 스키너(B. F. Skinner, 1904-90)와 제롬 브루너(Jerome Bruner, 1915-)가 기초적인 학습이론을 개발하고 또 검증했는데, 전자는 행동(behavior)에, 그리고 후자는 인지(cognition)에 초점을 맞추었다. 하지만 학습이론은 현재에 와서야 겨우 학교에서 하나의 과목으로 인정되기 시작하고 있다. 따라서 어쩌면 오랜 세월에 걸쳐 전해 내려온 늙은 아내들의 학습 이야기들 대신에, 우리가 오늘날 학습에 대해 알고 있는 그것에다 기초해 학교를 운영할 교육 기업가가 등장할 때가 된 것이 아닌가 생각해 본다.

달리 말하면, 새로운 지식이 등장해 응용 가능한 기술로 완성되고, 그것이 시장에서 팔리기 시작하기까지 걸리는 리드 타임은 25~35년이나 걸린다는 뜻이다.

이런 현상은 기록으로 남겨진 역사를 훑어보아도 다를 바가 없다. 최근들어 과학적 발견들은 과거 어느 때보다도 기술, 제품, 그리고 프로세스로 연결되는 속도가 훨씬 더 빨라지고 있다고 하는 믿음이 폭넓게 받아들여지고 있다. 그러나 그것은 상당 부분 사실이 아니다. 1250년경 영국의 프란체스코회 수도사 로저 베이컨(Roger Bacon, 1214-94)은 안경을 착용함으로써 눈의 굴절 결함을 교정할 수 있다는 사실을 증명했다. 그러나 이는 그 당시모두가 일반적으로 알고 있던 것, 즉 중세 시대의 위대한 의학자 클라우디우스 갈레노스(Claudius Galenos, 130-200)가 '절대 무류의 권위'를 통해 그런 것은 있을 수 없다고 '결론적으로 증명한 것'과는 상충되는 것이었다. 베이컨은 그 당시 문명 세계로서는 가장 외진 곳, 즉 영국 북쪽의 요크셔(York-shire) 황야에 살면서 연구를 했다. 하지만 그로부터 30년 후 아비뇽의 교황청에 그려진 벽화에는 독서용 안경을 끼고 있는 늙은 추기경들이 보인다(현재도 그대로 있다). 그리고 또 10년 후 카이로의 술탄이 사는 궁전 풍경을 그린 세밀화를 보면, 늙은 신하가 역시 안경을 끼고 있다. 최초의 진정한 '자동화 장치'라고 할 수 있는 물방아는 1000년경 북유럽의 베네딕트회 수도사들이 곡물을 빻기 위해 개발했다. 그 후 30년도 채 안 되어 물방아는 유럽 전역에 보급되었다. 중국의 인쇄술이 서구에 전수된 지 30년도 채 안 되어 구텐베르크가 발명한 활판인쇄술과 목판인쇄술이 보급되었다.

새로운 지식이 등장한 후 그것이 지식에 기초한 혁신까지 연결되는 리드타임은 지식의 본질상 특유한 것으로 보인다. 그 까닭은 모르지만 말이다. 그러나 새로운 과학이론이 현실이 되기까지 걸리는 리드 타임도 마찬가지라는 사실을 순전히 우연한 사건이라고 할 수는 없을 것이다. 토머스 쿤(Thomas S. Kuhn, 1922–)은 그의 획기적 저서 《과학혁명의 구조(The Structure of Scientific Revolution)》(1962)에서 한 새로운 과학이론이 한 새로운 패러다임(paradigm)으로, 즉 여러 과학자들이 관심을 가지고 또 자신들의 연구에 활용하는 새로운 학설로 자리를 잡기까지는 대략 30년이 걸린다고 주장했다.

여러 지식들의 축적과 통합

지식에 기초한 경영혁신의 두번째 특성은, 그리고 진정 고유한 특성이라고 할 수 있는 것은, 지식에 기초한 경영혁신들이 하나의 요인에 기초해 추진되는 일은 거의 없으며, 과학적 · 기술적 지식만이 아닌 여러 다른 종류의 지식들이 축적 · 진행된다는 점이다.

20세기에 들어와 실현된 지식에 기초한 혁신들 가운데 곡물과 가축의 종자를 개량한 것보다 더 인류에게 혜택을 준 것도 없다. 그로 인해 지구는 50여 년 전 어느 누가 가능하리라고 생각했던 것보다도 훨씬 더 많은 인구를 먹여살릴 수 있게 되었다. 최초의 성공적인 신품종은 새로운 옥수수 품종이었다. 그것은 헨리 월러스(Henry Wallace, 1866-1924)가 20년이라는 긴 세월 동안 고되게 연구한 결실이었다. 월러스는 아이오와에서 농업관련 신문을 발행하던 출판인으로서, 나중에는 워렌 하딩(Warren Harding, 1865-1923, 제29대 미국 대통령) 대통령과 캘빈 쿨리지(Calvin Coolidge, 1872-1933, 제30대 대통령) 대통령 아래서 농업장관을 역임했는데, 아마도 그는 농업에 보조금을 주는 정책을 제외하고 다른 어떤 업적으로 기억될 만한 유일한 미국 농업장관이라고 해도 과언이 아니다. 신품종 옥수수는 두 가지 지식에 뿌리를 두고 있다. 하나는 미시건 주의 식물 육종가 윌리엄 빌(William Beal, 1833-1924)의 것으로, 그는 1880년경 '잡종강세' 현상을 발견했다. 다른 하나는 네덜란드의 생물학자 휴고 드 브리스(Hugo de Vries, 1848-1935)가 그레고르 멘델(Gregor Mendel, 1822-84)의 유전학을 다시 발견한 것이다. 두 사람은 서로 몰랐다. 그들의 연구도 의도와 목적에 있어 전혀 내용이 달랐다. 그러나 그것을 한데 연결함으로써 신품종 옥수수가 세상에 등장할 수 있었던 것이다.

라이트 형제의 비행기 또한 두 가지의 지식 뿌리가 있다. 하나는 1880년대 중반 칼 벤츠(Carl Benz, 1844-1929)와 고트프리드 다임러(Gottfried Daimler, 1834-1900)가 만든 최초의 자동차에 동력을 공급하기 위해 개발된 가솔린 엔진이었다. 다른 하나는 일차적으로 글라이더를 실험하다 개발된 기체역학이라는 수학 지식이었다. 각각은 전혀 별개로 개발되었다. 비행기의 발명을 가능케 한 것은 오직 그 두 가지 지식을 통합했기 때문이다.

컴퓨터는 이미 말한 대로 적어도 다섯 가지의 다른 지식들이 축적될 때까지 기다려야 했다. 첫째는 과학적 발명인 삼극 진공관, 둘째는 수학적 발견인 2진법 원리, 셋째는 새로운 논리학, 넷째는 펀치카드의 고안, 다섯째는 프로그램과 피드백 개념이었다. 이런 모든 지식을 이용 가능하게 되기 전까지 컴퓨터는 결코 만들어질 수 없었을 것이다.

영국의 수학자 배비지는 종종 '컴퓨터의 아버지'로 불린다. 배비지가 컴퓨터를 만들지 못한 것은 그 당시 컴퓨터를 만드는 데 필요한 적절한 금속과 전기가 없었기 때문이라고 주장한다. 하지만 그것은 오해다. 비록 그가 적절한 금속을 이용할 수 있었다 해도, 그는 잘 해야 현재 우리가 금전등록기라고 부르는 금속제 계산기 정도만 만들 수 있었을 것이다. 논리학, 펀치 카드, 프로그램 및 피드백 개념 등은 그 어느 것도 배비지 시대에는 존재하지 않았기 때문에 그는 기껏 컴퓨터를 상상만 할 수 있었을 것이다.

페레이레 형제는 1852년 최초로 투자은행을 설립했다. 그러나 투자은행은 두 가지 지식 기반(knowledge base)이 필요했는데도 그들은 하나의 지식 기반만 소유하고 있었기 때문에 수 년 내에 실패하고 말았다. 그들은 자신들을 훌륭한 벤처자본가로 만들어줄 수 있는 창조적인 금융이론을 갖고 있었다. 하지만 그들은, 정확하게 같은 시기에 대서양 건너 영국에서 개발된, 그리고 월터 배젓(Walter Bagehot, 1826-77)의 고전 《롬바드 스트리트(Lombard Street)》(1873)에 조목조목 구체화되어 있는 체계적인 은행 지식이 없었던 것이다.

1860년대 초 페레이레 형제가 실패한 후 세 젊은이들이 각각 페레이레 형제가 떠난 자리를 차지하고는, 벤처자본 개념에다 은행에 관한 지식 기반을 보탬으로써 금융가로서 성공했다. 첫번째가 J. P. 모건이었는데, 그는 런던에서 훈련을 받았지만 페레이레의 크레디 모빌리에를 또한 주의 깊게 연구했다. 1865년 그는 뉴욕에서 투자은행을 설립했는데, 그것은 19세기의 가장 성공적인 은행이 되었다. 두번째가 독일의 젊은이 게오르크 지멘스로서, 그는 이른바 '겸업 은행'을 설립했는데, 이는 영국식 은행 모델인 저축은행과 페레이레 형제의 투자은행 모델 두 가지를 합한 것이었다. 마지막으로 멀리 떨어진 도쿄에 또 다른 젊은이 시부사와 에이치(澁澤榮一, 1840-1931)가 있었다. 그는 은행을 연구하려고 직접 유럽으로 여행을 간 최초의 일본인들 중 한 사람으로서 파리와 런던의 롬바드 둘 다에서 시간을 보냈으며, 나중에 일본식 겸업 은행을 설립함으로써 현대 일본 경제의 창건자들 가운데 한 사람으로 기억되고 있다. 지멘스가 설립한 도이체 방크와 시부사와가 설립한 다이치 은행(Daichi Bank) 둘 다 각국에서 여전히 최대 은행으로 존재하고 있다.

최초로 현대 신문에 대한 비전을 제시한 인물은 미국인 제임스 고든 베넷(James Gordon Bennett, 1795-1872)으로서, 그는 〈뉴욕 헤럴드(New York

Herald)〉를 세웠다. 베넷은 신문과 관련된 문제들을 완벽하게 이해했다. 우선 신문은 독립적으로 편집을 하기 위해서 충분한 수익이 있어야 한다는 것, 그리고 그 다음 대량 보급을 하기 위해서는 신문의 구독료가 충분히 싸야 한다는 것을 말이다. 초기 신문들이 수익을 올리는 방법은 우선 자신들의 독립성을 포기하고는, 특정 정당의 편을 들고 또 돈을 받는 선전가 역할을 하는 것이었다. 그 당시 대부분의 미국 신문들이 그랬고, 유럽의 모든 신문이 그랬다. 다른 방법은 그 당시 가장 영향력 있는 신문인 런던의 〈더 타임스(The Times)〉처럼 '신사들을 위해 신사들이 쓰는' 신문이 되는 것이었지만, 그것은 너무 비싸 오직 몇몇 엘리트만 구독할 수 있었다.

베넷은 현대 신문의 기초가 된 쌍둥이 기술 지식 기반, 즉 전신 기술과 고속 인쇄기술을 멋지게 활용했다. 그 두 기술을 이용해 베넷은 과거보다 훨씬 적은 비용으로 신문을 만들 수 있었다. 또한 그는 고속 식자기가 필요하다는 것도 알았다. 하지만 그것은 그가 죽을 때까지 세상에 나오지 않았다. 그는 과학과는 관련이 없는 두 가지 지식 기반 가운데 하나는 인식했다. 값싼 신문을 대량으로 보급할 수 있기 위해서는 문맹률을 낮추어야 한다는 것 말이다. 그러나 그는 다섯번째의 지식기지를 파악하는 데는, 즉 대량광고는 편집권 독립을 가능케 하는 수익의 원천이 된다는 사실을 인식하는 데는 실패했다. 개인적으로 베넷은 엄청난 성공을 거두었다. 그는 최초의 신문왕이었다. 하지만 그의 신문은 리더십을 차지하지도 못했고 재정적으로 넉넉하지도 못했다. 그런 것은 그로부터 20년 후인 1890년경 광고의 효력을 이해·활용한 세 사람의 몫이 되고 말았다. 조지프 풀리처(Joseph Pulitzer, 1847-1911)는 처음에는 세인트루이스에서, 그 다음에는 뉴욕에서 성공을 거두었다. 아돌프 오크스(Adolph Ochs, 1858-1935)는 도산에 처한 〈뉴욕 타임스〉를 인수해 미국의 주도적 신문으로 키웠고, 윌리엄 허스트(William Hearst, 1863-1951)는 현대적 신문 체인을 형성하는 데 성공했다.

처음에는 나일론으로부터 시작된 플라스틱의 발명 또한 모두 1910년경 등장한 서로 다른 일련의 새로운 지식들이 통합되면서 가능했다. 첫째, 유기화학으로서 이것은 독일인들이 선구적인 연구를 했고, 그 후 뉴욕에서 연구하던 벨기에인 레오 베크랜드(Leo Baekland, 1863-1944)가 완성했다. 두번째는 X-선의 굴절 현상과 이에 바탕한 결정체의 구조 이해 및 고도 진공기술의 등장이었다. 마지막으로 제1차 세계대전 중 물자 부족현상이 빚은 압력으로서, 독일 정부는 고무 대용품을 얻기 위해 중합체 연구에 집중 투자했다. 하지만 나일론이 시장에 등장하기까지는 그로부터 20년이나 더 소요되었다.

필요한 모든 기술이 축적되기 전까지는 지식에 기초한 혁신은 미숙한 것이고 또 실패하고 말 것이다. 대부분의 경우 혁신은, 그런 여러 요소들이 이미 알려져 있고, 이미 공급되고 있고, 어딘가에서 이미 사용되고 있을 경우에만 실현 가능하다. 이것이 바로 1865~75년 사이에 실현된 겸업 은행의 경우였다. 제2차 세계대전 이후 컴퓨터의 경우가 또한 그랬다. 때로는 혁신가 자신이, 잃어버린 지식 요소들이 있음을 파악하고는 그것들을 찾고자 노력할 수도 있다. 풀리처와 오크스, 그리고 허스트가 중심이 되어 현대 광고 시장을 개척했다. 그 다음 그들은 오늘날 우리가 미디어라고 부르는 것, 즉 정보와 광고를 통합한 '매스 커뮤니케이션'을 창조했다. 라이트 형제는, 대부분이 수학 지식들로 구성된 잃어버린 지식 요소들이 존재한다는 사실을 파악하고는 통풍장치를 만들어 실질적으로 수학이론을 검증함으로써 그것들을 스스로 개발했다. 하지만 지식에 기초한 어떤 특정한 혁신을 실현하는 데 필요한 모든 지식들이 통합되기 전까지 혁신은 시작되지 못할 것이다. 서둘렀다가는 사산아만 낳게 될 것이다.

예를 들면, 동 시대 사람들로부터 비행기 발명자가 될 사람으로 기대를 한몸에 받았던 새뮤얼 랭글리(Samuel Langley, 1834-1906)는 라이트 형제보다 한층 더 훈련을 쌓은 과학자였다. 그 당시 미국의 주도적 연구기관인 워싱턴 소재 스미스소니언 연구소(Smithsonian Institute)의 책임자였던 그는 미국의 모든 과학연구 기금을 배분할 권한까지 갖고 있었다. 그러나 비록 가솔린 엔진이 랭글리가 살던 시대에 이미 존재하고 있었음에도 불구하고, 그는 그것을 이용하지 않는 쪽을 선택했다. 그는 증기기관을 더 신뢰했던 것이다. 결과적으로 말해 그의 비행기는 공중으로 날 수는 있었다. 하지만 증기

기관의 무게 때문에 그의 비행기는, 조종사는 말할 것 없고, 어떤 화물도 적재할 수 없었다. 다시 말해 비행기를 생산하는 데는 수학이론과 가솔린 엔진이 통합될 필요가 있었던 것이다.

정말이지, 필요한 모든 지식들이 통합되기 전까지 지식에 기초한 경영혁신의 리드 타임은 일반적으로, 심지어 시작하지도 않는다.

2

지식에 기초한 경영혁신이 필요로 하는 것

지식에 기초한 경영혁신의 특성 때문에, 지식에 기초한 경영혁신을 추진하는 데는 구체적인 요건들이 갖추어져야 한다. 그리고 이 같은 요건들은 다른 종류의 혁신과는 다르게 마련이다.

1. 먼저, 지식에 기초한 경영혁신은 관련된 모든 요소들을, 그것이 지식 그 자체이든, 또는 사회적·경제적, 그리고 지각상의 문제이든 간에, 신중하게 분석해야 한다는 것이다. 이 같은 분석을 통해, 혁신에 필요한 요소들 가운데 어떤 요소가 아직은 이용할 수 없는지 확인해야만 한다. 그 결과 기업가는 예컨대 잃어버린 수학이론과 관련해 라이트 형제가 판단했던 것과 같이 그 잃어버린 요소를 개발할 수 있는지, 또는 아직은 때가 되지 않았으므로 혁신을 추진하는 것 자체를 연기하는 것이 더 나은지 판단할 수 있다.

라이트 형제는 그 방법론을 가장 잘 설명하고 있다. 그들은 동력기관을 장착하고 사람이 조종하는 비행기를 만드는 데 어떤 지식이 필요한지 신중하게 검토했다. 뒤이어 그들은 필요한 분야별 지식들을 개발하기 시작했다. 우선 기존의 이용 가능한 정보를 수집하고, 그것을 먼저 이론적으로 검토한 다음 통풍장치를 통해 검토하고, 또 그 다음에는 실제 비행을 통해 실험을 했다. 그 결과 그들은 보조 날개를 만드는 데, 날개의 모습을 결정하는 데, 그리고 그 외에도 많은 분야에 적용할 수 있는 수학이론을 개발할 수 있었다.

지식에 기초한 혁신들 가운데 과학기술과는 직접적으로 관련이 없는 혁신도 동일한 분석을 해야 한다. 모건과 지멘스는 자서전을 남기지 않았지만, 시부사와는 남겼다. 따라서 우리는 그가 전도유망한 관료의 길을 포기하고 은행가가 되기로 작정한 것은 기존의 이용 가능한 지식과 추가로 필요한 지식을 신중하게 분석한 뒤에 내린 결정이었음을 알 수 있다. 마찬가지로, 풀리처는 필요한 지식들을 신중하게 분석한 후에, 최초의 현대적 신문으로 성장하게 되는 신문을 만들기 시작했다. 그리고 신문광고라는 것이 필요하고 또 그것을 발명할 수 있다고 결정했던 것이다.

개인적인 경험을 하나 말하면, 내가 경영학 분야에서 혁신가로서 성공한 것은 1940년대 초 앞의 예와 비슷한 분석을 한 데 기인한다. 경영학과 관련된 필요한 지식들 가운데 많은 것들이 이미 존재하고 있었다. 예컨대 조직이론은 말할 것 없고, 과업관리와 종업원관리에 대한 지식도 존재하고 있었다. 그러나 나의 분석에 따르면, 이 같은 분야별 지식들은 여기저기 흩어져 있었다. 그리고 절반가량은 다른 학문 분야에 속해 있었다. 그 다음 나는 분석을 통해 어떤 핵심지식이 빠져 있는지를 파악했다. 예컨대 기업의 목적, 최고경영자의 과업과 구조, 최근 우리가 말하는 '경영정책'과 '전략', 부문별 목표, 그리고 그 외에도 많다. 나는 그와 같은 잃어버린 모든 지식들을 개발할 수 있다고 판단했다. 하지만 그런 분석을 하지 않았다면, 나는 잃어버린 지식이 무엇인지 또는 그것들이 필요하다는 사실을 결코 알 수 없었을 것이다.

이런 분석과정을 거치지 않으면 비참한 결과를 맞게 될 것이 거의 확실하다. 그 경우 지식에 기초한 혁신은 랭글리의 경우처럼 성공을 거두지 못하거나, 또는 혁신가는 자신이 뿌리 내린 혁신의 결실을 거두지 못한 채 기껏 다른 누군가에게 기회를 만들어주는 데 기여하는 격이 되고 마는 것이다.

특히 교훈적인 것은 영국인들이 스스로 추진한 지식에 기초한 혁신으로부터 결실을 거두지 못하고 실패한 경우다.

페니실린을 발견·개발한 것은 영국인들이었지만 그 결실을 거둔 것은 미국인들이었다. 영국의 과학자들은 기술적으로 뛰어난 성취를 이룩했다.

그들은 꼭 필요한 물질을 발견했고 또 올바른 용도도 찾았다. 하지만 그들은 핵심적인 지식 요소로서 항생제를 만드는 능력이 필요하다는 사실을 확인하는 데 실패했던 것이다. 그들은 발효기술에 필요한 지식을 개발할 수도 있었다. 그런데도 그들은 심지어 그렇게 하고자 노력하지도 않았다. 그 결과, 자그마한 미국 회사 화이저(Pfizer)가 발효기술에 필요한 지식을 개발하기 시작했다. 마침내 화이저는 세계 최고의 페니실린 제조회사가 되었다.

마찬가지로, 영국인은 최초의 제트 여객기를 생각해 내고, 설계하고, 또 생산했다. 그러나 영국 회사 드 하빌랜드(de Havilland)는 필요한 것이 무엇인지 분석하지 않았으므로 두 가지 핵심요소를 놓치고 말았다. 하나는 비행기의 적정 설계 개념, 즉 항공사가 가장 많은 수익을 올릴 수 있는 제트기의 최적 규모, 항로별 최적 화물 등에 대한 개념이었다. 다른 하나 역시 평범한 것이었다. 항공사가 이 같은 고가의 비행기를 구입하도록 자금을 공급하는 일이었다. 드 하빌랜드가 분석에 실패했기 때문에 두 미국회사, 즉 보잉(Boeing)과 더글러스(Douglas)가 제트 여객기 시장을 차지해버렸던 것이다. 그 후 드 하빌랜드는 재기를 하지 못했다.

이 같은 분석의 필요성은 꽤나 분명하게 보이지만, 과학적·기술적 혁신가는 거의 잘 하지 않고 있다. 과학자와 기술자가 그런 분석을 하기 싫어하는 이유는 정확히 그들은 자신들이 이미 알고 있다고 생각하기 때문이다. 이것이, 많은 경우, 지식에 기초한 위대한 혁신의 아버지나, 적어도 할아버지가 과학자나 기술자가 아니라 문외한인 이유를 설명한다. (미국의) GE는 주로 한 재무전문가가 만든 창작물이다. 그는 GE를 대형 증기터빈 분야에서 세계적 공급자로 육성했고, 이를 바탕으로 GE로 하여금 세계의 주도적 발전소 공급자가 되도록 하는 (제19장에서 설명할) 전략을 고안했다. 마찬가지로 두 문외한, 토머스 왓슨 1세와 그의 아들 토머스 왓슨 2세가 IBM을 컴퓨터 분야의 주도적 기업으로 만들었다. 듀폰의 경우, 나일론이라는 지식에 기초한 혁신을 실천하고 또 성공하는 데 무엇이 필요한지 분석한 것은 그 기술을 개발한 화학자가 아니라, 최고경영위원회의 위원들인 문외한 사업가들이었다. 그리고 보잉은 비행기 그 자체와 일반 대중이 필요로 하는 것이 무엇인지 파악한 마케팅 전문가들의 리더십 아래 제트 여객기의 주도적 공급자가 되었다.

그러나 이런 것들은 자연법칙이 아니다. 대부분 그것은 의지의 문제이고 또 자기규제의 문제다. 자신들이 추진하고 있는, 지식에 기초한 혁신이 필요로 하는 것이 무엇인지를 스스로 심사숙고하는 과학자나 기술자는 언제나 많았다. 에디슨이 가장 좋은 예다.

2. 지식에 기초한 혁신이 필요로 하는 두번째 요건은, 먼저 전략적 위치에 분명하게 초점을 맞추고 그것에 집중하는 것이다. 실험적으로 추진할 수는 없다. 새로운 혁신이 소개되면 세상 사람들의 흥미를 유발한다. 그리고 여러 경쟁자들을 끌어들이게 되는데, 이는 혁신가가 처음부터 올바르게 하지 않으면 안 된다는 것을 의미한다. 그가 첫번째는 실패하고 한번 더 기회를 또 갖게 될 가능성은 없다. 지금껏 논의한 다른 모든 혁신들의 경우, 혁신가가 일단 자신의 혁신에 성공하면, 그는 상당 기간 시장을 혼자서 독차지할 것으로 기대할 수 있었다. 그러나 이는 지식에 기초한 혁신에는 그대로 적용되지 않는다. 여기서는, 혁신가들은 자신들이 적당하다고 생각하는 숫자보다도 훨씬 더 많은 경쟁회사들과 거의 즉각적으로 경쟁하게 된다. 이 분야의 혁신가들이 도산하는 데는, 단 한 번만 실수하는 것으로 충분하다.

기본적으로 지식에 기초한 혁신에는 집중해야 할 오직 세 가지 주요한 초점들이 존재한다. 첫째, 그것은 에드윈 랜드(Edwin Land, 1909-)가 폴라로이드에 집중한 것과 같은 식의 집중이다. 나중에 해당 분야를 지배할 완전한 시스템을 개발하는 데 집중하는 것 말이다. 그것은 IBM이, 컴퓨터를 판매하는 것이 아니라 고객에게 대여하는 방식을 채택한 초기 시절에 한 것과 정확하게 일치하는 집중이다. IBM은 소프트웨어가 개발되자 그것을 고객에게 대여했고, 프로그래밍이 개발되자 프로그래머들에게는 컴퓨터 언어를, 그리고 고객의 상사에게는 컴퓨터 사용법을 가르쳐주었고 또 서비스를 제공했다. 이는 또한 GE가 20세기 초 대형 증기터빈이라는 지식에 기초한 혁신의 주도자로서 자리를 확고하게 잡을 때 사용한 방법이었다.

두번째로 분명하게 집중해야 할 곳은 시장에 초점을 맞추는 것이다. 지식에 기초한 혁신은 자신이 개발한 제품을 판매할 시장 창출을 목표로 삼을 수 있다. 이것이 바로 듀폰이 나일론에 대해 한 전략이다. 듀폰은 나일론을 "팔지 않았다." 듀폰은 나일론을 이용해 만든 여성의 스타킹과 여성 속내의의 소비자 시장을 창출했고, 나일론을 이용한 자동차 타이어 시장을 창출했다. 그 다음 듀폰은, 자신이 이미 그 수요를 창출해 놓은, 그리고 사실상 자신이 이미 팔고 있었던 제품을 가공업자들이 생산토록 나일론 원료를 가공업자들에게 공급했던 것이다. 마찬가지로 알루미늄도 애초부터, 다시 말해 1888년 찰스 홀(Charles Hall, 1863-1914)이 알루미늄 추출 프로세스를 발명한 직후부터 주전자와 프라이팬, 알루미늄 봉과 다른 여러 알루미늄 추출물에 대한 시장을 창출하기 시작했다. 알루미늄 회사는 실질적으로 그런 최종 제품을 생산·판매했던 것이다. 알루미늄 회사는 시장을 창출하고는, 그것으로 (비록 완벽하게 독점을 하지는 못했지만) 잠재적 경쟁자가 등장하지 못하도록 했다.

세번째로 집중해야 할 초점은 (제18장에서 논의할 전략인) 핵심기능에 집중하고는 전략적 위치를 확보하는 것이다. 지식에 기초한 혁신을 추진하는 혁신가가 지식에 기초한 산업의 초기 단계에서 극도의 소용돌이에 대체로 휘말리지 않도록 해주는 위치란 도대체 어떤 것인가? 화이자로 하여금 미국의 페니실린 시장에서 초기에 주도권을 쥐게 하고, 또 그 후 지속적으로 그 위치를 유지하게 해준 그 발효 프로세스를 완벽히 하는 데 집중하기로 한 것은, 이 질문을 심사숙고하고 또 결정을 내린 때문이다. 시장에 초점을 맞추고, 항공사가 요구하는 것을 충족시키고, 항공기 설계와 자금 공급이라는 측면에서 고객의 요구를 충족함으로써 보잉은 여객기 시장에서 주도권을 잡았고, 그 후 내내 그 위치를 유지했다. 그리고 오늘날 컴퓨터 산업의 난기류에도 불구하고 컴퓨터의 주요 부품인 반도체 산업의 몇몇 주요 공급자는, 개별 컴퓨터 제조회사들의 흥망성쇠에 거의 영향을 받지 않으면서 그들이 누리는 주도적 지위를 계속 유지할 수 있는 것이다. 인텔(Intel)이

한 예다.

동일한 산업 내에서, 지식에 기초한 혁신 기업들 각각은 형편에 따라 이 세 가지 초점 전략 가운데 하나를 선택할 수 있다. 예컨대 듀폰은 시장을 창출하는 정책을 채택한 반면, 듀폰의 최대 경쟁자 다우 케미컬은 각각의 세분 시장에서 핵심적인 위치를 확보하려고 노력한다. 100년 전, 모건은 핵심 기능 접근방식을 채택했다. 그는 자신의 은행을 유럽의 투자자금이 미국의 산업으로, 그리고 더 나아가 자본이 부족한 나라로 유입되는 통로 역할을 하도록 설립했다. 같은 시대에 독일의 지멘스와 일본의 시부사와는 모두 시스템 접근방식을 채택했다.

분명하게 초점을 맞추는 전략이 갖는 효력은 에디슨의 성공 사례가 잘 설명해 준다. 에디슨은, 전구를 생산하려면 필수적으로 존재해야 하는 일련의 발명품들을 고안한 유일한 인물은 아니다. 영국인 물리학자 조지프 스완 (Joseph Swan, 1828-1914)도 그 가운데 한 명이었다. 스완은 에디슨과 정확히 같은 시기에 자신의 전구를 개발했다. 기술적으로 보면, 에디슨이 스완의 특허를 매수하고는 그것을 자신의 전구 생산 공장에서 사용할 정도로, 스완이 발명한 전구가 더 우수했다. 그러나 에디슨은 기술적인 요건들이 무엇인지 깊이 연구했을 뿐 아니라, 어디에 초점을 맞출지를 곰곰이 생각했다. 심지어 그는 유리 덮개, 진공, 봉합, 그리고 빨갛게 타는 견고한 물질, 즉 필라멘트에 대해 기술적 연구를 시작하기 전에 이미 전력산업 전반에 걸쳐 '시스템'을 결정해 두었던 것이다. 그가 발명한 전구는 자신도 일부 자금을 조달한 바로 그 전력회사에 적합하게 설계되었고, 자신의 전구를 사용할 고객에게 전력을 공급하도록 전선을 가설할 권리도 확보했으며, 배전 시스템도 완료해 두었다. 요컨대 과학자 스완은 제품을 발명한 데 그쳤지만, 에디슨은 산업을 창출했던 것이다. 따라서 스완이 자신의 기술적 성과를 인정해 줄 투자자를 찾고자 여전히 노력하고 있을 무렵에, 에디슨은 자신의 전기 제품을 팔고 또 장비를 설치해 줄 수 있었던 것이다.

지식에 기초한 혁신은 분명하게 초점을 맞추어야 한다. 지금까지 설명한 세 가지 초점 각각은 일반적으로 매우 위험하다. 하지만 여러 초점들 사이에 어중간하게 결정하거나 또는 하나 이상의 초점을 갖고자 시도하는 것은 더 말할 것 없고, 분명한 초점을 결정해 두지 않는 것은 단 한 가지에다 분명하게 초점을 맞추는 것보다도 훨씬 더 위험하다. 그것은 실패를 보증하는 것에 진배없다.

3. 마지막으로, 지식에 기초해 경영혁신을 추진하는 혁신가는, 그리고 특히 그가 추진하는 경영혁신이 과학적·기술적 지식에 기초한 경우에는, 기업가적 경영관리를 배우고 실천할 필요가 있다(이에 대해서는 제15장을 참조할 것). 사실, 기업가적 경영관리는 다른 어떤 종류의 혁신보다도 지식에 기초한 혁신에 더욱더 결정적으로 중요하다. 그 위험도가 너무 높기 때문에, 재무적 측면과 관리적 측면 둘 다를 예측하는 과제에 훨씬 더 주의를 기울여야 한다. 그리고 한층 더 시장에 초점을 맞추고 또 시장지향적으로 운영하지 않으면 안 된다. 그러나 지식에 기초한, 특히 첨단기술에 기초한 혁신은 기업가적 경영관리를 거의 하지 않는 경향이 있다. 지식에 기초한 산업의 실패율이 높은 것은 주로 지식에 기초한, 그리고 특히 첨단기술에 기초한 혁신가들 그 자신들에게 문제가 있다. 이들 혁신가는 '첨단기술'이 아닌 것은 무엇이든 경멸하는 경향이 있는데, 특히 자신들과 동일한 분야에 있지 않은 사람들을 경멸하는 경향이 있다. 그들은 자신들만의 기술에 탐닉하는 경향이 있으며, 종종 '품질'이라는 것은 사용자에게 가치를 제공하는 것이라기보다는 기술적으로 정교한 것을 의미한다고 믿는 경향이 있다. 이런 관점에서 보면, 그들은 대체로 여전히 20세기의 기업가라기보다는 19세기적 발명가에 머물고 있는 것이다.

사실, 만약 기업가적 경영관리를 성실히 적용하기만 해도, 첨단기술을 포함해 지식에 기초한 혁신에 따른 위험은 상당히 줄어들 수 있다는 것을 증명하는 기업들이 오늘날 충분히 존재한다. 스위스 회사 호프만 라로슈(Hoffmann-LaRoche)가 한 예이고, 휴렛패커드(Hewlett-Packard)가 다른 예이고, 인텔도 마찬가지다. 정확히 말해 지식에 기초한 혁신 그 자체가 갖고 있는 위험이 본질적으로 너무 높기 때문에, 기업가적 경영관리는 특히 필요하고 또한 각별한 효과가 있다.

3

본질적인 위험

지식에 기초한 혁신은 심지어 그것이 세심한 분석을 바탕으로 하고, 분명한 초점을 갖고, 성실하게 경영관리가 된다 해도 여전히 그 고유한 위험, 그리고 설상가상으로, 본질적인 예측 불가능성 때문에 실패할 가능성이 있다.

첫째, 혁신의 성격상 그것은 불안정하다.

지식에 기초한 혁신의 두 가지 속성, 즉 긴 리드 타임과 여러 기술의 통합 필요성 때문에, 지식에 기초한 혁신에는 독특한 리듬 주기가 존재한다. 매우 오래 전부터 어떤 특정의 혁신이 일어날 것이라는 낌새가 있지만 그것은 실제로는 일어나지 않는다. 그러다가 갑자기 폭발적으로, 수 년 간 짧은 기간 동안 사회가 엄청난 흥분에 휘말리게 되고, 엄청난 창업 열기가 일어나고, 매스컴은 그런 사실을 뜨겁게 다룬다. 5년 후에는 '정리기'가 도래해 겨우 몇몇 기업만 살아남는다.

1856년 독일의 베르너 지멘스(Werner Siemens, 1816-92)는 (25년 전인) 1830년 마이클 패러데이(Michael Faraday, 1791-1867)가 개발한 전기이론들을 최초의 전기 동력기관의 원조 격인 전기 발전기를 설계하는 데 적용했다. 그것은 세계적으로 큰 반향을 불러일으켰다. 그 때부터 '전기산업'이 조만간 등장할 것이고, 그것도 중요한 산업이 되리라는 것을 확신하게 되었다. 수많은 과학자들과 발명가들이 추가적 연구에 몰두했다. 그러나 그로부터 20년 동안 그 무엇도 제대로 된 것이 없었다. 한 가지 잃어버린 지식 요소가 있었던 것이다. 그것이 바로 패러데이의 이론을 개선한 제임스 맥스웰(James Maxwell, 1831-79)의 이론이었다.

맥스웰의 이론이 등장하자 1878년 에디슨은 이를 바탕으로 전구를 발명했다. 그리고 연구 경쟁도 지속되었다. 5년 내에 유럽과 미국에서 주요 전기 장치들을 만드는 회사들이 모두 설립되었다. 독일에서는 지멘스가 소규모 전기장치 제조업체 슈커트(Schukert)를 매수했고, 에디슨의 연구를 바탕으로 (독일의) GE, 즉 AEG가 설립되었다. 미국에서는 지금도 건재한 GE와

웨스팅하우스가, 스위스에서는 브라운 보베리(Brown Boveri)가, 1884년 스웨덴에서는 ASEA가 설립되었다. 그러나 여기서 이름을 거명한 회사들은 미국, 영국, 프랑스, 독일, 이탈리아, 스페인, 네덜란드, 벨기에, 스위스, 오스트리아, 체코슬로바키아, 헝가리 등 전세계적으로 100개도 넘는, 모두가 그당시 투자가들로부터 기꺼이 자본을 조달했고 또 '10억 달러 회사'가 될 것을 꿈꿨던 그런 종류의 회사들 가운데 겨우 살아남은 회사들이다. 최초의 위대한 공상과학 소설 붐을 일으켰고 또 줄 베르누이(Jules Verne, 1828-1905)와 H. G. 웰스(H. G. Wells, 1866-1946)를 전세계적인 베스트셀러 작가로 만든 것은 바로 전기장치 산업이 폭발적으로 증가한 데 기인했다. 그러나 1896~1900년까지는 그런 회사들 가운데 대부분이 사업을 그만두었거나, 도산했거나, 또는 살아남은 몇몇 회사에게 매수당했거나 간에 이미 사라지고 말았다.

1910년경, 미국 한 곳에서만도 200개에 가까운 자동차 회사들이 있었다. 1930년대 초반까지 그 숫자는 20개로 줄어들었고, 1960년에는 겨우 4개만 살아남았다.

1920년대에는 문자 그대로 수백 개 회사들이 라디오를 만들고 있었고, 수백 개도 더 되는 방송국들이 있었다. 방송산업의 조정으로 1935년까지는 방송국들이 세 개의 '네트워크'로 통합되었고, 라디오 제조회사도 12개만 남았다. 또 다른 예로, 1880~1900년 사이 신문사들의 설립이 폭발적으로 증가했다. 사실, 신문사는 그 당시 주요 '성장산업들' 가운데 하나였다. 제1차 세계대전 이후, 모든 주요 국가에서는 신문사의 숫자가 꾸준히 줄어들고 있었다. 그리고 그 점은 은행도 마찬가지였다. 은행산업의 창업자들, 즉 모건 가문, 지멘스 가문, 그리고 시부사와 가문의 은행들이 설립된 후, 유럽과 미국에서는 새로운 은행들이 가히 폭발적으로 등장했다. 그러나 1890년경, 그러니까 겨우 20년 후 은행산업에서 합병이 일어났다. 은행가들이 사업을 그만두거나 합병하기 시작했던 것이다. 제2차 세계대전 말까지 모든 주요 국가에서는, 상업은행이든 또는 사적 소유 은행이든 간에, 여러 지역에서 사업을 하고 있던 손에 꼽을 정도로 적은 수의 은행들만이 겨우 살아남았다.

　그러나 그 때마다 살아남은 기업은, 예외 없이 초기 폭발적으로 성장하던 시대에 창업한 회사였다. 그 시대가 끝난 후에는 동산업에의 새로운 진입은 모든 현실적인 목적들로 인해 금지된다. 지식에 기초한 어떤 새로운 산업에도 초기 몇 년 동안에는 새로운 벤처기업이 스스로 창업할 수 있는 '문호'가 열려 있다.

　오늘날 그 '문호'가 점점 더 좁아진다고 일반적으로 믿고 있다. 그러나 그것은 새로운 지식의 등장에서 기술, 제품, 그리고 프로세스에로의 전환 사이의 리드 타임이 훨씬 더 짧아졌다는 일반적인 믿음만큼이나 그릇된 생각이다.

　1830년 조지 스티븐슨(George Stephenson, 1781-1848)의 기차 '로켓'이 최초로 상업용 철도 노선을 달리기 시작한 지 수 년 내에 영국에서는 100개도 더 되는 철도 회사들이 창업되었다. 그로부터 10년 동안 철도는 '첨단산업'이었고, 철도 기업가들은 매스컴의 각광을 받는 '미디어의 총아'였다. 그 시기의 투기 열풍은 찰스 디킨스(Charles Dickens, 1812-1870)의 한 소설 《리틀 도리트(Little Dorrit)》(1855-57년 사이 한 신문에 연재되었다)에 통렬하게 풍자되었다. 돌이켜보면 그 당시의 모습은 오늘날 실리콘 밸리의 투기 열풍과 크게 다르지 않다. 그러나 1835년경, 그 '문호'는 꽉 닫히고 말았다. 그 후 지금까지 영국에는 신규 철도를 가설하기 위한 투자가 전혀 없었다. 1845년만 해도 100여 개에 달하던 영국의 철도회사들이 50년 후에는 대여섯 개로 줄어들었다. 그리고 동일한 리듬 특성이 전기장치 산업, 전화산업, 자동차산업, 화학산업, 주택용품 산업, 그리고 소비자용 전자산업에도 그대로 반복되었다. '문호'는 결코 매우 넓은 적도, 그리고 매우 오랫동안 지속적으로 개방된 적도 없었다.

　그러나 오늘날 그 '문호'가 점점 더 복잡해지고 있다는 데에는 거의 의문이 있을 수 없다. 1830년대의 철도 붐은 영국에 국한됐다. 그 후 모든 국가들이 이웃나라의 전례와는 별 관계없이 독자적으로 지역별로 철도 건설 붐을 겪었다. 그러나 전기장치 산업 붐은, 25년 뒤 자동차산업 붐이 그랬듯이,

이미 국경을 넘어 확대되었다. 하지만 전기장치와 자동차산업의 확대 현상은 둘 다 당시 공업이 발달한 국가들에 한정되었다. 그러나 '공업이 발달했다'라는 표현은 오늘날 한층 더 많은 대상 국가들을 포함하고 있다. 예컨대 그 말에는 응당 일본이 포함된다. 브라질이 포함되고, 곧 비공산권 중국이라고 할 수 있는 홍콩, 대만, 싱가포르가 포함될 것이다. 오늘날 통신은 실질적으로 즉각적으로 할 수 있고, 여행도 쉽게 또 빨리 할 수 있다. 그리고 오늘날 매우 많은 국가들이 100년 전에는 불과 몇몇 국가만 소유하고 있던 것을 갖고 있다. 즉 교육훈련을 받은 많은 지식근로자들 말이다. 그들은 지식에 기초한 혁신들 가운데 어떤 분야라도 즉시 참여할 수 있고, 특히 과학에 기초한 혁신 또는 기술에 기초한 혁신에 투입될 수 있다.

이 같은 사실들은 두 가지 중요한 의미를 품고 있다.

1. 과학에 기초한 혁신가와 기술에 기초한 혁신가는 마찬가지로 둘 다 시간이 자신들에게 불리하게 작용하고 있음을 발견하게 된다. 다른 여러 원천들에 기초한 모든 혁신에 대해서는, 예컨대 예상치 못한 현상, 불일치 현상, 프로세스상의 필요성, 산업구조의 변화, 인구구조의 변화, 또는 지각상의 변화에 기초한 혁신에 대해서는, 시간은 혁신가 편이다. 다른 여러 원천들에 기초한 혁신들의 경우, 혁신가들은 그것을 혼자서 추진할 수 있을 것으로 기대해도 큰 무리는 아니다. 만약 그들이 실수를 한다 해도 그것을 수정할 시간이 있을 가능성이 크다는 말이다. 그리고 그들이 새로운 벤처기업을 추진할 수 있는 적절한 시기가 몇 번인가는 있게 마련이다. 그러나 그 점은 지식에 기초한 혁신에서는 통하지 않으며, 특히 과학과 기술 지식에 기초한 혁신들에 있어서는 더더욱 통하지 않는다. 이 곳에는 '문호'가 오직 짧은 기간 동안에만 열려 있다. 어쨌든 그 기간 동안 진입은 가능하다. 그러나 이 곳에서는 혁신가들에게 기회가 두 번 오지 않는다. 그들은 처음부터 제대로 해야만 한다. 환경은 거칠고 또 용서라는 것이 없다. 그리고 일단 '문호'가 닫히고 나면, 기회는 영원히 사라진다.

그러나 지식에 기초한 산업들 가운데 일부의 경우, 첫번째 문호가 닫히고 나서 20~30년 정도가 지나고 나면 사실상 두번째 문호가 열리기도 한다.

컴퓨터가 바로 그런 예다.

컴퓨터 산업의 첫번째 '문호'는 1949~55년경까지 지속적으로 열려 있었다. 그 기간 동안 세계의 모든 전기장치 회사들이 하나도 빠짐없이 컴퓨터 산업에 진입했다. 미국에서는 GE, 웨스팅하우스, 그리고 RCA가, 영국에서는 (영국의) GE, 플레시(Plessey), 그리고 페란티(Ferranti)가, 독일에서는 지멘스와 AEG가, 네덜란드에서는 필립스(Philips)가, 그 밖에도 예를 들자면 많다. 1970년까지는 '규모가 큰 전기장치 회사들'은 불명예스럽게도 하나같이 컴퓨터에서 손을 뗐다. 그들이 떠난 자리는, 1949년에는 아예 존재하지도 않았던 회사들이나 소규모의 한계 기업이었던 회사들이 차지했다. 그리고 IBM은 물론이고 미국 컴퓨터 산업의 '일곱 난장이들'이 살아남았고, 영국의 경우 영국 GE와 플레시, 그리고 페란티의 컴퓨터 부분을 통합한 ICL이 남았고, 프랑스에서는 정부의 막대한 보조로 몇 개 업체가 연명했고, 독일에는 아예 신규 기업인 닉스도르프(Nixdorf)가 경쟁을 하고 있었다. 일본의 컴퓨터 회사들은 정부 보조를 통해 장기간 버티고 있었다.

그러다가 1970년대 말, 반도체의 발명과 더불어 두번째 '문호'가 열렸다. 그 문호를 통해 워드프로세서, 미니컴퓨터, 개인용 컴퓨터, 그리고 컴퓨터와 전화교환기를 통합한 사설교환대가 등장하게 되었다.

그러나 첫번째 문호 시기에 실패한 기업들은 두번째 문호가 열렸을 때 권토중래를 하지 못했다. 심지어 첫번째 문호 시기에 살아남은 컴퓨터 회사들도 두번째 문호에는 참여하지 않았거나, 뒤늦게 또는 마지못해 참여했다. 그리고 두번째 문호에 참여했던 유니박, 콘트롤 데이터(Control Data), 허니웰(Honeywell), 버로스(Burroughs), 후지쓰(Fujitsu), 히타치(Hitachi) 등은 미니컴퓨터나 개인용 컴퓨터 부문에서 주도권을 차지하지 못했다. 단 하나의 예외가 첫번째 문호 시기에 자타가 인정하는 챔피언 IBM이었다. 그리고 IBM의 예는 또한 지식에 기초한 혁신들 가운데 초기에 있었던 것들의 전형적인 모습이었다.

2. '문호'가 훨씬 더 복잡하기 때문에, 지식에 기초한 혁신을 추구하는 어떤 혁신가라도 생존 가능성은 매우 낮게 마련이다.

'문호 개방기간'에 신규 참여자들의 숫자는 훨씬 더 많아질 가능성이 크다. 그러나 산업의 구조는 일단 안정·성숙되고 나면, 적어도 1세기 동안은 놀라울 정도로 변하지 않고 그대로 유지될 것으로 보인다. 물론, 다양한 산업들 사이에 산업구조는 산업의 성격에 따라, 즉 기술 의존도, 자본의 소요 정도, 진입 용이성, 제품이 수출용인가 또는 내수용인가 하는 것 등에 따라 다르다. 그러나 어느 특정 산업의 경우, 어느 한 시점에는 전형적인 산업구조를 갖고 있다. 어느 특정 시장에는 수많은 회사들이, 즉 대기업들, 중소기업들, 영세기업들, 그리고 수많은 전문가들이 참여한다. 그리고 지식에 기초한 새로운 산업은, 예컨대 컴퓨터이든 또는 은행이든, 어떤 산업이든 간에 차츰 단 하나의 '시장', 즉 세계 시장을 형성하게 된다.

따라서 한 산업이 성숙·안정되면, 지식에 기초한 혁신 기업들로서 살아남는 숫자는 과거보다 더 많지 않다. 하지만 대체로 세계 시장의 등장과 글로벌 커뮤니케이션이 가능하게 되었다는 이유로, '문호 개방기간' 동안에 진입하는 참여자들의 숫자가 크게 증가했다. 그러므로 정리기가 도래하면, 도산율은 과거보다 훨씬 더 높다. 그리고 정리기는 언젠가는 오고야 만다. 그것은 피할 수 없다.

정리기

'정리기'는 '문호 개방기간'이 끝나자마자 곧 시작된다. 과거의 첨단산업들, 예컨대 철도산업, 전기장치 산업, 그리고 자동차산업이 이미 보여준 것처럼 '문호 개방기간' 중에 창업한 벤처기업들 가운데 대다수가 정리기에 살아남지 못한다. 내가 이 글을 쓰고 있는 도중에, 마이크로프로세서, 미니컴퓨터, 개인용 컴퓨터 회사들에 대한 정리기가 시작되었다. 그런 산업들의 '문호'가 개방된 지 겨우 5~6년밖에 안 되었는데도 말이다. 오늘날 미국에서만도 그런 산업들에 참여하는 회사들이 아마도 100개는 된다. 지금부터 10년 후인 1995년까지는 규모나 중요성을 불문하고 12개 이상 살아남을 것 같지가 않다.

하지만 어떤 기업들이 살아남고, 어떤 기업들이 사라지고, 어떤 기업들이 산 것도 아니고 죽은 것도 아닌, 영원히 무력해질 것인가 하는 것을 예측할 수 없다. 사실, 예측한다는 것 자체가 무익한 일이다. 단순히 기업의 규모가 기업의 존속을 보장해 줄지도 모른다. 그러나 그것은 정리 기간 동안에도 성공을 보장하지는 않는데, 만약 규모가 결정적이라면 오늘날 세계에서 가장 규모가 크고 또 가장 성공적인 화학회사는 듀폰이 아니라 얼라이드 케미컬(Allied Chemical)이었을 것이다. 1920년 미국에서 화학산업의 '문호'가 개방되었을 때, 얼라이드 케미컬이 제1차 세계대전 당시 미국 정부가 압류한 독일인들 소유의 특허권을 단지 획득했다는 그 이유 하나만으로도, 얼라이드 케미컬은 난공불락의 회사로 보였다. 7년 후 정리 기간이 지나자 얼라이드 케미컬은 허약한 '등외마'가 되고 말았다. 동사는 다시 활력을 되찾을 수 없었다.

1949년 당시에는 아무도, GE 또는 지멘스와 같이 그토록 규모가 크고 또 경험이 많은 선두주자들이 컴퓨터 산업에서 완벽하게 실패하리라고는 말할 것도 없고, IBM이 컴퓨터 산업의 거인으로 등장할 것으로 예측할 수 없었다. 1910년인지 또는 1914년인지 불분명하지만, 어쨌든 자동차 주식이 뉴욕증권거래소의 최고 인기 종목이었을 당시, GM과 포드 자동차는 살아남아서 번성하고, 그토록 폭넓게 인기를 누리던 패커드(Packard) 자동차와 협모빌(Hupmobile) 자동차는 사라질 것이라고는 아무도 예측할 수 없었다. 1870년대와 1880년대, 즉 현대 은행들이 탄생하는 시기에, 아무도 도이체방크가 장차 독일의 오래 된 상업은행들을 수십 개나 합병하고는 독일의 주도적 은행으로 부상하리라고 예측할 수 없었다.

어떤 특정 산업이 앞으로 중요한 산업이 될 것으로 예측하는 일은 매우 쉽다. 폭발적인 성장국면, 즉 내가 '문호 개방기간'이라고 명명한 국면을 맞았던 어떤 새로운 산업이 그 다음에 주요 산업이 되지 못한 경우는 역사적으로도 없다. 문제는, 그 산업에서 구체적으로 "어느 회사가 동산업의 선두주자가 되고 또 살아남는가?" 하는 것이다.

이런 리듬 주기는, 즉 엄청난 투기 열풍과 더불어 커다란 흥분의 기간이 지나고 나면 심각한 '정리기'가 도래한 식의 주기는 첨단기술 산업에서 각별히 뚜렷하게 나타난다.

먼저, 그런 산업들은 매스컴의 각광을 받기 때문에 적정 수준보다도 훨씬 더 많은 참가자들을 끌어들이고, 일반적인 산업들보다도 훨씬 더 많은 자본을 조달한다. 또한 그것에 대한 기대도 훨씬 더 크다. 아마도 구두광약이나 시계를 만드는 사업과 같은 그런 평범한 사업으로 돈을 번 사람이 첨단기술 사업으로 거부가 된 사람들보다도 더 많다. 하지만 아무도 구두광약 제조업자가 '10억 달러 사업'을 구축할 것으로 기대하지 않으며, 또는 만약 그들이 구축한 것이 튼튼하기는 하지만 평범한 가족회사라 해서 그들이 실패했다고 간주하지도 않는다. 첨단기술은, 그것과는 대조적으로, 중간은 아무 소용이 없다고 취급되는 게임, 즉 다 먹거나 모두 잃고 마는 '하이 로(high-low) 게임'이다. 그리고 이것이 바로 첨단기술 혁신을 본질적으로 위험한 것으로 만든다.

그러나 또한 첨단산업은 오랜 기간 동안 이익을 내지 못한다. 세계 컴퓨터 산업은 1947~48년에 시작되었다. 30년도 더 지난 후인 1980년대 초반까지 컴퓨터 산업은 전체적으로 손익분기점에 도달하지 못했다. 분명, 그 기간 동안에도 몇몇 기업은 남달리 훨씬 더 일찍 이익을 내기 시작했다(어쨌든 사실상 모든 그런 기업들이 미국 기업이었다). 그리고 IBM 또한 컴퓨터 산업의 선두주자로서 훨씬 더 일찍부터 큰 이익을 내기 시작했다. 그러나 산업 전체로 보면 그런 몇몇 성공적인 컴퓨터 회사가 올린 이익은 실패한 기업들의 어마어마한 적자를, 예컨대 국제적으로 거대한 전기회사들이 컴퓨터 메이커가 되려고 헛된 노력을 하는 동안 기록한 엄청난 손실을 상쇄하고도 남는다.

그리고 정확하게 동일한 현상이 이보다 앞선 모든 '첨단기술' 붐에서 나타났다. 19세기 초 철도산업 붐, 1880~1914년 사이에 일어난 전기장치 산업 및 자동차산업 붐, 그리고 1920년대 전기 기기 및 라디오 붐 등에서도 그랬다.

이런 현상이 발생하는 한 주요 이유는 산업에 계속 참여하기 위해서 연구·기술 개발, 그리고 기술 서비스에 점점 더 많은 자금을 투입할 필요가 있기 때문이다. 정말이지, 첨단기술 산업은 조용히 제자리에 서 있기 위해서도 더욱더 빠르게 달려야 한다.

물론, 그것이 첨단기술 산업이 갖는 매력 가운데 하나다. 그러나 그것은 또한, 정리기가 닥치면 그런 산업 내에서 매우 소수의 기업들만이 심지어, 단기간의 폭풍이라도 견뎌낼 수 있을 만한 자금 능력을 보유하고 있음을 의미한다. 이것이 바로 첨단기술 벤처기업들이 다른 종류의 벤처기업들보다도 재무예측력을 한층 더 필요로 하는 이유일 뿐만 아니라, 재무예측력이 일반적인 벤처기업들보다도 첨단기술 벤처기업들 사이에 훨씬 더 부족한 이유이기도 하다.

정리 기간 동안 살아남을 수 있는 처방은 단 하나뿐이다. 그것이 바로 기업가적 경영관리다(이에 대해서는 제12장~제15장에서 설명한다). 도이체 방크가 동시대의 다른 '뛰어난' 금융기관들을 제치고 두각을 나타낸 것은 지멘스가 세계 최초의 최고경영자 팀에 대해 깊이 생각하고 구축했기 때문이다. 듀폰이 얼라이드 케미컬을 능가하게 된 것은, 1920년대 초 듀폰이 세계 최초의 체계적 조직구조, 세계 최초의 장기계획, 그리고 세계 최초의 경영정보 통제 시스템을 갖춘 덕분이었다. 이와는 대조적으로 얼라이드 케미컬은 한 뛰어난 자아도취적 경영자가 제멋대로 경영했다. 하지만 이것으로 이야기가 끝나는 것은 아니다. 한층 더 최근에 있었던 컴퓨터 산업의 정리 기간에 살아남지 못한 대부분의 대기업들, 예컨대 GE와 지멘스는 일반적으로 최고 수준의 경영자들을 확보하고 있는 것으로 간주되고 있다. 그리고 포드 자동차는 정리 기간 동안에 이상하게 경영을 잘못했는데도 불구하고, 비록 간신히 살아남기는 했지만 어쨌거나 견뎌냈다.

따라서 기업가적 경영관리는 아마도 기업 존속의 전제조건은 되지만, 기업 존속의 보증서는 아닌 것 같다. 그리고 정리 기간에는, 수 년에 걸친 붐 기간 동안 급성장한 지식에 기초한 혁신 기업이 듀폰처럼 경영관리를 잘하고 있는지, 아니면 얼라이드 케미컬처럼 기본적으로 경영관리를 잘못하고 있는지를 오직 내부자들만이 진정하게 알 수 있다(그리고 어쩌면 심지어 그들마저도 모를 수가 있다). 우리가 그것을 알 때쯤 되면 그것은 너무 늦었을 가능성이 높다.

수용도는 도박이다

지식에 기초한 경영혁신이 성공을 거두기 위해서는, 그것은 '때가 되어야' 한다. 사회 또는 고객이 지식에 기초한 경영혁신을 받아들여만 한다는 말이다. 이런 위험은 지식에 기초한 경영혁신에 내재된 것이고, 정말이지 지식에 기초한 경영혁신에 내재된 힘이 발휘하는 기능이기도 하다. 다른 모든 혁신들은 이미 일어난 변화를 이용한다. 그것들은 이미 존재하는 욕구를 만족시킨다. 반면에 지식에 기초한 경영혁신은 그 자체가 변화를 초래한다. 지식에 기초한 경영혁신이 노리는 것은 새로운 욕구를 창출하는 것이다. 그리고 고객이 그것을 수용할지, 무관심할지, 또는 적극적으로 거부할지 아무도 미리 예측할 수가 없다.

분명 예외는 있다. 항암제를 개발한 사람은 그가 누구든 간에, '수용도'에 대해 염려할 필요가 없다. 그러나 그런 것을 기대할 수 있는 것은 드물다. 지식에 기초한 경영혁신들의 경우는 대부분, 수용도는 도박이다. 그리고 그 승률은 알 수 없으며, 정말이지 설명할 수가 없다. 어쩌면 큰 호응을 얻을 수 있는 것인데도 아무도 그 사실을 알아주지 않을 수도 있다. 그리고 사회가 실제로 열렬히 혁신을 기다린다는 사실을 모두가 꽤나 확신하는데도 전혀 수용되지 않거나, 또는 심지어 큰 저항을 받게 될지도 모른다.

신분 높은 자와 권력자가 지식에 기초한 경영혁신에 대해 무심한 태도를 보여주는 이야기는 얼마든지 있다. 전형적인 이야기 하나가 새로 선보인 발명품에 대해, "베를린에서 포츠담까지 한 시간 만에 가려고 그 많은 돈을 낼 사람은 아무도 없을 거야, 자신의 말을 타고 하루만 가면 돈을 안 내도 되는데 말이야"라면서 철도가 확실히 실패할 것이라고 예언하는 프러시아 왕과 관련된 일화다. 그러나 철도의 수용도에 대해 오판한 것은 그 프러시아 왕 혼자만이 아니었다. 그 당시 이른바 '전문가들' 대다수가 프러시아 왕과 동일한 생각이었다. 그리고 컴퓨터가 등장했을 때, 기업체에서 그런 발명품을 필요로 할 것으로 상상이라도 할 수 있었던 '전문가'는 단 한 명도 없었다.

그러나 정반대의 오류도 마찬가지로 흔하다. 현실은 전혀 무관심하거나 또는 저항뿐인데, 진정한 욕구가 있다고, 확실한 수요가 있다고 "모두가 알고 있다." 1948년 당시 도대체 기업에서 컴퓨터를 사용하리라고는 상상도 할 수 없었던 그 동일한 전문가들이 몇 년 뒤인 1955년경에는 컴퓨터가 10년 내에 '학교를 혁명적으로 바꾸어놓을 것'으로 예측했다.

독일인들은 알렉산더 그레이엄 벨(Alexander Graham Bell, 1847-1922)이 아니라 필립 라이스(Philip Reis, 1834-74)가 전화를 발명한 인물이라고 간주하고 있다. 정말이지 라이스는 음악을 전송할 수 있고, 또 음성을 거의 제대로 전달할 수 있는 한 장치를 1861년에 만들었다. 그러나 그 뒤 그는 포기했고 매우 낙담했다. 사회적으로 전화에 대해 수용도가 없었고, 흥미를 갖는 사람도 없었으며, 그것을 구입하려는 사람은 더더욱 없었다. 일반적인 태도는 "전보만 있으면 우리는 충분해"라는 것이었다. 하지만 15년 후 벨이 자신의 전화에 대해 특허를 내자 즉각적으로 열광적인 호응이 일어났다. 그리고 독일보다도 더 적극적으로 호응한 곳도 없었다.

전화에 대한 수용도가 그 15년 사이에 그토록 변한 이유가 무엇인지를 설명하는 것은 그다지 어려운 일이 아니다. 중요한 두 전쟁, 즉 미국의 남북전쟁과 보불전쟁을 치르는 와중에 전보는 결코 '충분히 좋은 것'이 아니라는 사실이 밝혀졌던 것이다. 그러나 여기서 진정한 핵심은 왜 수용도가 변했는가 하는 것이 아니다. 중요한 점은 1861년 당시 라이스가 자신의 장치를 어느 과학자 모임에서 소개했을 때 모든 권위자들이 흥분해서 압도적으로 수용도가 높을 것으로 예측했다는 점이다. 그러나 모든 권위자들은 틀렸던 것이다.

물론 권위자들 역시 옳을 수도 있으며, 종종 옳게 예측한다. 예를 들면, 1876~77년 당시 그들 모두는 전구와 전화 둘 다에 대해 수용도가 높을 것으로 예측했다. 그리고 그들은 옳았다. 마찬가지로 1880년대 에디슨이 축음기 발명에 착수했을 때 그는 동시대 전문가들로부터 지지를 받았는데, 전문가들이 그 새로운 기기에 대해 일반의 수용도가 높을 것으로 가정한 것은 또다시 옳았던 것이다.

그러나 지식에 기초한 이런저런 혁신에 대한 일반의 수용도가 어떨지 전문가들이 평가한 것이 옳은지, 그른지는 오직 결과가 나와봐야만 알 수 있는 것이다.

지식에 기초한 어떤 특정한 혁신이 왜 수용도가 높은지 또는 수용되지 못하고 실패하는지 그 이유에 대해, 심지어 사실이 모두 밝혀진 뒤에라도, 우리는 꼭 알아두어야 할 필요는 없다. 예를 들면 표음문자 철자법(phonetic spelling)이 왜 그토록 끈질기게 거부당하는지 아무도 설명할 수 없다. 비표음문자 철자법(nonphonetic spelling)이 읽기와 쓰기를 배우는 데 중요한 장애라는 것, 읽는 기술을 익히기 위해 학교가 터무니 없이 많은 시간을 들이게 한다는 것, 그리고 그것이 많은 학생들이 독서 장애와 정서 장애를 앓게 되는 원인이라는 사실에 대해서는 모두가 동의한다. 음성학 지식은 적어도 1세기 전부터 존재했다. 표음문자 철자법을 도입하는 데 필요한, 즉 소리가 나는 대로 받아 적는 수단은 그런 문제가 가장 심각한 두 언어 지역인 영국과 일본에 이미 존재한다. 영어를 표기하기 위한 표음 자모들이 많이 있고, 그보다 훨씬 더 오래 된 것으로서, 48개의 자모로 구성된 일본어의 가나 글자체가 있다. 두 나라 모두 바로 이웃에 표음문자 글자체로 성공적으로 이동한 사례가 있다. 영국의 경우, 19세기 중반 독일이 성공적으로 추진한 철자법 개혁의 모델이 있다. 일본의 경우, 마찬가지로 성공적인, 그리고 훨씬 오래 전에 있었던 일로서 한글 자모의 철자법 개혁이 있다. 그런데도 두 나라 모두 절실히 필요하고, 뛰어나게 합리적이고, 앞선 사례를 통해 안전하다고 증명이 되었고, 꽤나 쉽고 효과도 큰 표음문자 혁신에 대해 수용도가 조금도 없다. 그 이유가 무엇인가? 그것에 대한 설명은 매우 많지만, 진정으로는 아무도 모른다.

위험 요소를 제거하는 방법도, 축소하는 방법도 없다. 시장조사는 효과가 없다. 존재하지 않는 어떤 것에 대해서는 아예 시장조사를 할 수도 없다. 의견조사는 어쩌면 소용이 없는 것으로 그치고 마는 것이 아니라 피해를 끼칠 가능성이 크다. 적어도 이것은, 지식에 기초한 혁신에 대한 수용도 여부에 대해 과거 '전문가 의견'이 어땠는지를 살펴보면 알 수 있다.

하지만 달리 선택의 여지가 없다. 만약 지식에 기초한 혁신을 추진하려면, 우리는 그것에 대한 수용도에 관해서는 도박을 할 수밖에 없다.

위험들 가운데는, 새로운 과학과 기술상의 지식에 기초한 혁신들이 당면하는 위험이 그 정도가 가장 높다. 물론, 그런 위험들은 요즈음 시장을 '뜨겁게' 달구는 분야들, 예컨대 개인용 컴퓨터, 그리고 더욱 최근에는 바이오 기술 분야의 혁신에서 특히 높다. 그와는 대조적으로 대중의 눈에 잘 띄지 않는 분야들은 위험이 훨씬 더 낮은데, 그것은 그런 분야는 시간이 더 많다는 이유 하나만으로도 그렇다. 그리고 지식의 기반이 과학 또는 기술이 아닌 혁신의 경우, 예컨대 사회 혁신의 경우, 위험은 여전히 더 낮다. 어쨌든 지식에 기초한 혁신에는 고위험이 내재되어 있다. 지식에 기초한 혁신의 내재적 위험이 높은 이유는, 지식에 기초한 혁신이 갖는 영향력이 크기 때문에 그것에 대해 우리가 대가를 치르는 것이고, 그것은 무엇보다도 변화를 유도하는 능력에 대한 대가인 것이다. 그 변화란 제품과 서비스의 변화뿐 아니라 우리가 세상을 보는 관점, 우리가 살고 있는 지역을 보는 눈, 그리고 궁극적으로 우리 자신을 보는 관점을 포함한다.

하지만 심지어 첨단기술 혁신의 위험마저도 상당히 줄일 수 있는데, 그것은 혁신의 원천으로서 새로운 지식을 앞서 설명한 다른 여러 혁신의 원천들 가운데 하나와, 예컨대 예상치 못한 것, 불일치, 그리고 특히 프로세스상의 필요성과 통합함으로써 상당히 줄일 수 있다. 그런 분야에서는 수용도는 이미 확보되어 있거나 비교적 쉽게, 그리고 상당히 신뢰성 높게 검증할 수 있다. 그리고 그런 분야에서는 또한, 하나의 혁신을 완성하기 위해서는 필수적으로 개발되어야 할 지식 또는 지식들은 일반적으로 매우 정확히 규정될 수 있다. 이것이 바로 '프로그램 연구(program research)'가 그토록 인기를 누리고 있는 이유다. 그러나 심지어 프로그램 연구도 높은 수준의 시스템과 자기관리를 필요로 하고, 조직이 정비되어 있어야 하며, 목적지향적으로 추진해야 한다.

따라서 지식에 기초한 혁신을 추진하는 혁신가들에 대한 요구사항들은 매우 많다. 그런 요구사항들은 다른 분야의 혁신들에 대한 것들과는 본질적으로 다르다. 그들이 당면하는 위험들 또한 다르다. 예컨대, 시간은 지식에 기초한 혁신을 추구하는 혁신가들의 편이 아니다. 하지만 위험이 더 크다면, 잠재적인 보상 또한 더 크다. 다른 분야의 혁신가들도 결실을 거두게 될지 모른다. 그러나 지식에 기초한 혁신을 추구하는 혁신가는 결실뿐 아니라 명성도 함께 획득하리라고 기대할 수 있다.

10 | 멋진 아이디어

멋진 아이디어(bright idea)에 기초한 경영혁신들은 아마도 다른 모든 유형의 경영혁신들을 합한 것보다도 더 많을 것이다. 예컨대 10개의 특허 가운데 7~8개가 여기에 해당될 것이다. 기업가와 기업가정신에 관한 책들에 서술된 새로운 기업들 가운데 많은 것들이 '멋진 아이디어'에 기초해 설립되었다. 지퍼, 볼펜, 에어로졸 스프레이, 소프트 드링크와 맥주 캔을 따는 뚜껑 등 예를 들자면 많다. 그리고 많은 기업에서 연구로 지칭되는 것들은, 그것이 아침 식사용 콘 프레이크나 소프트 드링크에 첨가하는 새로운 향이든, 좀더 나은 런닝 슈즈를 개발하는 것이든, 또는 옷을 태우지 않는 또 하나의 전기다리미 등에 대한 연구이든 간에, 사실은 멋진 아이디어를 찾고 또 이용하려는 것이다.

그러나 멋진 아이디어는 가장 위험성이 높고 또 가장 성공 가능성이 낮은 혁신 기회의 원천이다. 큰 재난으로 끝날 확률이 매우 높다. 이런 종류의 혁신을 통해 획득한 특허 100건 가운데 개발비용과 특허 관련 비용을 보상하기에 충분할 정도로 수익을 내는 것은 한 건을 넘지 않는다. 실제로는 이보다 훨씬 더 적은 몫으로, 어쩌면 500건 대 1건가량의 낮은 비율로 지출된 비용 이상으로 조금이라도 돈을 번다.

그리고 한 멋진 아이디어에 기초한 여러 혁신 아이디어들 가운데 어느 것이 성공할 기회를 가질지, 그리고 어느 것들은 실패할 가능성이 큰지를 아무도 모른다. 예컨대 에어로졸 캔은 어떻게 성공했는가? 에어로졸과 같이 입자 성분을 일정하게 분사하는 12개 또는 그 이상의 발명품들이 비참하게 실패한 이유는 무엇인가? 왜 어떤 만능 렌치는 지금도 팔리는 대신에 다른 모든 것들은 사라졌는가? 지퍼는 비록 뒤엉키기는 일이 잦은데도 수용되고 또 실질적으로 단추를 대체한 이유가 무엇인가?(어쨌거나 드레스나 재킷, 또는 바짓가랑이를 꽉 문 지퍼는 매우 거추장스럽다).

멋진 아이디어에 기초한 경영혁신의 성공 가능성을 개선하려는 시도는 지금까지는 별로 성공하지 못했다.

마찬가지로, 성공적인 혁신가를 만드는 개인적 특성, 행동, 또는 습관을 파악하려는 시도도 지금까지는 성공하지 못했다. 옛날 속담에 따르면, "성공적인 발명가는 발명을 계속한다. 그들은 내기를 하는 것이다. 만약 그들이 충분히 많은 발명을 하게 되면, 결국 그들은 몇 개는 성공할 것이다."

"오직 멋진 아이디어를 창출하기 위해 계속 노력하다 보면 당신은 성공할 것이다"라는 이런 믿음은, 그러나 라스베거스에서 오직 슬롯머신의 손잡이만 계속 당기기만 하면 잭팟을 터뜨릴 것이라는 인기 있는 그릇된 생각만큼이나 비합리적이다. 오호라, 슬롯머신은 도박장이 70%를 따도록 이미 조작되어 있다. 손잡이를 자주 당기면 당길수록 손님은 더욱더 자주 잃게 마련이다.

슬롯머신을 이길 어떤 '시스템'이 있다는 증거가 없듯이, '멋진 아이디어'를 끈질기게 추구하다 보면 결국 보상을 받는다는 믿음에 대한 경험적 증거는 사실상 없다. 몇몇 성공적인 발명가는 오직 단 하나의 멋진 아이디어만을 성공했고 그 뒤로는 발명계에서 물러났다. 예컨대 지퍼의 발명자와 볼펜의 발명자가 그랬다. 그리고 세상에는 자신들의 이름으로 40개나 되는 특허가 있지만 그 가운데 하나도 사업적으로는 성공하지 못한 수백 명의 발명가들이 있다. 물론 혁신가는 실천을 통해 자신의 아이디어를 개선한다. 그러나 오직 그들이 올바른 방법으로 실천할 때, 즉 혁신 기회의 원천들을 체계적으로 분석한 후 그들의 활동을 추진할 때 그것은 가능하다.

예측 불가능성과 높은 실패율 둘 다에 대한 이유는 꽤나 분명하다. 멋진 아이디어는 모호하고 파악하기가 쉽지 않다. 지퍼를 발명한 사람을 제외하고 그 누군가가 단추와 훅과 단추 구멍 등이 옷을 조이는 데 적합하지 않다는 것을 단 한 번이라도 생각이라도 해보았을지, 또는 볼펜을 발명한 사람을 제외하고는 19세기의 발명품인 만년필에 대해 뭔가 불만스런 것이 있다는 생각을 했을지 나는 의심스러울 뿐이다. 1960년대 시장에서 성공한 것들 가운데 하나인 전기 칫솔에 의해 충족된 소비자의 욕구는 무엇이었는가? 어쨌거나 칫솔은 여전히 사람들의 손에 들려져 있는데 말이다.

그리고 심지어 그 욕구가 파악될 수 있다 해도 그 해법은 일반적으로 구체화될 수가 없다. 교통 체증이 심할 때 자동차 속에 갇힌 사람들이 어떤 변화를 원한다는 것을 알아차리는 것은 아마도 그다지 힘든 일이 아니었다. 그런데 소니(Sony)가 1965년경 개발한 소형 TV는 시장에서 그런 욕구를 충족시키는 데 실패했고, 그 반면 그보다 훨씬 더 값비싼 카스테레오는 성공했는가? 돌이켜보면 이에 대해 대답하는 것은 쉽다. 그러나 그 대답을 미리 하는 것이 가능할까?

그러므로 아무리 성공 스토리가 매력적이라 해도, 멋진 아이디어에 기초한 혁신을 잊어버리라는 충고를 받아들이는 것이 옳다. 결국 라스베거스의 슬롯머신에서는 누군가가 매주 잭팟을 터뜨리겠지만, 어느 고객이 할 수 있는 최선의 것은 자신의 주머니 사정 이상으로는 잃지 않으려고 노력하는 것뿐이다. 체계적·목적지향적 기업가들은 체계적 영역들, 즉 내가 제3장~제9장까지 논의한 7가지 원천들을 분석한다.

그런 영역들에는 어느 한 개인 기업가도, 그리고 어느 한 기업가적 기업이나 공공서비스 기관도 바쁘게 할 정도로 연구할 것들이 충분히 있다. 사실 거기에는 어떤 사람이 충분히 활용할 수 있는 것보다도 훨씬 더 많은 것들이 있다. 그리고 그런 영역에서 우리는 어떻게 탐색하는지, 무엇을 탐색해야 하는지, 그리고 무엇을 해야 하는지를 안다.

멋진 아이디어를 바탕으로 혁신을 추진하는 혁신가에게 우리가 오직 해줄 수 있는 것은, 모든 위험에도 불구하고, 그 혁신가가 성공하려면 해야 할 일이 무엇인지를 말해 주는 것뿐이다. 거기에는 새로운 벤처기업을 위한 규칙들이 적용된다(제15장 참조). 그리고 물론 이것은, 기업가정신에 관한 많은 문헌들이 경영혁신 그 자체보다는 새로운 벤처기업을 시작하고 또 운영하는 일을 더 많이 취급하는지를 설명하는 이유이기도 하다.

하지만 기업가적 경제는 멋진 아이디어에 기초한 혁신을 단호히 무시해서도 안 된다. 이런 종류의 개인적인 혁신은 예측할 수 없으며, 조직적으로 추진할 수 없으며, 체계화할 수도 없으며, 실패할 확률이 압도적으로 높다. 또한 많은, 매우 많은 것들이 처음에는 사소한 것들이다. 다른 어떤 것들보다도 새로운 깡통따개, 새로운 가발걸이, 그리고 새로운 혁대와 같은 것에 대한 특허 신청은 언제나 넘치는 법이다. 그리고 어떤 새로운 특허 리스트를 보더라도 행주만으로 두 배나 잘 할 수 있는데도 적어도 족온기(足溫器) 한 개쯤은 항상 있게 마련이다. 하지만 그런 멋진 아이디어에 기초한 혁신의 수는 너무도 많기 때문에 조금만 성공해도 새로운 사업, 새로운 일자리, 경제에 새로운 성장능력을 안겨주는 실질적인 원천이 된다.

경영혁신과 기업가정신의 이론과 실천에 있어서, 멋진 아이디어에 기초한 혁신은 부록에 속하는 것이다. 그러나 그것은 마땅히 평가를 받아야 하며, 또한 보상을 받아야만 한다. 그것은 사회가 필요로 하는 우수성, 즉 진취적 기상, 야심, 그리고 창의력을 대변한다. 아마도 그런 혁신을 추진하는 데 사회가 협조할 수 있는 일은 거의 없다. 이해하지 못하는 것을 촉진할 수는 없는 법이다. 그러나 적어도 사회는 그런 혁신을 실망시키거나, 징벌하거나, 또는 어렵게 만들어서는 안 된다. 이런 관점에서 보면, 최근 선진국의 추세, 특히 미국에서의 추세, 즉 멋진 아이디어에 기초한 경영혁신을 수행하려는 개인들을 (예컨대 특허수수료의 인상 등으로) 실망시키는 것은, 그리고 특허를 '비경쟁적인 것'으로 억제하는 것은 근시안적이고 또 그들의 심신마저 해롭게 한다.

1

경험이 많은 의사들은 모두 '기적적인 치유'를 경험하게 된다. 불치의 병으로 고생하던 환자가 갑자기 회복하는 일이 실제로 있다. 때로는 그냥 자연적으로, 종종 영적 지도자를 만나서, 어떤 때는 이상한 식이요법으로 식사습관을 바꿈으로써, 또는 낮에는 잠을 자고 밤에는 내내 일어나 있는 방법으로 병이 고쳐지는 예가 있다. 오직 고지식한 의사들만 이런 기적적인 치유를 인정하지 않고 '비과학적'이라고 무시해 버린다. 기적적인 치유는 현실적으로 일어나고 있다. 그러나 어떤 의사도 이와 같은 기적적인 치유법을 의학 교과서에 싣거나 의과대 학생들에게 가르칠 과목에 넣지 않는다. 기적적인 치유법은 되풀이될 수도 없고, 가르칠 수도 없고, 배울 수도 없다. 또한 기적적인 치유는 매우 드물게 일어난다. 불치병의 경우, 절대 다수는 결국 죽고 만다.

마찬가지로, 경영혁신의 경우도 앞의 장에서 설명하지 않은 혁신의 원천들로부터 달성된 것이 있으며, 조직적이지도 않고, 목적의식도 없이, 비체계적인 방법으로 달성된 혁신도 있다. '뮤즈 여신이 키스를 해준 덕분'에 혁신을 이룩한 사람도 있는데, 이들의 혁신은 고되고, 조직적이고, 목적지향적 작업으로부터가 아닌 '천재적 영감'의 결과다. 그러나 그런 혁신은 되풀이될 수 없다. 그것들은 가르칠 수도 없고, 배울 수도 없다. 어떻게 하면 천재가 되는지 가르칠 재간이 아직은 세상에 없다. 그러나 또한, 발명과 혁신에 관한 과장된 이야기를 많은 사람들이 믿고 있는 것과는 달리, '천재적 영감'의 결과는 극히 드물다. 한층 더 실망스런 사실은, '천재적 영감'이 혁신으로 이어진 예를 나는 하나도 알지 못하고 있다. 처음에 떠들썩하던 그것들 모두가 화려한 아이디어로서만 끝이 났다.

역사상 가장 뛰어난 발명의 천재는 분명 레오나르도 다 빈치(Leonardo da Vinci, 1452-1519)였다. 그가 남긴 노트에는 매 쪽마다 잠수함이나 헬리콥터 또는 자동으로 움직이는 대장간 등 뛰어난 아이디어가 많다. 그러나 그런 것들 가운데 어느 것 하나도 1500년경의 기술과 금속 소재로는 혁신으로 전환될 수가 없었다. 정말이지 그 어느 것도 그 당시 사회와 경제에 수용되지 않았다.

모든 학생들은 제임스 와트(James Watt, 1736-1819)를 증기엔진의 발명자로 알고 있지만, 사실은 그가 발명한 것이 아니다. 기술사학자들은 1712년 토머스 뉴코멘(Thomas Newcomen, 1663-1729)이 실질적으로 잘 가동되는 최초의 증기엔진을 만들었고, 그것은 영국의 석탄 탄광에서 물을 뽑아내었다는 사실을 알고 있다. 뉴코멘과 와트 둘 다 조직적·체계적, 의도적인 혁신가들이었다. 특히 와트의 증기엔진은 바로 혁신의 전형이었다. 그것은 새로 알게 된 지식(실린더 내부를 부드럽게 하는 방법)과 '잃어버린 연결고리(콘덴서)'의 디자인이 프로세스상 필요에 기초한 혁신으로 연결되었고, 뉴코멘이 자신의 발명품이 사회에서 사용되어야 한다는 바로 그 목적으로(그 당시 수천 개가 사용되고 있었다) 발명한 것과 같이 와트의 것도 사회적으로 수용되었다는 말이다. 하지만 내연기관, 즉 우리가 현대 기술의 시초라고 말하는 것의 진정한 '발명자'는 와트도 뉴코멘도 아니었다. 그것은 위대한 영국계 아일랜드 화학자 로버트 보일(Robert Boyle, 1627-91)로서 그는 진정 '천재적 영감'으로 그것을 만들었다. 다만 보일의 엔진은 작동되지 않았고 또한 가동할 수도 없었다. 왜냐하면 보일은 피스톤을 가동하기 위해 화약을 폭발시켰는데, 이것이 실린더를 오염시켰고, 따라서 매번 폭발을 시킨 뒤에는 실린더를 분해해 청소를 하지 않을 수 없었기 때문이다. 보일의 아이디어는 처음에는 (보일이 화약 엔진을 만들 때 조수였던) 드니 파팽(Denis Papin)에게, 그 다음에는 뉴코멘에게, 그리고 마지막에는 와트에게로 이어져 실질적인 내연기관이 발명되었다. 천재 보일만이 전적으로 찬란한 아이디어를 창안한 것이다. 그러나 그것은 아이디어의 역사에 속하는 것이지, 기술의 역사 또는 혁신의 역사에서 취급할 것이 못 된다.

분석, 시스템, 그리고 고된 노력에 기초를 둔 목적지향적 혁신만이 혁신의 실천으로서 논의 · 제시될 수 있는 대상이다. 그러나 이런 혁신만으로도 모든 효과적인 혁신 가운데 적어도 90%는 확실히 설명할 수 있기 때문에 이런 것만을 논의해도 충분하다. 그리고 다른 분야도 그렇지만, 혁신에서 뛰어난 성공을 거둔 사람은 오직 원칙에 바탕을 두고 또 그것을 터득했을 때에만 목적을 달성할 수 있을 것이다.

그렇다면 혁신의 원칙은 무엇이고, 원칙의 진정한 핵심은 무엇인가? 혁신을 실천하는 데는 '꼭 해야 할 일(do's)'이 많이 있다. 또한 '하지 말아야 할 일(dont's)'도 몇 개 있다. 차라리 하지 않았다면 더 나았을 것들 말이다. 그 다음에는 내가 '조건들(conditions)'이라고 부르는 그런 것들도 있다.

2

꼭 해야 할 일

1. 목적지향적 · 체계적 혁신은 기회 분석으로부터 시작한다. 그것은 내가 혁신 기회의 원천들이라고 명명한 것을 철저히 검토하는 데서부터 시작한다. 혁신의 분야가 다르면, 달리 말해 상황에 따라 각각의 원천은 그 중요성도 달라질 것이다.

예를 들면 인구통계는 기본적으로 공업 프로세스를 혁신하려는 사람에게는, 그리고 제지공업과 같이 경제적 현실들과는 분명 불일치가 있는 프로세스에서 '잃어버린 연결고리'를 찾으려는 사람에게는 거의 관심 밖의 일일지도 모른다. 마찬가지로 인구변화가 초래한 필요 사항을 충족시키기 위해 새로운 사회적 도구를 모색하려는 사람에게 새로운 지식은 별 도움이 되지 않을 것이다. 그러나 앞에서 열거한 모든 혁신 기회는 체계적으로 분석되고, 체계적으로 연구되지 않으면 안 된다. 주의를 기울이는 정도로서는 충분하지 못하다. 연구조사 활동이 조직되어야 하고, 그것을 규칙적이고도 체계적으로 수행해야 한다.

2. 혁신은 개념 활동이자 인식 활동이다. 그러므로 혁신 활동에서 꼭 해야 할 일로서 두번째의 것은 밖으로 나가서 보고, 질문하고, 경청하는 일이다. 이 점은 아무리 강조해도 지나치지 않다. 성공적인 혁신가는 자신의 왼쪽 두뇌와 오른쪽 두뇌 둘 다 사용한다. 그들은 숫자도 살펴보고, 사람도 관찰한다. 그들은 기회를 잡기 위해서는 어떤 혁신을 해야 하는가에 대해 분석적으로 접근한다. 그 다음에는 바깥으로 나가서 고객, 즉 이용자를 관찰하고는 그들이 무엇을 기대하고 있는가, 무엇에 가치를 두는가, 무엇을 필요를 하는가를 찾아낸다.

연구조사를 하다 보면 고객의 가치를 파악할 수 있을 뿐 아니라 혁신에 대한 사회의 수용도도 감지할 수 있다. 이런저런 접근방법 가운데는 그것을 사용할 사람들의 기대 또는 습관에 들어맞지 않는 것이 있음도 감지할 수 있다. 그러고는 다음과 같이 질문할 수 있다. "혁신의 결과물을 사용하지 않으면 안 되는 사람들이 앞으로 그것을 사용하길 '원하도록' 하려면, 그리고 그것을 '자신들'의 기회로 인식하도록 하려면, 지금 수행하는 이 혁신은 무엇을 반영해야만 하는가?" 그렇지 않으면 옳은 혁신이 잘못된 형태로 귀결될 위험을 초래한다. 이런 일이 실제로 발생했다. 미국의 학교에 컴퓨터 학습 프로그램을 공급하는 한 주요 업체가 있었는데, 컴퓨터를 두려워한 교사들이 컴퓨터를 도움이 되는 기계가 아니라 자신들을 위협하는 것으로 인식하고는 동사의 우수한 효과적인 프로그램을 제대로 사용하지 않았다.

3. 혁신이 목표를 달성하기 위해서는 간단해야 되고 또 초점이 맞추어져

있어야 한다. 그것은 오직 한 가지에만 초점을 맞추어야지, 그렇지 않으면 혼란이 생긴다. 만약 그것이 간단하지 않으면, 성공하지 못할 것이다. 새로운 모든 것은 언제나 어려움을 겪게 마련이다. 만약, 그것이 복잡한 것이라면 그것을 개선하거나 수정할 수가 없다. 성공한 모든 혁신은 숨막힐 정도로 간단하다. 정말이지, 어떤 혁신이 받을 수 있는 최대의 찬사는 사람들로부터 다음과 같은 말을 듣는 것이다. "이것은 틀림없어. 왜 이런 생각을 진작 못했지?"

심지어 새로운 고객과 새로운 시장을 창출하는 혁신마저도 구체적이고, 분명하고, 주의 깊게 구상된 용도에 그 초점을 맞추어야 한다. 혁신은 그것이 만족시켜야 할 구체적 수요, 그리고 그것이 산출해야 할 구체적 최종 결과에 대해 초점을 맞추지 않으면 안 된다.

4. 효과적인 혁신은 작게 시작한다. 거창하지 않다는 말이다. 혁신은 어떤 구체적인 것을 시도한다. 그것은, 움직이는 운반도구가 궤도를 따라 달리는 도중에 전력을 끌어다 쓰도록 하는 시도일 수도 있다. 도시 전차를 가능케 한 혁신처럼 말이다. 또는 성냥갑에다 똑같은 수의 성냥개비(대개 50개)를 집어넣는 것과 같은 초보적인 것일 수도 있다. 이처럼 간단한 생각이 성냥갑을 자동으로 채우는 방법을 개발하도록 했고, 그 결과 스웨덴 사람들은 반 세기 동안 성냥에 대해 세계적인 독점권을 누리게 되었다. 이와는 대조적으로 '어떤 산업에 혁명을 일으키자' 라는 식의 거창한 아이디어는 성과를 낼 것 같지가 않다.

혁신은 처음엔 돈이 적게 들고, 사람도 많이 필요치 않고, 오직 작고도 한정된 시장만 있으면 되는 소규모로도 출발할 수 있는 것이 유리하다. 그렇지 않으면, 혁신이 성공하는 과정에 거의 언제나 부딪히게 되는 조정, 그리고 수정을 해야 할 충분한 시간적 여유를 갖지 못하게 된다. 혁신을 처음 추진할 무렵에는 "거의 다 됐다"라는 말 이상을 듣는 경우가 드물다. 따라서 수정할 필요가 있을 때는 오직 규모가 작고, 사람과 돈의 요구가 비교적 적을 때에만 가능할 것이다.

5. 그러나 (그리고 이것은 꼭 해야 할 일의 마지막 부분인데) 혁신에 성공하려면

그 목표를 주도권을 잡는 데 두어야 한다. 그것은 궁극적으로 '거대한 기업'이 되는 것이라는 식으로 설정할 필요는 없다. 사실상, 어떤 혁신이 궁극적으로 큰 기업으로 성공하게 될지 또는 사소한 성과를 올린 채 끝나고 말지는 아무도 모른다. 그러나 혁신이 처음부터 주도권을 목표로 하지 않으면, 그것은 충분히 효과를 발휘할 혁신으로 이어질 가능성이 낮고, 그 결과 혁신이라고 할 만한 자리매김도 하지 못할 것이다. 전략들은 매우 다양하다(제16장~제19장에 걸쳐 논의된다). 산업 또는 시장에서 지배적 위치를 차지하는 것을 목표로 하는 것에서부터, 소규모의 '생태적 틈새시장'을 찾고 또 차지하는 것에 이르기까지 다양하다. 그러나 모든 기업가적 전략은, 다시 말해 혁신을 활용하기 위한 전략은 주어진 환경 하에서 주도권을 잡아야만 한다. 그렇지 않으면 그것은 오직 경쟁자를 끌어들이는 기회만을 제공하고 끝나고 말 것이다.

3

하지 말아야 할 일

지금부터는 '하지 말아야 할 일' 몇 가지를 검토하자.

1. 첫째는 무조건 독창적인 것을 하려고 노력해서는 안 된다. 혁신은 평범한 인간이 추진할 수 있어야만 한다. 그리고 어느 정도 혁신의 규모가 커지고 조금이라도 중요하게 되면, 우둔한 사람 또는 우둔한 사람에 가까운 사람들이 집행할 것이기 때문이다. 어쨌거나 세상에 넘치게 많고 또 공급이 늘 끊이지 않는 것으로 유일한 것은 무능한 사람들뿐인 걸 어쩌겠나. 뭐라도 너무 똑똑한 사람이 필요한 것은, 그것이 디자인이든 봉제가공이든 간에, 거의 실패하게 되어 있다.

2. 다각화하지 말고, 분산시키지도 말고, 한꺼번에 너무 많은 것을 하려고 시도하지 말라. 물론, 이것은 '꼭 해야 할 일', 즉 '초점을 맞추어라!'라는 것으로부터 도출되는 필연적 결과다. 사업 활동의 핵심(core)으로부터 벗

어난 혁신은 산만해지기 쉽다. 그것들은 아이디어에 머무를 뿐 혁신으로 연결되지 않는다. 핵심은 반드시 기술이나 지식이어야 할 필요는 없다. 실제로, 시장에 관한 지식은 어떤 조직에 대해서라도, 그것이 기업이든 공공기관이든 간에, 지식이나 기술보다는 더 나은 통합의 핵심(core of unity)을 제공한다. 그러나 혁신 노력을 통합시키는 핵심이 있어야, 그렇지 않으면 혁신 노력들은 산만해지기 쉽다. 혁신은 그것을 성공시키는 데 필요한 통합적 노력이라는 집중된 에너지를 투입할 필요가 있다. 혁신은 또한, 혁신이 효과를 발휘하도록 하는 사람들 모두가 상호 이해할 것을 요구한다. 그뿐 아니라 혁신은 통일성과 공통의 핵심(common core)을 요구한다. 혁신은, 말할 것도 없이 다각화와 분산으로 인해 위기에 빠지게 된다.

3. 마지막으로, 미래를 위해 혁신을 하려고 노력하지 말라. 현재를 위해 혁신하라! 혁신의 영향은 오랜 기간에 걸쳐 나타날 수도 있다. 20년이 지나서도 완전한 성숙기에까지 이르지 않을 수도 있다. 컴퓨터는, 우리가 이미 본 것처럼, 최초의 작동 가능한 모델이 소개된 지 25년이 지난 후인 1970년대 초까지도 기업이 일을 처리하는 방법에 실질적으로 어느 정도나마 영향을 끼치기 시작하지도 않았다. 그러나 처음부터 컴퓨터는 과학 계산, 급료계산, 비행사의 항공기 조종 연습을 위한 시뮬레이션 등 어느 정도 구체적인 업무에 적용되었다. "앞으로 25년 뒤에는 이것을 필요로 하는 노인들이 엄청나게 많을 거야"라고 말할 수 있는 것만으로는 충분하지 않다. 다음과 같은 말을 할 수가 있어야만 한다. "이것을 사용해 보고는 뭔가 확실히 다르다고 차이를 느낄 노인들이 오늘날 우리 주변에 충분히 있다. 물론 시간은 우리 편이다. 앞으로 25년 동안 수요자는 더 늘어날 것이다." 그러나 지금 당장 응용되지 못하면, 그 혁신은 다 빈치의 노트에 그려져 있는 설계도면과 같다. 하나의 '멋진 아이디어'로서 말이다. 세상 사람들 가운데 다빈치에 필적할 천재는 없으며, 우리의 아이디어를 담고 있는 노트만이라도 영원한 생명을 갖게 될 것이라는 기대 또한 할 수 없다.

이 세번째 경고를 충분히 이해한 최초의 혁신가는 아마도 에디슨이었을 것이다. 그 당시 다른 모든 전기 발명가들은 1860년 또는 1865년경 연구를 시작했고 마침내 전구를 발명하게 되었다. 에디슨은 전기에 관한 지식이 보편화될 때까지 10년을 기다렸다. 에디슨이 연구를 시작하기 전까지는 전구에 관한 연구는 '미래'를 위한 것이었다. 그러나 전구에 관한 지식이 일반화되자, 다른 말로 하면, 전구가 '현재'의 것으로 등장하자마자 에디슨은 자신의 엄청난 정력과 유능한 인재들을 총동원했고, 2년 동안 단 하나의 혁신 기회에 집중했다.

혁신 기회를 포착하는 데는 종종 장기간의 잠재기간이 필요하다. 의약품의 연구개발에 있어 10년 간의 작업은 전혀 드문 일이 아닐뿐더러 그렇게 긴 기간도 아니다. 그럼에도 불구하고 만약 개발에 성공하면, 기존의 질병에 대한 치료약으로서 즉각 판매할 수 있는 것이 아닌 어떤 것의 개발 프로젝트를 시작할 엄두를 낼 만한 제약회사는 없을 것이다.

성공적 혁신을 위한 세 가지 조건

마지막으로, 혁신을 성공적으로 추진하는 데는 세 가지 조건이 있다. 이들은 분명한 것인데도 흔히 무시당하고 있다.

1. 혁신은 작업이다. 혁신은 지식을 필요로 한다. 때로는 위대한 발명의 재간을 요구하기도 한다. 세상에는 보통사람들보다는 타고난 재능이 뛰어난 혁신가도 분명히 있다. 또한, 혁신가들은 한 분야가 아니라 여러 분야에 집중하는 일이 거의 없다.

에디슨은 그의 엄청난 혁신 능력에도 불구하고, 오직 전기분야에서만 활동했다. 그리고 금융분야의 혁신 기업, 예를 들면 시티뱅크가 소매업 또는 건강분야의 혁신에 관심을 기울인다는 것은 있을 법한 일이 아니다. 인간이 하는 다른 분야의 노력에서와 마찬가지로 혁신을 하는 데는 자질이 있어야 하고, 발명의 재간이 있어야 하고, 지식이 있어야 한다. 그러나 궁극적으로 혁신 아이디어가 제안되고 완성되려면, 혁신은 열성적인, 초점을 맞춘, 의도적인 작업이 되어야만 한다. 그런 작업은 근면성, 집념, 책임감을 요구한다. 만약 그런 것들이 모자란다면 자질, 발명의 재간, 지식은 아무 소용이 없다.

2. 혁신에 성공하려면, 혁신가는 자신의 강점을 바탕으로 하지 않으면 안 된다. 성공적인 혁신가는 넓은 시야를 갖고 혁신의 기회를 탐색하지 않으면 안 된다. 그런 다음에는 다음과 같이 자문해 보아야 한다. "이런 기회들 가운데 '나'에게, '회사'에게 적합한 것이 어떤 것인가? 우리가 (또는 내가) 소질이 있고 또 그 동안 실적 면에서 능력이 검증된 분야를 활용할 수 있도록 해줄 것은 어떤 것인가?" 물론 이 점에 있어서는 혁신도 여느 작업과 다를 바가 없다. 그러나 특히 혁신에서 강점을 바탕으로 추진해야 하는 것이 더욱 중요한 이유는, 혁신에는 늘 위험이 따르고 또한 성공하면 지식 면에서나 수행능력 면에서 매우 큰 보상이 따르기 때문이다. 그리고 다른 벤처 비즈니스와 마찬가지로, 혁신에 있어서도 기질적으로 자신의 '적성'에 맞아야 한다. 사업가들이 진심으로 좋아할 만한 일이 아니면 그 사업은 잘 되지 않는 법이다. 제약회사 가운데, 스스로를 '진지한' 인물로 생각하는 과학적인 의식구조를 가진 사람들이 운영하는 회사라면, 입술연지 또는 향수와 같은 '하찮은' 사업을 잘 해왔던 회사는 없다. 마찬가지로, 혁신가도 혁신의 기회와 기질적으로 조화를 이루어야 한다. 혁신 기회는 자신이 보기에 중요성이 있어야 하고 의미를 부여할 수 있는 것이어야 한다. 그렇지 않으면 혁신을 성공시키는 데 언제나 필요한 작업, 즉 고된 노력을 꾸준히 해도 종종 좌절감을 맛보게 되는 그 작업을 그들은 추진할 엄두를 내지 않을 것이다.

3. 마지막으로, 혁신은 경제와 사회에 영향을 주며, 고객·교사·농부·안과의사 등 다시 말해 모든 사람들의 행동에 변화를 준다. 혁신은 또한 여러 가지 프로세스를 변화시킨다. 사람의 일하는 방법, 그리고 생산방법에 변화를 준다는 말이다. 그러므로 혁신은 늘상 시장 가까이에서 추진해야 하고, 시장에 초점을 맞추어야 하고, 정말이지 시장지향적이어야 한다.

보수적인 혁신가

1년 또는 2년 전인가 나는 어느 대학이 주최하는 기업가정신에 관한 심포지

엄에 참가했는데, 그 곳에서는 주로 심리학자들이 많은 발언을 했다. 비록 그들이 발표한 논문들은 거의 모든 주제에 대해 견해가 달랐지만, 유독 '기업가적 성격(entrepreneurial personality)' 이란 무엇인가에 대해서만은, 그것은 '위험추구 성향'으로 그 성격을 규정지을 수 있다는 데에는 모두 동의했다.

마침 그 학회에 어느 유명한 성공적인 혁신가 겸 기업가가 참석했는데, 그는 프로세스상의 혁신으로 기업을 일으켜 25년 사이에 세계적인 사업으로 확장시킨 인물이었다. 학회 진행자가 그에게 한 마디 할 것을 요청했다. 그는 다음과 같이 말했다. "나는 여러분의 발표를 듣고 어쩔 줄 모르겠군요. 나는, 나 자신을 포함해 성공한 혁신가와 기업가를 누구 못지않게 많이 알고 있다고 생각합니다. 하지만 나는 여러분이 말하는 '기업가적 성격' 을 가진 사람을 한 번도 만나본 적이 없습니다. 그러나 내가 알고 있는 성공한 기업가들 모두는 한 가지, 그것도 단 한 가지 측면에서 서로 같습니다. 그들은 모두 '위험 추구자가 아니다' 라는 점입니다. 그들은 부담해야 할 위험을 파악하려고 애쓰고 될 수 있는 한 위험을 최소화하려고 노력합니다. 그렇지 않았으면 아무도 성공할 수 없었을 것입니다. 나의 경우에도, 만약 내가 위험 추구자였다면, 나는 부동산 투기업이나 무역업, 아니면 나의 어머님이 바라셨던 대로 직업 화가가 되었을 것입니다." 그의 발언은 나 자신의 경험과 일치한다. 나 또한 성공적인 혁신가와 기업가를 많이 알고 있다. 그 가운데 아무도 '위험 추구 성향'을 갖고 있지 않았다.

성공적인 혁신가의 인기 있는 대표적 모습은, 즉 반은 통속적인 심리학이 만들고, 또 다른 반은 할리우드 영화가 만든 모습은 슈퍼맨과 원탁의 기사를 합한 인물처럼 보인다. 어처구니없게도, 그들의 실생활을 보면 대부분 그들은 낭만적인 인물이 아닐뿐더러 '위험'을 향해 돌진하기는커녕, 현금 흐름 분석표를 들여다보며 몇 시간 동안 따져보는 사람들에 훨씬 더 가깝다. 물론, 혁신에는 위험이 따른다. 그러나 자동차를 몰고 슈퍼마켓에 가서 빵을 사기 위해 자동차 속으로 들어가는 것마저도 위험을 초래할 수 있다. 본질적으로 모든 경제활동은 '큰 위험'을 동반하는 법이다. 그리고 어제의 것을 지키는 일은 혁신활동은 아니지만, 그것은 내일을 창조하는 일보다 위험이 훨씬 더 크다. 내가 아는 혁신가들은, 그들이 위험 내용을 파악하고는 그것을 초과하는 위험을 추구하지 않음으로써 성공하고 있다. 그들은 혁신 기회의 원천을 체계적으로 분석하고, 그 다음 하나의 기회를 포착하고는 그것에 초점을 맞춤으로써 성공하고 있다. 혁신의 기회는, 예상치 않았던 것들을 활용하거나 프로세스상의 필요를 활용하는 것 등 위험 수준이 낮고 또 분명히 파악할 수 있는 위험일 수도 있고, 지식에 기초한 혁신처럼 그 내용은 파악할 수 있지만 위험 수준이 매우 높은 것도 있다.

성공적인 혁신가는 보수적이다. 또 그래야만 한다. 그들은 '위험'에 초점을 맞추지 않는다. 그들은 '기회'에 초점을 맞춘다.

PART 2

기업가정신의 실천

기업가적 회사는 기존의 회사와는 다른 방식의 경영관리를 필요로 한다. 그렇긴 하지만 기존의 회사와 마찬가지로 기업가적 회사도 체계적 · 조직적 · 목적지향적인 경영관리를 필요로 한다. 그리고 모든 기업가적 조직에 적용되는 근본적인 규칙들은 동일하지만, 기존의 회사와 공공서비스 기관과 새로운 벤처기업 모두 과거와는 다른 도전에 직면하게 되고, 다른 문제들을 해결해야 하며, 또 다른 퇴행적인 관습에 빠지지 않도록 주의해야 한다. 또한 기업가들 개개인은 그들의 역할과 그들이 몰입해야 할 일과 관련해 의사결정을 내려야 할 필요가 있다.

12 | 기업가적 경영관리

기업가정신은 그 조직이 기존의 대규모 조직이든 또는 개인이 혼자서 시작하는 새로운 벤처기업이든, 똑같은 원칙에 기초를 두고 있다. 기업가정신은 기업이든 비기업 공공서비스 기관(nonbusiness public-service organization)이든, 더 나아가 그 조직이 정부기관이든 비정부기관이든 간에 거의 또는 전혀 다를 바가 없다. 지켜야 할 규칙도 상당히 닮았으며, 기능을 발휘하는 것들과 그렇지 않은 것들도 상당히 닮았고, 경영혁신의 종류도 마찬가지이며 또한 추구해야 할 분야도 역시 같다. 어떤 경우에도 우리가 기업가적 경영관리(Entrepreneurial Management)라고 불러도 될 그런 원칙이 존재한다.

그러나 기존의 기업은 1인 기업가와는 다른 문제, 다른 한계, 그리고 다른 제약에 부딪히게 된다. 그리고 다른 것들도 배워야 할 필요가 있다. 아주 간단하게 말한다면, 기존의 기업은 경영관리는 할 줄 알지만, 기업가가 되는 방법과 경영혁신을 하는 방법은 배울 필요가 있다는 말이다. 비기업 공공서비스 기관 역시 독특한 문제에 직면하게 되고, 배워야 할 다른 것들이 있고, 다른 종류의 실수를 저지를 가능성이 있다. 그리고 새로운 벤처기업은 기업가가 되는 방법과 혁신하는 방법을 배울 필요가 있다. 그리고 무엇보다도 경영관리를 하는 방법을 배울 필요가 있다.

앞에서 말한 세 가지 조직은 다음과 같다.

- 기존의 기업
- 공공서비스 기관
- 새로운 벤처기업

이들 조직 각각은 기업가정신을 실천하는 데 필요한 고유한 지침을 개발해야만 한다. "각각의 조직은 무엇을 해야 하는가? 무엇을 주의해야 하는가? 그리고 무엇은 차라리 하지 않는 것이 더 좋은가?" 하는 것들을 분명히 해야 한다.

이에 대한 논의는 새로운 벤처기업에서부터 시작하는 것이 옳은 것 같은데, 그것은 논리적으로 의학 공부가 태아와 갓 태어난 아이에서부터 시작해야 하는 것과 똑같은 이유에서다. 그러나 의과대학생들은 어른의 해부와 병리부터 배우기 시작하고, 기업가정신의 실천도 마찬가지로 '어른'에서부터, 즉 기존의 기업과 기업의 정책에서부터, 그리고 기업가정신을 갖고 기존의 기업을 운영하는 데 필요한 관행과 문제를 논의하는 것에서 출발하는 것이 가장 좋다.

오늘날의 기업, 특히 대기업들은 그것들이 기업가적 능력을 갖추지 않는 한 급격한 변화와 경영혁신의 시대에서 쉽사리 살아남지 못할 것이다. 이런 점에서 20세기의 후반기는 경제사에서 말하는 최후의 위대한 기업가 시대, 즉 제1차 세계대전의 발발과 더불어 그 막을 내린, 그 이전 50~60년 간의 시대와 전혀 다르다. 그 당시는 대기업들이 그리 많지 않았고, 심지어 중규모 기업조차도 별로 없었다. 오늘날에 와서는 기존의 많은 대기업들이 기업가정신을 바탕으로 스스로 경영하는 법을 배우는 것은 오직 자사의 이익만을 위한 것은 아니며, 그렇게 하지 않을 수 없는 사회적 책임이 부여되어 있기 때문이다. 한 세기 전의 상황과 극명하게 대조적으로, 오늘날 일어나고 있는 혁신은, 즉 슘페터가 만든 유명한 경제용어인 '창조적 파괴(creative destruction)'에 의해 초래되는 기존의 기업, 특히 대기업의 급속한 파괴는 고용의 측면에서, 금융의 안정 측면에서, 사회 질서 측면에서, 그리고 정부의 책임 측면에서 진정 중요한 사회적 위험을 안겨주고 있다.

기존의 기업들은 변해야 할 필요가 있으며, 그것도 크게 변하지 않으면 안 될 것이다. 앞으로 25년 동안(제7장 참조) 모든 비공산권 공업 선진국들에서는, 제조업에 종사하는 블루칼라 노동력은 지금의 3분의 1 수준으로 줄어드는 한편, 제조업 생산은 3~4배 증가하게 될 것이다. 이런 발전은 제2차 세계대전 후 25년 동안 비공산권 공업 선진국들이 농업부문에서 이룩했던 발전과 맞먹을 것이다. 이런 거대한 전환기에 안정과 지도력을 유지하기 위해서는, 기존의 기업들은 존속하는 방법을, 그리고 정말이지 번영하는 방법을 배우지 않으면 안 될 것이다. 그리고 그것은 그들이 성공적인 기업가가 되는 방법을 터득하는 경우에만 그 목적을 달성할 수 있을 것이다.

그런 목적을 달성하는 데 필요한 기업가정신은 많은 경우 오직 기존의 기업들로부터 나올 수 있다. 오늘날의 거대 기업들 가운데 일부는 앞으로 25년 안에 소멸할 가능성이 충분하다. 그러나 오늘날 우리는, 만약 중간 규모의 기업이 기업가적 경영관리를 할 수 있도록 스스로 조직한다면, 그것은 성공적인 기업가와 혁신가가 되기에 각별히 유리하다는 사실을 알고 있다. 기업가적 지도력을 발휘하는 데 가장 유리한 기업은 기존의 기업으로서, 그것도 소규모 기업보다는 상당한 수준의 규모를 갖춘 기업이다. 상당한 수준의 규모를 갖춘 기업은 필요한 자원들, 특히 인적 자원을 보유하고 있다. 그것은 경영관리 능력을 이미 확보하고 있고, 경영관리 팀도 운영하고 있다. 그것은 목적을 달성하는 데 필요한 기업가적 경영관리를 수행할 수 있는 기회와 책임감 둘 다를 갖고 있다.

그 점은 공공서비스 기관에도 똑같이 적용된다. 정부 소유이든 또는 세금으로 운영되든 않든 간에, 비정치적 기능을 수행하는 공공서비스 기관에 각별히 적용된다. 병원·학교·대학도 마찬가지다. 지방정부 산하의 공공서비스도 그렇다. 적십자, 보이스카우트, 걸스카우트도 그렇고, 교회와 교회 관계기관 및 전문가 단체와 동업조합 또한 마찬가지다. 그 외에도 예를 들자면 많다. 격변기는 지금까지 익숙했던 것들 가운데 많은 것을 쓸모없게 만들거나 적어도 그것들이 지금까지 해왔던 많은 방법들을 비능률적인 것으로 만든다. 동시에, 격변기는 새로운 과제를, 실험을, 그리고 사회적 혁신을 추구할 수 있는 좋은 기회를 창출한다.

무엇보다도 격변기에는 공공부문에 대한 사회적 인식과 분위기에 큰 변화가 일어난다(제8장 참조). 100여 년 전, 1873년에 발발한 '공황'은 1776년 애덤 스미스의 《국부론》 출판과 더불어 출발한 자유방임주의(laissez faire)의 한 세기를 막을 내리게 했다. 1873년부터 지금까지 100년 동안 사람들이 '현대적', '진보적' 또는 '전향적'이라는 말을 사용할 때 그것은 정부에게 사회적 변화와 발전의 중개자 역할을 맡긴다는 것을 의미했다. 좋든 싫든 간에, 그런 시대도 비공산권 선진국에서는 종말을 맞았다(그리고 아마도 선진 공산국에서도 마찬가지일 것이다). 우리는 '진보주의(progressivism)'의 다음 물결이 어떤 것일까 하는 것은 아직 알지 못하고 있다. 하지만 1930년대 또는 1960년대의 케네디 대통령과 존슨 대통령 시대의 '자유주의'나 '진보주의'의 복음을 여전히 설교하고 있는 사람은 '진보주의자'가 아니라 '반진보주의자'라는 사실을 우리는 알고 있다.

민영화(privatization : 1969년에 출간된 나의 책 《단절의 시대》에서 처음 만든 용어다―저자 주), 즉 정부로부터 비정부 단체에 그 운영권을 이양하는 정책이 효과를 발휘할 것인지, 또는 생산성을 훨씬 더 높일지에 대해서 우리는 모르고 있다(많은 사람들이 이 용어를 해석하고 있는 방식과는 달리 이것은 반드시 민간기업이 운영을 하는 것은 아니다). 그러나 전통적인 정책이 문제를 해결할 것이라는 희망과 기대와 신념을 저버리지 않고 국유화와 정부통제를 더욱더 추진할 비공산권 선진국은 없다는 사실을 우리는 확신하고 있다. 비공산권 선진국이 그렇게 한다면 그것은 오직 좌절과 실패감 때문일 것이다. 그리고 그런 경우야말로 공공서비스 기관이 기업가적으로 되고, 혁신을 추구할 기회와 책임 둘 다를 확보하는 상황이 된다.

그러나 정확히 말해 공공서비스 기관들은 그것들이 공공서비스를 하는 단체이기 때문에, 특유의 다른 장애물과 도전에 직면하게 되고, 또 독특한 실수를 저지르기 쉽다. 따라서 공공서비스 기관의 기업가정신은 별도로 논의할 필요가 있다.

　마지막으로, 새로운 벤처기업이 있다. 과거 모든 주요 기업가적 시대에 그랬던 것처럼, 그리고 오늘날 미국의 새로운 기업가 경제에 또다시 그런 것처럼, 새로운 벤처기업은 혁신의 중심적 추진기관 노릇을 계속할 것이다. 정말이지 미국에는 예비 기업가들이 부족한 적이 없었으며, 새로운 벤처기업도 마찬가지다. 하지만 그것들 대부분은, 특히 하이테크 벤처기업들은 기업가적 경영관리에 대해 배워야 할 것이 매우 많으며, 앞으로 그것들이 살아남으려면 그것을 배우지 않으면 안 될 것이다.

　기업가정신과 경영혁신을 평균적으로 실행한 조직과 선두주자 사이의 경영실적 격차는 앞에서 논의한 세 가지 영역 모두에서, 즉 기존의 기업, 공공 서비스 기관, 그리고 새로운 벤처기업 모두에서 엄청나다. 다행스런 점은 우리 주변에는 기업가정신을 성공적으로 실천한 사례가, 즉 실전과 이론 둘 다를, 그리고 진단과 처방 둘 다를 포함하는 기업가적 경영관리가 어떤 것인지를 체계적으로 보여주는 사례가 충분히 있다는 사실이다.

13 | 기업가적 사업

1

"대기업은 혁신을 하지 않는다"라는 말은 전통적 지혜다. 이 말은 매우 그 럴 듯하게 들린다. 진실로, 20세기의 새롭고도 중요한 혁신은 그 당시의 오 래 된 대기업들로부터 나오지 않았다. 철도회사들은 자동차도, 트럭도 만들 지 않았다. 그들은 심지어 시도한 적도 없다. 그리고 비록 자동차 회사들이 시도하긴 했으나(포드와 GM 둘 다 항공 우주산업을 개척했다) 오늘날의 대규모 항공 우주회사들은 별도의 새로운 벤처기업들로부터 발전한 것이다. 마찬 가지로, 오늘날의 거대 제약회사들은 최초의 현대적 의약품이 개발된 60여 년 전에는 대부분 소규모였거나 또는 존재하지도 않은 회사들이었다. 전기 산업의 거인들은 모두 미국의 GE, 웨스팅하우스, RCA ; 유럽의 지멘스와 필립스 ; 일본의 도시바 등 하나같이 1950년대에 컴퓨터로 몰려들었다. 그 러나 하나도 성공하지 못했다. 컴퓨터 산업은 IBM이 지배하고 있는데, IBM 은 50여 년 전에는 겨우 중기업이라고 할 정도의 규모였을 뿐 아니라 그 당 시로서도 결코 하이테크 기업은 아니었다.

그런 전례에도 불구하고 대기업은 혁신을 하지 않고 또한 할 수도 없다는 보편적인 신념은 진실을 반쯤 설명한 것이라고도 할 수 없다. 차라리, 그것은 오해라고 해야 한다.

그 이유는 첫째, 예외가 많기 때문이다. 세상에는 기업가(entrepreneur)로서, 그리고 혁신가(innovator)로서 성공한 대기업들이 엄청나게 많다. 미국에서는, 보건위생 분야에서 존슨&존슨(Johnson & Johnson, 이하 J&J), 공업용 및 소비자용 시장 둘 다에서 고도로 공학적인 제품을 개발한 3M 등이 있다. 시티뱅크는 미국의, 그리고 세계의 최대 비정부 금융기관이고, 또 100년이 넘은 회사이지만 금융과 자본시장의 여러 분야에 있어 주요 혁신 기업이다. 독일의 휄스트(Hoechst)는 세계 최대 화학회사 가운데 하나이고, 135년 이상의 역사를 자랑하는 제약산업에서 성공한 혁신 기업이다. 스웨덴의 아세아(ASEA)는 1884년에 설립되었으며 지난 60~70년 동안 매우 규모가 큰 기업으로 성장했는데, 전력을 먼 곳으로 송출하는 기술과 공장자동화를 위한 로봇 기술 두 부문 모두에서 진정한 혁신가다.

문제를 더욱 혼란스럽게 만드는 것은, 어떤 분야에서는 기업가로서, 그리고 혁신가로서 성공했지만, 또 다른 분야에서는 철저히 실패한 몇몇 역사가 오랜 대규모 기업들이 존재한다는 사실이다. 미국의 GE는 컴퓨터 분야에서는 실패했지만 전혀 다른 세 가지 분야, 즉 항공기 엔진, 무기화학, 플라스틱, 그리고 의료용 전자기기 분야에서는 성공적인 혁신가였다. RCA 또한 컴퓨터 분야에서 실패했지만 컬러 TV 분야에서는 성공했다. 현실은 전통적인 지혜가 말하는 것만큼 그렇게 간단하지가 않다.

둘째, '크다는 것'이 기업가정신과 혁신에 대한 장애가 된다는 것은 사실이 아니다. 기업가정신을 논의할 때 우리는 대규모 조직의 '관료주의', 그리고 그들의 '보수성'에 대한 얘기를 엄청나게 자주 듣는다. 물론 대규모 조직에는 그 둘 다가 존재하고, 그것들은 기업가정신과 혁신에 심각한 장애가 된다. 그러나 그것은 기업가정신과 혁신에 대해서 뿐 아니라 다른 모든 성과향상에도 똑같이 장애가 된다. 게다가 역사적 기록이 분명 증명하는 바와 같이, 그것이 영리조직이든 또는 공공부문이든 간에, 기존의 조직들 가운데는 소규모 조직들이 가장 기업가정신이 적고, 가장 덜 혁신적이다. 기존의 혁신 기업들 중에는 대기업이 매우 많다. 전세계를 대상으로 보면, 앞에서 예로 든 것과 같은 혁신적 대기업의 목록을 만든다면 별 어려움 없이 100대 회사를 찾을 수 있을 것이다. 그리고 혁신적 공공서비스 기관의 목록도 역시 많은 대규모 기관을 포함할 것이다.

그리고 아마도 그것들 가운데 가장 기업가적인 회사는 1980년대 중반 기준으로 매출액이 5억 달러 정도의 미국 기업과 같은 규모가 큰 중견회사다 (이 점은 오랫동안 의심스러웠다. 그러나 지금은 결정적인 증거가 확보되었는데, 그것은 앞서 말한 바 있는 리처드 캐베나우와 도널드 클리포드 2세 두 사람이 쓴 보고서를 참조할 것—저자 주). 그러나 규모가 작은 기존의 기업들은 기업가적 기업의 목록에는 어떤 경우에도 분명 끼지 못할 것이다.

기업가정신과 경영혁신에 대한 장애물은 규모가 아니다. 장애물은 기존의 경영관리 방식 그 자체로서, 특히 기존의 성공적인 경영관리 방식이 장애물 노릇을 한다. 그런데 이 장애물을 극복하는 데는 소규모 조직보다는 대규모 조직, 또는 적어도 상당한 규모의 조직이 훨씬 더 유리하다. 어떤 것을 경영한다는 것, 예컨대 제조공장, 기술, 생산공정, 분배조직을 운영하는 일에는 지속적인 노력과 끊임없는 주의가 필요하다. 어떤 종류의 경영관리이든 간에, 반드시 발생한다고 보장할 수 있는 것 하나가 곧 일상적인 사고 (daily crisis)다. 일상적인 사고는 그 해결을 연기할 수 없는 것이므로 즉시 처리해야만 한다. 그러므로 기존의 것을 관리하는 일은 높은 우선순위를 요구하고 있으며 또한 그런 대접을 받을 만한 가치가 있다.

새로운 사업은 규모가 얼마나 될지, 그리고 성숙기의 성과는 어떨지는 말할 것도 없고, 항상 너무 작고, 하잘것 없고, 가망성이 없어 보이는 법이다.

진정 새로운 것인데도 커보이는 어떤 것이 있다면 정말이지 그것은 믿을 것이 못 된다. 확률은 어느 쪽인가 하면 승산이 없는 쪽이 될 가능성이 매우 크다. 그럼에도 불구하고 앞서 논의한 것처럼 성공적인 혁신가는 작게 출발하고, 무엇보다도 간단하게 출발한다.

그토록 많은 기업들이 하는 말, 즉 "지금부터 10년 후 우리 회사 매출액의 90%는 오늘날에는 심지어 존재하지도 않는 제품들로부터 나올 것이다"

라는 것은 대체로 과장이다. 사실 그것은 기존의 제품을 수정·개량해, 그리고 심지어 수정을 하든 않든 간에, 기존의 제품으로 새로운 시장에 진출하고 또 새로운 용도를 발견함으로써 달성된다. 그러나 진정 새로운 벤처는 좀더 긴 준비기간을 필요로 하는 경향이 있다. 성공적인 기업들, 즉 오늘날 적당한 제품이나 서비스로 적당한 시장에 진출해 있는 기업들은 지금부터 10년 후 매출액의 4분의 3은 기존의 제품과 서비스로부터, 또는 기존의 것들의 직계 후손들로부터 달성할 가능성이 더 크다. 사실, 만약 오늘날의 제품과 서비스가 지속적으로, 그리고 큰 매출액을 올리지 못한다면 기업은, 혁신을 하려면 필요한, 미래를 위한 실질적인 투자를 할 수가 없을 것이다.

따라서 기존의 기업이 기업가적·혁신적으로 운영되려면 특별한 노력을 기울여야 한다. 기존의 기업이 할 수 있는 '정상적인' 반응은 기존의 사업에, 일상적인 위기에, 이미 갖고 있는 것으로부터 조금 더 얻어내기 위해 생산적인 자원을 배분하는 일이다. 기존의 사업을 유지하려는 유혹에 넘어가게 되면 언제나 어제를 살찌우는 대신에 내일은 굶기고 만다.

물론 그것은 치명적인 유혹이다. 혁신을 하지 않는 기업은 불가피하게 늙게 되고 또 쇠퇴하고 만다. 그리고 오늘날과 같이 기업가적 경영관리가 필요한 시대, 즉 급변하는 시대에는 쇠퇴가 더더욱 빠르게 진행될 것이다. 어떤 기업 또는 어떤 산업이 일단 과거에 집착하기 시작하고 나면, 그것을 되돌릴 수 있다 해도 무척 어렵다. 그러나 기업가정신과 경영혁신이란 결국 기존의 사업이 성공하고 있다는 것을 의미하는데, 이에 대한 장애물은 실질적으로 부담스러운 일이다. 정확히 말해 문제는 기업이 너무도 성공적이기 때문에 관료주의, 규제, 또는 자만심에 빠져 고질적인 질병을 앓지 않고, 그 대신에 '건강'하다는 점이다.

이것이 바로 성공적으로 혁신을 추진한 기존의 기업 사례가 그토록 중요한 이유이고, 특히 성공적인 기업가이자 혁신가인 규모가 큰 기존의 중견기업 사례가 중요한 이유다. 그런 성공적인 기업들은 성공의 장애물, 즉 존재 자체에 대한 장애물은 극복될 수 있다는 것을 보여준다. 그리고 장애물은 기존의 사업과 새로운 사업 둘 다, 즉 성숙산업과 유치산업 둘 다가 이익을 올리고 또 번창함으로써 극복될 수 있다. 성공적인 기업가이자 혁신가인 대규모 기업들, 즉 예컨대 J&J, 훽스트, ASEA, 3M 등은 그 방법을 분명히 알고 있다.

전통적 지혜가 통하지 않는 곳이 어딘가 하면, 그것은 기업가정신과 경영혁신은 자연발생적이고, 창조적이고, 또는 자발적이라고 가정한 데에 있다. 만약 기업가정신과 경영혁신이 어떤 조직에서 잘 일어나지 않는다면, 그것은 무엇인가가 그것들을 억누르고 있기 때문이라는 것을 의미한다. 그러므로 기존의 성공적 기업들 가운데 오직 소수만이 기업가적이고 혁신적이라는 사실은 기존의 기업들이 사내 기업가정신을 말살하고 있다는 결정적 증거다.

그러나 기업가정신은 '자연발생적인 것'이 아니다. '창조적인 것'도 아니다. 그것은 작업이다. 그러므로 여러 증거에 의한 정확한 결론은 우리가 일반적으로 얻어낸 것과는 정반대다. 기존 기업들 가운데 상당수가, 그리고 그것들 가운데 꽤 많은 중규모의, 대규모의, 매우 큰 규모의 기업들이 기업가·혁신가로서 성공하는 사실은, 기업가정신과 경영혁신은 어떤 기업도 달성할 수 있는 것임을 나타내는 것이다. 그러나 기업가정신과 경영혁신은 그것을 실현하려고 하면 의식적으로 노력하지 않으면 안 된다. 그것들은 배울 수 있는 것이지만, 배우기 위해서는 노력이 필요하다. 기업가적 기업(entrepreneurial business)은 기업가정신의 발휘를 의무로 받아들인다. 기업가적 기업은 기업가정신에 대해 원칙을 세우고, 애써 단련하고, 실천한다.

구체적으로 말해, 기업가적 경영관리(entrepreneurial management)는 네 가지 주요 분야에서 정책과 실천을 필요로 한다.

첫째, 조직은 혁신을 수용하도록 조직되어야만 하고, 변화를 위협이 아니라 기회로 받아들일 의사가 있어야 한다. 조직은 기업가라면 마다하지 않고 된 일을 하도록 조직되어야만 한다. 조직 내에 기업가적 분위기를 창출하기 위해서는 정책의 수립과 실천이 필요하다.

둘째, 성과를 향상하기 위해 학습방법을 내장시키는 것은 물론이고, 기업가 · 혁신가로서 회사의 성과를 체계적으로 측정하는 것은, 또는 적어도 평가하는 것은 필수적이다.

셋째, 기업가적 경영관리는 조직구조, 인사배치와 인사관리, 그리고 급여와 인센티브와 포상과 관련해 구체적으로 실천해야 한다.

넷째, '하지 말아야 할 일들', 즉 기업가적 경영관리에서 해서는 안 되는 일들도 있다.

2

기업가적 정책

로마의 한 시인은 인간을 '새로운 것을 갈망하는 존재(rerum novarum cupidus)'라고 말했다. 기업가적 경영관리는 기존의 사업을 하는 각각의 경영자를 '새로운 것을 갈망하는 존재'로 만들어야만 한다.

"어떻게 하면 우리가 기존의 조직에 있어 경영혁신에 대한 저항을 극복할 수 있는가?" 하는 것은 최고경영자들이 일상적으로 듣게 되는 질문이다. 그러나 이는 심지어 우리가 그 대답을 알았다 해도 그것은 여전히 잘못된 질문일 가능성이 크다. 올바른 질문은 "어떻게 하면 우리가 조직으로 하여금 혁신을 받아들이게 하고, 혁신을 바라게 하고, 혁신을 달성하고 또 노력할 수 있는가?" 하는 것이다. 혁신이 조직 구성원의 성미에 맞지 않는 것으로 인식되면, 비록 그것이 영웅적인 성취는 아니라 해도 마치 물을 거슬러 헤엄을 치는 것으로 인식되면, 경영혁신은 불가능하다. 경영혁신은 비록 기계적으로 되풀이되는 일상적인 업무는 아니라 해도, 정상적인 규범적인 업무의 한 부분이자 한 구성 성분이다.

이것은 구체적인 정책을 필요로 한다.

첫째, 기존의 사업을 지속하는 것이 아니라 혁신을 한다는 것은 매력적인 일이자 그것을 수행하는 경영자에게는 이익이 되어야만 한다. 혁신은 조직을 유지하고 또 영구적으로 존속시키는 것이고, 개별 경영자의 일자리와 성공을 보장하는 토대라는 사실이 조직 전반에 걸쳐 분명히 이해되어야 한다.

둘째, 혁신의 필요성과 그 시간소요 계획의 필요성 둘 다를 규정하고 또 널리 알려야만 한다.

그리고 마지막으로, 구체적인 목표가 설정된 혁신 계획이 필요하다.

1. 경영자들에게 경영혁신을 매력적으로 보이게 하는 방법에는 단 한 가지가 있을 뿐이다. 무엇이든 시대에 뒤진 것, 진부한 것, 더 이상 생산적이지 않은 것, 실수, 실패, 그리고 방향이 잘못된 노력을 폐기하는 체계적인 정책을 수립하는 것이다. 매 3년 전후로 기업은 내부 스태프의 활동들 낱낱은 물론이고 제품, 프로세스, 기술, 시장, 유통 채널 등에 대해 하나같이 그 존재 이유를 검증하지 않으면 안 된다. 그렇게 하려면 다음과 같이 질문해야 한다. "지금 우리는 이 제품, 이 프로세스, 이 기술, 이 시장, 이 유통 채널을 오늘날에도 계속할 것인가?" 만약 그 대답이 "아니요"이면 "다시 한번 더 연구해 봅시다"라고 해서는 안 된다. 그 때는 "이 제품, 이 시장, 이 유통 채널, 그리고 이런 스태프 활동에 자원을 낭비하는 일을 중단하기 위해 우리는 무엇을 해야만 하는가?" 하고 질문해야 한다.

때로는 폐기가 답이 아닐뿐더러 폐기하는 일이 불가능할지도 모른다. 그러나 그렇게 질문을 하고 나면 추가적인 노력을 제한하게 되고 또 최소한 사람과 돈이라는 생산적인 자원을 더 이상 어제의 것이 낭비하지 않도록 확실하게 한다. 어떤 경우이든 간에 조직의 건강을 유지하려고 노력하는 것은 옳은 일이다. 따라서 모든 생물체는 노폐물을 제거할 필요가 있다. 그렇지 않으면 그것이 생물체 그 자체에 해독을 끼친다. 만약 기업이 혁신을 추진할 수 있으려면, 그리고 혁신을 수용하려면 그것은 절대적으로 해야만 하는 일이다. "자신이 내일 아침 목이 매달릴지를 알려고 할 때만큼 남자의 마음을 엄청나게 집중시키는 것은 없다"고 새뮤얼 존슨(Samuel Johnson, 1709~84)은 말하곤 했다. 기존의 제품 또는 서비스가 가까운 장래에 폐기될 것이라는 정보만큼 경영자의 마음을 혁신에 강력하게 집중시키는 것은 없다.

혁신에는 고된 노력이 필요하다. 혁신을 하려면 어떤 조직이든 간에 가장 희소한 자원인 실천력이 뛰어나고 유능한 사람들이 열심히 일을 하지 않으면 안 된다. "시체가 썩지 않도록 보존하는 것보다 더 영웅적인 노력을 필요로 하는 것도 없지만, 그보다 더 무익한 일도 없다"는 것은 오래 된 의학 속담이다. 대부분의 조직에서 내가 관찰한 바로는 최고의 인적 자원들이 헛수고만 하고 있다. 하지만 오직 그들이 완수하기를 바랄 수 있는 것은 불가피한 사실을 받아들이는 것을 좀더 연장시키는 것뿐이다. 그것도 많은 비용을 지출하면서 말이다.

그러나 죽은 자는 스스로 사라지도록 내버려둔다는 것을 조직 전체가 알게 되면 산 자는 기꺼이, 정말이지 매우 적극적으로 혁신을 하게 될 것이다.

조직이 혁신을 하도록 하려면, 혁신이라는 도전을 수행하도록 기업은 가장 실천력 있는 사람들의 부담을 해소해야만 한다. 또한 조직은 재무적 자원을 혁신 노력에 투입할 수 있어야만 한다. 기업이 과거의 성공도, 실패도, 그리고 특히 성공 '일보 직전'까지 갔던 것, 즉 '당연히 성공해야 하는 것'인데도 그렇지 못한 일들을 포기하도록 내부적으로 조직되어 있지 않으면 그 둘 모두를 할 수 없을 것이다. 만약 경영자들이 그런 것을 포기하는 것이 회사의 정책이라는 사실을 안다면, 그들은 새로운 것을 찾으려 할 것이고, 기업가정신을 촉진하려고 할 것이고, 자신들 스스로가 기업가적으로 경영해야 할 필요성을 인정할 것이다. 이것이 첫번째 단계, 즉 조직이 주의를 기울여야 할 일종의 위생학이다.

2. 두번째 단계, 즉 기존의 회사를 '새로운 것을 갈망하는 존재'로 만들기 위해 필요한 두번째 정책은 기존의 모든 제품, 서비스, 시장, 유통 채널, 프로세스, 기술은 건강과 수명이 한정되어 있다는 사실을, 그것도 대체로 짧다는 사실을 인정하는 것이다.

기존의 제품과 서비스 등의 수명주기를 분석하는 것은 1970년대 이후 인기를 얻고 있다. 몇 가지 사례로서 보스턴 컨설팅 그룹이 제안한 전략개념, 하버드 경영대학의 마이클 포터(Michael Porter, 1947-) 교수가 전략에 관해 쓴 책, 그리고 이른바 포트폴리오 경영 등이 있다〔이런 모든 접근은 20년 전에 출판한 나의 책 《결과를 위한 경영(Managing for Results)》(Harper&Row · 1964)에 그 기원을 두고 있다. 내가 아는 한 이 책은 기업 전략을 체계적으로 정리한 최초의 것이다.

그런데 이 책은 내가 1950년대 후반 뉴욕 대학교에서 운영한 기업가정신 세미나에서부터 발전했다. 《결과를 위한 경영》의 제1장~제5장에는 제품과 서비스를 그 성적, 특성, 그리고 예상수명 등에 기초해 소수의 카테고리로 묶고서는 순위를 매겨 분석한 것을 소개하고 있는데, 여전히 이것은 제품 수명과 제품 건강을 분석하는 유용한 수단이 되고 있다—저자 주).

지난 10년 동안 폭넓게 선전되고 있는 경영전략들, 특히 포트폴리오 경영은 그것을 분석한 결과 그 자체가 행동 프로그램을 담고 있다. 이것은 꽤 많은 기업들이 1970년대 후반과 1980년대 초 그런 전략을 서둘러 도입하면서 발견한 것처럼 오해의 산물이자 실망스런 결과를 초래하기 십상이다. 그런 경영전략으로 파악한 결과는 진단으로 이어져야 한다. 진단 후에는 판단이 필요하다. 판단을 하려면 그 기업, 그 제품, 그 시장, 그 고객, 그 기술과 관련된 지식이 있어야만 한다. 그런 지식은 분석만으로는 안 되고 경험이 뒷받침되어야 한다. 경영대학을 갓 나온 우수한 분석도구를 갖춘 똑똑한 젊은이가 컴퓨터를 이용해 도출한 여러 사업들, 제품들, 그리고 시장들에 대해 생사를 가름하는 아이디어는 순전히 엉터리이고 헛수고에 지나지 않는다.

이런 분석, 즉 내가 《결과에 기초한 경영》에서 '기업 X-선(business X-ray)'이라고 명명한 분석은 자동적으로 올바른 답을 제공하는 분석방법이라기보다는 올바른 질문을 하기 위한 도구로 사용된다. 이것은 어느 주어진 회사의 모든 정보, 그리고 모든 경험을 거부한다. 이것은 다른 견해를 제안할 것이고, 또 그래야만 한다. 이런저런 제품을 '오늘의 주요 제품'으로 분류하고 난 다음에 취해야 할 행동은 위험부담과 관련된 결정을 하는 것이다. 그리고 '한물간 제품'으로 분류될 지경에 있는 제품, 또는 '특색이 없는 제품'이나 '경영자가 투자하기를 고집 부리는 제품'으로 분류된 제품을 어떻게 할 것인가 하는 것도 마찬가지다(이들 용어에 대한 정의는 《결과를 위한 경영》, 특히 제4장 '어떻게 할 것인가?', 51~68쪽을 참고할 것—저자 주).

3. 기업 X-선은 한 주어진 기업이 어느 정도로, 어느 분야를, 그리고 어느 정도 시간 내에 경영혁신을 해야 하는지 결정하는 데 필요한 정보를 제공한

다. 이에 대한 최고의, 그리고 가장 단순한 접근방법은 1950년대 뉴욕 대학교 경영대학에서 실시한 기업가정신 세미나의 구성원이었던 마이클 카미(Michael Kami, 1922-)가 개발했다. 카미는 자신의 접근방법을 자신이 계획부서의 책임자로 있었던 IBM에 처음으로 적용했다. 그 다음에는 1960년대 초 역시 수 년 간 비슷한 업무를 했던 제록스(Xerox)에 적용했다.

이 방법을 사용하는 회사는 제품과 서비스가 수명주기상 어느 위치에 있는지를 파악하기 위해 각각의 제품과 서비스에 대해 순서를 정할 뿐 아니라 그것들이 진출해 있는 시장과 그것들이 사용하는 유통 채널도 정리한다. 이 제품은 얼마나 더 성장할 것인가? 기존 시장에서 어느 정도 그대로 버틸 수 있을까? 언제 수명이 다 되어 쇠퇴할 것인가, 그리고 얼마나 빠르게 쇠퇴할 것인가? 언제쯤 한물간 것이 될 것인가? 이런 것을 알게 되면 회사는, 만약 자사가 기존의 역량을 최고로 유지했을 경우, 회사의 위치가 어디쯤일지를 예상할 수 있게 해준다. 그 다음 그것은 현실적으로 기대할 수 있는 것과 매출액, 시장점유율, 또는 수익성과 같은 목표를 달성하기 위해 해야 할 필요가 있는 것 사이에 존재하는 격차를 밝혀준다.

그 격차는 만약 회사가 쇠퇴하지 않으려면 꼭 메워야 하는 최소 한도다. 사실, 그 격차는 메우든지, 아니면 회사가 곧 소멸하기 시작할 것이다. 기업가적 성취는 그 격차를 메울 수 있을 정도로 충분히 크지 않으면 안 되고, 기존의 것들이 진부해지기 전에 그것을 메울 수 있을 정도로 충분한 시간 여유를 두어야만 한다.

그러나 혁신적인 노력은 확실하게 진행되는 것이 아니다. 그것은 실패할 확률이 매우 높고, 연기될 확률은 더욱더 높다. 따라서 회사는, 만약 혁신이 성공하는 경우, 메울 수 있는 격차를 해소하기 위해서는 최소한 3배나 되는 혁신 노력을 기울여야만 한다.

대부분의 최고경영자들은 이를 지나치게 높다고 간주한다. 하지만 경험에 따르면 만약 일이 잘못되는 경우 어느 쪽인가 하면 좋지 않은 쪽으로 흘러간다. 분명히 말하건대, 혁신 노력 가운데 일부는 기대한 것보다 더 잘 되는 경우도 있지만, 다른 것들은 대부분 더 못한 경우가 훨씬 더 많다. 그리고 모든 것은 우리가 희망하거나 예상한 것보다 더 오래 걸리는 법이다. 모든 것은 또한 애초 생각한 것보다 더 많은 노력을 필요로 한다. 마지막으로 어떤 주요 혁신 노력이든 간에, 그것과 관련해 한 가지 분명한 사실은 마지막 순간에 곤경에 빠지고 연기가 불가피해지는 경우가 있다는 점이다. 만약, 모든 것이 계획대로 추진됨으로써 필요한 최소 결과보다도 3배나 많은 것을 산출하게 되는 혁신 노력을 처음부터 촉구하는 것은 단지 기초적인 예방조치에 지나지 않는다.

4. 체계적 폐기, 기존의 사업과 제품과 서비스와 시장에 대한 기업 X-선, 그리고 혁신의 격차와 혁신의 필요성을 설정하는 것 등이 어울려서, 혁신과 그 마감일에 대한 목표를 갖춘 기업가적 계획(entrepreneurial plan)을 형성할 수 있도록 해준다.

그런 계획은 혁신에 필요한 충분한 예산을 확보하게 해준다. 그리고 그런 계획이 제공하는 가장 중요한 결과는 혁신 활동에 몇 사람이 필요한지, 어떤 능력과 역량을 가진 사람이 필요한지를 결정해 준다는 점이다. 혁신 활동에 오직 업적달성 능력이 증명된 사람만 배정하고, 도구와 자금과 활동에 필요한 정보를 제공하고, 명확하고 모호하지 않은 기한을 정할 때에만, 오직 그럴 경우에만 우리는 혁신 계획을 가졌다고 할 수 있다. 그 전까지는 우리는 '좋은 의도'만 가진 셈이고, 그것이 무엇에 좋은지는 누구나 다 아는 그런 것만 가진 셈이다.

이런 것들은 기업이 기업가적 경영관리를 할 수 있도록 하는 데 필요한 정책들이다. 즉 기업으로 하여금, 그리고 경영자로 하여금 새로운 것을 갈망하는 존재가 되도록 하고, 기업과 경영자가 경영혁신을 건강한 것으로, 정상적인 것으로, 필요한 행동 코스로 인식하도록 한다. 왜냐하면 그것들은 기업 X-선, 즉 현행 사업, 제품, 서비스, 시장의 분석과 진단에 기초하고 있기 때문에 이런 접근방법은 또한 기존의 기업이 새로운 것을 탐색하는 일을 태만히 하지 않도록 할 것이다. 그리고 기존의 제품과 서비스와 시장에 고유한 기회가 새로운 것에 매혹되어 희생되는 일이 없도록 보증한다.

기업 X-선은 의사결정을 내리기 위한 도구다. 이는 우리가 자원들을 기존 사업의 결과에 따라 배분할 수 있게 해주며, 정말이지 그렇게 하도록 강요한다. 그러나 그것은 또한 우리가 내일의 사업을, 신제품을, 새로운 서비스를, 새로운 시장을 창출하기 위해서는 얼마나 많은 자원이 필요한지 결정하는 것을 가능하게 해준다.

기존의 회사를 기업가적으로 만들기 위해서는, 경영자는 자사의 제품과 서비스를 진부화시키는 데 주도권을 잡아야만 하는 것이지, 경쟁자가 먼저 그 일을 하도록 기다려서는 안 된다. 회사는 새로운 것을 위협이 아니라 기회로 인식하도록 경영해야만 한다. 회사는 남다른 내일을 만들 제품, 서비스, 프로세스, 그리고 기술을 만들기 위해 오늘을 경영하지 않으면 안 된다.

3

기업가적 실천

또한 기존의 회사에서 기업가정신을 발휘하려면 경영관리의 실천이 필요하다.

1. 그 가운데 먼저, 그리고 가장 단순한 것은 경영자의 비전을 기회에다 초점을 맞추는 것이다. 사람은 자신의 눈앞에 제시된 것을 본다. 보이지 않는 것은 무시되는 경향이 있다. 그런데 대부분의 경영자들 눈앞에 제시되는 것은 '문제들'이고, 특히 실적이 기대 이하인 분야에서 그런데, 이는 경영자들이 기회를 보지 않는 경향이 있다는 것을 의미한다.

경영자는, 심지어 소규모 회사의 경영자도 일반적으로 한 달에 한 번씩 경영실적 보고서를 받는다. 보고서의 첫 쪽에는 언제나 실적이 예산보다도 못한 분야, 즉 '부족한 분야', 다시 말해 '문제'를 열거하고 있다. 그 다음 월간 경영회의에서는 모두가 이른바 문제만 해결하려 한다. 점심을 먹기 위해 회의를 중단할 무렵이 되면 오전 내내 그런 문제들만 논의하느라 소진되고 마는 것이다.

물론, 문제들에도 주의를 기울여야 하고, 그것도 진지하게 생각해야 하고, 또 문제들을 해결해야 한다. 그러나 만약 논의되는 것이 오직 문제뿐이라면, 기회는 무시당하고 결국 놓치고 말 것이다. 기업가정신을 받아들이는 풍토를 조성하려는 회사는 따라서 기회(예컨대 제3장에서 설명한 예상치 못했던 성공)에도 역시 관심을 기울이고 있다는 점을 보여주기 위해 특별한 배려를 해야 한다.

그런 회사의 보고서에는 두개의 '첫 쪽' 이 있다. 전통적인 것은 문제들을 열거한다. 다른 하나는 실적이 예상했던 것보다도, 예산보다도, 또는 계획보다도 더 나은 모든 분야를 열거하고 있다. 왜냐하면 앞서 강조한 것과 같이, 자사의 사업으로서 예상치 못한 성공을 거둔 분야는 혁신 기회가 될 수 있다는 것을 알려주는 중요한 증후다. 그것을 그런 식으로 인식하지 못하면 회사는 기업가적인 기업이 될 가능성이 애당초 없는 것이다. 사실 '문제들'에 초점을 맞추는 회사와 경영자는 예상치 못한 성공을 자신들의 시간을 빼앗고 또 주의만 산만하게 하는 것으로 치부하고는 제쳐놓을 가능성이 크다. 그들은 "왜 우리가 이런 것에 신경을 써야 하지? 그것에 대해 관심을 기울이지 않아도 잘 될 텐데 말이야"라고 말할 것이다. 그러나 그것은 좀더 관심을 갖고 있는, 그리고 좀 덜 오만한 경쟁자에게 입구를 제공하는 격이다.

따라서 전형적으로 기업가정신에 기초해 경영되는 회사에서는 경영실적과 관련해 두 종류의 회의를 한다. 하나는 문제에 초점을 맞추고 다른 하나는 기회에 초점을 맞춘다.

예컨대 건강용품을 의사와 병원에 납품하는 한 중견 공급업자는 몇몇 새로운 유망한 분야에서 주도권을 잡았는데, 이 회사는 두번째의 '경영회의'를 매달 마지막 월요일에 개최하고 있다. 첫번째 회의는 문제점 해결을 위해 열린다. 지난달의 활동 가운데 예상보다 잘 못한 것, 또는 6개월이 지난 후인데도 예상보다 여전히 잘 못하고 있는 모든 분야를 검토한다. 그러나 두번째 회의, 즉 마지막 월요일에 개최되는 회의는 회사가 예상보다 잘 한 분야들을 검토한다. 예컨대 계획보다도 더 빠르게 성장하는 제품의 매출액에 대해, 또는 그 목적으로 만든 것이 아닌 시장에서부터 주문이 들어오는 새로운 제품의 매출액에 대해 논의한다. (지난 20년 동안 10배나 성장한) 어느 회사의 최고경영자는 자신이 거둔 성공의 원인을 일차적으로 기회에다 초점을 맞추는 관습을 월간 경영회의를 통해 실천한 결과로 믿고 있다. 그 최고경영자는 거듭 다음과 같이 말했다. "그 곳에서 우리가 파악한 기회는, 기회를 찾는 습관이 경영층 전반에 심어준 기업가적 태도만큼 중요한 것은 거의 아니었다."

2. 이 회사는 기업가적 기업문화를 전체 경영층에게 확립하기 위해 두번째 관행을 실시했다. 매 6개월마다 이 회사는 본사 각 부서 책임자들, 마케팅부 책임자, 주요 제품 라인 담당 책임자들 40~50명을 대상으로 이틀 간 경영회의를 개최했다. 첫날 아침은 지난 한햇동안 기업가로서, 그리고 혁신가로서 예외적으로 뛰어난 성과를 올린 부서의 책임자 3~4명이 참석한 모든 경영자들에게 보고를 하도록 시간을 할애했다. 그들은 자신들이 성공한 이유에 대해 쓴 보고서를 발표하기로 되어 있었다. "성공을 거두기 위해 우리는 무엇을 했는가?" "어떻게 기회를 포착했는가?" "우리가 배운 것은 무엇이고, 그래서 우리가 확보한 기업가적이고도 혁신적인 계획들은 무엇인가?"

다시 말하거니와, 그 회의에서 실질적으로 발표된 내용은 참석한 사람들의 태도와 가치에 미친 영향과 비교하면 별로 중요하지 않다. 그러나 그 회사의 경영자들은 또한 각각의 회의에서 얼마나 많은 것을 배웠는지를, 얼마나 많은 새로운 아이디어를 얻었는지를, 그리고 어떤 식으로 여러 계획들을 갖고 또 그것들을 시도해 보려는 마음을 갖고 집으로 돌아가는지를 강조한다.

기업가적으로 경영을 하는 회사들은 언제나 좀더 우수한 성과를 내는, 그리고 남다르게 경영을 하는 사람들과 부서들을 파악하려 한다. 그런 사람들과 부서를 선발하고는 중요하게 인식하며, 그리고 그들에게 끊임없이 다음과 같이 묻는다. "성공을 하려면 무엇을 해야 하는가?" "다른 사람과 다른 부서가 하지 않은 것으로서 당신이 하고 있는 것은 무엇인가, 그리고 그들이 하고 있는 일 가운데 당신이 하지 않는 일은 무엇인가?"

3. 세번째 관행은, 그리고 대규모 회사에게 각별히 중요한 것은, 비공식적이지만 미리 계획되고 잘 준비된 모임을 개최하는 것이다. 이 모임에서는 몇몇 최고경영자가 연구, 엔지니어링, 생산, 마케팅, 회계 등과 같은 분야의 중견 사원들과 논의를 한다. 최고경영자는 다음과 같은 말로 회의를 시작한다. "내가 이 곳에 온 목적은 연설을 하거나 어떤 이야기를 하려고 온 것이 아니라, 오히려 듣기 위해 온 것입니다. 나는 여러분에게서 여러분이 원하는 바를, 그러나 무엇보다도 이 회사의 어디에 기회와 위험이 도사리고 있다고 보는지를 듣고 싶습니다. 그리고 회사가 새로운 것을 하려면, 새로운 제품을 개발하려면, 시장에 접근하는 새로운 방법을 고안하려면 우리가 무엇을 해야 하는지 당신의 아이디어를 듣고 싶습니다. 우리 회사에 대해, 정책에 대해, 방향에 대해, 산업에서 차지하는 지위에 대해, 기술에 대해, 그리고 시장지위에 대해 알고 싶은 것은 무엇인지를 듣고 싶습니다."

이런 모임이 너무 자주 개최돼서는 안 된다. 최고경영자들은 이런 일에 시간을 내기가 어렵기 때문이다. 그러므로 약 25~30세가량의 젊은이들과 일 년에 세 번 이상 오후 내내 또는 저녁 시간을 함께 할 수 있으리라 기대할 수 있는 상급경영자는 없다. 하지만 그런 모임은 체계적으로 추진되어야 한다. 그것은 상향식 커뮤니케이션을 하기 위한 뛰어난 도구이며, 하급관리자들, 그리고 특히 전문가들이 자신들의 협소한 전문분야로부터 한 차원 높은 것을 쳐다보고 또 회사 전체를 보도록 하는 최고의 수단이기도 하다. 그것은 최고경영자가 무엇에 관심을 두고 있는지, 그리고 그 이유는 무엇인지를 이해하도록 해준다. 그렇게 되면 그 다음 그것은 하급관리자들이 느끼는 가치, 비전, 그리고 관심사가 무엇인지에 대해 상급관리자가 절실히 필요로 하는 통찰력을 제공한다. 무엇보다도 그런 모임은 기업가적 비전을 회사 전반에 주입시키는 가장 효과적인 방법 가운데 하나다.

이런 식의 모임은 하나의 내장된 필수조건을 갖고 있다. 제품, 프로세스, 시장, 또는 서비스에 있어 어떤 새로운 것을, 또는 심지어 일하는 방식에 있어 변화를 제안하는 사람은 그 일을 직접 해야 한다는 것을 명심해야 한다는 것이다. 제안을 한 사람들은 그 모임에 참석해 사회를 본 상급경영자와 동료들에게, 적절한 시간 내에 아이디어를 개발하고자 노력한 연구 노트를 제출해야 한다. 그 제안을 현실적으로 실시할 때면 그 모습은 어떨 것인가? 그 다음 그 아이디어가 의미가 있는 것이 되려면 현실은 어떤 것이어야만 하는가? 고객과 시장 등에 관한 가정은 무엇이고, 얼마나 노력을 해야 하며, 돈과 사람과 시간은 어느 정도 필요한지? 그리고 그 결과 우리가 기대할 수 있는 결과는 무엇일지?

다시 말하거니와, 비록 많은 조직에서 그 산출물은 꾸준히 높게 유지되어 왔지만, 이 모든 것들로부터 얻는 기업가적 아이디어의 산출물이 그런 모임이 가져다 줄 가장 중요한 결실은 아닐지도 모른다. 가장 가치 있는 성취는 조직 전반에 걸쳐 기업가적 비전과 혁신에 대한 수용도를 높이고, '새로운 것을 갈망하는 존재'가 되도록 하는 것이다.

4

경영혁신 성과의 측정

회사가 기업가정신을 수용하려면, 경영혁신 성과를 회사가 스스로 통제하는 성과측정 기준에 포함시켜야만 한다. 회사가 기업가적 성과를 평가할 때에만 기업가정신이 현실로 나타날 것이다. 인간은 자신들이 행동해 주기를 남들이 기대하는 바대로 행동하는 경향이 있다.

정상적인 기업 성과의 평가과정을 살펴보면, 경영혁신의 성과는 아예 평가 대상에서 제외하는 것을 너무나 당연한 것으로 생각한다. 하지만 기업가적 성과 및 경영혁신 성과를 평가 대상에, 또는 적어도 판단 대상에 포함시키는 것이 특별히 어려운 것은 아니다.

1. 첫번째 단계는 각각의 혁신 프로젝트에 기대치와 결과를 비교하는 피드백(feedback) 관행을 포함시키는 일이다. 이것은 경영혁신 계획과 혁신 노력 둘 다에 대한 질과 신뢰성을 파악하도록 해준다.

연구개발 담당자는 어떤 프로젝트를 하든 간에 그것을 시작할 때 다음과 같은 질문을 해야 한다는 것을 오래 전부터 알고 있었다. "이 프로젝트로부터 얻을 결과는 무엇인가? 그 결과는 언제쯤 나타날까? 프로젝트가 진행되는 과정에 언제쯤 평가를 해야 하고, 또 통제를 해야 하는가?" 그들은 또한 자신들이 기대한 바가 실제 프로젝트의 진행 과정에서 나타나고 있는지 여부를 점검해야 한다는 것도 알고 있다. 이렇게 하면 그들이 지나치게 낙관적이거나 또는 비관적인 것은 아닌지, 결과를 너무 일찍이 기대하고 있는지 또는 너무 늦어도 괜찮은지, 성공적으로 끝난 연구 프로젝트의 영향을 과대평가하거나 과소평가하는 쪽으로 흐르고 있지는 않은지를 알게 해준다. 그 다음 그것은 그들로 하여금 앞서 말한 편향된 시각을 고치도록 해주고, 그들이 잘 하고 있는 분야와 잘 못하고 있는 분야 둘 다를 파악하도록 해준다. 이런 피드백이 기술적 연구개발뿐 아니라 모든 경영혁신 노력에서 필요한 것은 물론이다.

이렇게 하는 첫번째 목적은 우리가 잘 하는 분야를 찾으려는 것인데, 심지어 일반적으로 우리가 어느 특정한 분야에 일을 잘 하는 이유에 대해서 전혀 알지 못한다 해도, 그 분야에서는 언제나 계속 앞서나가고 또 같은 것을 더 많이 할 수 있기 때문이다. 두번째 목적은 그렇게 하면서 자신의 강점의 한계를 파악하려는 것이다. 예컨대 연구를 수행하는 데 필요한 시간을 과소하게 또는 과대하게 잡고 있지는 않은지, 어느 특정한 분야의 연구개발의 결과를 제품이나 프로세스로 전환하는 데 필요한 자원의 크기는 과소평가하면서 정작 연구개발에 필요한 자원은 과대평가하고 있지는 않은지를 파악하려는 것이다. 그렇지 않은 경우, 이는 매우 일반적이고 상당히 위험한 것으로서, 새로운 벤처산업이 막 도약을 하려는 바로 그 무렵에 들여야할 마케팅 및 판매촉진 노력을 주저하게 만드는 경향을 띠게 된다.

세계에서 가장 성공한 주요 은행들 가운데 한 은행은 자사의 성공에 대해, 한국과 같은 신흥시장에 진출하거나, 장비 대여업에 진출하거나, 신용카드 사업에 진출하는 것과 같은 모든 새로운 벤처사업에 스스로 심어놓은 피드백 관행에 그 공을 돌리고 있다. 새로운 모든 활동에 대해 기대치와 실적을 피드백하는 관행을 도입함으로써 그 은행과 최고경영자는 또한 새로운 벤처로부터 자신들이 기대할 수 있는 것이 무엇인지를 배웠다. 새로운 벤처사업이 얼마나 빠르게 결과를 산출할 수 있는지, 그리고 언제 좀더 큰 노력을 기울이고 좀더 큰 자원을 투입해야 하는지도 배웠다.

그런 피드백은 모든 혁신 노력에 필요하고, 새로운 형식의 안전 프로그램의 개발과 도입, 또는 새로운 보상계획의 도입에 대해서도 필요하다. 새로운 벤처가 곤경에 처할 가능성이 높다는 것과 사태를 재점검할 필요가 있다는 점을 지적하는 최초의 신호는 무엇인가? 그리고 이 노력이, 심지어 비록 그것이 곤경에 빠질 것 같은 것으로 보일 때도 실제로는 잘 되어가고 있으며, 그러나 우리가 애초에 예상했던 것보다는 더 많은 시간을 소요하고 있는지도 모른다는 점을 알려주는 신호는 무엇인가?

2. 두번째 단계는 여러 혁신 노력들을 전반적·체계적으로 심사하는 방안을 개발하는 것이다. 수 년마다 기업가적 경영자는 회사의 모든 혁신 노력을 검토한다. 각각의 단계에서 어느 프로젝트에 좀더 많은 지원을 해야 하는지, 그리고 더욱더 촉진해야 하는지? 어느 혁신 노력이 새로운 기회를 발견했는지? 달리 말해 어느 것이 우리가 기대한 바와는 다르게 진행되고 있는지, 그리고 어떤 조치를 취해야 하는지? 그것들을 포기할 때가 되었는지, 또는 그 반대로 노력을 배가해야 할 때가 되었는지, 그 경우 기대치는 무엇인지, 기한은 언제까지인지?

세계 최대 규모이자 가장 성공적인 한 제약회사의 최고경영자는 일 년에 한 번씩 모여 자사의 혁신 노력들을 심사한다. 우선 그들은 모든 신제품 개발 노력을 재검토하면서 다음과 같이 질문한다. "이 개발은 올바른 방향으로, 그리고 사전에 정한 속도로 진행되고 있는가? 이것은 우리 회사의 제품라인에 추가하고자 한 방향으로 진행되고 있는가, 아니면 우리 회사가 진출해 있는 시장에는 적합하지 않기 때문에 다른 제약회사에다 라이선스를 주는 것이 더 나은가? 또는 아예 포기해야 하는가?" 그런 다음 참석자들 모두는 다른 혁신 노력, 특히 시장과 관련된 혁신에 대해 동일한 질문을 한다. 마지막으로 그들은, 마찬가지로 신중한 자세로, 자신들의 주요 경쟁자들의 혁신성과를 검토한다. 개발 예산과 혁신에 투입하는 모든 지출이라는 면에서 이 회사는 기껏 중간 수준에 지나지 않는다. 그러나 혁신가로서, 기업가로서 그 실적은 뛰어나다.

3. 끝으로 기업가적 경영관리는 회사의 총체적인 혁신성과를 회사의 혁신 목표, 시장에서의 성과 위치, 그리고 회사 전체의 실적과 비교해 평가해야 한다.

대략 5년마다 이 회사의 최고경영자는 주요 분야의 책임자들과 모임을 갖고는 다음과 같이 질문한다. "지난 5년 동안 당신은 이 회사에 진정 남달리 무엇을 공헌했는가? 그리고 다음 5년 동안 무엇을 공헌하려고 계획하고 있는가?"

"그러나 그런 혁신은 본질적으로 무형적인 것이어서 측정할 수 없는 것은 아닌가? 그렇다면 그것을 어떻게 측정할 것인가?"

정말이지 그 상대적 중요성이 어느 정도인지를 아무도 결정할 수 없는, 그리고 해서는 안 되는 몇몇 분야가 있다는 것은 진실이다. 수 년 후 어떤 종류의 암을 효과적으로 치유할 수 있는 기초연구 분야에서 획기적인 혁신을 이루는 것과, 비록 오래 된 것이지만 효과가 있는 약을 환자가 스스로 복용하게 함으로써 의사나 병원을 일 주일에 세 번씩 찾아오는 불편을 줄이는 새로운 처방을 개발하는 것 가운데 어느 것이 더 의미가 있는가? 이런 문제는 결정이 불가능하다. 마찬가지로, 만약 회사가 그것을 개발하지 않았으면 놓쳤을 중요한 고객을 계속 확보하도록 해주는 새로운 고객서비스 방법을 개발하는 것과, 아직은 규모가 작지만 어쩌면 수 년 내에 규모가 크고 또 중요하게 될 시장에서 회사가 주도권을 쥐게 해줄 신제품을 개발하는 것 사이에 선택하지 않으면 안 된다. 이런 것들은 측정의 문제라기보다는 판단의 문제다. 그러나 판단이라는 것은 임의적으로 하는 것이 아니고, 주관적으로 결정해서는 더더욱 안 된다. 그리고 그런 문제를 판단하는 것은 비록 계량화할 수는 없는 것이지만 매우 엄격하게 결정해야 한다. 무엇보다도 판단은 '측정'이라는 것이 우리로 하여금 할 수 있도록 해주는 것을 수행한다. 즉 견해나 추측이 아니라 지식에 기초해 우리가 의도적으로 행동을 할 수 있도록 하는 것 말이다.

이런 것들을 검토하는 과정에 회사가 전형적으로 해야 할 질문은 다음과 같을 수 있다. "우리가 경영혁신에 있어 리더십을 잡았는가, 또는 적어도 유지하고는 있는가?" 리더십이란 꼭 회사의 규모와 일치할 필요는 없다. 리더십은 "리더로서 수용되고 있는가, 표준설정자로서 인정받는가?" 하는 것이다. 무엇보다도, 리더십은 억지로 따라가는 대신에 이끌고가는 자유를 갖고 있음을 의미한다. 그것은 기존 사업에 있어 기업가정신을 성공적으로 발휘하고 있는지를 검증하는 엄격한 시험이다.

5

기업가정신을 함양하는 조직구조

경영정책, 경영관행, 그리고 측정은 기업가정신을 발휘하도록 하고 또 경영혁신을 추진하도록 해준다. 그런 것들은 앞을 가로막을 가능성이 있는 장애물을 제거하거나 줄여준다. 그것들은 구성원들에게 적절한 태도를 형성시키고, 적절한 도구를 제공한다. 그러나 혁신은 사람이 한다. 그리고 사람은 조직 속에서 일한다. 따라서 기존의 기업이 혁신 능력을 함양하기 위해서는, 기존의 기업은 구성원들이 기업가적이 될 수 있도록 하는 조직구조를 창출해야만 한다. 기업은 기업가정신을 중심에 두고 기업의 여러 관계들을 설정해야 한다. 보상과 인센티브, 보상체계, 인사결정, 그리고 각종 정책이 모두 올바른 기업가적 행동을 장려하도록 해야 하고, 어떤 경우에든 그것을 억제하지 않도록 확실히 해두어야 한다.

1. 기업가적인 것, 그리고 새로운 것은 기존의 것, 오래 된 것과는 분리해 조직되어야 한다. 기존의 조직으로 하여금 기업가적인 프로젝트를 추진하도록 했을 때마다 우리는 항상 실패했었다. 물론 이것은 대규모 조직에서 특히 그렇다. 그러나 중간 규모의 조직에서도 예외는 아니며, 심지어 소규모 기업에서도 나타나는 현상이다.

그렇게 된 이유 가운데 하나는, 앞에서 지적했듯이, 기존의 사업은 그 사업을 책임지고 있는 사람들의 시간과 노력을 항상 **빼앗고** 있고, 책임자가 이에 대해 일처리의 우선순위를 부여하는 것은 당연하기 때문이다. 새로운 사업은 규모가 크고 또 진행 중인 기존의 사업 현실과 비교하면 언제나 너무 하찮게, 그리고 너무 가망성 없어 보이게 마련이다. 어쨌거나 기존의 사업이 악전고투하는 혁신적 사업을 양육하지 않으면 안 된다. 그러나 기존의 사업에 있어 '일상적인 사고'에 대해서도 마찬가지로 주의를 기울이지 않으면 안 된다. 그러므로 기존의 사업을 책임지고 있는 사람들은 새로운, 기업가적인, 또는 혁신적인 그 어떤 것에 대해서는 그것이 너무 늦어질 때까지 연기하려는 유혹에 항상 넘어갈 것이다. 어떤 일을 추진해 보더라도, 그리고 지금까지 우리가 30~40년 동안 모든 가능한 관리방법을 동원해 보았지만, 기존의 조직은 주로 이미 하고 있는 일을 확대하고, 수정하고, 적응하는 것만 잘 할 수 있다는 사실을 확인했다. 결론적으로 새로운 것은 별도의 조직에 맡겨야 한다.

2. 이것은 또한 조직 내의 새로운 벤처사업은 특별한 사람이, 그것도 상당히 지위가 높은 사람이 맡아야 한다는 것을 의미한다. 비록 새로운 사업 계획이 당장의 규모, 수입, 시장 측면에서 보면 기존 제품의 그것과 비교가 되지 않지만, 최고경영자 가운데 누군가가 기업가로서, 혁신가로서 내일을 만들기 위한 특별한 임무를 맡지 않으면 안 된다.

이 임무는 전담이어야 할 필요는 없다. 해당 기업이 중소기업인 경우 매우 흔한 일로서 전담할 수도 없을 것이다. 그러나 그 임무는 분명하게 정의된 것일 필요가 있다. 그리고 권한과 지위를 가진 누군가가 전적으로 책임지는 것일 필요가 있다. 그런 책임을 맡은 사람들은 일반적으로 또한 기존의 사업에 기업가정신을 심는 데 필요한 정책을 수립하고, 폐기할 대상을 분석하고, 기업 X-선을 검토하고, 기존의 제품과 서비스로부터 기대되는 것과 회사의 존속과 성장에 필요한 것 사이의 격차를 메워줄 혁신목표를 개발할 책임을 지게 될 것이다. 그들은 또한 정상적으로 혁신 기회를, 즉 이 책의 제1부 '경영혁신의 실천'에서 논의한 혁신 기회를 체계적으로 분석할 책임을 진다. 그들은 더 나아가 조직 내에서 제안되는 경영혁신 아이디어 및 기업가적 아이디어를 분석할 책임도 진다. 예컨대 그것은 하급경영자들과 '비공식적' 회의에서 다루면 좋을 것이다.

그리고 혁신 노력은, 특히 새로운 사업이나 제품 또는 서비스를 개발하기 위한 목적으로 하는 노력은 일반적으로 경영계층상 훨씬 더 아래쪽에 있는 경영자에게보다는 '경영혁신을 책임지고 있는 경영자'에게 직접 보고되어야 한다. 그런 보고서는 일상적인 운영 책임을 맡고 있는 경영자에게 제출되어서는 안 된다.

이런 관행은 대부분의 회사에서는, 특히 '잘 관리되고 있는' 회사에서는 금기사항으로 간주될 것이다. 그러나 새로운 사업계획은 '갓난아이'와 비유할 수 있다. 아기는 미래 일정 기간 동안은 아기로 계속 남아 있게 될 것이고, 또한 아기는 보모가 돌보아야 한다. '어른들', 즉 기존의 사업 또는 기존의 제품을 담당하고 있는 임원들은 새로운 사업에 할애할 시간도, 이해도 부족하게 마련이다. 그들은 성가신 일을 맡을 여유가 없다.

이런 원칙을 무시한 어느 주요 공작기계 제조업체가 로봇 산업 분야에서의 주도권을 잃어버린 사례가 있다.

이 회사는 자동 대량생산 시스템에 사용되는 공작기계에 관한 기본 특허를 갖고 있었다. 이 회사는 우수한 기술진, 높은 평판, 그리고 일류의 생산시설을 갖고 있었다. 공장 자동화가 시작된 초기인 1975년경 모든 사람들은 이 회사가 선두주자로 부상할 것으로 예상했다. 10년 뒤 이 회사는 경쟁에서 완전히 탈락하고 말았다. 이 회사는 자동생산용 공작기계의 개발 책임부서를 조직도표상 3~4계단 밑의 부서에 맡기고는, 그 부서로 하여금 이 회사의 전통적 공작기계를 설계하고, 생산하고, 판매하는 업무를 담당하는 사람들에게 보고하도록 했다. 이들은 협조적이었다. 사실, 로봇에 관한 작업은 전통적 공작기계 생산부서의 아이디어였다. 그러나 이들은 일본과 같은 새로운 많은 경쟁자에 대항해 기존의 생산 품목을 방어하는 데, 즉 새로운 주문을 위한 재설계, 전시활동, 마케팅, 자금조달, 그리고 애프터서비스에 정말 너무나 바빴다. '갓난아이'를 맡은 사람들이 자신들의 상사에게 결재를 받으려 할 때마다, 그들은 언제나 "나는 지금 시간이 없어, 다음 주에 오게"

라는 대답만 들을 뿐이었다. 결국 로봇 사업은, 오직 희망사항에 그치고 말았다. 기존의 공작기계 생산라인은 지금도 매년 수백만 달러의 매출을 기록하고 있다.

유감스럽게도, 이것은 일반적인 오류의 한 예다.

새로운 사업을 순전히 무관심 때문에 죽여버리지 않게 하는 최선의, 그리고 어쩌면 유일한 방법은 혁신 프로젝트를 처음부터 별도의 사업으로 시작하는 것이다.

이런 접근방식을 가장 잘 실천하는 기업으로 3개의 미국 회사가 있다. P&G는 비누, 세제, 식용유, 그리고 식품을 생산한다. 이 회사는 매우 규모가 크고 기업가정신이 왕성한 기업이다. J&J는 위생용품 및 의약품 제조회사다. 3M은 공업용·소비용 제품의 주요 제조회사다. 이들 세 회사는 세부적인 실천방법은 서로 다르지만 기본적으로 모두 동일한 정책을 갖고 있다. 이들은 새로운 벤처를 시작할 때마다 처음부터 별도의 사업으로 출발하고는 이를 책임질 프로젝트 매니저(project manager)를 임명한다. 프로젝트 매니저는 그 프로젝트가 폐기되든가, 또는 그 목적을 달성해 완전한 사업으로 될 때까지 책임을 진다. 그리고 그 때까지는, 프로젝트 매니저는 자신이 필요로 하는 모든 분야의 기술, 즉 연구, 제조, 자금조달, 마케팅을 활용할 수 있다. 또 그 분야의 전문가를 프로젝트 팀에 동원할 수 있다.

한 번에 한 가지 이상의 혁신 활동을 수행하고 있는 회사(사실 규모가 큰 회사는 그렇게 한다)는 모든 '갓난아이들'이 동일한 최고경영층에 직접 보고하도록 해야 한다. 벤처사업에서는 기술이 다르고, 시장이 다르고, 제품의 특성이 다르다는 사실이 별로 중요하지 않다. 그것들은 모두 새롭고, 규모가 작고, 기업가적이다. 그것들은 모두 동일한 '유아기 질병'을 앓게 마련이다. 기업가적 벤처사업이 앓는 문제들과 그것이 필요로 하는 결정들은 기술, 시장, 또는 제품 라인과는 관계없이 서로 매우 비슷한 경향이 있다. 누군가가 시간을 내어 돌봐주어야 하고 관심을 기울여야 한다. 문제점이 무엇인지, 중요한 결정이 무엇인지, 즉 추진하고 있는 혁신 활동에 진정 중요한 것을 이해하는 수고를 아끼지 않아야 한다. 그리고 그런 일을 담당하는 사람은 갓난아이 프로젝트를 돌봐줄 수 있을 정도로, 그리고 그 프로젝트가 성과를 낼 것 같지 않으면 그것을 중단할 수 있는 결정을 내릴 수 있을 정도로 회사 내에서 상당한 지위를 갖고 있어야만 한다.

3. 새로운 혁신 노력이 별도의 조직으로 출발해야 하는 데는 또 다른 이유가 있다. 그것은 새로운 혁신이 떠맡을 수 없는 부담을 회피하려는 것이다. 예를 들어 신제품에 대한 투자, 그리고 그 이익 둘 다는 신제품이 시장에 출하된 후 수 년이 지날 때까지는 전통적 투자수익률 분석대상에 포함되어서는 안 된다. 갓 출발한 사업에 대해, 기존 사업이 해당 부문에 대해 부담하는 것과 같은 정도로 본격적인 부담을 지라고 요구하는 것은 마치 여섯 살배기 아이에게 60파운드 배낭을 메고 먼 여행을 가도록 하는 것과 같다. 새로운 사업도, 아이도 멀리 가지 못할 것이다. 게다가 기존의 사업부문은 회계처리, 인사정책, 그리고 모든 종류의 보고활동과 관련해 쉽게 포기할 수 없는 여러 가지 요구사항들을 갖고 있다.

혁신 노력, 그리고 그 담당부서는 여러 분야에 걸쳐 기존의 것과는 다른 정책, 규칙, 측정방법을 필요로 한다. 예를 들면 회사의 연금기금과는 어떻게 연관을 지을 것인가? 그런 경우, 새로운 사업이 아직은 연금기금에 출연할 정도로 이익을 못 내는 상황에서 혁신부문의 직원들에게 분담금을 물리기보다는 미래에 이익이 났을 때 그 배당에 참여하도록 하는 것이 의미가 있다.

새로운 혁신 부서와 기존의 부서 사이에 차이를 두는 것이 가장 중요한 분야는 핵심인물에 대한 보상과 포상이다. 진행 중인 기존 사업에 가장 적합한 관행은 '유아 사업'을 죽여버릴지도 모른다. 게다가 그것은 유아 사업을 추진하는 핵심인물에게 적합한 보상이 아니다. 정말이지 대기업에게 매우 인기 있는 보상계획은 자산이익률 또는 투자이익률에 기초한 것으로 혁신 활동을 거의 완벽하게 가로막는 장애물이다.

나는 이런 사실을 수 년 전 한 주요 화학회사에서 배웠다. 회사의 모든 사람들은, 그 회사의 핵심부문들 가운데 하나가 계속 사업을 유지하려면 신물질을 개발해야만 한다는 것을 알고 있었다. 신물질에 대한 계획도 세워졌고, 과학적 연구도 진행되었지만 아무 일도 일어나지 않았다. 해마다 변명만 되풀이되었다. 드디어 해당 부서의 총책임자는 사업계획 검토회의에서 다음과 같이 말했다. "경영진과 나는 일차적으로 투자수익률에 기초해 보수를 받습니다. 우리가 신물질 개발에 자금을 투입하는 바로 그 순간부터 회사의 수익률은 적어도 4년 동안 반으로 떨어질 것으로 보입니다. 비록 심지어 우리가 이 투자에 대해 처음으로 수익을 올려야 할 때인 4년 뒤에 내가 여전히 여기에 있다 하더라도, 그리고 이익이 그 정도로 낮은 경우 회사가 그렇게 오랫동안 나를 인사조치하지 않을지도 의심스럽지만, 그 동안 나는 모든 나의 동료들의 입에서 빵을 끄집어내야만 합니다. 우리가 그런 짓을 할 것으로 기대하는 것이 과연 합리적인가요?" 계산방식은 바뀌었다. 그리고 새로운 프로젝트에 대한 개발비는 투자수익률 분석에서 제외되었다. 18개월 내에 신물질은 시장에 출하되었다. 2년 후 그 신물질은 담당 사업부가 오늘날까지 유지하고 있는 해당 산업분야에서 주도권을 확보하도록 해주었다. 4년 후 그 사업부는 이익을 배로 늘렸다.

그러나 혁신 노력에 대한 보상과 포상이라는 관점에서 무엇을 해야 할지를 가려내는 것보다는 무엇을 하지 말아야 할지를 규명하는 것이 훨씬 더 쉽다. 요구되는 사항들은 상호 모순된다. 새로운 사업은 자신이 지급할 수 없는 보상이라는 무거운 짐을 스스로 해결하라고 해서는 안 되지만, 새로운 사업에 참여하는 사람들에게도 그들의 노력에 걸맞은 보상을 제공해 줌으로써 의욕을 불러일으켜야 한다.

특히 이는 새로운 프로젝트의 책임자에게는 적절한 급여를 제공해야 한다는 것을 의미한다. 어쨌든 그들이 과거에 했던 업무에서 받던 것보다도 더 적은 급여를 제공하면서, 그들에게 일을 하도록 요구하는 것은 매우 비현실적이다. 기존의 회사 내에서 새로운 분야를 책임지는 사람은 십중팔구 이미 제몫을 다 하는 사람일 가능성이 크다. 그들은 또한 회사 내외를 불문하고 쉽게 다른 직업을 찾을 수 있으며 거기서도 꽤 많은 보수를 받게 될 것이다. 그러므로 그런 경우 회사는 그들이 기존의 사업에서 받던 보수와 복리후생비를 그대로 지급하고 시작해야 한다.

3M과 J&J 둘 다 효과적으로 사용하고 있는 한 방법은 새로운 제품, 새로운 시장, 또는 새로운 서비스를 성공적으로 개발하고는 이를 기초로 새로운 사업을 형성한 사람에게는 그 사업의 책임자로, 예컨대 부장, 부사장, 또는 사업부의 사장 자리에 임명할 것이고, 그에 상응하는 지위, 보수, 상여금, 스톡옵션을 제공할 것을 약속하는 것이다. 이것은 상당히 큰 포상이 될 수 있지만, 회사가 성공을 할 경우 외에는 아무것도 약속하지 않은 셈이다.

다른 한 방법은, 그리고 이것은 좀더 나은 것으로서 그 시점의 세법에 크게 영향을 받는 것인데, 새로운 사업을 책임지는 사람에게 미래 수익을 바탕으로 신주를 제공하는 것이다. 예를 들면 벤처사업은, 책임을 맡은 기업가적 경영자가 주식의 25%를 갖는, 마치 별도의 회사인 양 취급되는 것이다. 그 벤처사업이 성숙기에 접어 들면 매출액과 이익에 기초해 미리 정해진 공식에 따라 주식을 매수하게 된다.

한 가지 더 필요하다. 기존 사업에서 혁신 과제를 수행하는 사람들 역시 "벤처사업을 하는 것이다." 이 경우 고용주가 위험을 공유하는 것은 당연하다. 만약 혁신 활동이 실패할 경우, 그들은 자신들이 받던 과거의 보수를 그대로 받는 조건으로 과거의 직무로 복귀하는 선택권을 가져야만 한다. 그들이 실패했는데도 포상을 주어서는 안 되지만, 그렇다고 그런 벤처를 시도한 것에 대해 처벌을 받지 않아야 한다는 점도 확실히 해야 한다.

4. 개별적인 보상을 논하면서 시사한 것처럼, 혁신에 따른 수익은 기존의 사업의 수익과는 그 성격이 매우 다를 것이므로 다른 방법으로 측정되어야 할 것이다. "우리 회사의 사업은 매년 적어도 세전 수익률은 15%, 그리고 성장률은 10%가 되기를 기대한다"라고 말하는 것은 기존의 사업과 기존의 제품에 대해서는 의미가 있다. 새로운 사업계획에 있어서 그것은 때에 따라 너무 높거나 너무 낮기 때문에 절대로 의미가 없다.

오랫동안 (많은 경우 수 년 동안) 새로운 사업은 이익도, 성장도 실현하지 못한다. 그것은 자원만 낭비한다. 그러나 그 다음 그것은 아주 오랫동안 매우 빠르게 성장해야만 하며 투자된 자본에 대해 엄청나게 많지는 않아도 최소한 50배는 회수해야 한다. 그렇지 못한 경우 그 사업은 실패한 것이다. 혁신은 작게 시작하지만 종국에는 크게 되어야만 한다. 그것은 그저 하나의 다른 '전문품' 또는 기존의 제품 라인에 '상당히 기여를 하는 제품'으로 추가되기보다는 새로운 주요 사업으로 귀결되어야만 한다.

회사의 혁신 경험을 분석함으로써, 즉 기대치와 그 실적을 피드백함으로써 회사는 새롭게 진출하는 산업과 시장에 있어 추진하는 혁신에 대해 기대치를 어느 정도로 잡을지 결정할 수 있다. 기한은 어느 정도가 적절한가? 그리고 노력은 어느 정도 기울이는 것이 적절한가? 처음부터 돈과 사람을 많이 투입해야 하는가, 또는 처음에는 한두 명의 보조자와 함께 하든 혼자서 하든 간에, 한 사람이 전적으로 떠맡을 것인가? 그 다음 언제 지원 규모를 높일 것인가? 그리고 '개발'이 규모가 큰 전통적인 수준의 이익을 내는 '사업'이 되어야만 하는가?

이런 것들이 핵심 질문이다. 이런 것들에 대한 대답은 표준 교과서에서는 다루지 않는다. 하지만 임의로, 직감으로, 또는 토론으로 그 대답을 구할 수는 없다. 기업가적인 회사들은 자사가 진출해 있는 구체적인 산업과 기술과 시장에서 혁신을 하려면 어떤 양식이, 어떤 주기가, 어떤 기한이 적절한지를 알고 있다.

예컨대 앞서 언급한 그 혁신적인 주요 은행은 새로 진출한 국가에 설립한 새로운 자회사가 적어도 3년 간은 계속 투자해야 한다는 것을 알고 있다. 자회사는 4년째에 겨우 손익분기점에 도달하고, 6년째 되는 해 중간쯤이 되어서는 투자자본 전부를 회수해야만 할 것이다. 만약 자회사가 6년째 말에 가서도 계속 투자를 원한다면 그것은 실망스런 것으로 아마도 폐쇄를 해야만 할 것이다.

새로운 주요 서비스, 예컨대 장비 대여업은 비록 그 주기가 짧긴 하지만 비슷한 양식으로 진행된다. P&G는 적어도 바깥에서 보기에는 자사의 신제품들이 연구개발을 시작한 지 2~3년 후에는 시장에 출하되고 또 팔려야 한다고 생각한다. 동사는 18개월 후에는 시장에서 주도권을 잡아야 한다고 생각한다. IBM도 외부에서 보기에는 새로운 주요 제품이 시장에 선을 보이기 전에 5년의 준비기간을 염두에 두고 있다. 그 이듬해에는 신제품이 빠르게 뜨기 시작해야 한다. 그 신제품은 시장에 출하된 지 2년밖에 안 되는 비교적 짧은 기간 내에 시장의 주도권과 이익을 확보해야 한다. 그리고 3년이 되는 해의 최초 몇 개월 내에 투자자본 전액을 회수해야 하고, 5년째에는 정점에 다다른 후에 그 수준을 계속 유지해야 한다. 그 때쯤이면 IBM의 새로운 제품이 먼저 나온 제품들을 이미 진부화시키기 시작해야만 한다.

그러나 이런 과정을 아는 유일한 방법은 자사와 경쟁사의 업적을 체계적으로 분석하는 것이다. 그것은 달리 말해 혁신의 기대치와 혁신의 결과를 체계적으로 피드백함으로써, 그리고 회사의 업적을 기업가적 회사가 산출해야만 하는 것과 비교해 정기적으로 평가함으로써 가능하다.

그리고 일단 혁신 노력으로부터 업적이 무엇이어야 하는지, 무엇을 기대할 수 있는지를 이해하고 나면, 회사는 그 다음 적절한 통제 장치를 고안할 수 있다. 혁신 활동에 대해 이해를 하고 또 통제장치를 마련하게 되면, 이런 것들은 회사의 부서들과 경영자들이 혁신 활동을 얼마나 잘 수행하고 있는지를 측정할 것이고, 어느 혁신 활동을 촉진할 것인지, 어느 것을 재고해야 할 것인지, 어느 것을 포기할 것인지를 측정할 것이다.

5. 기존의 회사에 기업가정신을 심기 위한 구조적 요건으로서 마지막의 것은 한 사람 또는 소수로 구성된 집단이 분명하게 책임을 지는 것이다.

앞서 언급한 그 '중규모 성장 회사들'의 경우 대체로 그것은 최고경영자가 일차적으로 책임을 진다. 대규모 기업에서는, 그것은 아마도 최고경영진 가운데 지명을 받은 고위 경영자가 될 가능성이 더 크다. 규모가 좀더 작은 기업에서는 기업가정신과 경영혁신을 책임지고 있는 고위경영자가 그런 과제를 겸하고 있을 가능성이 크다.

비록 매우 규모가 큰 회사에서나 적합한 것이긴 하지만, 기업가정신을 확립하기 위한 가장 분명한 조직구조는 전적으로 별도의 조직이 혁신 활동을 운영하거나 또는 개발회사가 담당하는 것이다.

이런 관행을 채택한 최초의 사례는 지금부터 100년도 더 전인, 1872년 대학 교육을 받은 엔지니어로서 최초로 독일의 제조회사 지멘스에 채용된

프리드리히 헤프너알테넥(Friedrich Hefner-Alteneck, 1845–1904)이 만든 것이
다. 헤프너는 업계 최초로 '연구실'을 출범시켰다. 연구원들은 새로운, 그
리고 다른 제품과 프로세스의 개발 책임을 맡았다. 그러나 그들은 또한 새
로운, 그리고 다른 용도와 시장을 찾는 책임도 맡았다. 그리고 그들은 기술
적인 작업뿐 아니라 제조 프로세스의 개발, 신제품을 시장에 도입하는 책임
과 수익성을 확보할 책임도 졌다.

그로부터 50년 뒤인 1920년대 미국의 듀폰은 독자적으로 이와 비슷한 부
서를 설립하고는 이를 개발부라고 불렀다. 개발부는 전사적으로 혁신 아이
디어를 수집·연구하고, 철저히 검토하고 분석한다. 그 다음 개발부는 어느
아이디어를 주요 혁신 과제로 추진할 것인지 최고경영자에게 제안한다. 개
발부는 처음부터 필요한 모든 자원을, 예컨대 연구·개발·제조·마케팅·
재무 등의 자원을 혁신 활동에 동원한다. 개발부는 신제품과 서비스가 수
년 간 시장에서 자리를 잡을 때까지 돌봐준다.

혁신에 대한 책임이 최고경영자에게 지워지든, 최고경영진 가운데 한 사
람 또는 별도의 조직이 떠맡든 간에, 그것을 전담하든 또는 겸임을 하든 간
에, 그 책임은 언제나 별개의 책임으로, 그리고 최고경영자의 책임 둘 다로
설정되고 조직되어야 한다. 그리고 그 책임의 범위 내에는 혁신 기회를 체
계적으로, 그리고 의도적으로 탐색하는 활동이 포함되어야 한다.

다음과 같은 질문을 할 수 있을 것이다. 이런 모든 정책들과 관행들이 꼭
필요한가? 그런 것들이 기업가정신을 훼방하고 또 창의성을 억누르지는 않
는가? 그리고 그런 정책과 관행이 없으면 기업은 기업가적으로 경영할 수
없는가? 그 답은 "아마도 괜찮을 것이다"라고 귀결되겠지만, 매우 성공적이
지는 못할 것이다. 또 성공한다 해도 오래 가지는 못할 것이다.

기업가정신에 대한 논의는 경영자, 특히 최고경영자의 성격과 태도에 초
점을 맞추는 경향이 있다[이런 견해를 가장 잘 표현하고 있는 것이 바로 로자베스
칸터(Rosabeth Canter)의 《변화 관리자들(The Change Masters)》(Simon & Schuster ·
1983)이다—저자 주]. 어떤 최고경영자도 사내에서 기업가정신을 훼손하고 또

억누를 수 있다는 것은 두말 할 나위가 없다. 그렇게 하는 방법은 너무도 쉽다. 모든 아이디어에 대해 오직 '아니요' 라고만 하고, 그런 태도를 수 년 간 유지하기만 하면 된다. 그 다음 새로운 아이디어를 제안한 사람은 포상을 받지 못하거나 승진도 하지 못한다. 그리고 재빨리 내쫓아버린다는 사실을 확실히 해두면 된다. 그러나 최고경영자의 개성과 태도 그 자체만으로, 다시 말해 적절한 정책과 관행이 없이도, 기업가정신에 관한 대부분의 책들이 단정하거나 적어도 암시하는 것과 같이 기업가적 회사를 창출하는가 하는 것은 매우 불확실하다. 나는 창업주가 설립하고는 직접 운영했지만 수명이 짧았던 몇몇 회사를 알고 있다. 심지어 그런 회사들도 회사가 성공할 무렵 기업가적 경영관리 정책과 관행을 확립하지 않는 한 기업가적인 모습이 곧 사라졌다. 갓 시작했거나 규모가 매우 작은 회사들을 제외하고는 최고경영자의 개성과 태도만으로는 기업가적인 회사를 만드는 데 충분하지 않은 이유는, 물론 심지어 중규모 기업마저도 꽤나 규모가 크기 때문이다. 중규모 기업만 되어도 자신들이 무엇을 해야 하는지를 아는 많은 종업원들이 필요하고, 그런 일을 하기를 바라는 사람들, 의욕이 넘치는 사람들, 그런 일을 할 수 있는 도구와 확신감을 갖고 있는 사람들이 많이 있어야 한다. 그렇지 않으면 오직 말만 있을 뿐이고, 기업가정신은 최고경영자의 인사말에나 포함되는 용어로 전락하고 만다.

그리고 창업자가 조직 내에 기업가적 경영관리 정책과 관행을 심어두지 않은 한, 창업자가 떠난 후에도 계속 기업가적인 경영을 하는 회사를 나는 알지 못한다. 만약 기업가정신이 부족하면 그런 회사는 소극적으로 되고, 그리고 기껏 길게 잡아도 수 년 안에 쇠퇴하고 만다. 심지어 그런 회사들은 대체로 자신들이 보유해야 할 필수적인 자격, 즉 자신들을 돋보이게 했던 어떤 요소를 상실했다는 사실을, 너무도 뒤늦게야 깨달았음을 인식조차 하지도 못한다. 이런 것을 인식하기 위해 회사는 기업가적 업적을 측정해 볼 필요가 있다.

창업자가 직접 경영을 했을 때에는 기업가적 경영을 빼어나게 잘 수행했던 두 회사, 즉 월트디즈니 영화제작소와 맥도널드가 그 좋은 예다. 각각의 창업자인 월트 디즈니(Walt Disney, 1901~66)와 레이 크록은 엄청난 상상력과 추진력을 갖고 있던 사람이었고, 모두 창의적 · 기업가적 · 혁신적 사고를 가진 사람의 화신이었다. 둘 다 회사 내에 강력한 일상적인 경영관리 관행을 확립했다. 그러나 두 사람 모두 기업가적 책임을 회사 내에서 자신들이 직접 떠맡았다. 둘 다 '기업가적 개성'에 의존했으며, 기업가적 정신을 구체적인 정책과 관행으로 심어두지 않았다. 그 두 사람이 사망한 지 수 년 내에 그들이 남긴 회사들은 진부해졌고, 과거지향적으로 되었으며, 소극적으로 되었고, 방어적으로 되었다.

회사의 조직구조 내부에 기업가적 경영관리 관행을 확립한 P&G와 J&J, 그리고 M&S는 최고경영자나 경제 상황의 변화에 관계없이 계속해서 혁신가로서, 기업가적 리더로서 업계를 이끌어갔다.

6

인적 자원 배치

기존의 회사는 기업가정신과 혁신을 수행하기 위해 어떻게 사람을 배치해야 하는가? 세상에는 '기업가(entrepreneur)'라고 불러도 될 그런 사람이 있는가? 그런 사람들은 특별한 인종인가?

이런 질문에 대해 논의하는 책들은 많다. '기업가적 개성', 즉 혁신을 잘 수행할 수 있는 인물에 대한 논의 말이다. 우리의 경험에 비추어 보면, 그리고 많은 경험에 따르면 그것은 별 의미가 없다. 혁신가나 기업가로서 적합하지 않은 사람들은 그런 종류의 일에는 대체로 나서지 않는다. 매우 적성이 맞지 않는 사람은 스스로 자신을 배제한다. 그렇지 않은 사람은 경영혁신 실무를 배울 수 있다. 우리의 경험에 따르면 다른 여러 과제를 수행해 본 경영자들은 기업가로서도 적절하게 업무를 수행한다. 성공적인 기업가적 회사에서는, 어떤 특정한 사람이 개발 업무를 잘 할지 여부에 대해 걱정을 하는 사람은 아무도 없다. 성격상의 기질과 배경을 불문하고 누구나 마찬가지로 잘 한다. 3M에서는 가능성이 있어 보이는 아이디어를 최고경영자에게 제안하는 젊은이는 누구나 그것을 직접 개발하도록 되어 있다.

마찬가지로, 성공한 기업가가 궁극적으로는 무엇을 할지에 대해 염려할 이유도 없다. 분명히 말하건대 세상에는 오직 새로운 일만 하기를 좋아하고 또 기존의 업무를 운영하기를 싫어하는 사람도 있다. 대부분의 영국 가정이 유모를 들이고 있을 때 이야기인데, 많은 경우 유모들은 '자신들이 돌보는 아이들'이 걷기와 말하기를 시작하는 단계에 들어서면, 달리 말해 이미 자신들이 돌보아줄 아이들이 아닌 경우 그 가정을 떠난다. 하지만 또 다른 많은 유모들은 기꺼이 그런 가정에 머물면서 꽤나 철이든 어린이들을 돌보아주는 데 큰 어려움을 느끼지 않는다. 기업가이기만을 바라는 사람은 처음부터 기존의 기업에서 근무하기를 좋아하지 않을 것이고, 심지어 그런 회사에서 성공한 경험이 있었을 것 같지 않다. 그리고 기존의 기업에서 기업가로서 잘 하고 있는 사람은 대체로 같은 조직에서 경영자로서 이미 그 실적을 증명한 사람이다. 따라서 그들은 이미 존재하는 것들을 혁신하는 것과 관리하는 것 둘 다 모두 잘 할 수 있다고 가정하는 것이 합리적이다. P&G와 3M에는 애초 프로젝트 매니저로서 경력을 시작하는 사람도 있고, 그들이 한 프로젝트를 성공적으로 완수한 다음에는 즉각 새로운 프로젝트를 맡는 사람도 있다. 그러나 그런 회사들에 있어 대부분의 고위경영자들은 '프로젝트 매니저'로 시작해서 '프로덕트 매니저'로, 그 다음 '마켓 매니저'로, 마지막으로 회사 전체 업무를 돌보는 고위경영자로 승진했다. 그 점은 J&J와 시티뱅크도 마찬가지다.

기업가정신이라는 것은 개성에 관한 문제라기보다 행동과 정책과 실무의 문제라는 사실을 가장 잘 증명하는 것은 미국의 좀더 오래 된 대규모 회사에 근무하는, 점점 더 많은 사람들이 기업가적인 삶을 자신들의 제2의 경력으로 삼는다는 점이다. 자신들의 경력을 대규모 회사에서 보낸 중간경영자들과 고급경영자들과 경험이 많은 전문가들, 그리고 하나의 고용주 아래에서만 근무한 많은 사람들이 25~30년 간을 근무한 뒤, 자신들이 할 수 있는 마지막 일거리라고 생각되는 직위에 오르고 나면 차츰 조기퇴직을 한다. 나이가 50세 또는 55세쯤 된 중년의 사람들은 그 다음 기업가가 된다. 어떤 사람들은 자신이 직접 창업하기도 한다. 어떤 사람들은, 특히 기술전문가는 새로운 소규모 벤처사업에 대해 컨설팅 업무를 한다. 또 다른 사람들은 새로운 소규모 회사의 상급경영자가 되기도 한다. 그리고 대다수는 그들이 새로 진출한 분야에서 성공적으로, 그리고 행복한 생활을 한다.

미국 은퇴협회의 기관지인 〈모던 머튜리티(Modern Maturity)〉는 그런 사람들에 관한 이야기로 넘치고, 그런 사람들을 찾는 구인 광고로 가득 차 있다. 1983년 내가 주도한 최고경영자를 위한 세미나에는 48명이 참가했는데, 그 가운데 15명(14명은 남자였고 한 명은 여자였다)이 제2의 경력을 즐기는 기업가였다. 그들만을 위한 특별 회의에서 나는 그들이, '기업가적 개성'이면 항상 그런 것으로 알려져 있는, 대기업에서 근무하는 그 오랜 기간 동안 좌절을 느끼거나 질식당하는 듯한 느낌을 받는 적이 없는지 질문했다. 그들은 아예 그것은 질문이 안 된다고 생각하고 있었다. 그 다음 나는 그들이 역할을 바꾸는 과정에 어려움은 없었는지 질문했다. 그들은 이것 또한 마찬가지로 생각했다. 그들 가운데 한 사람이 다음과 같이 말했고, 다른 모든 사람들이 고개를 끄덕였다. "좋은 경영자는 항상 좋은 경영자다. 내가 근무했던 GE와 같이, 수십억 달러나 되는 매출을 올리는 회사의 1억 8,000만 달러 규모의 단위부문을 운영하든, 또는 지금 내가 근무하는 600만 달러 규모의 새로이 성장하는 의료 진단기기 벤처를 경영하든 말이다. 물론 나는 다른 일을, 그것도 다른 방식으로 하고 있다. 그러나 나는 GE에서 배운 개념을 적용하고 있으며, 정확하게 동일한 분석을 하고 있다. 사실 전환은 그보다 10년 전, 현장 엔지니어에서부터 처음으로 경영자 직위로 옮겼던 때보다도 더 쉬웠다."

공공서비스 기관들도 동일한 교훈을 제공하고 있다. 최근 미국 역사상 가장 성공한 혁신가들은 고등교육계의 두 인물로서, 알렉산더 슈어(Alexander Schure, 1921-)와 어니스트 보이어(Ernest Boyer, 1928-)다. 슈어는 전기분야에서 성공적인 발명가로 출발했으며 자신의 이름으로 된 특허도 많이 갖고 있다. 그러나 1955년 30대 초반 나이의 그는 정부, 재단, 또는 대기업의 지원도 없이, 단지 자신이 모집하려는 학생이 어떤 종류의 학생인지, 그리고 그들에게 무엇을 어떻게 가르쳐야 하는지에 대한 아이디어만 갖고 뉴욕기술대학(New York Institute of Technology)이라는 사립대학을 설립했다. 30년 뒤 그가 세운 대학은 하나의 의과대학을 포함해 4개의 캠퍼스에다 거의 1만 2,000명의 학생들을 가진 선도 기술대학이 되었다. 슈어는 지금도 전자분야의 성공적인 발명가로서 일하고 있다. 그러나 그는 또한 자신이 세운 대학교의 총장직을 30년 간이나 수행하고 있으며, 누구나 동의하듯이, 전문적이고도 효과적인 경영팀을 만들었다.

슈어와는 대조적으로, 보이어는 처음에는 캘리포니아 주립대학 체제의 한 대학에서 행정가로서, 그 다음에는 35만 명의 학생들과 64개의 캠퍼스를 가진 미국에서 가장 규모가 크고 가장 관료적인 뉴욕 주립대학 시스템에서 그 경력을 출발했다. 1970년이 되자, 42세의 보이어는 최고위직으로까지 승진하고는 드디어 총장에 지명되었다. 그는 즉시 엠파이어 스테이트 칼리지(Empire State College)를 설립했는데, 이 대학은 실질적으로 대학은 아니었으나 미국의 고등교육계가 안고 있던 가장 오래 된 문제이자 가장 심각한 문제인, 학교를 제대로 다니지 못했던 성인들에게 학위를 주는 프로그램을 과거와는 다른 방식으로 해결하려는 것이었다.

비록 이런 아이디어는 여러 차례 시도되었으나 한 번도 성공한 적이 없었다. 만약 그런 성인들이 '정상적인 젊은 학생들'과 함께 대학 프로그램에 등록하게 되면 그들이 달성하고자 하는 목적, 필요로 하는 것들, 그리고 특히 그들의 과거 경험에 대해서 학교는 대체로 아무런 관심을 보이지 않는다. 그들은 마치 18세 나이의 학생들인 양 취급받는 실망을 해서 곧 자퇴해 버리고 만다. 하지만 이미 여러 번 시도된 것과 같이, 그들이 '특별히 마련된 평생교육 프로그램'에 입학하게 되면, 그들은 귀찮은 존재로 치부되고는 옆으로 밀려날 것이고, 대학 당국이 가장 쉽게 배치할 수 있는 그런 교수가 주관하는 프로그램을 들어야 되는 경우가 대부분이었다. 보이어가 설립한 엠파이어 스테이트 칼리지에는 성인들이 뉴욕 주립대학 시스템 산하의

한 단과대학에 정상적으로 입학한다. 그러나 먼저 그런 성인 학생들은 한 명의 '멘토(mentor)'로부터 지도를 받게 된다. 멘토는 대체로 이웃대학의 교수다. 멘토는 학생들이 학업을 진행하는 것을 도와주고, 그들이 특별히 다른 것을 준비할 필요가 있는지를 판단한다. 그리고 반대로 그들의 경험에 비추어 한층 더 나은 프로그램에 전학하는 것이 좋을지 등을 결정한다. 그 다음 멘토는 개별 학생들의 입학, 학년, 학과 등의 문제를 도와주기 위해 적절한 대학기관과 중개인처럼 협의를 한다.

이 모든 과정은 현재 일반 상식처럼 들린다. 실제로 그렇기도 하다. 그러나 그것은 미국 대학사회의 관습과 규범과는 매우 다른 것이어서 주립대학들은 매우 반발했다. 그러나 보이어는 밀고 나갔다. 엠파이어 스테이트 칼리지의 프로그램은 현재 이런 종류의 프로그램으로서는 미국의 고등교육계에서 가장 성공한 것으로서, 학생이 6,000명을 웃돌 뿐 아니라 중도에 퇴학하는 학생은 거의 없으며 심지어 석사과정도 있다. 대혁신가인 보이어는 그 후에도 '일반 행정가'이기를 그만두지 않았다. 뉴욕 주립대학 시스템의 총책임자를 역임한 뒤 처음에는 카터 대통령 정부의 교육고문으로, 그 다음에는 카네기 고등교육재단(Carnegie Foundation for the Advancement of Teaching)의 이사장이 되었다. 이 두 기관은 미국 학계에서 각각 가장 '관료주의적 기관'이자 가장 '오래 된 기관'이었다.

위의 두 사례가 누구나 관료주의적 행정가이면서 혁신가로서 뛰어난 실적을 쌓을 수 있다는 것을 입증하는 것은 아니다. 그러나 그들이 보여준 경험은 세상에는 두 가지 분야에서 모두 적합한 특별한 '개성'이라는 것이 없다는 것을 말해 준다. 다만 배우려는 의도, 열심히, 그리고 꾸준히 노력하려는 의지, 자기관리를 하려는 의사, 그리고 올바른 정책과 관행을 채택하고 또 적용하려는 의지가 필요할 따름이다. 그것은 기업가적 경영관리를 채택한 기업이면 어떤 기업이든 간에, 사람 문제와 인적 자원 배치문제와 관련해 정확하게 맞닥뜨리게 되는 것이다.

기업가적 프로젝트가 성공적으로 추진되도록 하기 위해서는, 새로운 것이 대체로 그런 것처럼 조직구조와 조직이 올바른 것이어야 하고, 대내외 관계가 적절해야 하며, 보상과 포상이 적합해야 한다. 그러나 이런 모든 것이 제대로 되었다 해도, 그 부서를 누가 운영하느냐 하는 문제, 그리고 그들이 새로운 프로젝트를 구축하는 데 성공한 경우 그들을 어떻게 대우할 것인가 하는 문제는 이런저런 해당 개인을 대상으로 결정해야 하는 것이지, 경험적으로 그다지 증명되지도 않은 이런저런 심리학적 이론에 따라 결정되어서는 안 된다.

기업가적 회사에 있어 인적 자원 배치 결정은 사람과 직무에 관한 다른 어떤 의사결정과 마찬가지의 방법으로 결정된다. 물론 그것은 위험이 수반되는 결정이다. 사람에 관한 의사결정이 언제나 그런 것처럼 말이다. 따라서 그것은 주의 깊게, 그리고 양심적으로 결정되어야 한다. 그리고 그것은 올바른 방법에 따라 결정되어야 한다. 먼저, 해야 할 일이 무엇인지 심사숙고한다. 그 다음 몇몇 후보자를 물색한다. 그런 뒤에는 그들의 과거 실적을 면밀하게 분석한다. 마지막으로 후보자들 개개인에 대해 과거 그 후보자와 함께 일한 적이 있는 몇몇 사람과 함께 검토한다. 그런데 이런 방법은 개인을 직무에 배치할 때 내리게 되는 다른 모든 의사결정 과정에도 적용된다. 그리고 기업가적 회사에서 기업가를 고르는 일, 즉 사람과 관련한 의사결정의 성공률은 다른 여러 관리자와 전문가를 물색할 때의 성공률과 마찬가지다.

7

기업가적 경영자가 하지 않아야 할 사항

기존의 사업을 담당하고 있는 기업가적 경영자가 하지 않아야 할 사항들이 몇 가지 있다.

1. 가장 중요한 금기사항은 기존 사업의 경영관리 부문과 기업가적 사업 부문을 혼합하지 않아야 한다는 것이다. 기업가적 부문을 절대로 기존 경영

관리 부문의 한 구성 부분으로 맡겨두지 말라. 기존의 사업을 운영하고, 이익을 올리고, 최적화를 추구하는 책임을 지고 있는 사람에게 혁신적 사업을 맡기지 말라. 그러나 또한 어떤 기업이 그 기본정책과 실천 방법을 바꾸지 않고 기업가적인 기업이 되려고 노력하는 것은 별 소용이 없다. 사실, 그것은 거의 실패를 보장하는 것이다. 양다리 걸치기 식의 기업가가 성공하기는 드물다.

지난 수십 년 동안 미국의 많은 대기업들이 기업가들과 합작사업을 하고자 노력해 왔다. 그러나 이들 노력 가운데 단 하나도 성공하지 못했다. 기업가들은 그들이 생각하기에 관료주의적이고, 느려터지고, 뒷다리를 잡는 식의 정책에 의해, 기본 규칙에 의해, 그리고 '분위기'에 의해 꼼짝할 수 없었기 때문이다. 그 반면 동시에 그들의 동업자들, 즉 대기업 사원들은 기업가가 도대체 무엇을 하려는 것인지 이해할 수 없었다. 또 기업가를 규율이 없으며, 거칠고, 공상적이라고 생각했다.

대체로 보면, 대기업이 혁신 기업가로서 성공한 것은 오직 그들 자신의 사원들로 하여금 벤처사업을 맡도록 한 경우였다. 대기업이 성공한 것은 오직 그들이 이해하고 있는 사람들을 활용한 경우, 그리고 회사를 이해하는 사람들을 투입한 경우였다. 또한 그들이 신뢰하고, 게다가 기존의 사업에서 목적을 달성하는 법을 아는 사람들을, 다른 말로 표현해 대기업이 파트너로서 함께 일할 수 있는 사람을 활용할 때 성공적이었다. 그러나 그것은 다음 사항을 전제로 한다. 대기업의 구성원 전체가 기업가정신에 고취되어, 다시 말해 모두가 혁신을 바라고 또 혁신을 달성하려고 노력해야 하며, 혁신을 필수적인 것으로, 그리고 기회로 간주해야 한다는 것이다. 그것은 조직 전체가 '새로운 것을 갈망하는 존재'가 되도록 해야 한다는 것을 전제로 한다.

2. 기존 사업을 그 고유영역 밖으로 끄집어내는 식의 혁신 노력은 성공하기 어렵다. 혁신은 '다양화' 방식으로는 추진하지 않는 편이 더 낫다. 다양화의 이점이 무엇이든 간에, 그것은 기업가정신, 그리고 혁신과는 어울리지 않는다. 새로운 것이란, 본시 자신이 모르는 분야에서는 당연히 시도하지

않아야 할 만큼 엄청 어려운 것이다. 기존의 기업은, 그것이 시장에 관한 지식이든, 기술에 관한 지식이든 간에 자신이 전문으로 하는 분야에서 혁신을 추진해야 한다. 새로운 것은 무엇이든, 예측컨대 골치 아픈 문제에 부딪히게 마련이므로, 우리는 시작하는 사업을 잘 알고 있어야만 한다. 다양화 또한 그것이 시장 측면의 공통점이든 기술 측면의 공통점이든 간에, 공통점을 기초로 추진되지 않으면 다양화 그 자체도 거의 성공하기 어렵다. 심지어 다양화가 성공한다 하더라도, 다른 곳에서 지적한 대로, 다양화 : 그 자체가 문제를 안고 있다[나의 책 《경영 : 과업, 책임, 그리고 실제(Management: Tasks, Responsibilities, Practices)》 제56~제57장 참조—저자 주]. 설상가상으로, 다양화의 애로점과 요구사항이 기업가정신의 그것들과 합해지면, 그 결과 재난이 닥칠 것은 불을 보듯 뻔하다. 그러므로 기업은 자신이 잘 아는 분야에서만 혁신을 해야 한다.

3. 마지막으로, 자신의 기업을 기업가적으로 변신시키는 대신에 그것을 '매수'하는 것, 즉 소규모 기업가적 벤처회사를 매수하는 것은 거의 언제나 헛수고다. 매수는, 흡수한 회사가 매우 짧은 기간 내에 매입된 회사에 경영진을 파견할 의사와 능력이 없으면 거의 효과를 발휘하지 못한다. 매입된 회사와 함께 고용 승계된 경영자들은 오래 머무는 경우가 드물다. 만약 그들이 처분한 회사의 주인이라면, 그들은 지금 부자가 되었을 것이다. 만약 그들이 고용된 전문경영자라면, 그들은 매입한 새로운 회사에서 훨씬 큰 기회가 주어질 경우에만 머무르게 될 것이다. 따라서, 1~2년 내에 매입한 회사가 매입된 회사를 경영할 경영자를 파견해야만 한다. 비기업가적 회사(non-entrepreneurial company)가 기업가적 회사를 매수하는 경우 이는 각별히 진실이다. 새로 매입된 벤처기업의 경영자들은 그들의 새로운 모기업 경영자들과는 함께 일할 수 없다는 사실을 곧 깨닫게 되고, 그 역(逆)도 마찬가지다. 나 자신은 '기업 매수'가 성공한 사례를 단 하나도 알지 못한다.

급변하는 시대에 혁신할 수 있기를 바라는 기업, 그리고 성공할 기회를 갖고 또 번영하기를 바라는 기업은 기업가적 경영 시스템을 자신의 시스템 내에 구축해야만 한다. 그런 기업은 혁신하고자 하는 욕망을 조직 전반에 걸쳐 유발할 정책, 그리고 기업가정신과 혁신의 습관을 조직 전반에 걸쳐 창출할 수 있는 정책을 도입하지 않으면 안 된다. 기존의 기업이 성공적인 혁신 기업이 되기 위해서는, 그것이 대기업이든 또는 소기업이든 간에, 처음부터 기업가적 기업으로서 경영되지 않으면 안 된다.

14 서비스 기관의 기업가정신

1

정부기관과 같은 공공서비스 기관, 노동조합, 교회, 대학과 각종 학교, 병원, 지역단체와 자선단체, 전문가 단체와 동업자 조합 등과 같은 단체들도 다른 어떤 기업과 마찬가지로 충분히 기업가적으로, 그리고 혁신적으로 운영할 필요가 있다. 정말이지 그것들은 그런 방식을 더 필요로 할지도 모른다. 오늘날과 같이 사회, 기술, 그리고 경제의 급격한 변화는 서비스 기관에 한층 더 큰 위협인 동시에 좀더 큰 기회를 안겨준다.

그러나 공공서비스 기관이 경영혁신을 추진하는 일은 심지어 가장 '관료적인' 기업의 경우보다 훨씬 더 어렵다. '기존'의 것들은 혁신을 하는 데 있어 장애물이 될 가능성이 더 커보인다. 분명 모든 서비스 기관은 규모를 더 키우기를 원한다. 서비스 기관에 있어서는 이윤이라는 검증 요소가 없기 때문에 규모가 서비스 기관의 성공의 한 척도이고, 성장 그 자체가 목표다. 그 다음, 서비스 기관에는 해야 할 것들이 넘친다는 사실은 말할 나위도 없다. 하지만 서비스 기관이 '늘 해왔던 일'을 그만두고 새로운 일을 하는 것 역시 서비스 기관에게는 하나의 저주이고, 아니면 적어도 참기 힘든 고통이다.

　서비스 기관에 있어 대부분의 경영혁신은 국외자로부터 또는 긴급사태로 인해 강제적으로 추진된다. 예를 들면, 근대적인 대학은 교육과는 전혀 관계가 없는 국외자인 프러시아의 외교관, 빌헬름 폰 훔볼트(Wilhelm Von Humboldt, 1767-1835)에 의해 창설되었다. 그가 베를린 대학을 창설한 것은, 17~18세기의 전통적인 대학이 프랑스 혁명과 나폴레옹 전쟁에 의해 거의 완전히 파괴된 1809년의 일이었다. 베를린 대학 창설로부터 60년 뒤, 미국의 전통적인 단과대학과 종합대학이 시들어가고 더 이상 학생들을 모집할 수 없게 된 무렵, 미국에 현대적인 대학이 생겼다.

　마찬가지로, 20세기 군대에서 일어난 모든 혁신은, 그것이 조직상의 것이든 전략상의 것이든 간에, 군대가 심각한 기능장애를 일으켰거나 전투에서 완패한 후에 이루어졌다. 예를 들면 미국의 군대 조직과 전략은, 미국 군대가 스페인 전쟁에서 별로 큰 전과를 올리지 못하자 시어도어 루스벨트(Theodore Roosevelt, 1858-1919) 대통령 내각의 육군장관이었던 뉴욕 출신의 변호사 엘리후 루트(Elihu Root, 1845-1937)가 만든 것이었다. 그로부터 수 년 후, 영국 군대와 전략을 재조직한 것은, 보어(Boer) 전쟁에서 영국 군대가 마찬가지로 별로 큰 전과를 올리지 못하자, 또 다른 한 민간인 출신의 육군대신 할데인 로드(Haldane Lord, 1856-1928) 경이었다. 그리고 독일 군대의 구조와 전략을 재검토하게 된 것은 제1차 세계대전의 패배 때문이었다.

　그리고 정부의 경우에 있어서도 최근 정치 역사상 최대의 혁신적인 발상, 즉 1933~36년 사이에 실시된 미국의 뉴딜 정책은 미국의 사회 조직망을 거의 해체할 정도로 심각했던 대공황에 의해 촉발되었다.

　관료주의의 비판자들은, 공공서비스 기관이 기업가정신과 경영혁신에 저항하는 것은 '소심한 관료들', '돈 값을 못하는' 시간만 때우는 사람들, 또는 '권력에 굶주린 정치꾼' 때문이라고 비난한다. 이것은 오래 된 곡조다. 사실, 이것은 거의 500년도 더 전에 마키아벨리가 불렀을 만큼 이미 한물간 노래다. 오직 바뀌는 것은 그것을 부르는 가수다. 20세기 초 그것은 이른바 자유주의자들의 구호였으며, 지금은 이른바 신보수주의자의 구호다. 애석하게도 문제는 그렇게 간단하지가 않으며, 개혁주의자들의 영원한 만병통치약인 '좀더 나은 사람들'이 관료가 되면 해결된다는 생각은 신기루에 지나지 않는다. 가장 기업가적이고 혁신적인 사람도 그들이 공공서비스 기관, 특히 정부기관의 경영관리를 맡고서 6개월만 지나면 가장 철저하게 시간만 때우는 관료 또는 권력에 굶주린 정치꾼처럼 행동한다.

공공서비스 기관에서 기업가정신과 경영혁신을 저해하는 힘은 공공서비스 기관 내부에 고유한 것이고, 그것의 한 부분이며, 그것과 분리할 수가 없다(공공서비스 기관과 그 특성에 대해서는 나의 책 《경영 : 과제, 책임, 실제》의 제11장~제14장 '서비스 기관의 업적' 편을 참조—저자 주). 이에 대한 가장 좋은 예는 기업의 관리부문인데, 사실 기업의 관리부문은 기업 내부의 '공공서비스 기관'이다. 관리부문은 일반적으로 사업부문 출신으로서, 그리고 경쟁시장에서 그 능력이 증명된 사람이 맡는다. 게다가 내부 관리부문 사람들이 수행하는 서비스는 혁신가로서 듣게 되는 것만큼이나 나쁜 평판을 받지도 않는다. 그들은 관리부문 왕국을 건설하는 것도 곧잘 한다. 그리고 그들은 항상 동일한 것을 더 많이 하기를 좋아한다. 그들은 자신들이 지금 하고 있는 것은 무엇이든 간에 중단하는 것을 싫어한다. 그러나 일단 지위를 확립하고 나면 그들은 좀처럼 경영혁신을 하지 않는다.

기존의 조직이 공공서비스 기관인 경우에 전형적인 기업보다 훨씬 더 많은 장애물과 부딪히게 되는 데는 다음과 같은 세 가지 커다란 이유가 있다.

1. 공공서비스 기관은 실적에 따라 보상을 받는 것이 아니라, '예산'을 기초로 보상을 받는다. 공공서비스 기관은 자신이 제공한 노력에 대해 다른 누군가가 지불한 대가, 즉 개인 납세자가, 자선기관의 기부자가, 또는 인사관리자와 마케팅 담당자 등이 일하는 일반 기업이 낸 돈으로 보상을 받는다. 공공서비스 기관이 더 많은 노력을 하면 할수록, 그것이 사용하는 예산은 더욱더 커지게 마련이다. 그리고 공공서비스 기관이 '성공'했는지 여부는 그것이 달성한 업적이 많고 적음이 아니라, 좀더 많은 예산을 확보했는지 여부에 의해 평가된다. 그러므로 공공서비스 기관의 경우, 그 활동이나 노력을 줄이려는 어떤 시도라도 하게 되면 그것은 곧 그 기관을 축소시키는

것이다. 그것은 그 기관이 지위와 명예를 잃게 되는 원인이 된다. 실패는 인정되지 않는다. 더욱더 나쁜 것은, 목적이 달성되었다는 사실을 인정할 수 없다는 점이다.

2. 서비스 기관은 수많은 이해관계자들에 의존하고 있다. 제품을 시장에 판매하는 기업의 경우 궁극적으로 하나의 이해관계자, 즉 소비자가 다른 모든 이해관계자들에 우선한다. 기업이 성공하는 데는 하나의 작은 시장에서 기껏 매우 적은 점유율만 가지면 된다. 그렇게만 되면 기업은 다른 이해관계자들, 즉 주주, 종업원, 지역사회 등의 관계자들도 모두 만족시킬 수 있다. 그러나 기업의 관리부문 활동을 포함해 공공서비스 기관은 그것이 대가를 받아야 하는 이유인 어떤 '결과', 즉 돈벌이를 한 것이 없다는 바로 그 이유 때문에, 그것과 관련된 이해관계자라면 아무리 그 역할이 작더라도 그들은 실질적인 거부권을 갖게 된다. 공공서비스 기관은 모든 이해관계자를 만족시키지 않으면 안 된다. 분명 이해관계자 누구에게도 서운하게 대접할 수가 없다.

서비스 기관이 활동을 시작하는 바로 그 순간부터 그것은 '후원집단들'을 확보하게 된다. 그렇게 되면 나중에 그 후원집단들은 서비스 기관이 수행하는 프로그램을 폐기하거나 심지어 대폭적인 수정을 거부하게 된다. 그러나 새로운 것은 언제나 논란을 불러일으킨다. 이 말은, 어떤 새로운 사업은 그것을 지지하는 자기편 후원 집단을 아직 확보하지 못한 채 추진하면 기존의 후원집단으로부터 저항을 받게 된다는 것을 의미한다.

3. 그러나 가장 중요한 이유는, 공공서비스 기관은 결국 '선한 일'을 하기 위해 존재한다는 점이다. 이 말은, 공공서비스 기관은 자신들의 사명을 경제적인 것으로, 그리고 비용과 이익을 따져 수행하는 것으로 인식하기보다는 도덕적 절대선을 수행하는 존재로 인식하는 경향이 있다는 것을 의미한다. 경제학은 동일한 자원으로 좀더 나은 산출물을 획득하기 위해 그것을 다르게 배분할 수는 없는지 항상 모색한다. 그러므로 경제적인 것은 모두 상대적이다. 공공서비스 기관의 경우, 좀더 나은 산출물이라는 그런 개념은 아예 존재하지 않는다. 만약 어떤 기관이 '선한 일'을 하고 있다면, 그 다음

에는 '더 나은 선한 일'이란 생각할 필요가 없다. 정말이지, '선한 일'을 추구하는 목적을 달성하지 못했다고 하면 그것은 오직 노력을 배가할 필요가 있다는 것을 의미한다. 틀림없이 악의 세력이 예상보다 엄청 더 강했을 것이므로 한층 더 열심히 싸울 필요가 있다는 말이다.

수천 년 동안, 종교를 불문하고 모든 전도사들은 사람이 '육신의 죄'에 빠지지 않아야 한다고 장황하게 설교해 왔다. 줄잡아 말해서 그들은 그다지 성공하지 못했다. 그러나 전도사들이 볼 때 이는 따질 것이 못 된다. 그런 사실이 전도사들로 하여금 그들의 그 우수한 능력을 좀더 쉽게 성과를 거둘 수 있는 일에 돌리도록 설득하지는 못한다는 말이다. 그 반대로 기껏 그것은 그들의 노력을 또다시 배가할 필요가 있음을 증명할 뿐이다. '육신의 죄'를 범하지 않는 일은 분명 '도덕적 선'이며, 따라서 절대적인 것이므로 어떤 식이든 비용과 이익을 따지는 계산 같은 것을 인정하지 않는다.

사실 자신들의 목표를 이와 같이 절대적인 관점에서 정의를 내리는 서비스 기관은 없다. 그러나 심지어 기업의 인사부와 제조부문의 서비스 부서조차도 자신들의 사명을 '선한 일'로 보는 경향이 있으며, 따라서 자신들의 일을 경제적이고 또 상대적인 것으로 보지 않고 도덕적이고 절대적인 존재로 인식하는 경향이 있다.

이는 공공서비스 기관이 그 목적을 최적화에 두지 않고 최대화에 두고 있다는 것을 의미한다. 기아해방운동단체(Crusade Against Hunger)의 책임자는 "이 지구상에 굶주리며 잠이 드는 아이가 단 한 명이라도 있으면 우리의 사명은 완수되었다고 할 수 없다"라고 단언한다. 혹시 그가 "만약 기존의 배급경로를 통해 가능한 한 가장 많은 수의 어린이들이 발육을 멈추지 않도록 먹을 것을 충분히 얻게 되면 우리의 사명은 완수될 것이다"라고 말한다면, 그는 그 직책에서 쫓겨나고 말 것이다. 만약 그 사람의 목표가 극대화라면 그 목표는 결코 달성될 수 없다. 정말이지, 어떤 사람이 자신의 목표달성에 가까이 접근하면 할수록, 그는 더 많은 노력을 기울여야 한다. 왜냐하면, 일단 최적치(대부분의 노력에 있어 최적치는 이론상 극대치의 75~80% 사이에 있다)에 도달하고 나면, 그 후 추가적 성과는 지수적으로 떨어지는 반면 추가적 비용은 지수적으로 올라간다. 그러므로 공공서비스 기관이 그 목표달성에 가까이 가면 갈수록, 그 기관은 더욱더 큰 좌절감에 빠지고, 그 기관은 이미 해오고 있던 일을 더더욱 열심히 하게 될 것이다.

그러나 서비스 기관은 성과가 오르지 않을수록 동일한 방식을 정확하게 되풀이할 것이다. 어떤 서비스 기관이 성공을 하고 있든 실패를 하고 있든 간에, 혁신을 하라는 요구와 다른 무엇인가를 하라는 요구를 받게 되면 그 것은 그 기관의 기본 임무, 기관의 존재 이유 자체, 그리고 신념과 가치관에 대한 공격으로 간주되어 반발을 사게 될 것이다.

이는 경영혁신에 대한 심각한 장애물들이다. 그것들은 대체로 왜 공공서비스 분야의 경영혁신은 기존의 기관들에서가 아니라 새로운 벤처 기관에서 이루어지는 경향이 있는지를 대체로 설명해 준다.

오늘날 가장 극단적인 사례는 노동조합일 것이다. 아마도 노동조합은 선진국에서는 20세기에 들어와 가장 성공한 기관일 것이다. 노동조합은 당초의 목적을 분명히 달성했다. 서구 선진국에서는 국민총생산에서 노동이 차지하는 몫이 90%에 이르고, 그리고 네덜란드 같은 몇몇 나라에서는 100%에 가깝게 되자, '보다 더'를 추구할 것이 더 이상은 없게 되었다. 하지만 노동조합은 새로운 도전, 새로운 목적, 그리고 새로운 공헌에 대해 심지어 생각하는 것조차 할 능력이 없다. 노동조합이 할 수 있는 것은 오직 옛날 구호만을 되풀이하고 또 옛날 식으로 싸움만을 되풀이하는 것뿐이다. 왜냐하면 '노동자의 이익을 위해서'라는 것은 절대선이기 때문이다. 분명 그것에 대해서는, 다시 정의를 내리는 것은 고사하고, 질문을 해서도 안 된다.

하지만 대학도 노동조합과 크게 다르지 않을 것이고, 그 이유 또한 일부는 같을 것이다. 20세기 들어 대학은 성장과 성공이란 점에서 노동조합 바로 다음 가는 존재이기도 하다.

물론, 공공서비스 기관 가운데는 공공서비스 기관도, 심지어 오래 되고 규모가 크다 해도, 경영혁신을 할 수 있다는 것을 보여주는 예외도 많이 있다(비록 나 자신은 정부기관 중에는 예외가 그리 많지 않다는 것을 인정하지 않을 수 없지만 말이다).

예를 들면 미국의 한 로마 가톨릭 대주교구는 교구의 운영에 있어 한때 백화점 체인의 인사담당 부사장을 지낸 기혼부인을 관리책임자로 기용했다. 성사집행과 미사를 지내는 일 말고는 비성직자와 경영자가 모든 것을 처리하고 있다. 비록 미국의 가톨릭교회는 사제들이 부족하지만, 이 교구는 사제를 넉넉하게 보유하게 되었다. 따라서 신자를 늘리고 종교 활동을 적극적으로 펼칠 수 있게 되었다.

가장 오래 된 과학단체 가운데 하나인 미국과학진흥협회(American Association for the Advancement of Science)는 1960~80년 사이에 과학계의 선도자로서의 역할을 잃지 않고도 자신을 '대중 조직'으로 방향을 전환했다. 이 단체는 주간지 〈사이언스(Science)〉를 완전 개편해 국민과 정부에 대해 과학을 대변하는 역할을 하고, 과학정책에 대한 권위 있는 해설자가 되었다. 그리고 그 기관은 일반 독자들을 위한 과학적으로 충실하면서도 인기 있는 대중 잡지로 탈바꿈시켰다.

미국 서해안에 있는 규모가 큰 한 병원은 1965년 또는 그 무렵 일찍이 의료제도가 자체 성공의 결과로 인해 변화를 겪고 있음을 인식했다. 다른 대도시 병원들은 병원의 체인화나 독립 외래 진료기관의 설립 등과 같은 추세에 저항하고 있는 와중에, 이 병원은 그런 사태발전을 추진하는 혁신가 겸 선도자가 되었다. 정말이지 이 병원은 임산부에게 모텔 방을 상당히 싸게, 그러면서도 필요한 모든 의료서비스를 제공하는 방식으로 독립 임산부센터를 건립한 최초의 병원이 되었다. 이 병원은 수술을 할 수 있는 독립 외래 외과 센터를 건립한 최초의 병원이 되었다. 또한 그 병원은 지역 내 소규모 병원들 가운데 원하는 병원들을 네트워크로 묶어서 경영 노하우를 제공하는, 자신이 주도하는 병원 체인점을 시작했다.

그 기원이 20세기 초반까지 거슬러 올라가고 또 수백만 명의 젊은 여성 회원을 가진 대규모 조직인 미국의 걸스카우트 연맹은 1975년경부터 회원자격, 프로그램, 그리고 자원봉사자, 즉 걸스카우트 조직의 3대 지주 분야에 대해 영향을 미치는 혁신을 추진했다. 우선 연맹은 새로운 도시 중산층, 즉 흑인계 · 아시아계 · 라틴아메리카계 소녀들을 적극적으로 모집하기 시작했다. 그런 소수인종들은 지금 전체 회원 가운데 5분의 1을 차지하고 있다.

걸스카우트 연맹은 여성이 전문직과 관리직에 많이 진출하고 있으므로, 소녀들이 가정주부나 간호사와 같은 전통적인 경력 대신에 전문직과 기업에서 경력을 쌓도록 강조하는 프로그램과 역할 모델이 필요하다는 사실을 알아차렸다. 걸스카우트 연맹 경영진은 젊은 어머니들이 할 일을 찾기 위해 더 이상 집에 앉아 있지 않기 때문에, 지역 활동을 담당할 자원봉사자의 전통적인 공급원이 고갈되고 있다는 사실도 인식했다. 다른 한편 그들은 새로운 전문직, 즉 새로 일을 하게 된 젊은 어머니들이 하나의 기회라고 생각하고는 걸스카우트가 그들에게 무엇인가 제공해 줄 것이 있다는 것도 깨달았다. 그리고 어떤 지역사회 조직도 자원봉사자의 부족이 결정적인 제약요인이다. 그러므로 그들은 걸스카우트의 자원봉사자로서 일하는 것이 직업을 가진 어머니들에게 매력 있는 것으로 보이도록, 또한 자신의 아이들의 발전에 도움을 줌과 동시에 자신의 아이들과 함께 재미있게 시간을 보낼 수 있는 좋은 방법으로 보이도록 하고자 골몰했다. 마지막으로 걸스카우트는, 자신의 아이를 돌볼 시간이 충분하지 않은 직업을 가진 어머니가 다른 기회를 제공한다는 것도 인식했다. 그들은 취학 전 아이들을 걸스카우트 대원으로 넣기 시작했다. 그렇게 해서 걸스카우트는 대원의 수와 자원봉사자 수 둘 다 감소해 오던 추세를 역전시켰다. 반면에 걸스카우트보다 규모가 크고, 역사도 더 오래 되고, 자금 또한 매우 풍부한 보이스카우트는 여전히 표류하고 있다.

2

기업가적 정책

이는 모두 미국의 사례들로서 내가 잘 알고 있는 것이다. 비슷한 사례들을 유럽이나 일본에서도 발견할 수 있음은 의심의 여지가 없다. 이들 사례는 비록 한계는 있겠지만, 공공서비스 기관이 자신을 혁신하는 데 필요한 기업가적 경영정책을 제시하는 것으로는 충분할 것이다.

1. 공공서비스 기관은 자신의 사명이 무엇인지 명확하게 정의할 필요가 있다. 무엇을 달성하려고 하는가? 자신의 존재 이유는 무엇인가? 공공서비스 기관은 개별 프로그램과 프로젝트보다는 그 목적에 초점을 맞출 필요가 있다. 개별 프로그램과 프로젝트는 목적을 달성하기 위한 수단이다. 개별 프로그램과 프로젝트는 언제나 일시적인 것으로 간주되어야만 하고, 사실 그것들은 단기적이다.

2. 공공서비스 기관은 목표를 현실적으로 표현할 필요가 있다. 그것은 예컨대 "우리의 임무는 기아를 없애는 일이다"라고 하는 대신에 "우리의 임무는 기아를 완화시키는 일이다"라고 표현해야 한다는 말이다. 공공서비스 기관은 진정으로 달성 가능한 어떤 목표를, 그래서 궁극적으로 "우리의 임무는 끝났다"라고 말할 수 있기 위해 그런 현실적인 목표에 몰입할 필요가 있다.

물론, 세상에는 절대 달성할 수 없는 목표도 있다. 어떤 곳이든 인간사회에 정의를 실현하는 일은 분명 끝이 없는 과업이며, 심지어 기준을 가장 낮게 잡는다 해도 그것을 완전히 실현하는 일은 결코 없다. 그러나 대부분의 목표는 극단적인 용어보다는 적절한 용어로 표현될 수 있고 또 응당 그래야만 한다. 이로써 그 기관은 "우리는 우리가 달성하려고 노력해 온 것을 드디어 달성했다"라고 말할 수 있게 된다.

분명 이 점은 학교장의 전통적인 목표, 즉 모든 사람을 오랫동안 학교에 다니게 하는 것과 관련해 말을 해야만 한다. 이 목표는 선진국에서는 오래전에 달성되었다. 이제 교육은 무엇을 해야 하는가, 즉 '교육'이란 단순한 교실수업이 아니라 다른 무슨 뜻을 가져야 하는가 말이다!

3. 목표 달성에 실패한다는 것은 목표가 잘못되었다는 것을, 또는 최소한 목표의 정의가 잘못되었다는 것을 알려주는 신호로 간주되어야 한다. 그 다음 전제는, 목표는 마땅히 도덕적인 것이 아니라 경제적인 것이어야 한다는 것이다. 만약 어떤 목표가 여러 번 되풀이 시도해 보아도 달성되지 않으면, 그것은 잘못된 목표라고 간주해야 한다. 실패를 했다는 사실이 거듭 노력해야만 하는 좋은 이유라고 생각하는 것은 비합리적이다. 성공의 확률은, 수

학자들이 300년 전부터 알고 있었던 것처럼, 매번 뒤이어 시도할 때마다 떨어진다. 사실 어느 뒤이은 시도가 성공할 확률은 그것에 앞서 시도한 것의 확률의 절반보다 절대 더 높지 않다. 따라서 목표를 달성하는 데 실패한 것은 목표의 타당성에 대해 의문을 던져야 할 명백한 이유다. 이는 대부분의 공공서비스 기관이 믿고 있는 것과는 정반대다.

4. 마지막으로, 공공서비스 기관은 그 정책과 업무 관행 내부에 경영혁신의 기회를 끊임없이 추구하는 탐색 장치를 내장시킬 필요가 있다. 공공서비스 기관은 변화에 대한 위협이라기보다는 기회로 인식할 필요가 있다.

앞에서 언급한 바 있는, 혁신적인 공공서비스 기관은 그들이 이런 기본원칙을 따랐기 때문에 성공했다.

제2차 세계대전 이후 몇 년 동안, 미국의 로마 가톨릭교회는 교육을 많이 받은 평신도가 급격히 늘어나는 사태에 처음으로 직면했다. 대부분의 가톨릭 교구, 그리고 정말이지 로마 가톨릭교회 산하의 단체들은 대부분 이를 위협으로, 또는 최소한 문제로 인식했다. 교육을 받은 평신도가, 주교와 신부의 지시를 무조건 순명한다는 것은 더 이상 당연한 일일 수 없었던 것이다. 게다가 평신도들이 교회의 조직과 지배구조에 참여할 자리도 없었다. 마찬가지로, 미국의 모든 가톨릭 교구는 1965년 내지 1970년경부터 신학교에 입학하는 젊은이의 수가 급격히 감소하는 사태에 직면했다. 그리고 이 또한 중요한 위협으로 인식했다. 오직 단 한 군데, 대교구만은 그 둘 다를 기회로 보았다(그 결과, 그 대교구는 다른 문제를 갖게 되었다. 미국 전역에서 젊은 신부들이 이 대교구로 이동하기를 원했던 것이다. 왜냐하면 이 대교구에서만이 신부는 자신이 배운 것을, 즉 자신이 신부가 되어 하고 싶었던 바로 그 일을 할 수 있기 때문이다).

미국의 모든 병원은, 1970년 또는 1975년경부터 시작해 의료 전달체제에 일어나고 있는 변화를 감지했다. 병원들은 대부분 이런 변화와 맞서기 위해 스스로를 재조직했다. 대부분은 모든 사람들에게 "이런 변화는 파멸을 가져올 것이다"라며 걱정했다. 오직 그 한 병원만은 이런 변화 속에서 기회를 발견했다.

미국 과학진흥협회는 과학지식을 가진 사람들, 그리고 과학분야에서 일하는 사람들의 수가 늘어나는 현상을 보고는, 이를 과학계 내부와 외부 둘 다에서 자신이 지도자가 되는 엄청난 기회로 인식했다.

그리고 걸스카우트는 인구구조의 변화를 관찰하고는 "어떻게 인구변화 동향을 우리가 활용할 수 있는 새로운 기회로 활용할 수 있을까?" 하고 질문했다.

심지어 정부마저도 만약 간단한 규칙만 지키면 경영혁신이 가능하다. 하나의 사례가 있다.

120년 전, 네브래스카 주 링컨 시는 서구 도시들 가운데 공공 수송, 전력, 가스, 수도 등과 같은 공공서비스를 시 소유로 넘긴 최초의 시가 되었다. 최근 10년 동안, 여자 시장 헬렌 부살리스의 지시에 따라 링컨 시는 쓰레기 수거와 통학 수송과 같은 서비스, 그리고 다른 일련의 서비스를 민영화하기 시작했다. 시는 입찰을 따낸 민간 기업들에게 예산을 지출한다. 그 결과 비용은 대폭 절감되었고, 서비스는 한층 더 개선되었다.

부살리스가 링컨 시에서 발견한 것은 공공서비스의 '제공자'로서의 시의 역할을 공공서비스의 '집행자' 역할로부터 분리할 수 있는 기회가 왔다는 것이다. 그것은 높은 수준의 서비스와 효율성 둘 다를, 신뢰성을, 그리고 경쟁을 통해 얻을 수 있는 낮은 비용을 달성할 수 있도록 한다.

앞에서 윤곽을 제시한 네 가지 원칙은 공공서비스 기관이 스스로를 기업가적인 조직으로 변신시키고, 혁신을 가능케 하는 데 필요한 구체적인 정책과 업무 관행을 서술하고 있다. 그뿐 아니라 공공서비스 기관은 또한 어떤 기존의 조직이 기업가적이 되기 위해서는 필요한 정책과 업무 관행, 즉 앞의 장 '기업가적 사업'에서 논했던 정책과 업무 관행도 준수할 필요가 있다.

3

혁신을 해야 할 필요성

공공서비스 기관의 경영혁신이 그토록 중요한 이유는 무엇인가? 왜 우리는 기존 공공서비스 기관을 지금까지 해온 방식대로 하도록 내버려둘 수 없는가? 그리고 우리가 공공서비스 분야에서 필요로 하는 경영혁신은, 역사적으로 항상 우리가 그랬던 것처럼, 새로운 조직이 담당하도록 할 수는 없는가?

그 대답은, 선진국에서 공공서비스 기관은 너무도 중요하고, 규모가 너무나 커졌기 때문이라고 할 수 있다. 공공서비스 부문은 20세기에 들어 정부부문(government sector)과 비정부 비영리부문(nongovernmental not-for-profit sector) 둘 다 민간부문보다 더 빨리 성장해 왔다. 아마 3~5배는 더 빨리 성장했을 것이다. 성장 속도는 제2차 세계대전 이후 특히 가속화되었다.

어떤 점에서 그 성장은 너무 지나쳤다. 공공서비스 활동을 이윤추구 활동으로 전환할 수 있는 분야는 모두 그렇게 해야만 한다. 그것은 지금 '민영화하고' 있는 네브래스카 주 링컨 시 방식의 시영 서비스에만 적용되는 것이 아니다. 비영리 활동에서 영리 활동으로의 전환은 이미 미국의 병원계에서는 매우 깊숙이 진행되었다. 나는 이런 추세가 앞으로 전문교육과 대학교육 부문에서도 빠르게 추진될 것이라 예상한다. 선진사회에 있어 최고액소득자, 즉 최첨단의 전문직 학위를 가진 사람에게 보조금을 주는 일은 결코 정당화될 수 없다.

앞으로 20년 또는 30년 동안 선진사회의 중심적 경제문제는 자본형성 문제가 될 것이 분명하다. 경제성장에 필요한 자본을 오직 일본만이 여전히 보유하고 있다. 그러므로 우리는 여러 가지 활동 가운데, 만약 자본을 축적하는 활동으로 조직할 수 있는데도, 다시 말해 이익을 올릴 수 있는 활동으로 조직할 수 있는데도, 자본을 축적하는 것이 아니라 자본을 잠식하는 활동들을 '비영리' 방식으로 추진하는 것을 감당할 수가 없는 것이다.

그러나 공공서비스 기관 내에서, 그리고 공공서비스 기관에 의해서 수행하는 대다수 사업 활동들은 여전히 공공서비스 활동으로 남아 있을 것이고, 없어지거나 변형되지도 않을 것이다. 그 결과 논리적으로 말해, 공공서비스 기관은 생산적으로 운영되어야 하고 또 생산성을 높여야 한다. 공공서비스 기관은 혁신가가 되는 방법을 배워야 할 것이고, 자신을 기업가적으로 경영관리하는 방법을 배워야만 할 것이다. 사회적 · 기술적 · 경제적, 그리고 인구구조 등 모든 측면에서 급격한 변화를 겪고 있는 시대에 이것을 달성하려면 공공서비스 기관은 변화를 기회로 보는 방법을 배워야만 할 것이다. 그렇지 않으면 이들은 장애물이 되고 말 것이다.

변화된 환경 속에서는 작동할 수 없는 프로그램과 프로젝트에 집착하게 되면, 공공서비스 기관은 자신의 사명을 수행하기가 점점 더 어려워질 것이다. 그리고 더 나아가 자신들이 더 이상 추진할 수 없는 사명을 포기할 수도 없게 될뿐더러 포기하지도 않을 것이다. 앞으로 차츰 공공서비스 기관들은 1300년경 봉건 영주들이 모든 사회적 기능을 상실한 후에도 집착했던 그 길을 따라가게 될 것이다. 즉 훼방을 놓고 착취하는 권한 외에는 아무 역할도 하지 못하는 사회적 기생충과 무능력자의 길을 말이다. 공공서비스 기관들은 자신들의 합법성은 점점 더 상실하고 있으면서도 스스로는 옳다고 하는 존재가 될 것이다. 분명히 말하건대, 공공서비스 기관들 가운데 표면상으로는 가장 강력한 조직인 노동조합에서 그런 일이 벌어지고 있다. 그러나 사회가 급격히 변하고, 새로운 도전과 새로운 요구와 새로운 기회를 만난다 해도 공공서비스 기관들은 필요하다.

미국의 공립학교는 기회와 위험 둘 다를 보여주는 좋은 예다. 미국의 공립학교가 솔선해 혁신을 하지 않는다면, 그것은 빈민가의 소수 인구를 위한 학교로서는 남아 있을지 모르지만 20세기에도 살아남을 것 같지가 않다. 역사상 처음으로, 미국은 매우 가난한 사람들을 제외하고는 모두 공립학교에 들어가지 않는 교육상 계급구조 문제라는 위험에 직면하고 있다. 미국 인구 대부분이 살고 있는 도시와 교외 지역은 적어도 그런 현상이 나타나고 있다. 그리고 공립학교를 개혁하는 데 필요한 것이 무엇인가 하는 것은 이미 알려져 있기 때문에(제9장 참조), 이 문제는 전적으로 공립학교 자체의 잘못이다.

다른 많은 공공서비스 기관들도 비슷한 상황에 직면하고 있다. 지식은 이미 확보되어 있다. 혁신의 필요성도 분명하다. 공공서비스 기관들은 기업가정신과 경영혁신을 자신들의 조직 속에 확립시키는 방법을 배워야만 한다. 그렇지 않으면, 기존의 공공서비스 기관들은 경쟁력 있는 기업가적 공공서비스 기관을 만들어 기존의 것들을 쓸모없는 것으로 만들어버릴 국외자에게 자리를 빼앗기는 처지가 될 것이다.

19세기 후반과 20세기 초반은 공공서비스 분야에서 엄청난 창의성과 경영혁신을 실현한 시대였다. 19세기 후반부터 1930년대에 이르는 75년 동안, 사회적 혁신은 기술적 혁신을 능가하지는 못한다 해도 그와 비슷하게 역동적이었고, 생산적이었으며, 급속하게 추진되었다. 그러나 이 기간 동안 사회적 혁신은 새로운 공공서비스 기관을 창출하는 형태를 취했다. 오늘날 우리가 갖고 있는 대부분의 공공서비스 기관들이 현재의 모습과 사명을 갖게 된 것은 그 역사가 60년 또는 70년을 넘지 않는다. 다음 20년 또는 30년은 매우 다를 것이다. 앞으로 사회적 혁신의 필요성은 더욱더 커질 것이지만, 그것은 거의 대부분 기존의 공공서비스 기관들 내부에서 일어나는 사회적 혁신일 터다. 따라서 기존의 공공서비스 기관 내부에 기업가적 경영관리 방식을 확립시키는 일이야말로 우리 세대가 당면한 가장 중요한 정치적 과제가 될 것이다.

15 | 새로운 벤처기업

기존의 조직에 관한 한, 그것이 기업이든 공공서비스 기관이든 간에, '기업가적 경영관리(entrepreneurial management)'라는 용어를 구사할 때 그 지배적 단어는 '기업가적'이라는 부분이다. 그러나 새로운 벤처기업(new venture)에 있어 그것은 '경영관리'다. 기존의 기업이 기업가정신을 추진하지 못하도록 막는 주요 장애물은 이미 존재하고 있는 사업들이다. 새로운 벤처기업에는 그런 것들이 없다.

새로운 벤처기업은 아이디어를 갖고 있다. 그것은 제품일 수도, 서비스일 수도 있다. 심지어 그것은 매출액을 올리는 것, 그리고 때로는 매우 엄청난 매출액을 올리는 것일 수도 있다. 또한 그것은 수익을 올리는 것, 그리고 더 나아가 이익을 남기는 것일 수도 있다. 그러나 새로운 벤처기업이 제대로 갖추지 못한 것은 '사업'이다. 다시 말해 그 사업의 방향이 어딘지, 그 사업이 해야 할 것이 무엇인지, 그리고 그 결과가 무엇이며 또한 무엇이 되어야 하는지를 구성원들이 알고 있는, 경쟁력을 보유하면서 가동되고 있는 조직된 '현재 가동되고 있는' 사업이 없다는 것이다. 새로운 벤처기업이 새로운 사업으로 발전되지 않으면, 그리고 확실히 '관리'되지 않으면, 그것이 아무리 훌륭한 기업가적 아이디어라 하더라도, 그것이 아무리 돈을 많이 번다고 해도, 그것이 아무리 좋은 제품이라 해도, 또는 그것에 대한 수요가 아무리 많다 해도 그것은 살아남지 못할 것이다.

이런 사실을 받아들이지 않았기 때문에 19세기 최대 발명가 에디슨이 시작한 모든 벤처기업은 실패하고 말았다. 에디슨의 야망은 사업가로서 성공해 대기업 사장이 되는 것이었다. 그는 뛰어난 사업계획가였으므로 사업도 성공했어야만 했다. 그는 자신이 발명한 전구를 판매하기 위해서는 어떤 식으로 전력회사를 세워야 하는지 정확하게 알고 있었다. 그는 벤처기업의 설립에 필요할 수도 있는 모든 자금을 조달하는 방법을 정확하게 알고 있었다. 그의 제품은 곧 성공을 거두었고 수요도 실질적으로 끊임없었다. 그러나 에디슨은 여전히 기업가로 남아 있었다. 그보다는 차라리 그는 '경영관리'를 한다는 것은 보스가 되기만 하면 저절로 되는 것으로 간주했다는 것이 더 정확했다. 그는 경영관리팀을 만들기를 거부했다. 그 결과 4~5개 회사나 되는 그의 회사들은 모두 중규모로 커지자마자 불명예스럽게 무너지고 말았는데, 에디슨이 스스로 물러나고 전문경영자가 들어서면서 회사를 회생시켰다.

새로운 벤처기업에 있어 기업가적 경영관리에는 네 가지 요건이 필요하다.

첫째, 시장에 초점을 맞추어야 한다.

둘째, 재무예측 능력을 필요로 하며, 특히 현금흐름과 미래에 필요한 자본수요에 대한 계획을 갖고 있어야 한다.

셋째, 최고경영자팀을 구성해야 하며, 그것도 새로운 벤처기업이 실제로 필요하기 훨씬 이전에, 그리고 그것을 확보할 여유가 생기기 훨씬 이전에 구성해야 한다.

넷째, 창업자는 자신의 기업에서 자신이 맡을 역할, 일의 범위, 그리고 다른 사람들과의 관계를 결정해 놓을 것을 필요로 한다.

1

시장에 초점을 맞추어라

새로운 벤처기업이 최초의 기대에 부응하지 못하고 실패하거나 또는 심지어 아예 사라져버리는 일반적인 이유는 "다른 경쟁자가 등장해 시장을 빼앗아 가기 전까지 우리는 잘 하고 있었다. 진정 일이 왜 이렇게 됐는지 이해할 수가 없다. 경쟁자가 제공하는 것들은 우리가 이미 하고 있는 사업들과 별로 다른 것도 아니었다"라는 것이다. 또는 다음과 같은 변명을 듣기도 한다. "우리는 정말 잘 하고 있었는데, 경쟁자들이 우리가 그전에 한번도 들어보지 않았던 물건을 우리 고객에게 팔기 시작하더니, 어느 날 갑자기 우리의 시장마저도 빼앗아 가버렸다."

새로운 벤처기업이 성공하는 것을 보면, 많은 경우 그것이 애초에 상대하려 했던 시장이 아닌 다른 시장에서, 그것이 최초에 공급하려 했던 제품 또는 서비스와는 상당히 다른 것들로서, 처음에는 생각도 하지 않았던 고객들이 주로 구입하기 때문에, 그리고 그것을 처음 디자인했을 때 노렸던 용도와는 다른 목적에 사용되어 성공하게 된다. 만약 새로운 벤처기업이 이런 사실을 감안하지 않으면, 다시 말해 별로 기대하지 않았고 또 예측하지 않았던 시장의 이점을 살릴 준비를 스스로 하고 있지 않으면, 그리고 만약 전적으로 시장에 초점을 맞추지 않고, 또한 시장지향적이지 않으면, 그것은 경쟁자를 위한 기회를 창출하는 데 성공하고 마는 격이 된다.

모든 일에는 분명 예외가 있다. 한 특정 용도에 적합하게 고안된 제품은, 특히 과학적·기술적 제품은 종종 목표시장에서 오래 유지되며 또한 애당초 고안된 그 용도대로 사용된다. 그러나 항상 그런 것은 아니다. 심지어 어떤 질병에 대한 처방약이라 해도, 그리고 그 효력이 증명된 약이라 해도 때로는 전혀 다른 질병에 최종적으로 쓰이기도 한다. 한 예가 위궤양에 효과적으로 쓰이던 어느 합성의약품이다. 그리고 일차적으로 인간의 질병에 사용하려고 만들었던 것이 주로 동물약품 시장에서 팔리는 경우도 있다.

전혀 새로운 어떤 물질이 등장하면 그것은 과거 아무도 상상조차 못했던 시장을 창출한다. 1960년경 제록스 복사기가 처음 등장하기 전까지는 아무도 자신이 사무용 복사기를 필요로 한다는 사실을 알지 못했다. 5년 후에는 복사기 없이도 사무를 볼 수 있다고 생각하는 회사가 없었다. 첫번째 제트기가 하늘을 날기 시작했을 때, 그 당시 최고의 시장조사자는 서비스 중이거나 서비스를 추진 중인 모든 대서양 횡단 비행사가 수송할 승객이 턱없이 부족하다고 발표했다. 그로부터 5년 후, 대서양 횡단 제트 여객기는 그 이전에 대서양을 건넜던 승객들보다도 매년 50~100배나 더 많은 승객들을 수송했다.

혁신가는 한정된 비전을 갖고 있으며, 사실 시야가 좁다. 혁신가는 다른 모든 분야는 보지 못하고, 자신이 잘 아는 분야만 본다.

한 예가 DDT다. 제2차 세계대전 중 열대 곤충과 기생충으로부터 미군을 보호하기 위해 개발된 DDT는 나중에 동물과 농작물을 곤충으로부터 보호하는 농업분야에서 가장 큰 용도를 발견하게 되었다. 그것은 너무도 효과가 커서 결국에는 사용금지 처분이 내려졌다. 하지만 제2차 세계대전 중 DDT를 개발한 뛰어난 과학자들 가운데 누구도 DDT의 다른 용도를 미리 내다보지 못했다. 물론 그들은 어린 아이가, 파리가 옮기는 '여름' 설사 때문에 죽는다는 것은 알고 있었다. 물론 그들은 동물과 농작물이 곤충과 기생충으로부터 피해를 본다는 것도 알고 있었다. 그러나 그들은 그런 것을 비전문가로서 알고 있었다. 전문가로서 그들이 알고 있는 것은 열대 지방의 인간이 앓는 질병이었다. 그 다음 DDT를 자신이 '전문가' 인 분야에, 즉 자신의 주택, 자신이 기르는 소, 그리고 자신의 목화밭에 뿌린 것은 평범한 미군들이었다.

마찬가지로 3M은 공업용으로 발명한 접착 테이프가 가정과 사무실에서 엄청나게 많이 쓰인다는 것을 발견했다. 그것이 바로 스카치테이프다. 그 이전에 3M은 기업을 대상으로 오랫동안 연마석과 접착제를 납품했고, 그 산업용 시장에서 꽤나 성공하고 있었다. 3M은, 소비자 시장은 꿈도 꾼 적이 없었다. 공업 분야를 제외하면 수요가 없는 공업용 제품을 개발한 기술자가 그런 제품도 소비자 시장에서 팔릴 수 있다는 점을 인식하게 된 것은 전적으로 우연한 사건 때문이었다. 전해오는 이야기에 따르면, 그는 회사가 이미 폐기 처분하기로 결정한 공업용 접착제 샘플 몇 개를 집에 가져왔단다. 놀랍게도 그의 십대 딸들이 자신들의 곱슬머리가 펴지도록 그것을 밤새 사용하기 시작한 것이었다. 이 이야기에서 유일하게 특이한 점은, 그 기술자와 그의 상사가 그들이 우연하게 새로운 시장을 만나게 되었다는 사실을 즉각 알아챘다는 것이다.

1905년 독일의 한 화학자가 처음으로 국부마취제 노보카인(Novocain)을 개발했다. 그러나 그는 그것을 사용할 의사를 구하지 못했다. 의사들은 전신마취제를 좋아했다(그들은 제1차 세계대전 중에 겨우 노보카인을 쓰기 시작했다). 그러나 전혀 예상 밖으로, 치과의사들이 이를 사용하기 시작했다. 그렇게 되자, 전해지는 이야기로 그 화학자는 노보카인을 치과용으로 사용하지 않도록 설득하기 위해 독일 전역을 돌아다니기 시작했다. 그 이유는 어처구니없게도 그가 그것을 치과용으로 개발한 것이 아니었다는 것이다!

내 생각에도 그런 반응은 좀 지나친 것이었다. 어쨌든, 기업가들은 그들의 혁신이 무엇에 기여해야 하는지를 '알고' 있다. 그리고 만약 그것에 대한 어떤 다른 용도가 발견되면 그들은 그것에 대해 불쾌하게 생각하는 경향이 있다. 그들은, 자신들이 '계획' 하지 않았던 고객에게 공급하는 것을 실제로 거절하지는 않을지도 모르지만, 그런 고객들은 달가워하지 않는다는 것만큼은 분명히 해둘 가능성이 매우 높다.

그런 일이 바로 컴퓨터 산업에서 일어났던 것이다. 최초의 컴퓨터를 개발한 회사, 즉 유니박(Univac)은 자신의 거창한 기계가 과학연구용으로 개발되었다는 사실을 알고 있었다. 따라서 유니박은 어떤 회사가 그것을 사무용으로 관심을 보였을 때 심지어 판매원조차 보내지 않았다. 추측건대, 유니박은 그 회사에 근무하는 사람들은 도대체 컴퓨터가 무엇인지도 모를 것이라고 생각했을 것이다. IBM도 마찬가지로 컴퓨터는 과학연구를 위한 도구라고 확신했다. IBM의 컴퓨터는 특히 천문학 계산 용도로 설계되었다. 그러나 IBM은 기업으로부터 주문을 받고 또한 그들을 고객으로 대접할 의사가 있었던 것이다. 그로부터 10년 후, 1960년경 유니박은 여전히 최첨단의, 최고의 컴퓨터를 생산하고 있었다. 그러나 컴퓨터 시장을 장악한 것은 IBM이었다.

이런 문제에 대한 교과서적 처방은 '시장조사'다. 그러나 그것은 틀린 처방이다.

우리는 전적으로 새로운 어떤 것에 대해서는 시장조사를 할 수가 없다. 우리는 아직 시장에 나오지도 않은 어떤 것에 대해 조사를 할 수가 없다는 말이다. 1950년경 유니박이 실시한 시장조사에 따르면 2000년까지 컴퓨터는 약 1,000대가량 팔린다는 것이었다. 하지만 1984년 판매된 실제 숫자는 대략 100만 대였다. 게다가 그 시장조사는 그 때까지 실시된 시장조사로서는 가장 '과학적'이었고, 주의 깊게 추진되었으며, 철저한 것이었다. 그것과 관련해서는 단 한 가지 잘못밖에 없었다. 그 당시 모든 사람이 공유했던 생각으로서 컴퓨터는 첨단 과학연구에만 사용된다는 가정 아래 시작한 것이었다. 그리고 그런 용도뿐이었다면 컴퓨터의 판매 숫자는 정말이지 꽤 한정적일 수밖에 없다. 마찬가지로, 제록스의 특허를 거절한 많은 회사들은 철저한 시장조사를 통해 그것을 거절했는데, 시장조사에 따르면 인쇄업자들은 전혀 복사기를 사용할 필요가 없다는 것이었다. 그 누구도 기업이, 학교가, 대학이, 그리고 여러 분야에 종사하는 개인들이 복사기를 구입할 것이라는 사실을 눈치 채지 못했던 것이다.

그러므로 새로운 벤처기업은 다음과 같은 가정 아래 출발할 필요가 있다. 자신의 제품 또는 서비스는 아무도 생각지 않았던 시장에서 고객을 발견할 수도 있으며, 제품 또는 서비스가 디자인될 무렵에는 아무도 예측하지 못한 용도로 사용하는 고객을 발견할 수도 있으며, 새로운 벤처기업이 비전을 갖고 있는 분야가 아닌, 그리고 심지어 새로운 벤처기업이 전혀 알지 못했던 분야의 고객이 그것들을 구입할 수도 있다는 점이다.

만약 새로운 벤처기업이 애당초 그런 시장에 대해 초점을 맞추지 않는다면, 새로운 벤처기업이 만들 가능성이 있는 시장은 결국 경쟁자만 좋게 할 따름이다. 몇 년 뒤에는 '그런 경쟁자들'이 시장에 나타나서는 '우리가 만든 시장'을 빼앗아 가거나, '우리가 들어본 적도 없는 고객들에게 판매'하기 시작한 '그런 경쟁자들'이 어느 날 갑자기 진정 시장을 석권하게 될 것이다.

새로운 벤처기업이 시장에다 초점을 맞추는 일은 사실상 그다지 어려운 것이 아니다. 그러나 그 경우 필요한 것은 일반적인 기업가가 즐기는 성향과는 다른 방향으로 집행하는 것이다. 첫째, 새로운 벤처기업이 이룩한 예기치 못했던 성공과 예기치 못했던 실패 둘 다를 체계적으로 분석해야 한다 (제3장 참조). 기업가들이 흔히 하는 식으로, 예기치 않았던 것을 '예외적인 것'으로 취급해 무시할 것이 아니라 새로운 벤처기업의 경영자들은 바깥으로 나가서 그것을 주의 깊게, 그리고 분명한 기회로 인식하고서 조사할 필요가 있다.

제2차 세계대전 직후, 인도의 어느 소규모 기계회사는 가벼운 원동기가 달린 유럽식 디자인의 자전거를 생산할 수 있는 특허를 취득했다. 그것은 인도 사람에게 적합한 제품으로 보였다. 그렇지만 잘 팔리지 않았다. 그러다가 이 소규모 회사의 사장은 자전거 전체가 아니라 원동기만 사겠다는 주문이 상당히 많다는 것을 알아차렸다. 처음에 그는 그 주문들을 거절할까도 생각했다. 이렇게 작은 원동기로 누가 도대체 무엇을 할 수가 있단 말인가? 그로 하여금 주문이 들어온 실제 현장에 가보도록 한 것은 순전히 호기심 때문이었다. 거기서 그는 농부들이 자전거에서 원동기를 분리하고는 지금까지 손으로 작동하던 관개용 펌프를 돌리는 데 사용한다는 사실을 발견했다. 그 회사는 지금 세계 최대 소규모 관개 펌프 제조업자가 되어, 그것들을 수백만 개나 팔고 있다. 그가 만든 펌프는 동남아 전역에 걸쳐 농업을 혁신했다.

새로운 벤처기업이 시장지향적이기 위해서는 실험정신이 있어야 한다. 새로운 벤처기업의 제품이나 서비스에 대해 원래 계획에는 없는 소비자나 시장에서 흥미를 유발하려면, 벤처기업은 그 신제품과 서비스를 사용해 보고 어떤 다른 용도가 있는지 파악해 보려는 의도가 있는 사람을 골라 새로운 용도와 예상치 못했던 시장을 찾으려 노력해야 한다. 벤처기업은 '있을 법하지 않은 시장'에 종사하는 사람들에게 공짜로 샘플을 제공해 그것으로 무엇을 할 수 있을지, 그들이 아예 그 물건을 사용할 수는 있는지, 또는 그들이 고객이 되도록 하기 위해서는 그 제품을 어떻게 바꾸어야 할지를 파악해야 한다. 그러다가 흥미를 보이는 새로운 용도가 제안되면, 업자들이 보는 협회지에다 이 사실을 선전하는 것도 한 방법이다.

듀폰은 자사가 개발한 새로운 나일론 섬유가 주로 자동차 타이어에 사용되리라고는 꿈도 꾸지 않았다. 그러나 아크론(Akron)에 소재한 한 타이어 공장이 나일론에 대해 관심을 보이자 듀폰은 그 지역에 공장을 세웠다. 몇 년 뒤 타이어는 나일론 섬유의 가장 큰, 가장 수지맞는 시장이 되었다.

예기치 못했던 시장에서의 예기치 못했던 관심이 진정한 잠재시장을 암시하는지, 또는 어쩌다 그렇게 된 일시적인 것인지를 파악하는 데는 엄청나게 많은 돈이 들지는 않는다. 민감도 분석(sensitivity analysis)과 약간의 체계적인 연구만 하면 된다.

무엇보다도, 새로운 벤처기업을 경영하는 사람들은 바깥에 나가서 시간을 보낼 필요가 있다. 시장에서 고객과 함께, 자신들의 판매원과 더불어 보고 듣고 해야 한다. 새로운 벤처기업은, '제품' 또는 '서비스'가 생산자에 의해서가 아니라 고객에 의해 규정된다는 것을 스스로 상기시키는 체계적인 관습을 구축하지 않으면 안 된다. 자사의 제품 또는 서비스가 고객에게 제공하는 효용 및 가치와 관련해 새로운 벤처기업은 스스로 좀더 나은 것을 제공하려는 노력을 끊임없이 할 필요가 있다.

새로운 벤처기업에게 있어 최대 위험은, 제품 또는 서비스가 무엇인지 또는 무엇이어야 하는지, 그것은 어떻게 구입되어야 하는지, 그리고 무엇에 쓰여져야 하는지를 고객보다 '더 잘 알고' 있다는 것이다. 무엇보다도, 새로운 벤처기업은 예기치 못했던 성공을 자신들의 전문성에 대한 모욕이 아니라 기회로 보려는 태도가 필요하다. 그리고 그것은 마케팅의 기본적 원리, 즉 "기업은 고객을 개조함으로써 돈을 버는 것이 아니다"라는 것을 받아들일 필요가 있다. 기업은 고객을 만족시킴으로써 돈을 번다.

2

재무예측 능력이 필요하다

시장에다 초점(market focus)을 맞추지 못하는 것은 '신생아', 즉 새로운 벤처기업 초기의 전형적인 질병이다. 그것은 새로운 벤처기업이 그 도입단계에 걸릴 수 있는 가장 심각한 질병이다. 그리고 그것은 살아난 벤처기업마저도 영원히 영양결핍증에 빠질 수 있도록 하는 질병이다.

이와는 대조적으로 적절한 재무 초점(financial focus)의 부족, 그리고 적당한 재무정책의 부족은 성장과정의 그 다음 단계에 처해 있는 새로운 벤처기업에 대한 최대 위협이다. 무엇보다도, 그것은 급속히 성장하는 새로운 벤처기업에게 큰 위협이다. 새로운 벤처기업이 성공하면 할수록, 재무예측 능력의 부족은 더욱더 위험하다.

새로운 벤처기업이 그 제품 또는 서비스를 성공적으로 시장에 진입시켜 급속도로 성장한다고 가정하자. 그것은 '급속히 증가하는 이익'을 보고하면서 장밋빛 보고서를 발표한다. 그 다음 주식시장은 이 새로운 벤처기업을 '발견'하게 되는데, 특히 그것이 첨단기술 회사이거나 첨단 분야는 아니라 해도, 최근 유행하고 있는 분야인 경우 한층 더 각광을 받는다. 각종 예측은 새로운 벤처기업의 매출액이 5년 이내에 10억 달러에 이를 것으로 내다볼 것이다. 18개월 후, 새로운 벤처기업은 붕괴한다. 회사는 청산하거나 파산하지 않을지도 모른다. 그러나 회사는 갑자기 적자를 내더니, 250명 종업원 가운데 180명을 정리해고하고, 낮은 가격으로 대기업에 팔릴 지경이 된다. 원인은 언제나 같다. 그것은 첫째, 현금의 부족, 둘째, 확장에 필요한 자본조달 능력 부족, 셋째, 지출과 재고관리 및 채권의 미회수 등이다. 이 세 가지 재무적 질병은 종종 동시에 닥치기도 한다. 그러나 이들 세 가지 중 하나만으로도, 새로운 벤처기업의 생명까지는 아니라 해도 건강을 위협받는다.

일단 재무상의 위기가 발생하면, 그것은 많은 어려움과 상당한 고통을 겪고 나서야 겨우 치유된다. 그러나 그것은 현명하게 예방할 수 있다.

새로운 벤처기업을 시작하는 기업가들은 돈에 무관심한 경우가 드물다. 그 반대로, 그들은 돈에 욕심을 부리는 경향이 있다. 그러므로 그들은 이익에 초점을 맞춘다. 그러나 그것은 새로운 벤처기업으로서는 잘못된 초점으로서, 차라리 그것은 처음에 초점을 맞출 것이 아니라 뒤로 미루어놓아야 하는 것이다. 현금흐름, 자금조달, 그리고 재무통제가 훨씬 더 중요하다. 그것들을 해결하지 않고는, 이익을 나타내는 숫자는 허구다. 12~18개월까지는 지탱하겠지만, 그 뒤에는 사라지고 만다.

성장하려면 먹어야 한다. 재무적 용어로 그것은, 새로운 벤처기업의 성장은 재무적 자원의 수확이 아니라 그것의 투입을 요구한다는 것을 의미한다. 성장은 좀더 많은 현금, 그리고 좀더 많은 자본을 필요로 한다. 만약 새로운 벤처기업이 '이익'을 기록한다면 그것은 허구다. 그것은 오직 계정과목들을 균형 맞추기 위한 회계상 처리에 지나지 않는다. 그리고 대부분의 국가에서 이런 허구의 이익에 대해 과세를 하기 때문에, 그것은 부채를 계상하도록 하고, 또한 '잉여금'이 아니라 현금유출을 발생시킨다. 새로운 벤처기업이 건강하면 할수록, 그리고 빨리 성장하면 할수록, 그것은 더 많은 재무적 자원을 요구하게 된다. 신문과 주식시장의 홍보물의 총아인 새로운 벤처기업, 급속한 이익 증가와 '기록적 이익'을 실현하고 있는 새로운 벤처기업 등은 2년 뒤 절망적 위기에 빠질 가능성이 가장 높은 회사들이다.

새로운 벤처기업은 현금흐름 분석, 현금흐름 예측, 그리고 현금관리가 필요하다. 지난 수 년 간 미국의 새로운 벤처기업들이, 과거의 모험기업들이 했던 것보다 훨씬 더 경영을 잘 해오고 있는 이유는(상당수 첨단기업들은 제외하고) 대체로 미국의 새로운 벤처기업가들이 기업가정신은 재무관리를 동반해야 한다는 것을 배웠기 때문이다.

현금관리는 만약 믿을 만한 현금흐름 예측만 있으면, 즉 희망사항이 아니라 '최악의 경우'에 대비한 가정을 의미하는 '믿을 만한' 예측만 있으면 꽤나 쉽다. 이와 관련해 예로부터 전해오는 은행가들이 즐겨 사용하는 주먹구구식 규칙이 하나 있다. 그것에 따르면 현금수입과 현금지출을 예측하는 데 있어 우리는 지불청구서를 예상 일자보다 60일 전에 지불해야 할 것이고,

받을 계정은 60일 이후에 입금된다고 가정해야 한다는 것이다. 만약 그 예측이 지나치게 보수적이라면, 그것으로 인한 최악의 경우는 일시적인 현금 과잉 상태일 것이다. 사실 그런 예는 성장하는 새로운 벤처기업에 있어서는 거의 일어나지 않는다.

성장하는 새로운 벤처기업은 12개월 후에 현금을 얼마나, 언제, 그리고 무슨 목적으로 필요로 하는지 알고 있어야만 한다. 1년 정도의 준비기간이라면, 새로운 벤처기업은 현금수요를 확보하는 것이 거의 언제나 가능하다. 그러나 비록 새로운 벤처기업이 잘 하고 있다 해도 갑작스럽게, 그리고 '위기' 상황에서 현금을 조달하는 것은 절대 쉬운 일이 아니며, 또한 언제나 필요 이상의 높은 조달비용을 지급해야 한다. 게다가 그런 경우 새로운 벤처기업은 회사의 주요 인재들을 가장 중요한 시기에 본연의 업무와 관계없는 일에 관심을 쏟도록 한다. 그렇게 되면 그들은 수 개월 동안 자신들의 시간과 정력을 여기저기 금융기관을 찾아다니는 데에, 그리고 미심쩍은 재무계획서를 수없이 작성하는 데에 소모하고 만다. 그 결과, 대체로 그들은 90일간의 현금결제를 해결하기 위해 기업의 장기적 미래를 담보로 잡히고 만다. 드디어 그들이 다시 자신들의 시간과 두뇌를 사업에 투입할 수 있게 될 때면, 그들은 좋은 기회를 돌이킬 수 없이 놓치고 말았다는 것을 알게 된다. 그렇게 되는 이유는, 거의 원칙적으로, 새로운 벤처기업은 기회가 가장 좋을 때 현금부족 사태에 빠지기 때문이다.

성공적인 새로운 벤처기업은 또한 자신의 재무구조 이상으로 고도성장할 수도 있을 것이다. 상당한 경험적 증거를 가진 주먹구구식 원칙에 따르면, 새로운 벤처기업의 판매주문(청구서 발행)이 40~50% 정도 증가할 때마다, 새로운 벤처기업은 그 자본 조달력을 초과해 성장한다는 것이다. 그런 성장을 기록한 새로운 벤처기업은 당연히 새로운, 그리고 다른 재무구조를 필요로 한다. 새로운 벤처기업이 성장하게 되면 사적으로 자금을 조달하는 것은, 그것이 소유주 자신과 그 가족의 것이든 아니면 또는 외부의 것이든 간에, 충분하지 않게 된다. 새로운 벤처기업은 주식을 '공개'하거나, 기존의 한 기업 또는 여러 기업과 합작을 하거나 또는 보험회사 및 연금기금으로부터 자금을 조달하는 등 좀더 규모가 큰 자금원에 접근하는 길을 찾아야만 한다. 자기자본으로 자금을 확보한 새로운 벤처기업은 이제 장기부채 시장으로 전환해야 하며, 그 반대의 경우도 마찬가지다. 새로운 벤처기업이 성장하게 되면, 기존의 재무구조는 언제나 충분하지 못한 것이 된다. 그리고 심지어 장애가 되기도 한다.

새로운 벤처기업의 경우 자본계획이 비교적 쉬울 수도 있다. 만약 사업 내용이 단순하고 또 전적으로 한 지역을 상대로 하는 것이면, 예컨대 체인 레스토랑, 도시마다 운영하는 독자적인 외과센터나 개인 병원, 여러 대도시에서 독립적으로 운영하는 주택업자 및 전문점 등은 각각 별도의 사업인 양 재무계획을 수립할 수도 있다. 이에 대한 한 해결책은 프랜차이즈 계약을 맺는 것이다(이는 본질적으로 급성장할 때 자금을 조달하는 방법이다). 다른 한 방법은 각 지역별 단위사업을 독자적인, 그리고 때로는 지방의 투자자를 '유한' 동업자로 영입한 하나의 회사로 간주하는 것이다. 그리하여 성장과 확대에 필요한 자본은 차근차근 조달되고, 앞서 시작한 단위사업의 성공은 그 다음 사업의 투자자를 모으는 데 필요한 입증자료가 되고 또한 유인이 된다. 그러나 그것은 다음과 같은 경우에만 해당된다. (a) 각각의 단위사업이 매우 빠른 기간 내에, 적어도 2~3년 내에는 손익분기점에 도달하는 경우, (b) 영업활동이 정해진 절차대로 진행되고, 그래서 전형적인 프랜차이즈 가맹자, 지방의 독자적인 외과센터를 경영하는 사람과 같이 경영능력이 뛰어나지 않은 사람이 별달리 감독을 받지 않고도 정상적으로 업무를 처리할 수 있는 경우, (c) 개별 사업단위 그 자체가 비교적 빠른 속도로 적정 규모에 도달해 더 이상 자신을 위해서는 자본이 필요하지 않고 오히려 새로운 사업단위를 출범하는 데 필요한 자금을 제공할 수 있을 정도로 현금을 창출할 수 있는 수준을 넘는 경우.

독자적인 사업단위로서 자금을 조달할 수 없는 새로운 벤처기업들에게 있어 자본조달 계획은 생존에 필수적이다. 만약 성장하는 새로운 벤처기업이 자본소요 계획과 자본구조를 3년 앞서 현실적으로 수립한다면 그 회사는 필요로 하는 자금을 필요한 때에, 필요한 형태로 확보하는 데 어려움을 겪지 않을 것이다. 만약 회사가 그런 계획을 자본조달 능력을 넘어설 때까지, 그리고 자본구조가 감당할 수 없는 지경이 될 때까지 미루게 되면 그것은 회사의 생존을, 그리고 확실한 것은 경영권을 위협받게 된다. 적어도 창업자들은 자신들이 온갖 기업가적 위험을 무릅쓰고 열심히 일했지만 기껏 다른 사람들의 배만 불리는 꼴이 되었음을 알게 될 것이다. 드디어 그들은 소유주에서 종업원으로 전락하고, 새로운 투자자들이 경영자가 된다.

마지막으로, 새로운 벤처기업은 성장에 필요한 자금 관리를 위해 재무 시스템을 계획할 필요가 있다. 되풀이 말하거니와, 성장하는 새로운 벤처기업은 우수한 제품, 우월한 시장 지위, 그리고 뛰어난 성장 전망을 바탕으로 출발한다. 그 다음 갑자기 모든 것이 통제불능 상태에 빠진다. 받을 어음, 재고, 제조원가, 일반 관리비, 서비스, 유통, 기타 모든 것이 제대로 돌아가지 않게 된다. 일단 한 분야가 통제하기 어려워지면, 나머지 모두가 어려워진다. 그 회사는 통제능력 이상으로 웃자라버린 것이다. 통제력을 다시 회복할 즈음 시장은 이미 빼앗겼고, 고객은 등을 돌리지는 않는다 하더라도 불만족스러워하고, 유통업자들은 회사를 신뢰하지 않게 된다. 무엇보다도 큰 문제는 종업원들이 경영자를 신뢰하지 않게 된다는 것인데, 이는 당연하다.

급성장은 언제나 기존의 통제력을 진부하게 만든다. 다시 말해 양적으로 40~50% 성장하는 것이 중요한 분기점으로 보인다.

일단 관리능력을 상실하게 되면 다시는 회복하기가 어렵다. 그러나 관리능력의 상실은 꽤나 쉽게 방지할 수 있다. 해야 할 일은 먼저 기업 내에서 결정적으로 중요한 분야를 철저히 생각하는 것이다. 어떤 회사에서는, 그것이 품질일 수도 있다. 또 어떤 회사에서는 서비스, 세번째 회사에서는 받을 채권과 재고관리, 네번째 회사에서는 제조원가일 수도 있다. 어느 회사를 들여다보아도 결정적으로 중요한 분야는 4~5개를 넘지 않는다(그러나 경영관리비는 언제나 이 속에 포함되어야 한다. 수익과 비교해 경영관리비가 차지하는 비율이 과도하고 또 빨리 증가하는 것은, 회사가 실제로 성장하는 것보다 경영관리 업무에 종사하는 사람들을 더 빠른 속도로 고용하고 있음을 뜻하는 것으로, 대체로 회사가 통제력을 상실하고 있다는 첫번째 증후이고, 회사의 경영구조와 관행이 과업 수행에 더 이상 적합하지 않다는 것을 알려주는 최초의 경고다).

새로운 벤처기업의 기대 성장에 부응하기 위해서는, 새로운 벤처기업은 3년 후에 필요하게 될 이런 중요한 분야에 대한 통제능력을 지금 확립해야만 한다. 정교한 통제력은 필요하지도 않으며 통제에 필요한 숫자가 오직 개략적이라 해도 상관이 없다. 중요한 것은 새로운 벤처기업의 경영자가 이런 중요한 분야들을 알고 있고, 그것을 항상 잊지 않으며, 그 결과 만약 필요할 때 재빨리 대응할 수 있어야 한다는 것이다. 만약 중요한 분야에 충분한 주의를 기울이고 있다면, 정상적인 경우 혼란은 생기지 않는다. 그렇게 되면 새로운 벤처기업은 필요할 때 필요한 통제력을 발휘할 수가 있다.

재무예측은 그렇게 많은 시간을 필요로 하지 않는다. 그러나 생각은 상당히 많이 해야 한다. 재무예측에 필요한 기술적 도구는 쉽게 이용할 수 있다. 그것은 관리회계에 관한 대부분의 교과서에 서술되어 있다. 그러나 그 작업은 기업 스스로가 하지 않으면 안 될 것이다.

3

최고경영자팀의 구축

새로운 벤처기업이 목표 시장에서 스스로 성공적으로 자리를 잡았고, 그 다음 자신이 필요로 하는 재무구조와 재무관리 시스템도 성공적으로 구축했다고 하자. 그럼에도 불구하고, 수 년 뒤 새로운 벤처기업은 여전히 심각한 위기에 봉착할 수 있다. 회사가 '성인'이 될 문턱에 도달한 것으로 보일 그 무렵, 성공적인, 잘 조직된, 잘 돌아가는 회사가 아무도 이해하지 못하는 곤경에 빠지고 만다. 제품은 일류이고, 미래의 전망 또한 밝은데도 불구하고 사업은 전혀 성장하지 않는다. 수익성도 품질도, 다른 어떤 중요한 분야도 성과를 올리지 못한다.

그 원인은 언제나 똑같다. 최고경영자의 역량 부족 말이다. 회사는 한 사람 또는 두 사람이 경영하기에는 훨씬 성장했고, 이제는 최고경영층에 경영자팀이 필요하게 된 것이다. 만약 회사가 그 무렵 이미 경영자팀을 구성하고 있지 않았다면, 그것은 매우 늦은 것이다. 사실은, 대개의 경우 너무 늦었다. 그 경우 회사가 기대할 수 있는 최상의 것은 회사가 존속이라도 하는 것이다. 그러나 존속하더라도 회사는 영원히 절름발이가 되거나 그 후 몇 년 간 출혈이 멎지 않는 상처 때문에 고통을 받게 될 것이다. 종업원의 사기는 떨어지고, 회사 전반에 걸쳐 종업원들은 환멸에 빠져 냉소적으로 변한다. 그리고 사업을 창립하고 기반을 닦은 사람들은 거의 언제나 쓴맛을 보고 후회하면서, 사외로 밀려나고 만다.

치료방법은 간단하다. 새로운 벤처기업이 경영자팀을 구축해야만 하는 시점에 이르기 전에 그것을 구축하는 것이다. 팀이라는 것이 하룻밤 사이에 만들어질 수는 없다. 팀이 기능을 발휘할 수 있기까지는 상당 기간을 필요로 한다. 팀은 상호 신뢰와 상호 이해를 바탕으로 구축되며, 여기에는 수 년이 걸린다. 내 경험으로는, 최소한 3년은 걸린다.

그러나 규모가 작고 성장과정에 있는 새로운 벤처기업은 최고경영자팀을 갖출 여유가 없다. 다시 말해 새로운 벤처기업은 높은 직함, 그리고 그에 걸맞은 급여를 주어야 할 여섯 명가량의 경영자팀을 유지할 수가 없다. 사실 규모가 작고 성장과정에 있는 회사에서는, 매우 적은 수의 사람들이 회사가 부딪히는 모든 업무를 처리한다. 그렇다면 새로운 벤처기업이 어떻게 그런 어려운 과제를 해결할 수가 있는가?

마찬가지로, 이에 대한 치료방법은 비교적 간단하다. 그러나 그것은, 창업자들이 모든 것을 스스로 계속 해결하기보다는 팀을 구축해야겠다고 하는 의지를 필요로 한다. 만약 최고경영층의 한두 사람이, 자신들만이 모든 것을 해결해야 한다고 믿고 있다면, 그 경우 경영 위기는 앞으로 수 개월 내에, 또는 적어도 수 년 내에 불가피하게 닥친다.

새로운 벤처기업의 객관적인 경제지표들이, 예를 들면 시장조사 또는 인구동태 분석결과가 회사가 3~5년 내에 배로 성장할 것으로 예고한다면, 새로운 벤처기업이 조만간 필요하게 될 경영자팀을 구축하는 것은, 그런 경우에 처한 창업자 또는 창업자들의 의무다. 말하자면 이것은 예방조치다.

첫번째 단계는, 모든 창업자들은 회사의 다른 주요 인사들과 함께, 그들 사업의 주요 활동에 대해 심사숙고해야 할 것이다. 자신들의 고유한 사업의 존속과 성공이 의존하고 있는 구체적 분야는 무엇인가? 대부분의 분야들이 모든 사람들의 목록에 동시에 표시될 것이다. 그러나 그 목록에 차이 또는 이견이 있다면, 그리고 의문이 제기되는 것에 대해서도 마찬가지로 중요하게 취급되어야 한다. 토론에 참가하는 어떤 구성원이 생각하기에, 목록에 표시돼야 한다는 분야가 있으면 그것은 모두 검토대상 목록에 기재되어야만 한다.

주요 활동 분야들은 교과서에서는 찾을 수 없다. 그것들은 구체적인 기업에 대한 분석을 통해 파악할 수 있다. 외부 사람에게는 동일한 사업으로 보이는 두 기업이 자신들의 주요 활동분야를 매우 다르게 규정할 수도 있다. 예를 들면, 한 기업은 생산을 중심에 두고 있을지도 모르고, 다른 기업은 고객 만족을 중심에 두고 있을지도 모른다. 오직 다음의 두 가지 활동만큼은 어떤 조직에서도 항상 중요하게 취급된다. 사람의 관리와 자금의 관리 말이다. 나머지는 기업을 운영하는 사람들, 그리고 자신의 직무, 가치, 목표를 갖고 있는 조직 내부 사람들에 의해 결정된다.

두번째 단계는, 토론에 참가하는 각자는, 창업자를 필두로 이어서 다음과 같이 질문하기 시작한다. "내가 잘 하고 있는 활동은 무엇인가? 그리고 이 사업에 종사하는 나의 주요 동료들 각자가 실제로 잘 하고 있는 활동은 무엇인가?" 역시 여기에서도 대부분의 사람들이, 그리고 그들 대부분의 강점들에 대해 일치점들이 드러난다. 그러나 되풀이 말하거니와, 어떤 불일치가 드러나면 그것은 심각하게 취급되어야 한다.

세번째 단계는, 다음과 같이 질문해야 한다. "그러므로, 우리 각자는 주요 활동 가운데 어느 것을, 왜냐하면 그것이 각자의 강점과 어울리기 때문인데, 자신의 최초의, 그리고 중요한 책임으로 간주해야만 하는가? 누가 어떤 주요 활동에 적합한가?"

그렇게 되면 팀 구축 작업이 시작될 수 있다. 창업자는 만약 이런 과업이 자신에게 가장 적합한 주요 활동분야가 아니면 사람들을, 그리고 그들의 문제들을 다루지 않을 것을 솔선해 규칙을 세우는 일부터 시작해야 한다. 어쩌면 창업자의 주요 강점이 신제품과 신기술일지도 모른다. 주요 활동 분야가 경영관리, 생산활동, 물적 유통, 또는 서비스일지도 모른다. 또는 그것은 돈과 자금관리로서, 사람 문제는 다른 사람이 더 잘 할지도 모른다. 어쨌든 모든 중요한 활동은 그 분야에서 능력이 증명된 사람이 맡을 필요가 있다.

"최고경영자는 이것 또는 저것만은 꼭 해야만 한다"는 법칙은 없다. 물론 최고경영자는 최고 결정기관이고 궁극적인 책임을 진다. 그리고 최고경영자는 또한 그 궁극적인 책임을 수행하는 데 필요한 정보를 확실히 수집하지 않으면 안 된다. 그럼에도 불구하고 최고경영자 자신이 수행해야 할 과업은 기업이 무엇을 필요로 하는가, 그리고 자신이 어떤 사람인지에 따라 결정된다. 최고경영자의 업무 범위가 주요 활동들을 포함하고 있다면, 그가 그 일을 하는 것으로 자신의 직분을 다하고 있는 것이다. 그러나 그는 또한 다른 모든 주요 분야들도 누군가에 의해 적절히 처리되도록 분명히 해둘 책임도 있다.

마지막 단계는, 각 분야마다 목적과 목표를 세울 필요가 있다. 주요 활동 분야에 대해 일차적인 책임을 지고 있는 모든 사람은, 그것이 제품개발이든 또는 인사관리이든, 또는 자금이든 간에, 다음과 같은 질문에 대답해야만 한다. "회사는 '당신에게' 무엇을 기대할 수 있는가? 우리는 '당신에게' 어떤 책임을 물어야 하는가? '당신이' 완수하려는 것이 무엇이고 또 그것을 언제까지 완수할 것인가?" 물론 이것은 초보적인 경영관리에 지나지 않는다.

처음에는 최고경영자팀을 비공식적으로 구축하는 것이 신중한 접근방식이다. 새로운, 그리고 성장하고 있는 벤처기업에서는 구성원들에게 직함을 줄 필요도, 그것을 발표할 필요도, 심지어 추가적 보상을 해줄 필요도 없다. 이 모든 것들은, 새로운 조직이 기능을 발휘하고 또 어떻게 발휘하는지가 분명해질 때까지 1년 정도는 기다릴 수 있다. 그 기간 동안 최고경영자팀 구성원 모두는 배워야 할 것이 많다. 자신의 직무, 협력하는 방법, 최고경영자와 동료가 각자의 직무를 잘 하도록 하기 위해서는 무엇을 해야 하는가를 배워야 한다. 그 2~3년 후, 성장하는 벤처기업이 최고경영자팀을 필요로 할 때 회사는 하나의 팀을 갖게 된다.

그러나 만약 회사가 실제로 최고경영자팀을 필요로 하기 전에 그것을 확보하는 데 실패했다면, 회사가 최고경영자팀을 실제로 필요로 하기 훨씬 전에 스스로 경영할 능력마저 상실하고 말 것이다. 그 이유는 그 경우 창업자가 너무나 많은 업무를 처리하고 있을 것이므로 주요 과제들이 제대로 해결되지 않을 것이기 때문이다. 그 시점에서 회사는 두 가지 길 가운데 하나를 선택할 수 있다. 첫번째 가능한 선택은 창업자가 자기 능력과 관심에 가장 알맞은 하나 또는 두 가지 분야에 집중하는 것이다. 그가 맡는 것은 진정 중요한 분야이지만, 그것들이 유일한 주요 분야들은 아닌데도 불구하고, 그런 경우 다른 주요 분야들을 돌보는 사람이 아무도 없다. 2년이 지나고 나면, 주요 분야들이 사소하게 취급되면서 사업은 엉망이 되고 만다. 두번째 가능한 선택은 더 나쁜 것으로, 창업자가 양심적인 활동을 하는 것이다. 그는 사람과 돈이 주요 활동이고 또한 세심하게 돌볼 필요가 있다는 것을 안다. 자신의 능력과 관심, 즉 사업을 실제로 일으킨 것들은 신제품의 디자인과 개발이라고 하자. 그러나 양심적인 그는 사람과 돈을 직접 관리해야 한다고 스스로 짐을 지운다. 그는 두 분야 어디에도 별다른 재주가 없으므로, 그는 두 분야 모두 잘못 관리하고 만다. 또한 이 분야에 속하는 어떤 의사결정 또는 어떤 일을 하는 데 시간이 오래 걸리기 때문에, 결과적으로 시간이 부족해지고, 자기가 실제로 잘 하는, 그리고 회사가 그에게 의존하는, 즉 신기술과 신제품의 개발은 어쩔 수 없이 무시되고 만다. 3년이 지나면, 회사는 회사가 필요로 하는 제품도 없는 빈 껍데기가 될 것이고, 또한 회사가 필요로 하는 인사관리와 자금관리도 제대로 안 되는 회사가 되고 만다.

첫번째 사례의 경우, 그것은 회사는 살릴 가능성이 있다. 어쨌거나 회사는 제품은 보유하고 있으니까 말이다. 그러나 창업자는 누가 오던 간에 회사를 구하려고 온 사람에 의해 어쩔 수 없이 축출되고 말 것이다. 두번째의 경우, 회사는 대개 구제받지 못하고 팔리거나 아니면 합병을 당하고 만다.

새로운 벤처기업이 최고경영자팀의 균형 잡힌 경영관리를 필요로 하는 시점에 도달하기 훨씬 전에, 새로운 벤처기업은 최고경영자팀을 미리 만들어둬야 한다. 1인 체제의 경영이 더 이상 작동을 하지 않게 되는 시기가 도래하기 훨씬 전에, 그리고 잘못 경영하기 훨씬 전에, 그 일의 최고경영자는 또한 동료들과 함께 일하는 법을 배우기를 시작해야만 하고, 사람을 신뢰하는 법을 배워야 하며, 동시에 그들로 하여금 책임지도록 하는 법도 배워야 한다. 창업자는 '심부름꾼'에 둘러싸인 '스타'가 아니라 팀의 리더가 되는 법을 배우지 않으면 안 된다.

4

"나는 어디에 공헌할 수 있는가?"

최고경영자팀을 구축하는 과업은 새로운 벤처기업에 대해 기업가적 경영관리를 하기 위한 가장 중요한 단계일지도 모른다. 그러나 그것은 그런 경우를 당했을 때 자신들의 미래가 무엇인지 깊이 생각해 보아야 하는, 창업자 자신을 위한 첫번째 단계일 뿐이다.

새로운 벤처기업이 발전·성장하면서, 최초 기업가들의 역할과 관계는 냉혹하게 변하게 마련이다. 만약 창업자들이 이런 사실의 수용을 거부하면, 그들은 회사를 방해하는 셈이 되고 더 나아가 파괴할지도 모른다.

모든 창업 경영자는 이 말에 대해 고개를 끄덕이며 '아멘'이라고 말하면서 동의한다. 우리 모두는 자신의 벤처기업이 변했는데도 자신은 변하지 않은, 그래서 회사도 자기 자신도 파멸시킨 여러 창업 경영자들의 무서운 이야기를 알고 있다. 그러나 심지어 자신들 스스로 무엇을 할 필요가 있다고 받아들일 수 있는 창업자들 가운데에도, 자신들의 역할과 관계의 변화를 처리할 줄 아는 사람은 드물다. 그들은 다음과 같은 질문을 하는 것에서 시작하는 경향이 있다. "나는 무엇을 하고 싶어하는가?" 또는 기껏 "나는 어디에 어울릴까?"

첫번째 시작해야 할 올바른 질문은 다음과 같다. "지금부터 경영이라는 관점에서 벤처기업이 객관적으로 무엇을 필요로 할 것인가?" 그리고 성장하는 새로운 벤처기업에서는, 창업자는 회사가(또는 공공서비스 기관이) 상당히 성장할 때마다, 또는 그 방향 또는 성격을 바꿀 때마다, 다시 말해 제품, 서비스, 시장, 또는 회사가 필요로 하는 사람의 종류를 바꿀 때마다 이 질문을 해야만 한다.

두번째로 창업자가 하지 않으면 안 되는 질문은 다음과 같다. "나는 무엇을 잘 하는가? 벤처기업이 필요로 하는 모든 것들 가운데 내가 제공할 수 있는 것은 무엇인가? 그것도 남달리 훌륭하게 제공할 수 있는 것은 무엇인가?" 오직 이 두 가지 질문에 대해 심사숙고한 뒤에 창업자는 다음과 같은 질문을 해야 한다. "내가 진정 하고자 원하는 것은 무엇인가? 그리고 할 가치가 있다고 믿는 것은 무엇인가? 내 인생의 나머지 전부는 아니라 해도, 앞으로 수 년 간 하고 싶은 것은 무엇인가? 이것은 벤처기업이 진정 필요로 하는 그 어떤 것인가? 이것은 필수적인, 불가피한 공헌인가?"

하나의 사례가 제2차 세계대전 이후 뉴욕에서 성공적으로 설립된 도시형 대학인 페이스 대학교(Pace University)다. 에드워드 모톨라(Edward Mortola, 1917–2002) 박사는 1947년 맨주먹으로 출발해 지금은 2만 5,000명의 학생과 평판이 좋은 대학원을 가진 뉴욕에서 세번째로 크고, 가장 빠르게 성장하는 대학을 만들었다. 대학을 설립한 후 초기에 그는 급격한 혁신가였다. 그러나 페이스 대학교가 아직도 상당히 규모가 작은 1950년 무렵 모톨라는 강력한 최고경영자팀을 만들었다. 팀의 모든 구성원에게는 각자 명백히 정의가 내려진 중요한 책임이 부과되었는데, 그것에 대해서는 자신들이 모든 의무와 책임을 지고 리더십을 발휘해야만 했다. 몇 년 후 모톨라는 그 다음 자신의 역할이 무엇이어야 하는지를 결정하고는 스스로 전통적인 대학의 총장으로 변신했다. 그런 한편으로 강력한 독자적인 이사회를 만들어 자신에게 충고와 지원을 하도록 했다.

그러나 "벤처기업이 필요로 하는 것이 무엇인가, 창업 경영자의 강점은 무엇인가, 그리고 그가 하고자 하는 것은 무엇인가?" 등의 질문에 대해서는 꽤나 다른 해답들이 나올 것이다.

　예를 들면, 폴라로이드(Polaroid) 유리와 폴라로이드 카메라를 발명한 에드윈 랜드(Edwin Land, 1909-91)는 회사를 설립한 후 처음 12~15년 동안, 즉 1950년대 초까지 회사를 직접 경영했다. 그 후 회사는 급성장하기 시작했다. 그러자 그는 최고경영자팀을 만들고는 임무를 부여했다. 스스로에 대해서는, 자신이 회사의 최고경영자 직무에 적합한 사람이 아니라고 판단했다. 그리고 자신만이 공헌할 수 있는 분야는 과학적 혁신이라고 생각했다. 그 결과 랜드는 스스로 연구소를 설립했다. 그리고 자신은 기초연구 활동에 대한 컨설팅 책임자로서의 위치를 스스로 확립했다. 회사 자체는, 다시 말해 일상적인 경영관리 활동은 다른 사람들에게 맡겼다.

　맥도널드를 구상하고 또 설립한 레이 크록도 비슷한 결론에 이르렀다. 그는 80세가 훨씬 넘어 세상을 떠날 때까지 사장 자리에 머물러 있었다. 그러나 그는 최고경영자팀에게 직무를 맡기고는 회사를 운영하도록 했고 자신은 회사의 '마케팅 양심(marketing conscience)'이라는 직무에 스스로 취임했다. 사망하기 얼마 전까지도, 그는 맥도널드 체인점 두세 개를 매주 방문하고는 햄버거의 품질, 청결도, 그리고 친절성을 주의 깊게 점검했다. 무엇보다도 그는 고객을 관찰하고, 그들과 대화를 나누고, 그들의 목소리에 귀를 기울였다. 그것은 맥도널드가 패스트푸드 산업에서 주도권을 유지하는 데 필요한 변화를 추구할 수 있도록 해주었다.

　마찬가지로, 그보다 훨씬 더 규모가 작은 벤처기업인 미국 북서지방의 한 건설자재 공급회사의 경우, 동사를 창업한 젊은이는 자신의 역할이 회사를 경영하는 것이 아니라 회사가 필요로 하는 핵심적인 자원, 즉 소도시와 교외에 흩어져 있는 200개나 되는 지사들을 관리할 경영자를 개발하는 것이라고 판단했다. 이 같은 경영자들은 사실상 그들 자신의 지역사업을 운영하고 있었다. 그들은 본사로부터 집중 구매, 품질관리, 신용관리 등 훌륭한 서비스를 받고 있었다. 그러나 판매는 각각의 경영자가 판매원 한 명과 트럭운전사 2명 외에 본사의 도움이라고는 거의 없이 지역별로 책임을 지고 있었다.

그 사업은 그런 소외된 지역의, 그것도 교육수준이 상당히 낮은 개인의 동기부여, 욕구, 능력, 그리고 열성에 달려 있다. 그들 가운데 대학을 졸업한 사람은 한 명도 없었고 고등학교를 졸업한 사람도 드물었다. 따라서 동사를 창업한 사람은 매달 12일에서 15일 동안은 현장에 나가 지점장들을 만나고는 그들이 하는 사업, 계획, 그리고 목표에 대해 이야기하는 것을 자신의 임무라고 판단했다. 이것이야말로 동사가 가진 유일한 남다른 비법일지 모른다. 다른 것들은 건설자재 유통회사라면 모두 하는 일이니까 말이다. 하지만 최고경영자가 하나의 중요한 활동 분야에서 올린 성과 덕분에 동사는 심지어 불황기에도 경쟁자들보다 3~4배나 빠르게 성장할 수 있었다.

그러나 "나는 어디에 공헌할 수 있는가?"라는 동일한 질문에 대해, 반도체 산업에서 가장 규모가 크고 가장 성공적인 기업을 함께 창업한 3명의 과학자들은 서로 또 하나의 매우 다른 대답을 했다. "회사가 필요로 하는 것이 무엇인가?"라는 질문을 받았을 때, 그들은 각각 다르게 대답했다. '한 사람은 기초적인 기업전략에 대해, 다른 한 사람은 과학적 연구와 개발에 대해, 마지막 한 사람은 인적 자원의 개발에 대해, 특히 고학기술 인력에 대해' 말했다. 그들은 그 세 가지 가운데 각자 어느 것이 자신에게 가장 적합한지를 결정하고는 그들의 강점에 비추어 업무를 나누었다. 인간관계와 인적 자원 관리 업무를 맡은 사람은 실제로 과학 분야에서 왕성한 활동을 하는 혁신가였고 과학계에서 높은 평판을 받고 있었다. 그러나 그는 자신이 인사관리, 즉 사람과 관련한 문제에 가장 적합하다고 판단했고, 동료들도 이에 동의했으며, 그래서 그는 그 일을 맡게 되었다. 어느 연설 기회에 그는 "실제로 그 일을 원했던 것은 아니었지만, 내가 가장 크게 공헌할 수 있었던 분야였다"고 말했다.

이런 질문들이 항상 행복한 결말로 이어지지 않을지도 모른다. 그 질문의 결과 창업자가 회사를 떠날 결심을 하도록 유도할지도 모른다.

미국에서 가장 성공한 금융 서비스 벤처기업들 가운데 한 회사에서 있었던 일로서, 다음은 창업자가 결론을 내린 것이다. 그는 최고경영자팀을 만들었다. 그는 회사가 무엇을 필요로 하는지 질문했다. 그는 자기 자신을, 그리고 자신의 강점을 생각해 보았다. 그러고는 회사가 필요로 하는 것과 자기 자신이 하고자 하는 것 사이에는 더 말할 것 없고, 회사가 필요로 하는 것과 자신의 능력 사이에는 일치점이 없다는 것을 확인했다. "나는 약 18개월 동안 후계자를 훈련시켰고, 그 다음 그에게 회사를 맡기고는 사임했다"고 그는 말했다. 그 후 그는 세 개의 새로운 벤처기업을 출범시켰는데, 그 가운데 금융과 관련 있는 것은 하나도 없으며, 그것들을 중규모 회사로 성공적으로 육성하고 나서는 또다시 물러났다. 그는 새로운 사업을 개발하는 것은 좋아하지만 그것을 운영하는 것은 달가워하지 않는다. 그는 자신이 개발한 회사들과 자신은 서로 떨어져 있는 것이 둘 다를 위해 더 낫다는 사실을 파악한 것이다.

이와 똑같은 상황에서 다른 기업가들은 다른 결론에 도달할 수도 있다. 잘 알려진 어느 의료기관의 창업자는, 그 특수한 분야의 리더인데, 비슷한 딜레마에 직면했다. 의료기관이 필요로 하는 것은 병원관리자 겸 기금조달자였다. 반면에 그의 취향은 연구자 겸 임상의였다. 그러나 그는 자신이 기금조달 업무에도 유능하고 상당히 규모가 큰 의료기관의 최고경영자가 되는 법을 배울 능력이 있다는 것을 파악했다. "그리고 또한"이라고 그는 말을 이어갔다. "나는 내 개인의 욕심을 억누르고, 최고경영자 겸 기금조달자의 직무를 떠맡는 것이 내가 창설한 의료 벤처기업에 대한, 그리고 함께 일하는 나의 동료에 대한 의무라고 느꼈다. 그러나 만약 내가 그 직무를 수행할 능력이 있다는 사실을 알지 못했다면, 그리고 만약 나의 주변에서 조언해 주는 사람들과 이사회가 내게 그런 능력이 있다는 사실을 모두 확신시켜 주지 않았다면, 나는 전혀 그렇게 하지 못했을 것이다."

나는 어디에 속하는가?

다음의 질문, 즉 "'나'는 어디에 속하는가?"라는 것은 새로운 벤처기업이 최초의 성공 증후를 보이자마자 곧 창업 경영자가 해결해야 할, 그리고 심사숙고할 필요가 있는 질문이다. 그러나 이 질문은 훨씬 빨리 부딪힐 수도 있다. 정말이지, 그것은 심지어 새로운 벤처기업이 출발하기 전에 심사숙고해

두는 것이 가장 좋은 것인지도 모른다.

이것이 바로 일본의 혼다 자동차(Honda Motor)의 창업자 겸 경영자였던 혼다 소이치로(本田宗一郎, 1906-92)가 제2차 세계대전에서 일본이 패전한 후 암담한 시기에 소규모 기업을 설립하려고 결심했을 때 했던 일이다. 그는 자신의 동업자가 될 수 있는 적당한 사람을, 그리고 관리업무, 재무관리, 유통, 마케팅, 판매, 인사관리를 담당할 적절한 사람을 찾을 때까지는 자신의 벤처기업을 출범시키지 않았다. 왜냐하면 혼다는, 자신이 기술과 생산분야에 속했고 회사의 다른 업무들은 운영하지 않을 것임을 처음부터 결정해두었기 때문이다. 이 결정이 혼다 자동차를 만들었다.

이보다 더 오래 된, 그리고 한층 더 교훈적인 사례가 하나 있는데, 바로 헨리 포드다. 1903년 포드가 스스로 회사를 세우려고 결정했을 때, 그는 40여 년 뒤 혼다가 한 것을 정확하게 실행했다. 사업을 시작하기 전에 그는 동업자가 될 적당한 사람을, 그리고 자신이 속해 있지 않다는 사실을 스스로가 잘 알고 있는 분야들, 즉 관리업무, 재무관리, 유통, 마케팅, 판매, 인사관리를 운영할 적합한 사람을 물색했다. 혼다와 마찬가지로, 포드 자신은 기술과 생산분야에 속했고, 자신의 역할을 이 두 분야에 한정해야 한다는 것을 알고 있었다. 포드가 찾아낸 사람은 제임스 쿠젠스(James Couzens, 1872-1936, 훗날 그는 디트로이트의 시장, 미시간 주 상원의원을 역임했는데, 만약 그가 캐나다 태생이 아니었다면 미국의 대통령이 될 뻔한 유능한 인물이었다—저자 주)였다. 쿠젠스는 포드 자동차의 성공에 포드만큼이나 크게 공헌했다. 종종 포드의 공으로 여겨지고 있는 포드 자동차의 매우 잘 알려진 경영정책과 관행들 가운데 많은 것들, 예를 들면 1913년 실시한 그 유명한 일당 5달러 정책, 또는 선구적인 유통정책과 애프터서비스 정책 등은 쿠젠스의 아이디어였는데, 이는 사실 처음에는 포드가 반대한 것들이었다. 쿠젠스가 너무나 효과적으로 업무를 처리했기 때문에 포드는 차츰 그를 질투하게 되었다. 그리고 1917년 그를 몰아내버렸다. 그들 사이를 갈라놓은 최후의 사건은, 포드 자동차의 모델 T는 진부한 것이 되었으므로 그 때까지 축적된 회사의 엄청난 이익을 바탕으로 후속 모델을 개발해야 한다는 쿠젠스의 끈질긴 주장 때문이었다.

포드 자동차는 쿠젠스가 사임하는 바로 그 날까지 성장했고 또 번창했다. 그 뒤 몇 달 안 되어 포드는 일찍이 알고 있었던 그것, 즉 자신이 어디에 속해야 하는지를 잊어버리고는, 최고경영층의 기능을 하나도 남김없이 손아귀에 넣었는데, 그 후 포드 자동차는 오랜 쇠락의 길을 걷기 시작했다. 포드는 모델 T가 문자 그대로 전혀 팔리지 않게 될 때까지, 장장 10년 간 모델 T에 매달렸다. 그리고 포드 자동차의 쇠퇴는 쿠젠스가 사임한 후 30년 동안이나 지속되었다. 그리고 포드가 사망한 후 매우 젊은 헨리 포드 2세(Henry Ford II, 1917–)가 사실상 파산 상태의 회사를 물려받고서야 겨우 회복의 전기를 맞았다.

외부 조언가가 필요하다

마지막에 예를 든 사례들은 새로운, 그리고 성장하는 벤처기업을 운영하는 기업가에게 중요한 수단을 하나 제시하고 있다. 그것은 독립적이고도 객관적인 외부의 조언이 필요하다는 것이다.

성장하는 새로운 벤처기업은 공식적인 이사회가 필요하지 않을지도 모른다. 게다가 보편적으로 이사회는 창업자가 필요로 하는 조언과 참고 의견을 대체로 제공하지 못한다. 그러나 창업자는 그가 기본적인 결정을 내릴 때 상의할 수 있는 사람을, 그리고 그가 경청할 만한 사람을 절실히 필요로 한다. 누군가는, 벤처기업이 필요로 하는 것이 무엇인가에 대해, 그리고 창업자의 개인적인 강점이 무엇인가에 대해 창업자가 스스로 평가하는 것과는 다른 제안을 해야만 한다. 문제에 부딪힌 회사에 속하지 않는 객관적인 사람이 질문을 해야 하고, 결정사항들을 검토해야 하고, 무엇보다도 새로운 벤처기업으로 하여금 시장에 초점을 맞추게 하고, 재무예측을 하게 하고, 기능적인 최고경영자팀을 구축하게 함으로써, 장기적 존속에 필요한 것들을 확보하도록 끊임없이 독려해야 한다. 이것이 바로 새로운 벤처기업을 효과적으로 경영하기 위해 기업가적 경영관리가 확보해야 하는 마지막 요건이다.

이런 기업가적 경영관리를 자신의 경영정책으로, 그리고 경영관행으로 삼는 새로운 벤처기업은 번영하는 대기업으로 성장할 것이다[이 과정을 잘 설명한 것이 세계 최대 반도체 제조업체 가운데 하나인 인텔의 공동 창업자이자 사장인 앤드류 그로브가 1983년 뉴욕의 랜덤하우스에서 출판한 《고수익을 창출하는 경영(High-Output Management)》이다—저자 주].

많은 새로운 벤처기업의 경우, 특히 첨단기술을 바탕으로 하는 벤처기업의 경우 지금까지 논의한 경영관리 수단을 무시하고 있고 심지어 경멸하기까지 한다. 그들의 주장은, 지금까지 논의한 수단들은 '경영관리'에 대해 말하고 있는 반면, "우리는 기업가다"라는 것이다. 그러나 그런 말은 스스럼없이 할 수 있는 말이 아니다. 그것은 무책임한 말이다. 그것은 표면과 본질을 혼동하고 있다. 자유란 법 테두리 안에 있는 것이지, 법을 준수하지 않는 자유는 없다고 하는 것은 오래 된 지혜다. 법을 초월한 자유는 특권인데, 그것은 조만간 무질서로, 그리고 머지않아 독재로 전락하고 만다. 새로운 벤처기업이 선견력을 갖추고 또 원칙을 준수해야만 하는 것은 정확히 말해 새로운 벤처기업이 기업가정신을 유지·강화해야 하기 때문이다. 새로운 벤처기업은 자신의 성공이 초래하게 될 새로운 요구에 대해 스스로 준비할 필요가 있다. 무엇보다도, 새로운 벤처기업은 책임을 질 필요가 있다. 그리고 이것은, 궁극적으로 기업가적 경영관리가 새로운 벤처기업에 부과하는 과제다.

새로운 벤처기업을 경영하는 일에 대해 재무관리와 인사배치, 그리고 제품의 판매 등에 대해 검토할 것은 이보다 훨씬 더 많을 것이다. 그러나 그런 구체적인 것들에 대해서는 여러 책에서 적절히 논의되고 있다. 이 장에서 제시하려고 하는 것은 기업이든 공공서비스 기관이든 간에, '고급기술', '저급기술' 또는 '오래 된 기술'에 관계없이 혼자 또는 여러 명이 창업했든 간에, 그리고 소규모 기업으로 만족하든 '또 하나의 IBM'이 되려 하든 간에 새로운 벤처 조직의 생존과 성공에 결정적으로 영향을 미치는 매우 간단한 몇몇 정책들을 확인하고 또 논의하는 것이다.

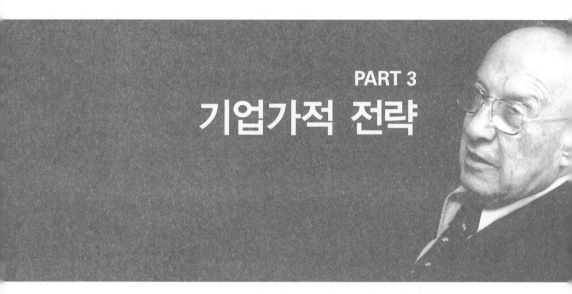

PART 3
기업가적 전략

기업가정신(entrepreneurship)이 기업가적 경영(entrepreneurial man-
agement), 즉 기업 내에서의 실천적 활동과 정책을 필요로 하는 것과 마찬
가지로, 그것은 외부에서, 즉 시장에서도 실천과 정책을 필요로 한다. 다시
말해 기업가정신은 혁신 기업가적 전략(entrepreneurial strategy)을 필요
로 한다.

16 총력 전략 : "최정예 부대를 동원해 요충지를 선점하라"

최근 '기업 전략(strategy in business)' 이라는 단어[1952년판 옥스퍼드 사전은 전략을 여전히 '장군의 길, 전쟁의 방법, 전쟁 중의 군대 또는 군대들을 운영하는 법' 으로 정의를 내렸다. 1962년 알프레드 챈들러(Alfred D. Chandler, Jr.)는 그의 선구자적 저서인 《전략과 구조(Strategy and Structure)》(M.I.T. 출판사)에서 처음으로 이 용어를 기업의 활동에 적용했는데, 이 책에서 그는 대기업에서의 경영 진화를 다루었다. 그러나 그 직후인 1963년 내가 기업 전략에 대한 최초의 분석서를 썼을 무렵, 출판사와 나는 이 용어가 심각한 오해의 소지를 안은 채 사용되고 있음을 확인했다. 서적상, 잡지 편집인, 그리고 기업의 고위 경영자들은 모두 '전략' 이라는 용어가 군사활동이나 선거 전략을 뜻한다고 우리에게 확언했던 것이다. 나의 책은 요즈음 '전략' 이라고 간주될 수 있는 것 대부분을 다루고 있었다. 그 책에서 그 용어를 사용했다. 그러나 책의 제목은 《결과를 위한 경영(Managing for Results)》으로 결정했다—저자 주)는 이와 관련된 서적이라면 어디에나 꼭 포함되는 용어가 되었다[내 생각으로는 마이클 포터(Michael Porter)의 《경쟁 전략(Competitive Strategies)》(프리프레스, 1980)에서 가장 유익하게 사용하고 있는 것 같다—저자 주]. 그러나 나는 혁신 기업가적 전략(entrepreneurial strategy, 이하 기업가적 전략)에 관해 논의하는 것은 본 적이 없다. 비록 각종 출판물이 다루지 않는다 해도 기업가적 전략은 중요하다. 그것은 독특한 것이고, 일반적인 의미의 전략과는 다른 것이다.

구체적으로 기업가적 전략에는 4가지가 있다.

1. "최정예 부대를 동원해 요충지를 선점하라"(Being 'Fustest with the Mostest')—총력 전략
2. "적이 약한 곳을 공격하라"(Hitting Them Where They Ain't)—게릴라 전략
3. "전문분야에서 생태학적 틈새(ecological niche)를 발견하고 또 장악하라"—틈새 전략
4. "제품, 시장, 또는 산업의 경제적 특성을 바꾸어라"—고객창조 전략

이 4가지 전략은 상호 배타적이 아니다. 기업가(여기서는 일반적인 의미의 businessman이 아니라 entrepreneur, 즉 혁신적 기업가를 의미함—옮긴이)는 때로는 4 개의 전략 가운데 2개를, 또 어떤 때는 심지어 3개를 하나의 전략 속에 결합하기도 한다. 또한 이 4개의 전략들은 항상 뚜렷이 구분되는 것도 아니다. 예를 들면, 하나의 동일한 전략도 게릴라 전략 또는 틈새 전략으로 분류되기도 한다. 그렇긴 하지만 4개의 전략들은 각각 선행조건들을 필요로 한다. 첫째, 각각은 어떤 독특한 종류의 혁신에 적합하고, 그리고 다른 종류의 혁신과는 적합하지 않다. 둘째, 각각은 기업가로 하여금 구체적인 행동을 하도록 요구한다. 마지막으로, 각각은 고유한 한계를 갖고 있고 고유한 위험을 부담한다.

1

"최정예 부대를 동원해 요충지를 선점하라"

"최정예 부대를 동원해 요충지를 선점하라"라는 전쟁 구호는 미국의 남북전쟁(1861-65) 당시, 남군의 한 기병대 장군이 전쟁에서 연전연승한 총력 전략을 설명한 말이다(남북전쟁 당시 남군의 한 장군이었던 네이션 베드포드 포러스트(Nathan Bedford Forrest, 1821-77)는 거의 연전연승을 했는데, 전후 한 모임에서 그

비결을 묻는 사람에게 "나는 그저 지름길을 택하지, 그리고 최정예 부대를 동원해 가장 먼저 점령해 버리지(I just took the short cut, and got there fustest with the mostest men.)"라고 대답했다. 이 말은 나중에 마케팅 전략에 있어 선점자의 이점(first mover advantage)으로 연결된다—옮긴이]. 이 전략을 사용하는 기업가는 새로운 시장이나 새로운 산업의 지배자까지는 아니더라도, 주도권을 노린다. "최정예 부대를 동원해 요충지를 선점하라"라는 총력 전략은 반드시 지금 당장 큰 사업을 창출하는 것을 노리지는 않지만, 간혹 진정 그것을 목표로 하기도 한다. 그러나 이 전략은 처음부터 영구적인 주도권을 목표로 한다.

총력 전략은 많은 사람들이 기업가적 전략으로서는 매우 뛰어난 전략으로 간주하는 접근방법이다. 정말이지, 기업가에 관한 인기 있는 책들을 훑어보면, 우리는 이 전략이 유일한 기업가적 전략이라고 결론을 내릴 것이다. 그리고 많은 기업가들, 특히 하이테크 분야의 기업가들은 같은 의견을 갖고 있는 것으로 보인다[예컨대, 조지 길더(George Gilder)의 《기업의 정신(The Spirit of Enterprise)》(NY : Simon & Schuster, 1984)은 이런 분야에서 가장 읽을 만한 책일 것이다—저자 주].

그러나 그들은 틀렸다. 분명, 많은 기업가들이 실제로 이 전략을 선택했다. 그런데도 불구하고 이 전략은 위험이 가장 낮거나 또는 가장 성공률이 높은 전략이 아닌 것은 말할 것도 없고, 이것은 심지어 지배적인 기업가적 전략도 아니다. 그와는 반대로, 이것은 모든 기업가적 전략들 가운데서 가장 큰 도박이다. 그리고 이것은 실패를 허용하지 않을 뿐 아니라 재차 시도해 볼 기회도 주지 않는 무자비한 전략이다.

그러나 성공하면 이 전략은 보상이 매우 크다. 이 전략의 구성 내용은 무엇이고, 이 전략이 요구하는 것은 무엇인가 하는 것을 보여주는 몇 가지 사례가 있다.

스위스 바젤에 있는 호프만 라로슈(Hoffmann-LaRoche)는 오랫동안 세계 최대의 제약회사이자 업계에서 아마도 가장 이익을 많이 내는 회사였다. 그러나 초창기에는 매우 보잘것 없는 회사로서, 1920년대 중반까지 이 회사는 몇 가지 섬유 염료를 생산하는, 고전을 면치 못하던 소규모의 화학회사였

다. 이 회사는 독일의 거대한 염료회사와 스위스 내의 좀더 규모가 큰 2~3
개 화학회사에 눌려 아예 이름도 없었다. 그 때 이 회사는 당시 과학계에서
는 여전히 그런 물질이 있다는 것을 인정하지 않을 무렵에, 새로 발견된 비
타민 제품에 도박을 걸었다. 이 회사는 비타민 제조에 관한 특허를 취득했
다. 그것을 아무도 거들떠보지도 않았다. 라로슈는 취리히 대학으로부터 비
타민 발견자들을 교수로서 받기로 기대할 수 있는 월급의 몇 배에 해당하는
급여를 주고, 지금까지 업계에서 지불해 본 적이 없는 높은 월급을 주고 데
리고 왔다. 그리고 회사는 가진 돈과 빌릴 수 있는 돈을 모두 이 신물질의
제조와 판매에 투자했다.

  60년이 지난 뒤에도, 비타민에 관한 특허 시효가 소멸한 지 이미 오래 된
오늘날에도, 이 회사는 세계 비타민 시장의 약 절반을 차지하고 있으며, 현
재 연간 수십억 달러의 매출을 올리고 있다. 동사는 이 전략을 두 번 더 써
먹었다. 1930년대, 당시 심지어 대부분의 과학자들이 설파제라는 합성의약
품이 감염 질환에는 효과가 없다는 것을 '알고 있었는데도' 동사는 설파제
시장에 진입했다. 그리고 그로부터 20년 후인 1950년대 중반 동사는 근육
이완 안정제인 리브리움(Librium)과 발리움(Valium) 시장에 진출했다. 그 당
시 이것 또한 '모든 과학자들이 알고 있던 것'과는 달리 이단적이었고 또
양립할 수 없는 것으로 생각되었다.

  듀폰도 같은 전략을 택했다. 15년 간의 괴로운 좌절 끝에 최초의 진정한
합성섬유 나일론을 개발한 듀폰은 당장 총력을 기울여 공장을 세우고, 그
때까지 선전을 할 정도의 제품을 보유한 적이 없었기 때문이기도 했지만,
대대적인 선전을 했으며, 드디어 우리가 오늘날 플라스틱이라고 부르는 새
로운 산업을 창조했다.

  이런 것들은 '대기업'에만 해당되는 이야기로 치부될 수 있다. 그러나 라로
슈가 처음 출발했을 때는 대기업이 아니었다. 그리고 목적을 달성하겠다는 총
력 전략을 바탕으로 무에서 출발한 회사들의 사례가 최근 상당히 많이 있다.

  워드프로세서는 그다지 '과학적인' 발명이라고 할 것이 아니다. 그것은
기존의 세 가지 도구, 즉 타이프와 디스플레이 장치와 초보적인 컴퓨터를

조합한 것이었다. 그러나 그런 기존의 요소들을 통합한 것이 사무실의 업무 방식을 급격히 바꾼 순수한 혁신으로 이어졌던 것이다. 1950년대 중반 안 왕(An Wang, 1920-) 박사가 그런 조합을 구상했을 때 그는 고독한 기업가였다. 그는 기업가로서의 실적도 없었고, 최소한의 재무적인 뒷받침도 없었다. 하지만 그는 분명 처음부터 새로운 산업을 창출할 것을, 그리고 사무실의 업무 방식을 바꿀 것을 목표로 삼았다. 왕 래보라토리스(Wang Laboratories)가 매우 규모가 큰 회사로 성장한 것은 물론이다.

마찬가지로, 그 유명한 차고에서 애플 컴퓨터를 창업한 두 명의 기술자는 재무적 후원자도 없이, 또는 사전에 사업 경험도 없이, 처음부터 한 산업을 창출하고 또 그것을 지배하는 것을 목표로 삼았다.

모든 총력 전략은 비록 언제나 시장을 지배하는 기업을 창조하는 데 목표를 두어야 하지만, 반드시 대기업이 되고자 하는 목표를 겨냥할 필요는 없다. 미네소타 주 센트폴에 있는 3M은 결과적으로 혁신 그 자체가 대기업을 만들어줄 수도 있는 그런 혁신을 시도하지 않는다. 사실은 의도적으로 그렇게 하지 않는 것 같다. 보건위생용품 제조회사 J&J도 그렇다. 두 회사 모두 가장 많은 제품들을 보유하고 있고 성공적인 혁신 기업들이다. 두 회사 모두 거대한 기업으로 성장할 수 있는 것보다는 중규모 기업으로 성장할 수 있는 혁신을 추구하지만, 시장에서 주도권을 잡을 수 있는 것을 목표로 하고 있다.

"최정예 부대를 동원해 요충지를 선점하라" 전략은 비단 기업에만 국한되는 것이 아니다. 그것은 또한 공공서비스 기관에도 적용이 가능하다. 앞에서 언급한 바대로 훔볼트가 1809년 베를린 대학교를 개교했을 때, 그는 "최정예 부대를 동원해 요충지를 선점하라"를 분명하게 노렸다. 당시 프러시아는 나폴레옹에게 패한 뒤라 국가 해체를 겨우 면한 상태였다. 프러시아는 정치적 · 군사적으로, 그리고 무엇보다도 재무적으로 파산상태였다. 그것은 1945년 히틀러가 패한 뒤의 독일이 추구했던 길과 매우 유사했다. 하지만 훔볼트는 서구세계가 일찍이 보도 듣도 못했던 최대 규모의 대학을 건설하려는 마음을 먹었다. 그 당시 기존의 어떤 대학보다도 3~4배나 더 큰 것을 말이다. 그는 당대 가장 저명한 철학자였던 게오르크 헤겔(Georg W. F. Hegel, 1770~1831)을 비롯해 각각의 학문 분야에서 선두적인 학자들을 채용하려고 작정했다. 그리고 그는, 나폴레옹 전쟁 때문에 많은 유서 깊고도 유명한 대학들이 해체됨에 따라 일급 학자들이 구걸을 마다하지 않을 시대에, 과거 교수들이 받던 봉급보다도 최고 10배까지 더 많은 봉급을 교수들에게 지급했다.

그로부터 100년 후, 그러니까 20세기 초, 인구 밀집지역도, 의과대학이 많은 곳도 아닌 미네소타의 한적한 마을 로체스터에서 두 명의 외과의사는, 의료 관행에 있어 전혀 새로운, 그리고 철저히 이단적인 개념에 바탕한 의료센터의 설립을 결정했다. 그리고 특히 뛰어난 전문의들이 조정능력이 있는 팀 리더 아래 협동을 하는 팀을 구축하기로 마음을 먹었다. 이른바 과학적 관리법의 아버지인 프레더릭 테일러는 메이요 형제들(Mayo Brothers)을 한번도 만난 적이 없었다. 그러나 1911년 의회에서 그가 행한 유명한 증언에서, 그는 그들이 운영하는 메이요 클리닉(Mayo Clinic)을 그가 알고 있는 "과학적 관리를 하고 있는 단 하나의 완벽하고도 성공적인 조직"이라고 했다. 그 잘 알려지지도 않은 시골 병원은 처음부터 그 분야를 지배할 목표를 세웠고, 각각의 의료분야에서 뛰어난 전문의와 가장 머리가 좋은 젊은이들을 초빙하려 노력했다. 게다가 그 당시로서는 감당할 수도 없는 높은 치료비를 지불할 의도가 있는 환자를 끌어들이려고 마음을 먹었다.

그리고 20년 후, "최정예 부대를 동원해 요충지를 선점하라" 전략은 미국 소아마비 구제 모금운동 단체인 마치 오브 다임스(March of Dimes)가 소아마비, 즉 폴리오를 연구하기 위한 조직을 만들 때 이용했다. 그 이전의 모든 의료연구 활동이 했던 것처럼 새로운 지식을 차근차근 수집하는 방식을 따르는 대신에, 마치 오브 다임스는 처음부터 전적으로 신비한 그 질병에 대해 완벽한 승리를 거두겠다는 목표를 세웠다. 사전에 계획·관리된 연구 프로그램의 특정 단계에 수많은 연구소들로부터 온 많은 과학자들이 함께 연구하기 위해 참여하는 '벽이 없는 연구소'를 그 전에는 누구도 시도한 적이 없었다. 마치 오브 다임스는, 그 직후 미국이 제2차 세계대전 사상 최초의 대규모 프로젝트들을 추진할 때 조직한 방식의 원형을 완성했던 것이다. 그 프로젝트란 다름 아닌 핵폭탄, 레이더 연구소, 근접 뇌관 등이었다. 그로부터 또 15년 후에는 "인간을 달에 보내자"라는 프로젝트 등은 모두 "최정예 부대를 동원해 요충지를 선점하라" 전략을 이용한 혁신적 노력이었다.

이들 사례는 우선 '최정예 부대를 동원해 요충지를 선점하라'가 야심적인 목표임을 보여준다. 달리 말하면 그것은 실패하기 쉽다는 뜻이다. 이 전략은 항상 새로운 산업 또는 새로운 시장의 창출을 겨누게 된다. 적어도 메이요 클리닉 또는 마치 오브 다임스의 경우처럼 이 전략은 상당히 다른, 그리고 전통적인 방식과는 전혀 다른 프로세스를 추진하게 된다. 듀폰이 1920년대 중반 월러스 캐로더스를 초빙했을 때 다음과 같은 말을 하지 않았음이 틀림없다. "우리는 플라스틱 산업을 만들 것입니다." (정말이지, 1950년대까지는 플라스틱이라는 용어조차 자주 쓰이지 않았다.) 그러나 당시 듀폰의 내부 자료를 보면 최고경영자들이 새로운 산업을 창출할 것을 목표로 삼았다는 사실을 분명히 알 수 있다. 듀폰의 최고경영자들은 캐로더스와 연구원들이 성공할 것이라고는 전혀 생각하지 않았다. 하지만 그들은 그 프로젝트를 성공만 한다면 규모가 크고 또 새로운 어떤 것을 창출하게 될 것이라는 점을, 그리고 하나의 제품 또는 하나의 주요 제품 라인을 훨씬 넘어 성공할 어떤 것을 발견할 수 있으리라는 것을 알았다. 내가 알기로 왕 박사는 '미래의 사무실'이라는 캐치프레이즈를 만들지 않았다. 그러나 그가 한 첫번째 광고에서, 그는 새로운 사무실 환경과 사무작업에 대한 새로운 개념이 등장했다고 선언했다. 듀폰과 왕 래보라토리스는 그들이 창출하는 데 성공하기를 바랐던 산업을 지배할 목적을 처음부터 분명하게 세웠다.

"최정예 부대를 동원해 요충지를 선점하라"는 전략이 의미하는 바를 가장 잘 나타내는 사례는 기업이 아니라 훔볼트가 설립한 베를린 대학이다. 사실 훔볼트는 대학 그 자체에 대해서는 조금도 관심이 없었다. 그가 생각하기에 대학은 하나의 새로운, 그리고 다른 정치체제를 만드는 수단이었다.

그가 추구한 체제는 18세기의 절대왕정도 아니고, 실질적으로는 부르주아가 다스리는 프랑스 혁명 이후의 민주주의도 아니었다. 그 대신 그것은, 전적으로 업적에 기초해 채용·승진되는 비정치적 전문직 공무원들, 그리고 마찬가지로 비정치적인 장교급 군인들이, 자신들이 근무하는 매우 좁은 영역에서만은 자율성을 갖는 그런 균형 잡힌 제도를 바랐다. 오늘날 '테크노크라트'라고 불리는 그런 사람들은 한정된 업무만을 수행하고, 그 또한 독립적인 전문 사법기관의 엄격한 감독을 받는다. 그러나 그들에게 주어진 책임 범위 내에서 그들은 전권을 행사한다. 그 결과 부르주아로서 그들은 두 가지 개인적인 자유를 누릴 수 있었다. 하나는 도덕적·문화적인 것이었고, 다른 하나는 경제적인 것이었다.

훔볼트는 이런 생각을 책으로 출판했다(《정부의 목적달성 능력의 한계(The Limits on the Effectiveness of Government)》라는 제목의 이 책은 일찍이 독일인이 쓴 정치철학 서적으로서는 거의 몇 안 되는 독창적인 것 가운데 하나다—저자 주). 1806년 프러시아 제국이 나폴레옹에게 철저히 패하게 되자 그로 인한 사회적 붕괴는, 만약 그렇지 않았다면 훔볼트의 사상을 금지했을 모든 세력들, 즉 국왕, 귀족, 그리고 군대를 마비시켰다. 훔볼트는 그런 기회를 틈타 자신의 정치적 이념을 실천할 주요 수단으로서 베를린 대학을 세웠고 보기 좋게 성공을 거두었다. 정말이지 베를린 대학은 19세기 독일인들이 '법치국가'로 명명한 진정 독특한 정치구조를 창출했다. 법치국가에서는 자율적이고도 스스로 법을 집행하는 공무원과 군대 장교들이 정치·군사 영역을 완전히 장악했고, 역시 자율적이고도 스스로 법을 집행하는 교육 엘리트들이 자치적인 대학을 만들어 '자유' 문화를 창달했다. 그리고 법치국가에서는 자율적이고도 대체로 규제를 받지 않는 경제체제가 형성되었다. 이런 사회구조는 프러시아로 하여금 먼저 도덕적·문화적으로, 그리고 그 후 곧 독일 전체가 정치적·경제적으로 주도권을 쥐도록 했다. 유럽에서 리더십을 발휘하게 되었고 또 그 직후 유럽 바깥으로부터, 특히 영국과 미국으로부터 존경을 받게 되었다. 영국 사람들과 미국 사람들은 1890년경까지는 독일 사람들을 문화적·지적 모델로 삼았다. 이 모든 것은 가장 암울한 패배와 철저한 절망의 시기에 훔볼트가 그랬고 또 노렸던 것과 정확하게 일치한다. 정말이지, 그는 자신이 목표로 삼았던 바를 대학의 설립취지서와 정관에 분명하게 기록했다.

어쩌면 총력 전략은 무엇인가 진정 새로운 것을, 진정 다른 것을 목표로 삼아야 하기 때문에 비전문가와 관련이 없는 외부자들이 전문가만큼이나, 사실은 종종 전문가보다 더 잘 하는 것으로 보인다. 예를 들면, 라로슈의 전략은 화학자가 짜낸 것이 아니고 이 회사의 창업자의 손녀와 결혼한 음악가의 아이디어였는데, 그는 자신의 오케스트라를 유지하기 위해서 이 회사의 얼마 안 되는 배당금보다 훨씬 더 많은 돈이 필요했다. 그 후 오늘날까지 이 회사는 한번도 화학자에 의해 경영된 적이 없었고, 언제나 주요 스위스 은행에서 경력을 쌓은 금융인들이 경영해 왔다. 훔볼트 자신도 그 전에 학계와는 인연도, 경험도 없는 외교관에 지나지 않았다. 듀폰의 최고경영진은 화학자나 연구원이 아니라 그냥 사업가였다. 그리고 메이요 형제는 우수한 외과의사이긴 했지만, 그들은 그 당시 정통 의학계와는 관계를 맺지 않았고 또한 소외되어 있었다.

물론 진정 기술을 잘 아는 '내부자들'도 있다. 왕 박사, 3M의 연구원, 애플 컴퓨터를 고안한 젊은 컴퓨터 기술자들이 그 예다. 그러나 "최정예 부대를 동원해 요충지를 선점하라" 전략에 관한 한 외부자들이 유리할지도 모른다. 그들은 해당 분야에 종사하는 사람이면 누구나 다 아는 사실을 모르고 있고, 따라서 무엇을 할 수 없는지도 모르기 때문이다.

2

총력 전략은 목표를 정확하게 공략해야 하는데 그렇지 않으면 완전히 실패로 끝난다. 다른 말로 비유한다면, 이 전략은 달을 향해 인공위성을 발사하는 것과 매우 유사하다. 궤도가 조금만 틀려도 미사일은 외계로 사라져 버린다. 또한 이 전략은 일단 시작하고 나면 수정하거나 정정하기가 어렵다.

이 전략을 이용하려면, 달리 말해, 깊은 생각과 주의 깊은 분석이 필요하다는 말이다. 대중문학이나 할리우드 영화에 나오는 기업가와 같이, 갑자기 '멋진 아이디어'를 생각해 내고는 그것을 실천에 옮기려고 날뛰는 사람은 그것을 성공으로 연결시키지 못한다. 사실, 이 전략을 성공적으로 추진하기 위해서는, 혁신은 우리가 제3장에서 제9장에 이르기까지 논의한 주요 혁신 기회들 가운데 하나를 활용하려는 세심하고도 의도적인 노력에 기초해 추진하지 않으면 안 된다.

예컨대 지각상의 변화를 활용한 사례로서 훔볼트가 베를린 대학을 만들 때의 예보다 더 나은 것도 없다. 나폴레옹의 무자비한 정복전쟁에 뒤이은 프랑스 혁명과 그 공포정치는 양식 있는 부르주아들로 하여금 정치에 환멸을 느끼게 했으며, 그들 역시 시계를 과거로 되돌리는 어떤 시도도, 그리고 봉건제도는 말할 것 없고 18세기식 절대왕정에로의 복고를 분명히 거부했을 터였다. 그들은 '자유주의'를 원했지만 정치중립적인 것을 필요로 했다. 그리고 그들 스스로가 신봉했던 법과 교육에 대한 동일한 원칙에 기초한 정치중립적인 정부를 필요로 했다. 그리고 당시 그들 모두는 애덤 스미스를 추종했는데, 특히 그의 《국부론》은 아마도 가장 널리 읽혀졌고 또한 당시 가장 인정받는 정치 서적이었을 것이다. 훔볼트가 추구한 정치구조는 이 책을 바탕으로 한 것이며, 베를린 대학을 설립하기 위한 그의 계획도 이 책의 내용을 구체적으로 하나의 기관으로 실현한 것이었다.

왕 박사의 워드프로세서는 프로세스상의 필요를 멋지게 활용한 것이다. 1970년대가 되자 그 조금 전만 해도 사무실에서 만연했던 컴퓨터에 대한 불안감은 다음과 같은 질문을 하는 상황으로 바뀌기 시작했다. "그런데 컴퓨터가 나를 위해 무슨 일을 할 것인가?" 그 당시 사무직 근로자들은 급여관리나 재고관리 등과 같은 활동에 컴퓨터를 익숙하게 활용하고 있었다. 또한 복사기가 등장해 모든 사무실에서 서류작업이 매우 빠르게 증가했다. 그런 상황에서 왕이 개발한 워드프로세서는 아직도 남아 있는 자동화되지 않은 하나의 귀찮은 업무처리, 즉 모든 사무직 근로자가 하기 싫어하는 업무인 편지 다시 쓰기, 연설문 작성하기, 보고서 쓰기, 원고를 조금 수정하기, 그리고 그런 일을 수없이 되풀이하는 일들을 해결했던 것이다.

라로슈는 1920년대 비타민을 주목하고는 그와 관련된 새로운 지식을 활용했다. 앞서 말한 총력 전략을 수립한 그 음악가는 과학철학자 토머스 쿤 (Thomas Kuhn, 1922-)이 《과학혁명의 구조》라는 뛰어난 책을 쓰기 30년도 더 전에 과학혁명의 구조를 이해했던 것이다. 과학에 있어 새로운 기본적인 이론이 등장하는 경우, 만약 그것이 기존의 대다수 과학자들이 배웠던, 그리고 신조로 삼고 있는 과거의 이론과 상충된다면, 심지어 그것을 거부하기가 불가능할 정도로 충분한 증거가 뒷받침되어 있다 해도, 그것은 여전히 대다수 과학자들로부터 수용되지 않을 것이라는 점을 그 음악가는 이해하고 있었던 것이다. 대다수 과학자들은 자신들이 신봉하는 그 오래 된 '패러다임'이, 즉 기존 이론이 철저히 무너질 때까지는 오랫동안 그 새로운 이론에 주의를 기울이지 않는 법이다. 그리고 그 동안 그런 새로운 이론을 받아들이고, 또 그것을 활용한 사람들은 그로 인한 모든 혜택을 독차지하게 된다.

"최정예 부대를 동원해 요충지를 선점하라"라는 전략은 오직 이런 것들을 철저하게 분석한 뒤에 추진되어야만 성공할 수 있다.

심지어 그런 경우라 해도, 그것은 노력을 극도로 집중해야만 한다. 하나의 분명한 목표가 있어야 하고, 모든 노력을 그 곳에 집중시켜야 한다는 말이다. 그리고 이 노력이 결과를 창출하기 시작하면, 기업가는 자원을 대량으로 투입할 준비를 하지 않으면 안 된다. 사용 가능한 합성섬유를 개발하자마자 듀폰은, 시장이 동 제품에 관심을 기울이기 시작하기 훨씬 전에, 대규모 공장을 건설하고는 섬유공장들에 대해서는 물론이고 일반 소비자들을 대상으로 엄청나게 광고를 해댔고, 또 시제품과 샘플을 제공했던 것이다.

그 다음, 혁신이 성공적인 사업으로 정착하고 나면 후속 작업이 본격적으로 시작된다. 그 경우 총력 전략은 시장에서의 주도적 지위를 계속 유지하기 위해 실질적이고도 지속적인 노력을 필요로 한다. 그렇지 않으면 지금까지 혁신 기업이 한 일은 경쟁자가 진입하도록 시장을 만든 것에 지나지 않는다. 혁신 기업가는 그 때쯤이면 주도권을 쥐고 있으므로 심지어 과거보다도 더 열심히 해야 하고, 매우 규모가 큰 혁신 노력을 기울여야만 한다. 연구개발비는, 혁신이 성공적으로 완료된 이후에는 과거보다도 오히려 한층 더 많이 투입되어야만 한다. 혁신 제품에 대한 새로운 용도도 개발해야 하며, 새로운 고객도 발굴해야 하고, 새로운 제품을 사용해 보라고 설득도 해야 한다. 무엇보다도 총력 전략에 성공한 기업가는 자신의 제품 또는 프로세스를 경쟁자가 등장하기 전에 진부화시키지 않으면 안 된다. 성공한 제품 또는 프로세스에 대한 후속 제품과 프로세스를 개발하는 작업은 곧 착수되어야 하는데, 그것은 최초의 성공을 가져다 준 것과 똑같은 노력을 집중해야 하고, 똑같은 자원의 투자를 필요로 한다.

마지막으로, 총력 전략으로 주도권을 잡은 기업가는 자신의 제품 또는 프로세스의 가격을 체계적으로 낮추는 기업가가 되어야만 한다. 가격을 높게 유지하는 것은 잠재적 경쟁자를 위해 우산을 들어주고 또 그들이 들어오도록 권장하는 격이다(이에 대해서는 다음 장, "적이 약한 곳을 공격하라"에서 계속 논의된다).

이 이론은 경제역사상 가장 오래 지속된 사적 독점인, 알프레드 노벨 (Alfred Nobel, 1833-96)이 다이너마이트를 개발한 후 만든 다이너마이트 카르텔에 의해 정립되었다. 다이너마이트 카르텔은 노벨의 특허권 시효가 만료된 후인 제1차 세계대전 전까지, 심지어 그 이후에도 전세계적으로 독점을 유지했다. 카르텔이 그렇게 독점을 유지할 수 있었던 것은 다이너마이트에 대한 수요가 증가할 때마다 가격을 10~20% 씩 인하했기 때문이다. 그 무렵 카르텔에 참여한 기업들은 추가적인 생산을 위해 먼저 투자한 자본을 충분히 회수한 뒤였다. 따라서 카르텔이 여전히 수익성을 올리고 있는 와중에 어떤 잠재적인 경쟁자가 새로운 다이너마이트 공장을 건설한다는 것은 있을 법하지 않았다. 듀폰이 다이너마이트 카르텔의 미국 분회원이었기 때문에, 듀폰이 이 전략을 지속적으로 추진한 것은 우연한 일이 아니다. 그뿐 아니라 왕 박사는 워드프로세서에 대해, 애플은 개인용 컴퓨터에 대해, 그리고 3M은 자사가 제공하는 모든 제품에 대해 그렇게 했다.

3

이들은 모두 성공사례다. 이들 사례는 "최정예 부대를 동원해 요충지를 선점하라"라는 전략이 실제로 얼마나 위험한지 보여주지 않는다. 왜냐하면 실패한 기업들은 사라지고 없기 때문이다. 하지만 우리는 이 전략에 성공한 모든 사람들은 더 많이 실패한다는 것을 알고 있다. "최정예 부대를 동원해 요충지를 선점하라"라는 전략의 경우 기회는 단 한 번뿐이다. 만약 이 전략이 즉각 효과를 보지 못하면, 그것은 완벽히 실패하고 만다.

우리 모두는, 자신의 아들의 머리 위에 얹은 사과를 첫번째 시위로 맞추는 데 성공하면 무죄 방면하겠다고 독재자가 약속한 옛날 스위스의 활잡이 빌헬름 텔 이야기를 알고 있다. 만약 그가 실패한다면 그는 아들을 잘못 맞추어 죽이거나 아니면 자신도 죽게 될 운명이었던 것이다. 이것이야말로 "최정예 부대를 동원해 요충지를 선점하라"라는 전략을 사용하는 기업가의 상황과 정확하게 일치한다. 총력 전략의 경우 '거의 성공' 또는 '거의 실패'라는 것은 없다. 오직 성공 아니면 실패뿐이다.

심지어 성공하는 경우에도 그것은 상당한 세월이 지난 후에야 알게 될 것이다. 적어도 우리는 두 가지 사례가 실패 직전이었다는 것을, 즉 그것은 운이 좋았고 또 기호가 좋았기 때문이라는 점을 알고 있다.

나일론은 실수로 인해 성공한 것이다. 1930년대에 합성섬유에 대한 시장은 존재하지 않았다. 그 당시 합성섬유는 너무도 값이 비쌌기 때문에, 당시 값싼 섬유인 면화와 인조견사와는 경쟁을 할 수 없었다. 그리고 1930년대 후반 대공황 시절 일본이 가격에 관계없이 내다팔아야 했던 일본산 사치품 섬유인 비단보다도 실질적으로 훨씬 더 비쌌던 것이다. 나일론을 살린 것은 제2차 세계대전의 발발로 인해 일본의 비단 수출이 중단되었기 때문이다. 1950년경 일본이 자국의 비단섬유 산업을 다시 시작할 수 있었을 무렵 나일론은 확고하게 자리를 잡고 있었으며, 원가와 가격 둘 다 1930년대의 그것들보다도 몇 분의 일 이하로 떨어졌던 것이다. 3M에서 가장 잘 알려진 제품, 스카치테이프에 대해서는 앞서 논의한 바 있다. 다시 말하거니와 여기서도 순전히 우연한 사건이 아니었다면, 스카치테이프는 실패작이었을 것이다.

정말이지 총력 전략은 너무나 위험이 높기 때문에, 기업의 전반적인 주요 전략체계(이에 대해서는 창조적 모방이라는 주제로 다음 장에서 논의할 예정이다)는 "최정예 부대를 동원해 요충지를 선점하라"라는 총력 전략이 성공할 가능성보다는 훨씬 더 자주 실패할 것이라는 가정 하에 추진된다. 그것이 실패하는 것은 의지가 부족하기 때문이다. 그것은 투입하는 노력이 부적절하기 때문이다. 그것은 성공적인 혁신에도 불구하고 충분한 자원이 투입되지 않기 때문에, 충분한 자원이 없기 때문에, 또는 성공을 계속 활용하는 데 충분한 자원이 투입되지 않는 등의 이유 때문에 실패한다. 만약 성공만 하면 정말이지 이 전략은 막대한 보상을 받을 수 있는 반면, 이 전략은 홈볼트가 성공적으로 수행한 것과 같은 새로운 정치질서를 창출한다거나, 라로슈가 비타민에 대해 한 것처럼 전적으로 새로운 치료법을 개발한다거나, 그것도 아니면 메이요 형제가 하려 했던 것과 같이 의료진단과 관행에 대한 새로운 접근방법을 개척하는 것 등과 같은 주요 혁신 분야 외에는 그 어떤 대상에 대해서도 사용하기에는 너무 위험하고 또 너무 어렵다. 사실, 이 전략은 아주 규모가 작은 혁신에 적합하다. 그것은 심층적인 분석을 필요로 하며, 혁신의 원천과 그 동력에 대해 충분히 이해해야 한다. 그것은 노력과 실질적인 자원이라는 측면에서 극도의 집중을 필요로 한다. 대부분의 경우 이 전략에 대한 대체 전략들이 이용 가능하고 또 선호된다. 그 일차적인 이유는 대체 전략들이 덜 위험하기 때문이 아니라, 대부분의 혁신 활동에 있어 혁신 기회는 총력 전략이 요구하는 원가, 노력, 그리고 자원 투자를 합리화해 줄 만큼 충분하지 않기 때문이다.

17 게릴라 전략 : "적이 약한 곳을 공격하라"

완전히 서로 다른 두 개의 기업가 전략이 미국의 남북전쟁 당시 연전연승한 또 다른 남군 장군에 의해 완성됐는데, 그는 "적이 약한 곳을 공격하라"라는 말로 이를 요약했다(뉴욕 브루클린 다저스에서 우익수로 활동한 일명 Wee Willie Keeler로 불렸던 윌리엄 헨리 켈러(William Henry Keeler, 1872-1923)는 야구 선수로서는 키가 매우 작아서 짧은 배트를 사용했으며, 주로 단타만 쳤다. 그러나 생애 통산 타율 3할 4푼 1리, 44게임 연속 안타 등으로 1939년 명예의 전당에 헌액되었다. 자신이 높은 타율을 올린 비결을 "Hit Them Where They Ain't", 즉 "수비들이 없는 곳으로 공을 쳐라"라고 표현했다—옮긴이). 그 두 전략은 각각 창조적 모방(creative imitation)과 기업가적 유도(entrepreneurial judo)로 명명할 수 있다.

1

창조적 모방

창조적 모방(creative imitation : 이는 하버드 비즈니스스쿨의 시어도어 레빗(Theodore Levitt)이 만든 용어임—저자 주)은 분명 용어 자체로서는 모순이다. 창조적이라는 것은 반드시 최초의 것이어야 한다. 만약 모방이 아닌 것이 있다면, 그것은 '최초의 것'이다. 그런데도 이 용어는 맞는 말이다. 그것은 '모방'이 본질적인 전략을 설명하고 있다. 창조적 모방 전략을 사용하는 기업가는 다른 사람이 이미 실행한 것을 따라 하는 것이다. 그러나 그것을 '창조적'이라고 표현하는 이유는, '창조적 모방 전략'을 활용하고 있는 기업가가, 모방의 대상이 된 혁신이 의미하는 바가 무엇인지에 대해서 그것을 발명한 사람, 그리고 그것을 처음 혁신한 사람보다도 더 잘 이해하고 있기 때문이다.

이 전략을 가장 먼저 실천했고 또 가장 훌륭한 성공을 거둔 기업은 IBM이다. 그러나 P&G가 비누, 세제, 그리고 세면용품 시장에서 리더십을 획득·유지하기 위해 사용하고 있는 전략 또한 대체로 그렇다. 그리고 세이코 시계로 세계 시장에서 선두주자가 된 일본의 하토리(Hattori Company)사가 시장을 지배하게 된 것도 '창조적 모방 전략' 덕분이다.

1930년대 초 IBM은 뉴욕 콜럼비아 대학의 천문학자들이 계산을 하는 데 사용할 수 있는 고속 계산기를 만들었다. 몇 년 뒤 IBM은 이미 현대적 의미의 컴퓨터로 디자인이 완료된 기계를 만들었다. 또다시 천문학자를 위한 계산기였지만 이번에는 하버드 대학에 납품했다. 제2차 세계대전이 끝날 무렵, IBM은 실질적인 컴퓨터를 제조했다. 이것은 진정한 컴퓨터가 갖추어야 할 속성들, 즉 '기억장치'와 '프로그램' 능력을 보유하고 있는 최초의 컴퓨터였다. 그럼에도 불구하고 역사책이 IBM을 컴퓨터 분야의 혁신 기업으로서 조금도 높게 평가하지 않는 데에는 충분한 이유들이 있다. 왜냐하면 IBM은 한층 개선된 1945년형 컴퓨터를 완성한 직후, 뉴욕 번화가에 있는 동사의 전시실에 비치해 일반 시민에게 선보인 최초의 컴퓨터에는 엄청난 인파가 밀려들었지만, IBM은 자신의 디자인을 폐기하고는 경쟁자인 에니악(ENIAC)이 펜실베이니아 대학에서 개발한 모델을 채택했기 때문이다. 에니악 모델은 급여계산과 같은 기업의 사무용으로 훨씬 더 적합했는데, 다만 에니악 모델의 설계자들은 이런 사실을 인식하지 못하고 있었다. IBM은 에니악 모델을 수정해 그것을 생산·임대할 수 있도록 했다. 그리고 그것을 고도의 과학계산 전용이 아니라 기업을 위한 잡다한 '자료 처리'를 가능하도록 했다. 1953년 에니악 모델을 바탕으로 IBM 기종이 선을 보이게 되자, 그것은 당장 기업용 다목적용 대형 컴퓨터의 표준 설정자가 되었다.

이것이 '창조적 모방 전략'이다. 이 전략은 다른 누군가가 새로운 것을 만들 때까지, 그러나 그것을 거의 '완성에 가까울' 정도로 만들 때까지 기다린다. 그 다음 창조적 모방 전략가는 혁신을 추진한다. 그러고는 짧은 기간 내에, 진실로 고객을 만족시킬 수 있는 새로운 혁신 제품을 공급하고, 고객이 원하고 또한 대가를 지불하려 하는 과업을 수행할 수 있는 새로운 혁신 제품을 제공한다. 그렇게 되면 창조적 모방은 표준이 되고, 시장을 지배하게 된다.

IBM은 개인용 컴퓨터에서도 다시 창조적 모방 전략을 사용했다. 사실 개인용 컴퓨터는 애플의 아이디어였다. 앞서(제3장에서) 설명한 것과 같이 IBM의 모든 임직원들은 조그만 독자적인 컴퓨터는 단지 하나의 실수에 지나지 않는다는 것, 즉 비경제적이고, 적당하지 않으며, 값이 비싸다는 사실을 알고 있었다. 그런데도 그것은 보기 좋게 성공했다. IBM은 즉각 새로운 개인용 컴퓨터를 디자인했는데, 그것은 개인용 컴퓨터 분야에서 표준이 되었고, 동 산업을 지배했으며, 또는 적어도 전 분야에서 앞서나갔다. 그것이 바로 오늘날 PC 산업이다. 2년 내에 IBM의 PC는 애플로부터 개인용 컴퓨터의 주도권을 빼앗고 가장 잘 팔리는 브랜드가 되었으며, PC 산업의 표준 설정자가 된 것이다.

P&G도 세제, 비누, 세면용품, 그리고 가공식품 시장에서 이와 매우 비슷한 방식을 취하고 있다.

반도체를 산업적으로 이용할 수 있게 되자, 모든 시계회사들은 반도체를 이용해 전통적인 시계 작동방식보다 훨씬 정확하고 안정성이 있는, 그리고 값이 매우 싼 시계를 만들 수 있다는 것을 알았다. 스위스는 수정으로 움직이는 디지털 시계(quartz-powered digital)를 곧바로 선보였다. 그러나 스위스의 시계회사들은 전통적 시계 제조시설에 너무나 많은 투자를 했기 때문에 디지털 시계를 장기간에 걸쳐 서서히 출하하기로 결정했으며, 그러는 사이에 이 새로운 시계는 비싼 사치품으로 팔리고 있었다.

한편, 일본의 하토리는 일본 시장을 상대로 오랫동안 전통적인 시계를 공급하고 있었다. 하토리는 기회를 포착하고는, 창조적 모방 전략을 채택해 디지털 시계를 시계산업의 표준 제품으로 개발했다. 스위스가 잠에서 깨어났을 때는 이미 너무 늦었다. 하토리의 세이코 시계는 세계적으로 최고 인기품목이 되었고, 스위스 시계는 시장에서 거의 사라졌다.

창조적 모방 전략은 "최정예 부대를 동원해 요충지를 선점하라"라는 전략과 마찬가지로, 시장 또는 산업의 지배까지는 아니더라도, 시장 또는 산업의 주도권을 노리는 전략이다. 그러나 이 전략은 위험이 훨씬 적다. 창조적 모방자가 전략을 펼칠 때면, 시장은 확립되어 있고 또 그 분야의 벤처회사들은 활용한 후다. 실제로 혁신 제품에 대한 수요는 최초의 혁신 기업(innovator)이 손쉽게 공급할 수 있는 것보다 훨씬 더 많다. 시장의 세분화(market segmentation)는 이미 되어 있거나 또는 적어도 알아낼 수 있다. 또한 그 때쯤 되면 시장조사를 통해 고객이 무엇을 구입하고 있는가, 그것을 어떻게 구입하고 있는가, 고객에게 가치를 제공하는 것은 무엇인가 등을 파악할 수 있다. 최초의 혁신 기업이 등장할 무렵에는 그토록 많았던 불확실성 가운데 많은 부분이 사라지거나 적어도 분석될 수 있고 또 연구가 되어 있다. 개인용 컴퓨터 또는 디지털 시계가 무엇인지, 그리고 그 기능이 무엇인지를 더 이상 누구도 설명할 필요가 없게 된다는 말이다.

물론 최초의 혁신 기업이 처음부터 시장조사를 제대로 할 수도 있다. 따라서 창조적 모방을 하지 못하도록 문을 닫아버릴 수도 있을 것이다. 혁신 기업이 새로운 사업을 제대로 시작하고는, 예컨대 라로슈의 비타민, 듀폰의 나일론, 그리고 왕의 워드프로세서처럼 계속해서 주도권을 잡을 가능성도 있다. 그러나 창조적 모방 전략을 추진하는 기업가의 숫자라든가, 그리고 그들이 상당히 성공한 것을 보면 최초의 혁신 기업이 일을 제대로 처리해 시장을 독점할 가능성은 그다지 크지 않다는 사실을 알 수 있다.

창조적 모방 전략과 관련된 또 다른 좋은 사례가 바로 타이레놀(Tylenol), 즉 '비아스피린계' 아스피린이다. 이 사례는 전략의 구성 내용, 전략의 요구 사항, 그 작용 방식 등을 내가 아는 다른 어떤 것보다도 더 분명하게 밝혀준다.

(미국에서 타이레놀이라는 상표로 판매되는 약품의 주성분인) 아세타미노펜(Aceta-minophen)은 오랫동안 통증치료제로 사용되고 있었으나 최근까지도 미국에서 그것은 오직 의사의 처방에 따라서만 팔리고 있다. 또한 훨씬 더 오래 된 진통제인 아스피린 역시 완벽하게 안전한 것으로 간주되었고, 독자적인 진통제 시장을 갖고 있었다. 아세타미노펜은 아스피린보다는 약효가 훨씬 떨어졌다. 아세타미노펜은 진통제로서는 효과가 좋았으나 소염제로서의 효과는 전혀 없었다. 또한 혈액 응고에도 효과가 없었다. 이런 점 때문에 그것은 부작용이 없었고, 특히 아스피린을 다량 복용했거나 관절염과 같은 질병에 오랫동안 사용한 경우 유발할 수 있는 위장장애와 위벽출혈이 없었다.

아세타미노펜을 의사의 처방 없이도 구입할 수 있게 되자, 시장에 출하된 최초의 브랜드는 아스피린의 부작용 때문에 고생을 해온 사람들을 위한 약으로 선전되었고 또 판매되었다. 그것은 곧 날개 돋친 듯 팔려나갔고, 정말이지 회사가 예측했던 것보다도 훨씬 더 성공적이었다. 하지만 창조적 모방을 위한 기회를 창출한 것은 바로 이런 성공 덕분이었다. J&J는 아스피린을 소염효과와 혈액응고 효과가 필요한 꽤나 작은 시장에다 국한시키고는, 진통제의 특효약으로서의 아스피린을 대체할 의약품 시장이 존재한다는 것을 인식했다. 처음부터 타이레놀은 안전한 일반용 진통제로 판촉활동을 폈다. 한두 해가 채 지나지 않아 타이레놀은 시장을 석권했다.

지금 살펴본 사례에서 알 수 있듯이, 창조적 모방은 일반적으로 인식하고 있는 것과는 달리 선구자의 실패를 거울로 삼는 것이 아니다. 오히려 선구자가 반드시 성공을 해야 한다. 애플 컴퓨터는 크게 성공한 사례이고, 타이레놀에게 결국 시장의 주도권을 빼앗긴 아세타미노펜 브랜드도 마찬가지였다. 하지만 최초의 혁신가들은 자신들이 거둔 성공의 진정한 의미가 무엇인지 이해하지 못했다. 애플을 만든 사람들은 컴퓨터 사용자에 초점을 둔 것이 아니라 제품 자체에 초점을 맞추었다. 따라서 그들은 사용자가 프로그램과 소프트웨어를 별도로 필요로 하는 경우에만 하드웨어를 공급했던 것이다. 타이레놀의 경우에도, 최초 발명자들은 자신들의 성공이 무엇을 의미하는지 인식하는 데 실패했다.

창조적인 혁신가(creative innovator)는 다른 사람의 성공을 역이용한다. 창조적 모방은 일반적으로 이해되고 있는 혁신이라는 용어와는 다른 의미를 갖고 있다. 창조적 모방가(creative imitator)는 제품이나 서비스를 발명하지 않는다. 그는 다른 사람이 발명한 제품이나 서비스를 완성시키고 제자리를 잡아준다. 새로운 제품 또는 서비스가 처음 도입될 때는 무엇인가 부족한 구석이 있게 마련이다. 창조적 모방은 제품의 특성을 하나 더 추가해 주는 것일 수도 있다. 그것은 제품 또는 서비스를 세분화하고는, 제품 또는 서비스를 약간 개량해 다소 다른 시장에 적합하도록 하는 것일 수도 있다. 그것은 제품을 시장에서 적당한 자리를 차지하도록 해주는 것일 수도 있다. 또한 그것은 여전히 시장이 필요로 하는 어떤 것을 공급해 주는 것일 수도 있다.

창조적 모방가는 제품이나 서비스를 고객의 입장에서 관찰한다. IBM의 개인용 컴퓨터는 기술적 관점에서는 실질적으로 애플과 구분이 안 된다. 하지만 IBM은 고객에게 프로그램과 소프트웨어를 애당초부터 제공했다. 애플은 컴퓨터 전문점을 통해 자사 제품을 유통시키는 전통적 방식을 고수했다. IBM은 자사의 전통을 철저히 무시하고는 모든 종류의 유통 채널을, 예컨대 컴퓨터 전문점, 시어스 로벅과 같은 주요 소매 유통업자, 독자적인 IBM 판매 전문점 등을 개발했다. IBM은 고객이 자사의 개인용 컴퓨터를 사기 쉽도록, 그것을 사용하기 쉽도록 만들었다. 이런 것들, 즉 컴퓨터의 하드웨어적 특성을 제외한 여러 측면이 곧 IBM이 개인용 컴퓨터 시장에 제공한 '혁신'이었다.

요약하자면 창조적 모방은 제품이 아니라 시장으로부터, 생산자가 아니라 고객으로부터 출발한다. 그것은 시장에 초점을 맞추는 동시에 시장지향적이다.

이들 사례는 창조적 모방 전략의 요건이 무엇인지 제시한다. 우선 그것은 빠르게 성장하는 시장을 필요로 한다. 창조적 모방 기업은 새로운 제품 또는 서비스를 처음 도입한 개척자의 고객을 빼앗아 감으로써 성공하는 것이 아니라, 개척자들이 창조했지만 적절히 봉사하지 못한 시장을 찾아 봉사한다. 창조적 모방은 새로운 수요를 창조하기보다는 기존 수요를 만족시킨다.

창조적 모방 전략에는 이 전략만이 갖는 특유한 위험이 있는데, 그 위험은 상당히 크다. 첫째, 창조적 모방가는 그들의 위험을 분산하려는 의도에서 노력을 집중하지 않으려는 유혹에 쉽게 빠져든다. 둘째, 추세를 잘못 판단하고는 시장에서 성공하지 못하고 있는 사실이 이미 증명된 것을 창조적으로 모방한다.

세계에서 가장 창조적 모방 기업인 IBM이 이러한 위험들의 존재를 증명해 준다. IBM은 사무자동화분야에서 일어난 모든 주요 개발을 성공적으로 모방했다. 그 결과, 모든 분야에서 선도적 제품을 갖게 되었다. 그러나 IBM 제품들은 모방 제품들이기 때문에 너무 다양하고 서로 보완관계가 없으므로 IBM 제품들을 통합해 종합적인 사무자동화 시스템을 조립하는 것은 거의 불가능하다. 따라서 IBM이 사무자동화분야에서 주도권을 유지하고 사무자동화를 위한 종합적인 시스템을 공급할 수 있을지는 의심스럽다. 어쨌든 사무자동화분야는 미래의 주요 시장이 될 확률이 매우 크다. 그리고 이 위험, 즉 '너무 똑똑하기 때문에 발생하는 위험'은 창조적 모방 전략에 내재되어 있다.

창조적 모방은 하이테크 분야에서 가장 효과적으로 작동한다. 그 한 가지 이유는 하이테크 분야의 혁신가는 시장에 초점을 맞추지 않을 가능성이 매우 높고, 기술과 제품에 초점을 맞출 가능성이 높기 때문이다. 따라서 그들은 자신들의 성공을 잘못 이해하는 경향이 있고, 그 결과 자신들이 창출한 수요를 활용해 이익을 올리고 또 충분히 공급하는 데 실패하고 만다. 그러나 아세타미노펜과 세이코 시계에서 본 것처럼, 결코 그런 기업들만이 이같은 오류를 범하는 것은 아니다.

창조적 모방 전략은 시장의 지배를 노리기 때문에, 이것은 개인용 컴퓨터, 전세계적인 시계 시장, 진통제와 같이 시장 규모가 큰 주요 제품, 프로세스 또는 서비스에 가장 적합하다. 그러나 이 전략은 "최정예 부대를 동원해 요충지를 선점하라"라는 전략보다 시장의 규모는 작아도 된다. 따라서 위험 부담도 다소 덜하다. 창조적 모방 기업이 시장에 선을 보일 때쯤이면 시장은 이미 존재하고 있으며, 수요도 유발되어 있다. 이 전략이 위험은 작지만 창조적 모방을 통해 사전 경고, 유연성, 시장의 판단을 수용할 의도, 그리고 무엇보다도 적극적인 노력과 대규모로 자원을 투입함으로써 보완을 하는 것이다.

2

기업가적 유도—다른 기업의 힘을 역이용하기

1947년 벨연구소는 트랜지스터를 발명했다. 트랜지스터는 특히 라디오, 그리고 그 당시 새로 개발된 TV 세트 등, 소비자 전자제품에 사용되는 진공관을 대체할 것이라는 사실이 즉각 알려졌다. 모두가 이 사실을 알았다는 말이다. 그러나 아무도 그것에 대해 어떤 것도 하지 않았다. 소비자 전자제품의 선두주자들은, 당시는 모두 미국인 회사들이었는데, '1970년경'이 되어서야 트랜지스터를 연구하고 비로소 트랜지스터로 전환하는 계획을 세우기 시작했다. 그 때까지는, 그들은 트랜지스터가 아직 "다른 용도로 전환될 채비가 안 될 것"이라고 선언했다. 그 당시 소니는 일본을 제외한 국외에서는 실제로 거의 알려지지 않았으며, 게다가 소비자 전자제품 시장에는 진출하지도 않았다. 그러나 소니의 사장인 모리타 아키오(盛田昭夫, 1921-)는 신문에서 트랜지스터에 관한 것을 읽었다. 그는 곧 미국으로 가서 벨연구소로부터 새로운 트랜지스터의 라이선스를 2만 5,000달러라는 터무니없는 헐값에 사들였다. 2년 후 소니는 최초의 휴대용 트랜지스터 라디오를 시장에 내놓았는데, 무게는 같은 성능의 진공관 라디오의 5분의 1도 안 되고, 가격은 3분의 1 이하였다. 그로부터 3년 뒤, 소니는 미국의 값싼 라디오 시장을 완전히 손에 넣었고, 또다시 5년 뒤에는 일본 회사들이 전세계 라디오 시장을 휩쓸었다.

　물론 이것은 예상치 않은 성공에 대한 거부현상의 고전적 사례다. 미국의 많은 기업들은 트랜지스터가 NIH 신드롬, 즉 '여기서 발명되지 않았기 때문에(NIH, not invented here : 어떤 아이디어가 우리 회사나 우리 부서에서 나온 것이 아니라 다른 곳에서 나왔다는 이유로 수용되지 않는 현상—옮긴이)' 거부했던 것이다. 다시 말해 트랜지스터를 RCA와 GE 같은 전기 및 전자분야의 주도기업들이 발명하지 않았다는 것이다. 그것은 자기 자신이 하는 일에 자부심을 갖는 사람들의 전형적인 사고방식이다. 미국 기업들은 당시의 경이적인 라디오, 즉 장인 정신의 진수인 걸작품 슈퍼 헤테로다인(Super Heterodyne) 라디오 세트를 무척 자랑하고 있었다. 이에 비교하면 트랜지스터 라디오는 그것을 보유하는 것이 정말이지 그들의 자존심을 깎는 정도는 아니라 해도, 하급품이라고 생각했다.

그러나 여기서 말하고자 하는 핵심은 소니의 성공 스토리가 아니다. 핵심은 일본 기업들이 똑같은 전략을 거듭 사용했고, 매번 성공을 거두었으며, 그 때마다 미국 기업들을 놀라게 한 사실을 우리는 어떻게 설명할 것인가 하는 것이다. 일본 기업들은 이 전략을 TV에, 디지털 시계에, 그리고 휴대용 전자계산기에도 되풀이 사용했다. 일본 기업들은 복사기 시장에 진출해 복사기의 원 발명자 제록스보다 더 큰 시장점유율을 가로챌 때도 이 전략을 사용했다. 다른 말로 표현하면, 일본 기업들은 미국 기업들에 대해 '기업가적 유도(柔道, entrepreneurial judo)', 즉 달리 표현하면 다른 기업의 힘을 역이용하는 전략을 실행해 거듭 승리한 것이다. 그러나 미국 내에서도 몇몇 사례가 있다. MCI와 스프린트(Sprint)가 AT&T의 요금정책을 이용해 AT&T의 장거리 전화시장의 상당한 부분을 빼앗을 때 사용한 전략이 바로 이것이었다. AT&T가 PBX(private branch exchange, 사설 전화교환기) 시장에 대한 거부정책을 밝히자 ROLM이 이를 이용해 사설 교환기 시장의 대부분을 차지할 때 사용한 것도 이 전략이었다. 그리고 시티뱅크가 독일에서 소비자 은행, 즉 파밀리안방크(Familienbank)를 시작할 때도 마찬가지였다. 시티뱅크는 불과 수 년이라는 짧은 기간 내에 독일의 소비자 금융시장을 지배하게 되었다. 독일 은행들은 일반 소비자고객들이 구매력을 갖고 있고, 바람직한 고객이라는 사실을 알고 있었다. 은행들은 일반 소비자고객들에게 금융 서비스를 제공하는 행동도 보였다. 그러나 그들은 실제로는 일반 소비자고객들을 진정한 고객으로 대접하고 싶지 않았다. 독일 은행들은 마음 속으로, 기업고객과 부유한 투자자를 상대로 하는 대은행이 취급하기에는 일반 소비자고객들이 격이 낮다고 생각했던 것이다. 만약 일반 소비자고객이 예금구좌라도 하나 가질 필요가 있었다면, 그들은 우편저금 은행으로 갈 수밖에 없었다. 독일 은행들이 어떤 식으로 광고를 했든 간에 사실은 그 반대로, 독일 은행들은 소비자고객이 으리으리한 은행 지점에 들어섰을 때 은행은 소비자고객에게 별 도움이 안 된다는 것을 분명히 인식시켜 주었던 것이다.

시티뱅크는 독일에서 파밀리안방크를 개설할 때 바로 이 점을 활용했다. 파밀리안방크는 오직 개인 소비자에게만 관심을 기울였고, 소비자가 필요로 하는 서비스를 디자인했으며, 그리고 소비자가 은행과 거래하는 것을 쉽게 만들었던 것이다. 독일 은행들의 그 엄청난 힘에도 불구하고, 마을의 모든 주요 길거리마다 주요 은행들의 지점들이 버티고 있을 정도로 소비자와 가까이 있는데도 불구하고, 시티뱅크의 파밀리안방크는 5년 안에 독일의 소비자금융 시장을 석권할 수 있었다.

이 모든 신규 참가자들, 즉 일본 기업들, MCI, ROLM, 시티뱅크 등은 기업가적 유도를 실천했다. 기업가적 전략들 가운데, 특히 산업 또는 시장에서 주도권과 지배력을 획득하는 것을 노리는 전략들 가운데 기업가적 유도는 분명 가장 위험이 적은 반면 성공할 가능성은 가장 높다.

모든 경찰관은 상습범이 언제나 같은 수법으로 범죄를 저지른다는 사실을 알고 있다. 그것이 금고를 부수는 것이든, 털고 싶은 건물에 들어가는 것이든 말이다. 상습범은 지문과 같은 개인적인, 그리고 독특한 '흔적'을 남긴다. 심지어 그 흔적 때문에 여러 차례 붙잡혀도 그 수법을 바꾸지 않을 것이다.

그러나 자신의 습관에 집착하는 사람은 범죄자들만이 아니다. 우리 모두가 그렇다. 기업도, 산업도 그 점에서는 마찬가지다. 심지어 습관 때문에 시장의 주도권을 상실하고 또 시장을 잃는데도 불구하고, 습관은 지속될 것이다. 미국 제조업체들은 일본 제조업체들로 하여금 자신들의 시장을 여러 차례 빼앗아 가도록 기회를 제공한 그 습관을 고집했던 것이다.

만약 범인이 붙잡히면, 그는 자신의 습관 때문에 붙잡히게 되었다는 사실을 거의 인정하지 않는다. 반면에 그는 온갖 다른 구실들을 찾아낼 것이다. 그러고는 자신들을 붙잡히게 한 그 습관을 또다시 되풀이한다. 마찬가지로, 그들의 습관 때문에 실패한 기업들은 그 사실을 인정하지 않을 것이다. 그리고 온갖 다른 이유들을 찾아낼 것이다. 예를 들면 미국의 전자제품 제조업체들은 일본의 성공을 일본의 '저임금' 탓으로 둘러댄다. 그러나 현실을 직시한 몇몇 미국의 제조업체들, 예를 들면 TV 세트 분야의 RCA와 마그나복스(Magnavox)는, 미국의 임금을 지불하고 또 노동조합의 요구를 들어주고서도 일본 기업의 제품과 경쟁할 수 있는 가격으로, 그리고 일본과 경쟁할 수 있는 품질의 제품을 만들 수 있다. 독일 은행들은, 시티뱅크의 파밀리언방크의 성공은 그들이 손대기 싫어했던 위험을 시티뱅크가 부담했기 때문이라고 한결같이 설명한다. 그러나 파밀리언방크는 소비자 대출에 있어 독일 은행들보다 대손비율이 낮다. 그리고 융자조건도 독일 은행들의 그것과 같은 정도로 엄격하다. 물론 독일 은행들은 이 사실을 알고 있다. 그런데도 그들은 자신들의 실패와 파밀리언방크의 성공에 대해 변명만 되풀이하고 있다. 이는 흔한 일이다. 그리고 그것이 바로 똑같은 전략, 즉 똑같은 기업가적 유도 전략이 거듭 사용될 수 있는 이유다.

특히 신규 참여자로 하여금 기업가적 유도를 사용할 수 있도록 해주고, 확고하게 자리잡은 기업들을 상대로 어떤 산업의 주도권을 잡도록 해준 잘못된 습관들로서 매우 일반적인 다섯 가지 습관이 있다.

첫째는 영어 약어로 'NIH(not invented here)' 라고 하는 것으로서 기업 또는 산업으로 하여금 자신들이 스스로 발명해 낸 것이 아닌 경우, 그 어떤 새로운 것도 좋은 것일 리가 없다고 믿는 오만한 습관이 있다. 그래서 새로운 발명은 무시당하고 만다. 마치 트랜지스터가 미국의 전자제품 제조업체들로부터 무시당한 것처럼 말이다.

둘째는 시장에서 수지맞는 부분만 차지하겠다는, 다시 말해 시장에서 높은 이익을 제공하는 세분 시장만 취하려는 경향이다.

이것은 기본적으로 제록스가 취한 전략이었다. 이것은 제록스의 복사기를 모방한 일본 기업들에게 제록스가 손쉬운 공략 대상이 되도록 해주었다. 제록스는 전략을 대형 소비자, 즉 복사기의 대량 구입자 또는 높은 가격의 고성능 복사기 구입자에게 초점을 맞추었다. 제록스는 소규모 소비자들을 거절하지는 않았지만 적극적으로 찾아나서지는 않았다. 특히 제록스는 이들에게 서비스한다는 것이 성에 차지 않는다고 보았다. 결국 소규모 고객들이 경쟁자의 복사기를 구입하도록 만든 것은 제록스가 이들에게 행한 서비스에 대한 불만족, 달리 표현하면 차라리 서비스의 부족 때문이었다.

"수지맞는 부분만 차지하겠다"는 전략은 경영학과 경제학의 기본적인 법칙을 위반한 것이다. 그 전략은 언제나 시장의 상실이라는 벌을 받게 마련이다.

제록스는 자신의 영광에 도취해 있었던 것이다. 제록스는 정말이지 견실했고 수익도 좋았지만, 어쨌거나 과거의 영광만으로 영원히 살아가는 기업은 없는 법이다. "수지맞는 부분만 차지하겠다"는 전략은 과거 실적에서 계속 빼먹겠다고 시도하는 것이다. 일단 어떤 기업이 그런 습관에 빠지고 나면 그 기업은 그 습관을 계속 유지할 가능성이 있다. 따라서 기업가적 유도 전략에 계속 취약한 상태를 유지하게 된다.

세번째 나쁜 습관, 즉 '품질'에 대한 착각은 기업을 한층 더 쉽게 몰락하도록 한다. 어떤 제품 또는 서비스에 있어 '품질'이라는 것은 공급자가 만들어 넣는 것이 아니다. 그것은 고객이 느끼는 것이고, 그것에 대해 기꺼이 대가를 지불하려고 하는 대상이다. 어떤 제품이 '품질'이 높다는 것은, 제조업체들이 일반적으로 믿고 있는 것처럼, 그 제품이 만들기가 힘들고 또 비용이 많이 들기 때문이 아니다. 만들기가 힘들고 또 비용이 많이 든다는 것은 그 기업이 무능하기 때문이다. 고객들은 오직 자신들에게 소용이 있고 또 가치를 제공하는 것에 대해 대가를 지불한다. 그 밖에 다른 어떤 것도 '품질'을 구성한다고 할 수 없다.

1950년대 미국의 전자제품 제조업체들은 그 경이적인 진공관을 장착한 자신들의 제품을 좋은 '품질'의 제품으로 믿고 있었다. 왜냐하면 그들은 라디오 세트를 좀더 정교하게, 더 크게, 더 비싸게 만드는 데 30년 간 온갖 노력을 기울였기 때문이다. 그들은 자신들의 제품을 곧 '품질'이라고 생각했다. 그 이유 역시 자신들의 제품을 만드는 데는 엄청난 기술이 필요했던 반면, 트랜지스터 라디오는 간단하고 조립 라인에서 미숙련 노동자도 만들 수 있는 것이었기 때문이다. 그러나 소비자 입장에서는 트랜지스터 라디오의 '품질'이 분명 훨씬 더 좋았다. 그것은 무게가 훨씬 덜 무거웠기 때문에 해변이나 피크닉에 들고 갈 수 있었던 것이다. 그것은 고장도 적었고, 진공관을 갈아 끼울 필요도 없었다. 가격은 훨씬 저렴했다. 그리고 전파 거리와 음의 감도라는 측면에서 그것은 심지어 16개의 진공관을 가진, 그래서 필요한 때에는 꼭 그 중 하나는 언제나 고장이 나곤 하는, 가장 성능이 좋은 슈퍼헤테로다인 라디오를 곧 능가해 버렸다.

네번째의 나쁜 습관은 "수지맞는 부분만 차지하겠다"라는 전략과 '품질'에 대한 착각 양쪽과 밀접하게 관계가 있는 것으로서, '개발자의 초과이익을 보장하는 가격'이라는 환상에 빠져드는 경우다. '개발자의 초과이익을 보장하는 가격'은 항상 경쟁자를 끌어들이는 초대장 노릇을 한다.

18세기 초기 프랑스의 J. B. 세이와 영국의 데이비드 리카도가 활동하던 시절 이후 200년 간 경제학자들은, 독점이 아닌 경우, 좀더 높은 이익을 얻는 단 하나의 방법은 좀더 낮은 가격의 물건을 파는 방법뿐이라는 사실을 알고 있었다. 좀더 높은 가격으로 좀더 높은 이익을 달성하려는 시도는 언제나 자멸할 뿐이었다. 그것은 경쟁자를 위해 우산을 받쳐주는 격이다. 기존의 주도적 사업자에게 더 많은 이익이 돌아가는 것처럼 보이는 것은 결과적으로 수 년 내에 주도적 사업자의 자리를 빼앗고는 자신에게 선두자리를 내놓으라고 주장할 신규 참가자를 키우는 것이나 다름없다. '개발자의 초과이익을 보장하는 가격'은, 행복의 조건이나 좀더 높은 주식가격 또는 좀더 높은 주가수익비율의 원인이 되는 것이 아니라, 그 반대로 항상 위협으로, 그리고 위험한 취약점으로 간주되어야만 한다.

그런데도 '개발자의 초과이익을 보장하는 가격'을 통해 좀더 높은 이익을 올린다는 환상은, 심지어 언제나 그것이 경쟁자에게 기업가적 유도 전략을 위한 기회를 제공하는데도 불구하고, 거의 모든 기업들이 보편적으로 사로잡혀 있다.

마지막으로, 기존의 기업들이 전형적으로 빠져드는, 그래서 그들을 몰락하도록 하는 다섯번째 나쁜 습관이 있다. 제록스가 좋은 예다. 그것은 기업을 최적화하는 것이 아니라 최대화하려는 습관이다. 시장이 성장·발전함에 따라, 이들 기업은 같은 제품 또는 서비스로 개별 소비자들 모두를 만족시키려 노력한다.

예컨대 화학반응을 검사하는 한 새로운 분석기기가 등장했다고 가정하자. 처음에 그 시장은 매우 한정적이었고, 가령 산업체 연구소에서만 관심이 있었다. 그 뒤 대학연구소, 연구기관, 그리고 병원 모두 각각 약간 다르긴 하지만 그 기기를 구입하기 시작했다. 따라서 그 제조회사는 한 고객을 만족시키기 위해 한 가지 특성을 추가했고, 그 다음 다른 고객을 위해서는 다른 특성을, 그리고 드디어 간단한 기기로 출발한 것이 복잡한 것이 될 때까지 기능을 계속 추가했다. 그 회사는 그 기기가 할 수 있는 기능을 최대한 확대했다. 그 결과 그 기기는 더 이상 그 누구도 만족시키지 못하게 되었다. 왜냐하면 모든 사람을 만족시키려 노력하다 보면 그 누구도 만족시키지 못하고 마는 법이니까 말이다. 그 기기는 값이 비싸졌고, 또한 사용하기도, 수리하기도 어려워졌다. 하지만 그 제조회사는 자신의 기기에 대해 자부심이 대단했다. 정말이지 동사의 전면 광고는 그 기기가 할 수 있는 64가지 다른 기능에 대해 설명하고 있었다.

그 제조회사는 기업가적 유도 전략에 말려들 것이 거의 틀림없을 것이다. 그 회사가 자사의 큰 강점이라고 생각하는 바로 그것이 배신을 하게 될 것이다. 새로운 경쟁자가, 예컨대 병원과 같은, 특정 시장의 고객을 만족시키는 기기를 개발해 등장할 것이다. 그 기기는 병원에 종사하는 사람들이 필요로 하지 않는 것은, 그리고 매일 필요로 하는 것이 아닌 것은 단 하나의 특징도 포함하지 않을 것이다. 반면에 병원이 필요로 하는 것이면 무엇이든 할 수 있을 것이고, 다목적 기기가 제공할 수 있는 것보다는 그 성능이 더 높을 것이다. 그 경쟁자는 뒤이어 전문연구소, 정부연구소, 그리고 기업체용 기기를 들고 나올 것이다. 그 신규 경쟁자는 자사 고객들을 위해 특별히 고안한 기기로, 그리고 최대화가 아니라 최적화한 기기로 어느 순간 시장을 석권하게 될 것이다.

마찬가지로, 일본 기업들이 그들의 복사기로 제록스와 경쟁하기 위해 미국 시장에 진입할 때, 그들은 특정 고객집단에게 적합한 복사기를 디자인했다. 예를 들면 치과의사, 의사, 또는 학교 교장을 위한 소규모 사무실용 복사기를 디자인했다. 그들은 제록스의 종업원들이 스스로 가장 자랑스럽게 생각하는 특징들, 예를 들면 복사기의 속도 또는 복사의 선명도에 있어서는 경쟁하고자 노력하지 않았다. 그들은 소규모 사무실이 가장 필요로 하는 것, 즉 싼 가격의 간단한 복사기를 공급했다. 그리고 일단 시장에서 자리를 굳히게 되면, 그 다음은 구체적인 세분 시장에 가장 적합하게 디자인된 제품을 앞세워 다른 시장으로 착실히 진입했다.

소니도 이와 비슷하게 처음에는 저급품 라디오 시장, 즉 전파 거리가 짧은 값싼 휴대용 라디오 시장에 침투했다. 소니는 그 시장에서 자리를 잡고 나서야 다른 세분화된 시장으로 나아갔다.

기업가적 유도 전략은 처음에는 해안에 교두보를 확보하는 것을 목표로 하고는, 그 다음 기존의 선두주자들이 전혀 방어하지 않거나 전력을 기울이지 않는 곳을 노린다. 시티뱅크가 파밀리안방크를 설립했을 때 독일 은행들이 반격하지 않았던 것처럼 그런 허점을 노린다. 일단 교두보가 확보되면, 다시 말해 신규 참가자가 적절한 시장과 적절한 수입원을 손에 넣게 되면, 그 다음 그들은 '해안'의 다른 지역으로 진출하고는 드디어 '섬' 전체를 장악한다. 세분 시장으로 진출할 때마다 같은 전략을 되풀이해 사용한다. 그들은 특정 세분 시장에만 사용될, 그리고 가장 적합한 제품 또는 서비스를 디자인한다. 그렇게 되면 기존의 주도적 기업들은 이 전쟁에서 그들을 좀처럼 이기지 못한다. 기존의 주도적 기업들은 신규 참가자가 주도권을 빼앗고 시장의 지배권을 획득할 때까지 그들 자신의 습관을 좀처럼 바꾸지도 못하고 만다.

기업가적 유도 전략이 특별히 성공할 가능성이 있는 상황은 세 가지다.

첫째, 기존의 선두주자들이 성공한 것이든 실패한 것이든 간에, 예상치 못한 사태에 대해 대응하기를 거부하거나, 그것도 아니면 아예 외면하거나 제쳐놓으려고 하는 일반적인 상황이다. 이는 소니가 이용한 전략이다.

둘째, 제록스의 경우다. 새로운 기술이 도입되고 또 빠르게 성장한다. 그러나 새로운 기술(또는 서비스)을 시장에 소개한 혁신 기업들은 전통적인 '독점기업'처럼 행동한다. 그들은 시장에서 '수지맞는 것'만, 그리고 '초과이익'만 얻기 위해 선두주자의 지위를 이용한다. 그들은 이미 충분히 증명된 다음의 명제를 모르고 있거나 인정하기를 거부한다. 즉 독점은 말할 것 없고, 어떤 종류이든 간에 선두주자의 지위라는 것은 그 선두주자가 (슘페터가 명명한) '너그러운 독점기업'처럼 행동할 때 겨우 유지된다는 것 말이다.

너그러운 독점기업은 경쟁자가 나타나서 자신을 꺾기 전에 자신의 제품 가격부터 먼저 깎는다. 그리고 자신의 제품이 진부화되도록 하고, 경쟁자보다 먼저 신제품을 출하한다. 세상에는 이런 명제의 타당성을 증명해 줄 사례들이 많이 있다. 듀폰이 다년 간 취했던 방식이, 그리고 AT&T가 1970년대 물가상승 문제로 곤경에 처해지기 전까지 계속했던 방식이 바로 이것이다. 그러나 선두주자가 자신의 리더십 지위를 이용해 원가를 내리는 조치는 없이 가격만 올리는 데에, 또는 이익을 올리는 데에 급급하게 되면, 그는 그의 힘을 역이용하는 기업가적 유도 전략을 사용하는 사람에 의해 스스로 패배하도록 준비하는 격이다.

마찬가지로, 급성장하는 새로운 시장 또는 새로운 기술 분야의 선두주자가 최적화를 추구하는 것이 아니라 최대화를 추구하게 되면, 그는 곧 스스로를 기업가적 유도 전략에 취약한 상태로 만들게 될 것이다.

마지막으로, 기업가적 유도 전략은 시장 또는 산업구조가 빠르게 변할 때 사용하는 전략으로서 효과가 있다. 그것이 바로 파밀리안방크의 성공사례다. 1950~60년대 독일이 번영을 누리게 되자, 일반 시민들은 전통적인 저축예금 또는 부동산 담보대출과는 다른 금융 서비스를 원하는 고객으로 성장했다. 하지만 독일 은행들은 기존의 시장에만 집착했다.

기업가적 유도 전략은 항상 시장에 초점을 맞추고, 시장지향적이다. 출발점은 제2차 세계대전의 패배로 인한 파괴로부터 겨우 회복할 무렵, 모리타가 트랜지스터 기술의 라이선스를 획득하러 일본에서 미국으로 여행했을 때처럼 '기술'일지도 모른다. 모리타는 기존의 기술이 단지 진공관의 무게와 높은 파손율 때문에 가장 만족시키지 못하는 세분 시장이 있는지 관찰했다. 즉 휴대용 라디오 시장을 물색했던 것이다. 그 다음 그는 그 세분 시장에, 즉 돈은 별로 없는 대신에 라디오의 주파수와 음질에 대한 요구는 꽤나 간단한 젊은이들을 위한 시장에, 달리 말해 기존의 기술이 쉽사리 적절하게 해결할 수 없는 시장에 적합한 라디오를 디자인했다.

마찬가지로, 벨 전화회사로부터 회선을 도매로 구입하고는 그것을 소매로 판매하는 기회를 파악한 장거리 전화 할인업자들은, 혼자서는 장거리전화 시스템을 가설하기에는 너무나 규모가 작지만 고액의 장거리 통신비용을 감당할 수 있을 정도의 규모는 되는 몇몇 소수의 알찬 기업들을 위한 서비스를 먼저 고안했다. 장거리 전화 할인업자들은 그 시장에서 커다란 시장점유율을 확보한 후에야 겨우 그 시장에서 빠져나와 매우 규모가 큰 고객과 소규모 고객 둘 다에게 접근하려 했다.

기업가적 유도 전략을 사용하려면 해당 기업은 산업을 분석하고, 생산업자와 공급업자, 그것들의 습관, 특히 나쁜 습관, 그리고 그것들의 정책에 대한 분석 작업부터 시작한다. 그러나 그 다음에는 해당 기업은 시장을 조사하고, 그리고 어디에 대체 전략이 가장 크게 성공할지, 가장 저항이 적을지 파악하려고 노력한다.

기업가적 유도 전략에도 어느 정도는 순수한 혁신이 필요하다. 같은 제품 또는 같은 서비스를 값싸게 공급하는 것만으로 충분하지 않다는 것은 너무나 당연하다. 기존의 것들과는 다른 무엇이 있어야만 한다. ROLM이 기업과 사무실용 전화 교환기 시장에서 AT&T와 경쟁하기 위해 PBX를 선보였을 때, 동사는 소규모 컴퓨터를 바탕으로 여러 추가적 기능을 부착했다. 그런 것은 새로운 발명도 아니었거니와 하이테크도 아니었다. 정말이지, AT&T 역시 비슷한 기능을 부착했다. 그러나 AT&T는 그것을 적극 밀고 나가지는 않았다. 그러나 ROLM은 밀고 나갔다. 마찬가지로, 시티뱅크가 독일에서 파밀리안방크를 추진했을 때, 시티뱅크는 독일 은행들이 원칙적으로 소액 예금자들에게는 제공하지 않은 몇몇 혁신적인 서비스, 예컨대 여행자수표 또는 세무 자문 서비스를 추진했다.

달리 말하면, 신규 참가자가 단지 기존의 선두주자가 하는 것만큼 하면서 값을 싸게 하거나, 또는 서비스를 좀더 낫게 하는 것만으로는 충분하지 않다는 말이다. 신규 참가자는 스스로 돋보이는 존재로 만들어야만 한다.

"최정예 부대를 동원해 요충지를 선점하라"라는 총력 전략과 창조적 모방 전략과 마찬가지로, 기업가적 유도 전략은 주도적 지위의 획득, 그리고 궁극적으로는 지배권의 획득을 목표로 한다. 그러나 기업가적 유도 전략은 주도적 기업들과 경쟁하면서 그렇게 하지는 않는다. 또는 적어도 주도적 기업들이 경쟁자의 도전을 의식하거나 이를 우려하고 있을 때에는 더더욱 경쟁하지 않는다. 기업가적 유도 전략은 "적이 약한 곳을 공격한다."

18 틈새 전략 :
"생태학적 틈새를 구축하라"

지금까지 논의해 온 기업가적 전략들, 즉 총력 전략, 창조적 모방 전략, 그리고 기업가적 유도 전략은 모두 시장 또는 산업의, 지배권의 획득까지는 아니더라도 주도적 지위를 노리는 것이다. 이에 비해 '생태학적 틈새 전략(ecological niche)'은 시장통제를 노린다. 앞서 논의한 전략들은 대규모 시장 또는 대규모 산업에서 기업이 주도적 지위를 획득하려는 것이다. 생태학적 틈새 전략은 소규모 시장에서 실질적인 독점을 노리는 것이다. 먼저 논의한 세 가지 전략은 경쟁 전략이다. 생태학적 틈새 전략은 경쟁에 대한 면역력을 기르고 더 나아가 도전받지 않는 성공적인 기업으로 만드는 것을 목표로 한다. 총력 전략, 창조적 모방 전략, 그리고 기업가적 유도 전략을 성공적으로 실천한 기업은 대기업으로 성장하고, 회사 이름이 일상 용어처럼 되지는 않더라도 소비자들에게 매우 잘 알려진 기업이 된다. 생태학적 틈새 전략을 성공적으로 실천한 기업은 실속을 챙기고는 명성은 개의치 않는다. 아무도 눈치 채지 않도록 숨어 있다. 정말이지 생태학적 틈새 전략에 가장 성공한 경우에는 그 제품이 다른 프로세스에 필수적인데도 불구하고, 모든 사항이 너무나 눈에 띄지 않게 되므로 경쟁하려는 기업이 나타나지 않는다.

생태학적 틈새 전략에는 다음과 같은 세 가지 독특한 전략이 있는데, 각각 고유한 요건, 한계, 그리고 위험을 포함하고 있다.

- 톨게이트(toll-gate) 전략
- 전문기술(specialty skill) 전략
- 전문시장(specialty market) 전략

1

톨게이트 전략

제4장에서 나는, 노인성 백내장에 대한 표준 외과 수술과정에 있어 수술의 리듬을 깨고 또한 프로세스의 논리에도 맞지 않는 한 단계를 제거해 주는 효소를 개발한 미국 알콘 연구소의 전략에 대해 논의했다(이 효소가 개발되기 전에 백내장 수술을 할 경우 인대를 절단해야 했는데, 인대절단은 안과수술의 전반적인 프로세스와는 앞뒤가 안 맞는 불일치 현상이었다―옮긴이). 일단 이 효소를 개발하고 특허를 받게 되자, 그것은 '톨게이트'적 위치를 확보했다. 안과의사라면 그것을 사용하지 않을 수 없게 되었다. 백내장 수술을 할 때마다 매번 소량의 효소가 필요했는데, 그 비용은 알콘사가 가격을 얼마나 요구하든 간에, 전체 수술비에서 차지하는 비중은 미미했다. 어떤 안과의사 또는 어떤 병원이 지금까지 이 효소의 원가가 얼마인지 물어본 적이라도 있는지조차 의심스럽다. 이 독특한 처방에 대한 시장은 전세계적으로 연간 5,000만 달러 정도로 너무나 작아서, 분명 어느 누구라도 경쟁제품을 개발하려는 노력을 해볼 만한 가치를 느끼지 못했을 것이다. 단지 이 독특한 효소가 좀더 싸졌다는 이유로 백내장 수술을 한 건이라도 더 하게 되는 일은 세상에 없을 것이다. 그러므로 잠재적 경쟁자들이 채택할 가능성이 있었던 유일한 전략은 큰 이익을 올리지도 못하면서 모든 사람을 위해 가격을 내리는 것뿐이었을 터다.

50~60년 전 이와 비슷한 톨게이트 전략이 유정의 폭발을 방지하는 장치

를 개발한 중규모 기업에 의해 사용되었다. 유정을 뚫는 비용은 수백만 달러에 이를 것이다. 단 한 번의 폭발로 유정 전체를 파괴하고, 그 때까지 투자한 모든 것을 날려버릴 것이다. 유정을 뚫는 도중 발생 가능한 사고를 방지하는 이 장치는, 가격을 불문하고 값싼 보험이나 마찬가지다. 이 경우도 역시 전체 시장은 너무 작아 어떤 경쟁자를 유인할 만큼 매력적이지 않다. 깊은 유정을 파는 데 드는 전체 비용의 1% 정도인 이 폭발 예방장치의 가격을 낮춘다고 해서 어떤 사람이 더 많은 유정을 개발하도록 자극할 수는 없었다. 경쟁은 수요를 유발하지 않으면서도 오직 가격만 낮출 뿐이었다.

톨게이트 전략의 또 다른 예는 지금은 W. R. 그레이스(W. R. Grace)의 한 사업부로 편입된 듀이&알미(Dewey & Almy)사다. 이 회사는 1930년대에 주석 통조림을 밀봉하는 합성 성분을 하나 개발했다. 봉인작업은 깡통에 있어서는 필수적인 요소다. 만약 통조림의 내용물이 상하기라도 한다면 치명적인 사고를 유발할 수 있기 때문이다. 깡통 하나가 잘못되어 식중독으로 인해 단 한 건의 사고라도 발생하면 그 식품회사가 도산하는 일은 쉬운 일이다. 그러므로 부패를 방지하게 해주는 밀봉 재료는 아무리 가격이 비싸다 해도 싼 셈이다. 게다가 기껏 몇 센트밖에 안 되는 밀봉에 드는 비용은 통조림 전체 비용과 부패 위험 등을 감안하면 너무도 사소하기 때문에 누구도 그것에 대해 별로 관심을 두지 않는다. 중요한 것은 판매이지, 원가가 아니다. 또다시, 전체 시장은 비록 녹내장 수술을 위한 효소 시장 또는 폭발 방지장치의 시장보다는 크지만 여전히 한계가 있었다. 그리고 밀봉 재료의 가격을 낮춘다 해도 틀림없이 단 한 개의 통조림 수요도 증가시킬 것 같지 않다.

그러므로 톨게이트 지위(toll-gate position)는 여러 가지 측면에서 기업이 차지할 수 있는 가장 바람직한 지위다. 그러나 이 전략에는 엄격한 요건이 따른다. 그 제품은 프로세스상에 필수적이어야만 한다. 그 제품을 사용하지 않을 경우 발생할 위험, 예컨대 눈을 멀게 할 위험은 완제품 가격에 비해 압도적으로 커야만 한다. 시장은 매우 작아서 그 시장에 처음 진입한 어떤 기업이라도 시장을 독점할 수 있어야만 한다. 그 시장은 하나의 제품이 완전히 공급할 수 있는, 그리고 동시에 경쟁자를 끌어들이지 않을 정도로 작고 또 신중하게 생각해야 할 진정한 '생태학적 틈새' 여야만 한다.

이런 톨게이트 지위는 쉽게 발견되지 않는다. 정상적인 경우 그것은 (제4장에서 논의한) 오직 불일치 상황(incongruity situation)에서만 나타난다. 알콘 연구소의 효소의 예처럼 불일치는 수술 리듬상의 불일치 또는 프로세스 논리상의 불일치일 수도 있다. 또는 폭발방지 장치나 밀봉 재료의 경우처럼 그것은 경제적 현실 사이의 불일치, 즉 사고로 인한 비용과 적절한 안전조치를 취함에 따른 이익 사이의 불일치일 수도 있다.

톨게이트 지위에는 또한 심각한 한계가 있고 또 중대한 위험이 따른다. 톨게이트 지위는 기본적으로 정태적 지위다. 일단 생태학적 틈새가 확보되면, 대체로 크게 성장하지는 않는다. 톨게이트 지위를 차지한 기업이 사업을 확대하거나 통제하기 위해 할 수 있는 일이란 아무것도 없다. 톨게이트 제품이 아무리 좋고 싸다 하더라도, 그 제품의 수요는 그것이 원재료로 사용되는 프로세스 또는 제품의 수요에 따라 결정된다.

이것은 알콘 연구소의 경우에는 그다지 중요한 것이 아닐지도 모른다. 녹내장 수술은 경기가 좋든 나쁘든 간에, 경제변동에 영향을 받지 않는 것으로 가정할 수 있기 때문이다. 그러나 폭발방지 장치를 만드는 회사는 1973년 오일쇼크로, 그리고 1979년 또다시 석유 값이 치솟자 신규 공장에 엄청난 투자를 해야만 했다. 동사는 그 호황이 그다지 오래 지속되지 않을 것으로 예상했다. 하지만 동사는 심지어 투자 회수를 절대로 못할 수 있다는 것이 매우 합리적인 판단인 경우에도 투자를 하지 않을 수 없었다. 투자를 하지 않으면 그 시장을 회복할 수 없을 정도로 상실하게 되기 때문이었다. 마찬가지로, 몇 년 후 석유 호황기가 끝나고 12개월 만에 유정 발굴은 80%나 줄어들었고, 따라서 유정 발굴 도구에 대한 주문도 그렇게 되었을 때 동사는 아무런 대응도 할 수 없었다.

톨게이트 전략이 일단 목적을 달성하게 되면, 그 회사는 '성숙기' 에 접어든다. 그 회사는 오직 최종 소비자가 성장하는 속도만큼 성장할 수 있다. 그러나 그 회사는 빠른 속도로 쇠퇴할 수도 있다. 만약 누군가가 최종 소비자를 만족시키는 다른 방법을 발견하게 되면, 그 제품은 거의 하룻밤 사이에 진부한 것이 될 수도 있다. 예를 들면, 듀이&알미도 주석 깡통이 유리, 종이, 또는 플라스틱을 원료로 하는 용기에 의해, 그리고 음식물을 냉동과 방사선 투사 등으로 보존하는 다른 방법에 의해 대체되자 아무런 방어를 할수 없었다.

그리고 톨게이트 전략가들은 독점을 악용해서는 절대 안 된다. 산꼭대기에 있는 자신의 성을 이용해 산의 협곡과 강의 계곡을 지나는 무력한 여행자를 강탈하고 겁탈했던, 즉 독일 사람들이 Raubritter(영어의 robber baron, 즉 도적 귀족과 똑같은 의미는 아니다)라고 불렀던 그런 기업이 되어서는 안 된다. 그는 자신의 독점적 지위를 남용해 고객을 착취하고, 고문하고, 학대해서는 안 된다. 만약 그렇게 한다면, 소비자들은 다른 공급자를 그 사업에 끌어들일 것이고, 아니면 소비자들은 자신들이 통제할 수 있는 그보다 훨씬 못한 대체품으로 전환할 것이다. 올바른 전략이 바로 듀이&알미가 지금 40년 이상 지속하고 있는 전략이다. 그것은 소비자들에게, 특히 제3세계의 소비자들에게 폭넓은 기술적 서비스를 제공하고, 그 곳의 사람들을 훈련시키고, 그들이 듀이&알미가 만든 재료를 사용하도록 하는 새롭고도 더 나은 통조림과 통조림 밀봉기계를 디자인하고 있다.

톨게이트 지위는 난공불락일 수도 있다. 어쩌면 거의 그렇다고 해야 한다. 그러나 그것은 다만 좁은 반경 속에서만 통제가 가능하다. 알콘 연구소는 이런 한계를 극복하기 위해 눈과 관련된 모든 종류의 소비자 제품, 예컨대 인공 눈물, 콘택트 렌즈 용액, 알레르기를 유발하지 않는 안약 등을 취급하는 다양화 전략을 추구했다. 그 전략은 소비재를 취급하는 주요 다국적기업들 가운데 하나인 스위스 네슬레의 주목을 끌었으므로 성공을 거둔 셈인데, 네슬레는 매우 좋은 금액으로 알콘 연구소를 합병했다. 내가 아는 한, 알콘 연구소는 본연의 위치가 아닌 다른 시장에서 스스로 자리를 잡는 데 성공하고, 경제적 특성이 다른 제품들로 성공한 이런 종류의 톨게이트 회사로서는 유일한 회사다. 그러나 회사가 아는 것이 거의 없는, 매우 경쟁이 심한 소비자 시장으로 다양화를 추진한 것이 궁극적으로 수지가 맞았는지는 알려진 것이 없다.

2

전문기술 전략

누구나 주요 자동차 회사의 이름은 알고 있다. 그러나 자동차회사에 전기 및 조명 시스템을 공급하는 회사의 이름을 아는 사람은 적다. 게다가 그런 회사들은 자동차 회사들보다 숫적으로 한층 더 적은데도 말이다. 예를 들면, 미국에서는 GM의 델코(Delco) 그룹, 독일에서는 보슈(Bosch), 영국에서는 루카스(Lucas) 등이 있다. 사실상 자동차산업에 종사하는 사람들을 제외하고는 그 누구도 밀워키 소재 A. O. 스미스(A. O. Smith)라는 회사가 미국의 승용차 제조에 필요한 모든 프레임을 수십 년 간 만들어 왔다는 것을, 그리고 또 다른 회사 벤딕스(Bendix)가 미국의 모든 자동차 회사에다 자동 브레이크 장치를 공급했다는 사실을 모르고 있다.

지금쯤 그런 회사들은 역사가 길고 또 견실한 회사가 되었는데, 물론 그 것은 자동차산업 그 자체가 오래 된 산업으로 자리를 잡았기 때문이다. 이런 회사들은 자신들이 누리는 지배적 위치를 자동차산업이 유아기에 있을 무렵인 제1차 세계대전 훨씬 전에 확립했다. 예를 들면, 로베르트 보슈(Robert Bosch, 1861-1942)는 독일 자동차산업의 두 명의 선구자 칼 벤츠(Carl Benz, 1844-1929)와 고트프리드 다임러(Gottfried Daimler, 1834-1900)와 같은 시대의 친구로서 자신의 회사를 1880년대에 출범시켰다.

그러나 그런 회사들은 일단 그들의 전문기술 틈새시장에 지배적 지위를 획득한 후에는 그 지위를 계속 유지하고 있다. 톨게이트 지위를 확보한 회사들과는 달리, 전문기술 기업들의 틈새시장은 매우 크지만 여전히 독특한 시장으로 유지되고 있다. 이 시장은 산업의 초기에 높은 기술을 개발함으로써 획득되었다. A. O. 스미스는 제1차 세계대전 동안, 그리고 그 직후 자동차 프레임을 만드는 데 있어 오늘날 기준으로 '자동화'라고 부를 수 있는 그런 기술을 개발했다. 독일의 보슈가 1911년경 메르세데스벤츠의 간부용 자동차를 위해 디자인한 전기장치는 그 기술이 너무도 첨단적인 것이어서 심지어 고급 승용차에마저 일반적으로 장착하게 된 것은 제2차 세계대전이 끝난 후의 일이었다. 오하이오 주 데이턴 소재 델코도 GM에 합병되기 전, 즉 1914년 이전에 자동시동기를 개발했다. 그런 전문적 기술은 이런 회사들을 각자의 분야에서 훨씬 앞서나가게 했으므로, 다른 어떤 회사가 그들에게 도전하려고 노력하는 것은 거의 의미가 없었다. 그들이 곧 '표준'이었던 것이다.

전문기술 틈새는 결코 제조업에만 국한되는 것이 아니다. 지난 10년 동안, 대부분 오스트리아 빈에 소재한 몇몇 무역회사들이 그 당시는 '교환무역(barter)'이라고 부른, 그리고 지금은 '구상무역(counter-trade)'이라고 말하는 비슷한 틈새 지위를 구축했다. 개발도상국인 수입국가들로부터 물건을 받아서, 예컨대 불가리아의 담배, 브라질의 관개용 펌프를 받아서 선진국 회사가 수출하는 자동차, 기계류, 또는 의약품의 대가로 지급하는 무역을 하고 있다. 그리고 이보다는 훨씬 앞서, 기업가적인 기질이 뛰어난 한 독일 사람이 어떤 전문기술 분야 틈새에 그런 확고한 지위를 확보했는데, 그가 만든 여행객을 위한 안내책자가 지금도 여전히 그의 이름을 따 '베데커(Baedeker)'라고 불리고 있다.

이런 사례에서 알 수 있듯이, 전문기술 틈새시장을 확립하는 데는 타이밍이 핵심이다. 그것은 새로운 산업, 새로운 관행, 새로운 시장, 그리고 새로운 추세가 시작되는 아주 초기 시기에 이루어져야만 한다. 칼 베데커(Karl Baedeker, 1801-59)는 그의 최초 여행안내서를 1828년, 증기선이 최초로 중산층을 상대로 라인강에서 관광사업을 시작하자마자 출판했다. 그 후 그는 제1차 세계대전의 발발로 독일 서적들이 다른 유럽 제국에서 판금될 때까지 이 분야를 실질적으로 독점했다. 빈의 무역회사들은 1960년경 그런 무역 관행이 아직은 드문 예외적인 시기에 시작했으며, 주로 소련방의 소규모 국가들을 대상으로 추진했다(그것이 바로 그런 무역이 오스트리아에 집중된 이유다). 10년 후, 제3세계 전역에 외화가 부족해지자 빈의 무역회사들은 자신들의 기술을 더욱 연마하고는 그 분야의 '전문가'가 되었던 것이다.

전문기술 틈새시장을 획득하려면 언제나 무엇인가 새로운 것, 무엇인가 새로 부가된 것, 무엇인가 순수한 혁신적인 것이 필요하다. 베데커 이전에도 여행자용 안내서는 있었지만, 그것들은 문화적 장면에 국한되었다. 다시 말해 교회나 관광명소 등을 대상으로 했다. 왜냐하면 여행을 떠나는 영국 귀족들은 여행에 실제로 필요한 상세한 사항들, 예컨대 호텔, 마차의 요금, 여행 거리, 팁의 적정 금액 등에 대해서는 이 분야의 전문가인 짐꾼에게 맡기면 되었기 때문이다. 그러나 중산층은 이런 여행 전문 짐꾼을 이용할 수 없었는데, 그것이 베데커에게 기회를 제공한 것이다. 일단 베데커가, 여행자가 무슨 정보를 필요로 하는가, 그 정보를 어떻게 얻을까, 그리고 그것을 어떻게 표현할까(베데커의 표현 방식은 지금도 여전히 많은 여행 안내서들이 따르고 있는 하나의 모델이다)를 알고 난 뒤에는, 베데커가 투자한 것을 흉내내어 경쟁 회사를 설립한다는 것은 그 누구에게도 수지가 맞을 리 없었던 것이다.

새로운 주요 발전의 초기 단계에서는, 전문기술 틈새시장이 특별한 기회를 제공한다. 예를 들자면 엄청나게 많지만 하나의 예를 들면, 매우 오랫동안, 미국에는 항공기의 프로펠러를 만드는 회사가 단 두 개밖에 없었다. 두 회사 모두 제1차 세계대전 전에 출발했다.

전문기술 틈새시장은 우연히 발견되는 경우가 거의 없다. 어떤 경우이든 간에, 그것은 혁신 기회를 체계적으로 조사한 결과에 의해 발견된다. 어떤 경우이든 간에, 혁신 기업가는 전문기술을 개발할 수 있는 곳을 탐색하고 새로운 기업에게 고유의 지배적 지위를 확보해 줄 수 있는 곳을 찾아나선다. 보슈는 자신의 새로운 기업이 즉각 선두주자가 될 수 있는 분야를 찾기 위해 수 년 간 새로운 자동차산업 분야를 연구했다. 미국에서 오랫동안 주도적인 비행기 프로펠러 제조업체였던 해밀턴 프로펠러(Hanilton Propeller)는 비행기 산업의 초창기 시절에 이 회사의 창업자가 체계적으로 조사한 결과에 의해 설립된 것이었다. 베데커도 자신의 이름을 딴, 그리고 자신을 유명하게 만들어준 그 여행안내서 제작 사업에의 진출을 결정하기 전에 여행자를 위한 서비스 사업을 여러 차례 시도했다.

그러므로 첫번째 요점은 새로운 산업, 새로운 시장, 새로운 주요 추세의 초기 단계에는 전문기술 틈새시장을 확보하기 위해 체계적으로 조사할 기회가 있다는 점이다. 그뿐 아니라 대개 고유한 기술을 개발할 시간도 있다.

두번째 요점은 전문기술 틈새시장은 고유하고도 색다른 기술을 필요로 한다는 점이다. 초기 자동차산업의 선구자들은, 예외없이 기계전문가들이었다. 그들은 기계류에 대해, 금속과 엔진에 대해 아주 많이 알고 있었다. 그러나 전기에 대해서는 문외한이었다. 전기는 그들이 갖고 있지 않은, 그리고 어떻게 습득하는지도 모르는 이론적 지식이 필요했다. 베데커가 활동하던 시대에도 출판업자들은 많이 있었지만, 엄청나게 많은 상세한 정보를 현장에서 수집해야 하는, 끊임없이 조사를 해야 하는, 그리고 일단의 여행 기자를 확보해야 하는 여행안내서는 그들의 안목이 미치지 않는 분야였던 것이다. '구상무역'은 다른 사람이 보기에 무역업도, 은행업도 아닌 셈이었다.

그러므로 전문기술 틈새시장에서 자리를 잡은 기업은 자신의 고객 또는 공급자로부터 위협을 받지 않게 되는 것이다. 고객과 공급자 누구도 기술적으로도, 기질적으로도 매우 생소한 분야에 실제로 진입하고 싶어하지 않는다.

세번째 요점은, 전문기술 틈새시장을 확보한 기업은 자신의 기술을 향상시키기 위해 끊임없이 노력을 하지 않으면 안 된다. 기업은 앞서가지 않으면 안 된다. 정말이지, 기업은 자기 자신을 끊임없이 진부화시켜 나가지 않으면 안 된다. 초기의 자동차산업은 데이턴의 델코, 슈투트가르트의 보슈가 자동차산업을 몰아세우고 있다고 불평을 하곤 했다. 그 두 회사는 일반 자동차 회사가 받아들이기에 훨씬 앞서는, 당시 자동차 제조회사들이 생각하기에 고객이 필요하다고, 바란다고, 또는 살 것이라고 생각하는 것보다 훨씬 앞서는, 때로는 자동차 제조회사가 알고 있는 조립방법으로는 만들 수 없는 전기장치 시스템을 만들었던 것이다.

전문기술 틈새시장은 고유한 이점이 있는 반면, 그것은 또한 엄격한 한계가 있다. 첫번째 한계는 틈새시장 점유자에게 좁은 행동범위를 지키도록 해야 한다는 점이다. 자신들의 지배적 지위를 스스로 유지하기 위해서는 본업 이외에 오른쪽도 왼쪽도 곁눈질하지 않고, 오직 그들의 좁은 영역, 즉 전문분야의 앞쪽만 똑바로 보는 법을 배우지 않으면 안 된다. 초기 단계의 비행기용 전자장치는 자동차의 전자장치와 그다지 다르지 않았다. 하지만 자동차 전자장치 제조업체들, 즉 델코와 보슈, 그리고 루카스는 비행기산업 전자부문의 선두주자들이 아니다. 그런 회사들은 옆의 분야를 심지어 거들떠보지도 않았고, 진출하려는 시도도 하지 않았다.

두번째 심각한 한계는 전문기술 틈새시장의 점유자는 대체로 자신의 제품 또는 서비스를 시장에 내놓기 위해서는 다른 누군가에게 의존해야 한다는 점이다. 자신의 제품 또는 서비스는 부품이다. 자동차용 전기장치 제조업체의 강점은 고객이 자신들의 이름을 알지 못한다는 사실이다. 그러나 그것은 또한 그들의 약점이기도 하다. 만약 영국의 자동차산업이 쇠퇴하면 루카스의 운명도 마찬가지다. A. O. 스미스는 에너지 위기가 닥칠 때까지는 자동차 프레임 제조로 번창했다. 그런데 미국의 자동차 제조회사들은 프레임을 쓰지 않는 자동차로 바꾸기 시작했다. 프레임을 쓰지 않는 자동차는 프레임을 사용한 자동차보다도 실질적으로 훨씬 더 가격이 비쌌으나 무게가 가벼웠다. 그 결과 연료 효율이 좋았다. A. O. 스미스는 그런 역경을 역전시키기 위해 아무것도 할 수 없었다.

세번째 한계는, 전문기술 틈새시장 제조업체에게 가장 심각한 위험은 전문기술이 전문성을 상실하고 일반 기술이 되어버리는 것이다.

지금은 빈의 구상무역 회사들이 독차지하고 있는 틈새시장은 1920년대와 1930년대에는 대부분 스위스계의 외환거래 회사들이 주무르고 있었다. 당시의 은행들은 제1차 세계대전 이전에 이미 성장을 마쳤기 때문에 여전히 통화가치는 안정적이어야 한다고 믿고 있었다. 그리고 통화가치가 불안정해지고, 교환불능 통화라던가, 다른 목적으로 다른 교환비율을 가진 통화라던가 또는 그 외에도 다른 여러 괴물 같은 통화 현상이 발생하자, 은행들은 심지어 외환거래 사업을 취급조차 하지 않았다. 자신들이 생각하기에 손대기 싫은 더러운 업무였던 것을 스위스의 전문가들이 처리하려 하자 은행들은 너무도 기뻤다. 따라서 비교적 적은 수의 스위스 외환거래 회사들은 매우 수지맞는 전문기술 틈새시장을 점령해 버렸다. 제2차 세계대전 이후 세계무역이 엄청나게 확대되자 외환거래는 일상적인 상거래 활동이 되었다. 지금은 모든 은행이 적어도 주요 화폐 시장에서 독자적인 외환거래원을 두고 있다.

그러므로 전문기술 틈새시장은, 다른 모든 생태학적 틈새시장과 마찬가지로 한계가 있다. 시간적으로도, 영역적으로도 한계가 있다. 그런 틈새를 차지한 생물학적 종은 생물학이 가르치는 것과 같이, 심지어 외부 환경이 조금만 변해도 쉽게 적응하지 못한다. 그리고 그 점은 기업가적 기술이라는 종에 있어서도 마찬가지다. 그러나 그런 한계 내에서는, 전문기술 틈새시장이 고도로 유리한 지위라는 것은 분명하다. 급속히 성장하는 새로운 기술, 산업, 그리고 시장에서 그것은 아마도 가장 유리한 전략이다. 1920년 존재했던 자동차 회사들 가운데 매우 적은 숫자만이 지금도 여전히 가동되고 있는 반면, 전기 및 조명시스템 제조업체들은 하나같이 모두 가동되고 있다. 일단 확보되고 적절히 유지된다면 전문기술 틈새시장은 경쟁으로부터 보호되는데, 그 이유는 정확하게 말해 자동차 구매자는 아무도 헤드라이트 또는 브레이크를 누가 만드는지 알지도 못하거니와 관심을 갖지도 않기 때문이다. '베데커'라는 이름이 일단 관광안내서와 동의어가 된 후에는, 적어도 그 시장이 극적으로 변하기 전까지는 다른 어떤 기업도 시장 진입을 준비할 위험이 거의 없었다. 새로운 기술, 새로운 산업, 새로운 시장에서 전문기술 틈새시장 전략은 성공할 기회와 실패할 위험 사이에 최적의 비율을 제공한다.

3

전문시장 전략

전문기술 틈새전략과 전문시장 틈새전략 사이의 주요 차이점은, 전자는 제품 또는 서비스 중심으로 형성되고 후자는 시장에 관한 전문지식을 중심으로 형성된다는 것이다. 그 밖에는 둘 다 비슷하다.

두 개의 중규모 회사, 즉 북잉글랜드에 있는 한 회사와 덴마크에 있는 한 회사는 과자와 크래커를 굽는 자동 오븐을 생산해 전세계 비공산권 시장에 절대 다수를 공급하고 있다. 수십 년 동안 세계 최초의 두 여행 대리점인 유럽의 토머스 쿡(Thomas Cook)과 미국의 아메리칸 익스프레스(American Express)는 여행자수표 사업분야에서 실질적인 독점을 누렸다.

내가 들은 바로는, 제빵용 오븐에 관한 한 매우 어려운 점이라든가, 기술적으로 딱히 어려운 점은 없다. 세상에는 오븐을 영국과 덴마크의 두 회사만큼이나 잘 만들 수 있는 회사들이 문자 그대로 수십 개나 있다. 그러나 이 두 회사는 시장을 알고 있다. 그들은 주요 제빵회사 모두를 알고 있고, 모든 주요 제빵회사도 그들을 알고 있다. 이 시장은, 그들이 시장을 만족시키고 있는 한, 이들 두 회사와 경쟁할 수 있을 만큼 충분히 크지도, 매력적이지도 않다. 마찬가지로, 여행자수표도 제2차 세계대전 후 대중 여행시대가 오기 전까지는 남모르게 이익을 보았다. 여행자수표는 발행자가, 그것이 토머스 쿡이든 아메리칸 익스프레스이든 간에, 그 돈의 이용권을 가지게 되고 수표의 취득자가 수표를 현금화할 때까지 발생한 이자를 벌기 때문에 여행자수표는 이익이 매우 높았다. 때로는 수표가 발행된 지 수 개월 후에 현금화되었다. 그렇지만 그 당시 시장은 다른 어떤 기업을 유혹할 만큼 충분히 크지 않았다. 게다가 여행자수표는 전세계적인 조직이 필요했다. 토머스 쿡과 아메리칸 익스프레스는 자신들의 여행 고객에게 봉사하기 위해 어쨌든 그것을 유지해야 했지만, 그 당시 어느 누구도 그런 조직을 만들 이유가 없었던 것이다.

전문시장 틈새전략은 다음과 같은 질문을 통해 새로운 사태 발전을 탐색함으로써 파악할 수 있다. "우리에게 고유한 틈새시장을 제공할 수도 있는 이 곳에 어떤 기회가 있는가, 그리고 다른 누구보다 앞서 그것을 확보하기 위해 우리는 무엇을 해야 하는가?" 여행자수표는 대단한 '발명'이 아니다. 그것은 기본적으로 신용장에 지나지 않는다. 그리고 그것은 수백 년 전부터 있었던 것이다. 처음에는 토머스 쿡과 아메리칸 익스프레스 고객에게만 발행되었으나, 그 후 일반 대중에게도 발행된 여행자수표에 있어 새로운 것이라고는 오직 표준 액면금액으로 발행되었다는 점이다. 그리고 그것들은 토머스 쿡 또는 아메리칸 익스프레스의 사무실이나 대리점이 있는 곳이면 세계 어디서나 현금화될 수 있었다. 여행자수표는 거액의 현금을 갖고 다니기 싫어하는 여행자와 신용장을 발급받을 수 있는 기존의 은행망이 없는 여행자에게 여행자수표가 특별히 매력적으로 보이게 해주었던 것이다.

초기의 제빵용 오븐에는 특별히 나은 것도 없었고, 오늘날 설치되는 제빵용 오븐에도 어떤 고도의 기술이 있는 것은 아니다. 두 주도 기업이 한 것이라고는 과자와 크래커를 굽는 활동이 가정에서부터 공장으로 가고 있다는 것을 인식했다는 것뿐이다. 그 다음 그들은 상업적 제빵업자가 필요로 하는 것이 무엇인지를 연구했고, 그 결과 제빵업자들은 자신의 고객들, 즉 식품점과 슈퍼마켓이 팔 수 있는 빵을 만들 수 있었고, 주부들은 그것을 구입했던 것이다. 제빵용 오븐은 기술에 기초를 둔 것이 아니라 시장조사에 기초를 두었다. 오븐 제조 기술은 누구나 사용할 수 있는 것이었다.

전문시장 틈새전략은 전문기술 틈새전략과 똑같은 요건들을 갖고 있다. 첫째, 새로운 추세, 산업, 또는 시장에 대한 체계적 분석이 필요하다. 둘째, 구체적인 혁신적 공헌이 필요한데, 그것이 전통적 신용장을 현대적 여행자수표로 전환한 것과 같은 단순한 '변형'에 지나지 않는다 해도 말이다. 셋째, 제품, 그리고 특히 서비스를 개선하기 위해 끊임없이 노력하고는 한번 획득한 주도권을 유지할 수 있어야 한다.

그리고 전문시장 틈새전략은 똑같은 한계를 갖고 있다. 전문시장에서 주도적 지위에 있는 기업에게 가장 큰 위험은 바로 성공 그 자체다. 가장 큰 위험은 전문시장이 대중시장으로 성장한 때다.

오늘날 여행자수표는 하나의 일반상품이 되었다. 그리고 여행 시장이 대중화되었기 때문에 경쟁이 매우 치열하다.

향수도 그렇다. 프랑스 회사 코티(Coty)는 현대적 향수산업을 창조했다. 이 회사는 제1차 세계대전이 화장품에 대한 태도를 바꾸었다는 것을 인식했다. 제1차 세계대전 전에는 오직 '직업여성들'만 화장품을 사용했으나, 또는 대담하게 그것의 사용을 받아들였으나 전후에는 일반 여성들의 화장품 사용은 수용·장려되었던 것이다. 1920년대 중반까지 코티는 유럽과 미국 양쪽에서 거의 독점적인 지위를 구축했다. 1929년까지 화장품 시장은

'전문시장', 즉 중상층(upper middle class)을 위한 시장이었다. 그러나 그 다음 대공황 시기 동안 화장품 시장은 진정한 대중시장으로서 폭발적으로 성장했다. 화장품 시장은 또한 두 개의 세분 시장으로 분리되었다. 하나는 고급품 시장으로서 고가에다 전문 유통을, 그리고 특수한 포장을 했다. 다른 하나는 대중품 시장으로서 적당한 가격에다 슈퍼마켓과 편의점을 이용했고, 의약품점을 포함한 모든 유통 채널에서 팔리는 대중상표 시장을 형성했다. 몇 년 안 되는 짧은 기간 내에, 코티가 지배했던 전문시장은 사라지고 말았다. 그러나 코티는 대중용품 판매자 가운데 하나가 될 것인가, 아니면 고급품 생산자 가운데 하나가 될 것인가를 결정할 수가 없었다. 코티는 더 이상 존재하지 않는 시장에서 머물고자 노력해 보았으나, 결국 그 후 내내 방황하고 있는 중이다.

19 고객창조 전략 : "가치관과 개성을 바꿔라"

지금까지 논의해 온 기업가적 전략에서는, 그 목적이 혁신을 도입하려는 것이었다. 이 곳에서 논의하는 기업가적 전략은, 혁신 그 자체가 전략이다. 전략이 대상으로 하는 제품 또는 서비스는 오랫동안 우리 주위에 있었던 것이라도 관계없다. 그러나 전략은 오래 된 기존 제품 또는 서비스를 무엇인가 새로운 것으로 바꾸어놓는다. 전략은 제품 또는 서비스의 효용, 가치, 그리고 경제적 특성을 변화시킨다. 그것은 물리적으로는 아무런 변화가 없는 듯 보이지만, 경제적으로는 무엇인가 다르고 또 새로운 것이 창출된 것이다.

이 곳에서 논의하는 모든 전략은 하나의 공통점을 갖는다. 그것들은 고객을 창조한다는 점이다. 그리고 고객의 창조야말로 기업의 목적이고, 정말이지, 경제적 활동의 궁극적인 목적이다[30년도 더 전에 나의 책 《현대 경영의 실제(The Practice of Management)》에서 처음으로 말한 것과 같이 말이다—저자 주]. 그러나 고객창조라는 하나의 공통점을 달성하기 위해 전략들은 네 가지 다른 방법을 사용한다.

- 효용창조 전략(creating utility strategy)
- 가격 전략(pricing strategy)

- 고객의 사회적 · 경제적 현실에 대한 적응 전략(adaptation strategy)
- 고객이 필요로 하는 가치제공 전략(value delivering strategy)

1

고객효용의 창조

영국의 학생들은 로랜드 힐(Rowland Hill, 1795-1879)이 1836년 우편 서비스를 '발명'했다고 배우곤 했다. 물론 그것은 사실이 아니다. 율리우스 카이사르가 통치하던 로마는 로마 제국의 최변방에 이르기까지 정기적인 일정에 따라 우편물을 빠르게 전달하는 배달부를 두는 등, 이미 뛰어난 우편 서비스를 제공하고 있었다. 그로부터 1000년이 지난 1521년 독일의 황제 카를 5세(Karl V, 1500-58)는 진정 르네상스인답게 고대 로마로 입성하고서는 신성로마 제국의 우편사업 독점권을 귀족 가문인 투른과 탁시스(Thurn and Taxis) 가족에게 주었다. 투른과 탁시스 가족이 카를 5세에게 제공한 넉넉한 선거자금은 카를로 하여금 독일의 선제후들에게 뇌물을 먹여 자신이 신성로마 제국의 황제가 되도록 했다. 그리고 우표 수집가라면 다 아는 사실로서 투른과 탁시스 가족의 후계자들은 독일의 많은 지방에 대해 우편 서비스를 1866년에 이르기까지 제공했다. 17세기 중반까지는 유럽 모든 국가들이 독일을 본뜬 우편 서비스를 제공했으며, 100년 뒤에는 미국 식민지에서도 보급되었다. 정말이지, 서구 역사의 모든 위대한 편지 작가는, 키케로(Cicero, 기원전 106-43)에서 마담 드 사비느(Madame de Sévigné, 1626-96), 로드 체스터필드(Lord Chesterfield, 1694-1773), 볼테르(Voltaire, 1694-1778)에 이르기까지 로랜드 힐이 우편 서비스를 '발명'하기 전에 편지를 쓰고 또 그것을 부쳤다.

하지만 힐은 정말이지 오늘날 우리가 '우편'이라고 말하는 것을 창조했다. 그는 새로운 기술에 기여하지도 않았고, 새로운 것도, 특허라도 낼 만한 것을 만든 것도 아니었다. 그러나 그 당시까지 우편은 항상 수신인이 비용

334

을 부담했고, 그 비용은 거리와 무게에 따라 결정되었다. 그것은 우편을 값비싸게, 그리고 느리게 만들었다. 모든 우편물은 무게를 측정하기 위해 우체국에 가져와야 했다. 힐은 영국 내에서는 거리에 관계없이 우표 값이 동일해야 한다고 제안했다. 다시 말해 우편 요금을 선불하자는 것이었다. 그리고 요금은 이미 오래 전부터 다른 여러 수수료와 세금을 낼 때 사용해 온 것처럼 일종의 납입증명서를 첨부해 지불하자는 것이었다. 하룻밤 사이 우편은 쉽고도 편리한 것이 되었다. 정말이지, 편지는 우체통에 넣기만 하면 되었다. 즉각 우편은 엄청 싸졌다. 편지를 하나 부치는 데 그 전에는 장인의 하루 품삯에 해당했던 1실링 또는 그 이상이었던 것이, 지금은 1페니에 지나지 않게 되었다. 부피는 따지지도 않았다. 간단히 말해 '우편'이 탄생한 것이다.

힐이 창조한 것은 효용이다. 그는 다음과 같이 질문했다. 우편 서비스가 그들에게 진정한 의미의 우편 서비스가 되기 위해서는 고객이 필요로 하는 것이 무엇인가? 이것은 효용, 가치, 그리고 경제적 특성을 바꾸는 기업가적 전략을 추진하는 경우 언제나 첫번째 던져야 할 질문이다. 사실, 편지를 부치는 데 드는 비용의 감소는, 비록 80% 전후라 할지라도 부차적인 것이었다. 가장 큰 효과는 모든 사람이 우편을 편리하게 사용하고, 누구나 사용할 수 있게 된 점이다. 편지는 더 이상 '서간경'이 될 만한 것에 국한하지 않아도 된 것이다. 오늘날 옷가게는 우편을 이용해 청구서를 보낼 수 있게 되었다. 그 결과 첫 4년 만에 두 배로 늘었고, 10년 만에 또다시 4배가 늘어나는 등 우편물이 폭발적으로 증가하게 되자, 그 다음에는 편지를 한 장 부치는 데 드는 비용을 오랫동안 실질적으로 무료로 해도 될 정도로 낮추게 되었다.

일반적으로 가격은 효용창조 전략과는 거의 관계가 없다. 이 전략은 고객으로 하여금 그들의 목적달성에 필요한 어떤 것을 할 수 있도록 도와줌으로써 효과를 발휘한다. 이 전략은 다음과 같은 질문을 함으로써 효과를 발휘한다. "고객이 필요로 하는 진정한 '서비스'는 무엇인가, 그리고 진정한 '효용'은 무엇인가?"

미국의 모든 새 신부는 '좋은 도자기' 한 세트를 갖고 싶어한다. 그러나 도자기 한 세트는 선물로는 너무 비싸고, 그리고 그녀에게 결혼 선물을 하는 사람들은 신부가 어떤 것을 좋아하는지 또는 그녀가 이미 갖고 있는 도자기 피스가 무엇인지조차 알지 못한다. 그래서 하객들은 도자기 대신 다른 것을 선물로 사주고 만다. 바꾸어 말하면, 수요는 거기에 있는데 효용을 발견하지 못하고 있었던 것이다. 중규모 식기류 제조업체인 레녹스 차이나(Lenox China)는 이를 혁신의 기회로 포착했다. 레녹스는 오래 된 관습인 '새 신부 필요목록'을 활용하기로 하고, 도자기류로는 오직 레녹스 도자기만을 '목록'에 올리도록 했다. 그 다음 예비 신부는 한 가게를 결정하고는 그 곳에 가서 자신이 원하는 레녹스 도자기의 종류를 말해 주고, 또한 결혼선물을 해줄 잠재적 하객 명단을 가게 주인에게 알려준다. 그러면 도자기 가게의 주인은 하객에게 다음과 같이 묻는다. "선물비용으로 얼마나 예상하고 있습니까?" 이어서 "그 정도 금액이라면 커피잔 두 개와 받침 두 개를 살 수 있겠습니다." 또는 가게 주인은 다음과 같이 말할 것이다. "새 신부는 이미 커피잔을 갖고 있어요. 지금 그녀에게 필요한 것은 디저트 접시에요." 그 결과 새 신부도 하객도 만족했다. 그리고 레녹스는 더 말할 것 없었다.

다시 말하거니와 거기에는 고도의 기술도 없었고, 특허도 필요 없었고, 고객의 필요에 초점을 맞춘 것 외에는 아무것도 없었다. 하지만 '새 신부 필요목록'은 그 단순함에도 불구하고, 또는 그 때문에, 레녹스를 인기 있는 '좋은 도자기' 제조회사로 만들어주었으며, 미국에서 가장 빠르게 성장하는 중규모 제조회사가 되도록 했다.

효용을 창조하는 것은 사람들로 하여금 그들이 원하는 것과 필요로 하는 것을 그들의 방식대로 만족하도록 해준다. 옷가게 주인은, 만약 우선 자신의 편지가 집배원 손에 들어갈 때까지 세 시간이 걸린다면, 그리고 만약 수취인이 어쩌면 청구서 그 자체보다도 비용이 더 많을 수도 있는 그 큰 우편 비용을 부담한다면, 청구서를 자신의 고객에게 보낼 때 우편을 이용할 수 없었을 것이다. 로랜드 힐은 우편 서비스에 무엇 하나 새로운 것을 추가하지 않았다. 우편 서비스는 동일한 직원이, 동일한 우편 마차를 이용해 그리고 동일한 배달부를 시켜 수행하고 있다. 하지만 로랜드 힐의 우편 서비스는 전혀 다른 '서비스'였다. 그것은 다른 기능을 수행했던 것이다.

2

가격 전략

수 년 동안 세계에서 가장 많이 알려진 미국인의 얼굴은 킹 질레트(King Gillette, 1855-1932)의 얼굴이었는데, 그것은 전세계 어디서나 팔리고 있는 질레트 면도날의 포장지를 우아하게 장식하고 있었기 때문이다. 전세계의 수백만 명이 매일 아침 질레트 면도날을 쓰고 있다.

킹 질레트는 안전면도기를 발명하지 않았다. 19세기를 마감하는 10년 동안 안전면도기에 대한 특허는 수십 개나 되었다. 1860년 또는 1870년까지는 귀족들과 소수 전문가와 무역상들을 포함해 매우 적은 수의 사람들만이 자신의 얼굴에 난 수염을 손질해야만 했고 또 이발소에 갈 여유가 충분히 있었다. 그 후 갑자기 많은 남자들이, 일반 상인들이, 가게 주인들이, 사무원들이 '존경스러운 사람'으로 보일 필요가 생겼다. 그들 가운데 소수의 사람들만이 날이 선 면도기를 사용할 수 있었고, 그 위험한 도구를 편안하게 느낄 수 있었다. 그래서 이발소에 가야 했는데, 이발비용은 비싸기도 했지만 그보다도 더 큰 문제는 시간이 너무 걸렸다. 많은 발명가들이 '직접 사용하는' 안전면도기를 디자인했으나 그 누구도 판매할 수가 없었다. 이발소에 한번 가는 데는 10센트가 먹혔고, 가장 싼 안전면도기는 5달러였다. 일당 1달러 시대에 그것은 엄청난 돈이었다.

질레트의 안전면도기는 다른 많은 것들보다 더 좋은 것도 아니었고, 생산비도 더 들었다. 그러나 질레트는 면도기를 '팔지' 않았다. 그는 그것을, 소매가격은 55센트 또는 도매가격은 20센트라는 제조원가의 5분의 1 수준을 크게 넘지 않는 가격으로 사실상 내다버리다시피 했던 것이다. 그러나 그는 안전면도기를 자신의 특허 면도날만을 사용할 수 있도록 디자인했다. 면도날 하나를 만드는 데 1센트도 채 들지 않았다. 그는 이것을 5센트에 팔았다. 그리고 면도날 하나로 6~7회 정도 쓸 수 있기 때문에, 면도 한 번 하는 데 1센트도 안 들게 되었다. 또는 이발소에 가는 비용의 10분의 1도 안 되었다.

질레트가 한 일은 소비자가 사는 것에 대해 가격을, 즉 면도 서비스에 값을 매기는 것이었지, 제조업자가 파는 것에 대해 가격을 매기지 않았다는 것이다. 결국, 질레트에 맛을 들인 소비자는 질레트의 경쟁회사의 안전면도기를 5달러에, 그리고 면도날을 1~2센트에 구입하는 경우 지불했어야 할 금액보다 훨씬 더 많은 돈을 냈는지도 모른다. 질레트의 고객도 이것을 잘 알고 있었다. 소비자는 광고대리점 또는 랠프 네이더(Ralph Nader, 1934-)가 믿고 있는 것보다 더 현명하다. 어쨌든 질레트의 가격설정은 소비자에게 먹혀들었다. 소비자들은 '물건'에 대해서라기보다는 그들이 사들인 것, 즉 면도 서비스에 대한 가격을 지불한 것이었다. 그리고 그들이 질레트 면도기와 질레트 면도날로 하는 면도는 위험한 무기인 직각날 면도기로 할 때보다 훨씬 기분이 좋았고, 이웃 이발소에 하는 것보다 훨씬 쌌다.

복사기의 특허가 규모가 큰 복사기 제조업체에게 넘어간 것이 아니라, 그 당시 뉴욕 주 로체스터의 이름 없는 작은 회사인 할로이드(Haloid Company)로 넘어간 한 이유는 기존의 대규모 제조업체들 가운데 어떤 기업도 복사기의 판매 가능성을 파악하지 못했다는 점이다. 그들의 계산에 따르면, 복사기는 한 대에 최소한 4,000달러에 팔아야 한다는 것이었다. 카본 복사지 가격이 사실상 무료에 가까운 때에 아무도 복사기에 그만한 돈을 지불하지 않을 것 같았기 때문이다. 물론, 그 밖에도 기계 한 대에 4,000달러를 지출한다는 것은, 투자수익률을 계산한 서류를 첨부해 이사회까지 결재를 올려야만 하는 자본지출승인서를 작성해야 한다는 것을 의미했는데, 지출과 결재 과정 둘 다 비서를 돕기 위한 사무용품 하나 때문에 추진하기에는 터무니없는 일로 보였던 것이다. 할로이드, 즉 오늘날의 제록스는 최신 복사기를 디자인하기 위해 막대한 기술적 노력을 투입했다. 그러나 이 회사의 성공에 최대로 공헌한 것은 가격설정 방법이었다. 할로이드는 복사기를 팔지 않았다. 이 회사는 복사기가 만들어낸 것, 즉 복사 서비스를 팔았다. 한 장에 5센트 또는 10센트의 경비라면, 자본지출승인서가 필요 없는 것이다. 그것은 비서가 상부의 결재를 받지 않고도 지출할 수 있는 '소액 현금'이다. 제록스 복사기를 이용한 복사 서비스 한 장당 5센트라는 가격설정은 진정 혁신이었다.

대부분의 공급자들은, 공공서비스 기관도 마찬가지이지만, 가격설정을 전략으로 간주한 적이 없었다. 그러나 가격설정은 공급자가 만든 것에 대해 값을 치르는 것이 아니라 고객 자신이 구입하는 것, 예컨대 한 번의 면도와 한 장의 서류 복사에 대해 지불할 수 있도록 도와준다. 물론, 결과적으로 전체 지불금액은 같다. 그러나 가격이 어떻게 지불되는가 하는 것은 소비자의 필요와 현실에 맞게 설정되어야 한다. 가격은 소비자가 실제로 구입하는 것에 따라 설정되어야 한다. 가격은 공급자의 '원가'에 상응하는 것이 아니라 고객이 인정하는 '가치'에 따라 설정되어야 한다.

3

고객의 현실

GE가 대형 증기 터빈 분야에서 세계적인 주도권을 갖게 된 것은, 제1차 세계대전 전 수 년 동안, 고객들의 현실이 무엇인지에 대해 심사숙고한 데 기인한다. 소비자들이 그 때까지 발전 설비에 사용하던 피스턴식 증기 엔진과는 달리, 증기 터빈은 복잡하고, 설계에 고도의 공학적 기술이 요구되고, 제조 및 조립과정에도 기술이 요구된다. 이는 개별 전력회사가 간단히 해결할 수 없는 것이다. 전력회사가 신규 발전소를 세우면 대개 5~10년마다 증기 터빈을 교체한다. 그러고는 발전소 기술은 항상 유지되어야만 한다. 따라서 터빈 제조업체는 대규모의 기술 컨설팅 조직을 만들어 관리하고 있다.

그러나 GE가 곧 알아낸 것처럼, 고객은 컨설팅 비용을 지불할 수가 없었다. 그 이유는 미국의 법률에 따르면, 주의 공익사업위원회가 그런 비용지출을 허락해야만 지불할 수 있기 때문이었다. 그러나 위원회의 생각으로는, 발전소가 그런 일은 스스로 해결할 수 있어야 한다는 것이었다. GE는 또한 고객이 필요로 하는 컨설팅 서비스 비용을 증기 터빈 가격에 추가시킬 수 없다는 사실도 알게 되었다. 이번에도, 공익사업위원회가 반대할 것이 틀림없기 때문이었다. 그러나 증기 터빈은 오랜 수명을 갖는 것이므로, 그것은 대개 5년이나 7년마다 새로운 터빈 날개를 교체할 필요가 있었으며, 터빈 날개는 터빈 제작자로부터 구입해야만 했다. GE는 전기 발전소를 대상으로 세계 제일의 컨설팅 조직을 설립하고는, 그리고 비록 GE는 신중히 이를 컨설팅부라 칭하지 않고 '부품 판매부'로 명명했지만, 컨설팅 서비스에 대해 비용은 청구하지 않았다. 증기 터빈 가격도 경쟁회사 것보다 비싸지 않았다. 그러나 GE는 컨설팅 조직의 추가비용과 상당한 이익을 교체용 날개의 가격에 포함시켰다. 10년 내에 다른 모든 증기 터빈 제조업체들도 이를 본떠 똑같은 제도를 채택했다. 그러나 그 때쯤 GE는 세계 시장의 주도권을 잡고 있었다.

이런 일이 일어나기 훨씬 전인 1840년대, GE의 경우처럼, 고객의 현실에 맞게 제품과 프로세스를 비슷하게 디자인한 것이 할부 구매제도의 발명으로 이어졌다. 사이러스 매코믹(Cyrus McCormick, 1809-84)은 수확기를 만드는 많은 미국사람들 가운데 한 명이었다. 수요는 분명 있었다. 그리고 그는, 비슷한 기계를 발명한 다른 사람들과 마찬가지로, 자신의 제품을 팔 때가 없다는 것을 알았다. 농부가 구매력이 없었기 때문이다. 수확기는 두세 번가량 농사철만 벌면 그 가격을 회수할 수 있다는 것은 누구나 알고 있었고 또 인정했으나, 그 당시 농부가 기계를 구입하도록 돈을 빌려줄 은행이 없었다. 매코믹은 분할납부를 제안하고는, 수확기를 구입한 후 3년 동안 번 돈으로 지불하도록 했다. 이제 농부는 기계를 구입할 수 있게 되었다. 그리고 농부는 실제로 구입했다.

제조업자들은 '비합리적인 고객'에 대해 항상 불평이 많다(경제학자, 심리학자, 그리고 윤리학자가 그런 것처럼). 그러나 세상에 '비합리적인 고객'이라는 것은 없다. 옛말 그대로, "있다면 그것은 오직 게으른 제조업자뿐이다." 고객은 합리적으로 행동한다고 가정하지 않으면 안 된다. 그러나 고객의 현실은 대체로 제조업자의 그것과는 상당히 다르다는 것뿐이다. 공익사업위원회의 규칙과 규제는 무의미하고 또 상당히 자의적으로 비칠 수도 있다. 그런 위원회의 감독 아래 회사를 운영해야 하는 발전소로서는 어쨌거나 그것은 주어진 현실이다. 미국의 농부들은 1840년대 미국의 은행들이 생각했던 것보다는 신용 위험이 좀더 나았을지도 모른다. 하지만 그 시기에 농부가 농기계를 사도록 돈을 빌려주지 않았다는 것은 하나의 기정사실이었다. 혁신 전략은, 이런 현실들은 그 제품과 관계가 없는 것이 아니라, 사실은 고객이 관심을 두는 한 그것은 제품 그 자체라고 받아들임으로써 추진된다. 고객이 구입하는 것이면 그것이 무엇이든 간에, 고객의 현실과 부합하도록 해야 하며, 그렇지 않으면 고객에게 아무런 소용이 없다.

4

고객에게 가치를 제공하는 전략

혁신 전략의 마지막 부분은 제조업자에게 '제품'을 제공하는 일에 관한 것이 아니라 고객에게 '가치'를 제공하는 일과 관련된다. 사실상 이 전략은, 고객의 현실을 제품의 일부로서 수용하고, 고객이 구입하고는 대가를 지불하는 일부로서 수용하는 전략에서 단지 한 단계 더 나아간 것에 지나지 않는다.

미국 중서부에 있는 어느 중규모 회사는 초대형 토목공사용 장비에 주입하는 특수 윤활유의 절반 이상을 공급하고 있다. 예를 들면, 고속도로를 건설하는 토목회사들이 사용하는 불도저와 굴착기, 노천광산의 표층토를 제거하는 데 사용되는 중장비, 석탄광산에서 석탄을 운반하는 데 사용되는 트럭 등에 공급하고 있다. 이 회사는 모든 분야의 윤활유 전문가를 동원할 수 있는 몇몇 최대 석유회사들과 경쟁관계에 있다. 이 회사는 윤활유를 전혀 팔지 않으면서 경쟁하고 있다. 윤활유를 판매하지 않는 대신에, 이 회사가 팔고 있는 것은 사실상 보험이다. 건설업자에게 있어서 '가치'가 있는 것은 윤활유가 아니다. 그것은 건설 장비를 가동시키는 것이다. 대형 장비가 이곳저곳 고장이 나서 가동이 중단되는 경우, 건설업자가 한 시간마다 입는 손실은 그가 1년 내내 윤활유에 지출한 것보다 훨씬 더 많다. 그런 건설작업 과정에 있어, 무엇보다도 심각한 것은 공사기일을 맞추지 못한 건설업자에게는 과다한 지연 손실금을 물린다는 점이다. 그리고 건설업자들은 오직 공사기일을 가능한 한 정확하게 계산하고 또 시간과의 경쟁을 통해서만 공사계약을 딸 수 있다. 미국 중서부 지방의 이 윤활유 업자가 하는 일은 건설업자들에게 장비의 유지·보수 필요성을 분석해 주는 것이다. 그런 다음 이 회사는 연간 가격 기준으로 유지·보수 프로그램을 계약하는데, 이 프로그램은 대형장비가 윤활유 문제 때문에 연간 일정 시간 이상 멈추지 않을 것을 건설업자에게 보증한다. 이 프로그램은 항상 자사의 윤활유를 사용하도록 되어 있다는 점은 두말 할 나위가 없다. 건설업자가 구입하고 있는 것은 윤활유가 아니다. 건설업자들은 그들에게 엄청나게 가치를 제공해 주는 것, 즉 중단 없는 공사를 구입하고 있는 것이다.

마지막으로 제시하는 사례는 '제품에서 시스템으로의 이동'이라고 명명할 수 있는 것으로 미시간 주 지랜드(Zeeland) 소재 가구 제조회사인 허먼 밀러(Herman Miller)다. 이 회사는 처음에는 초기 현대적 디자인 작품들 가운데 하나인 에임스 체어(Eames chair)의 제조업체로 널리 알려지게 되었다. 그 후 다른 모든 가구업체들이 디자이너 의자를 출하하기 시작하자, 밀러는 한 회사의 사무실 전체가 필요로 하는 가구와 병원의 업무용 가구를 제조·판매하는 것으로 이동했는데, 두 분야 모두에서 커다란 성공을 거두었다. 마지막으로, '미래의 사무실'이라는 개념이 등장하기 시작하자, 밀러는 심지어 가구나 비품은 팔지도 않으면서 회사업무의 흐름, 높은 생산성, 종업원의 높은 사기를 올리는 데 필요한 사무실 배치는 어떤지, 그리고 어떤 비품이 필요한지에 대해, 게다가 그런 모든 것을 낮은 비용으로 공급하는 것을 회사들에게 컨설팅하는 설비관리 연구소를 만들었다. 밀러가 하는 일은 고객의 '가치'를 재정립하는 것이다. 이 회사는 고객에게 다음과 같이 말한다. "귀사는 들여놓은 가구에 대해 돈을 지불하고 있겠지만, 사실은 귀사가 산

것은 업무, 사기, 생산성입니다. 따라서 귀사가 돈을 지불해야 하는 이유는 바로 이런 것 때문입니다."

이들 성공사례는 십중팔구 당연한 것이라고 생각될지 모른다. 확실히 조금만 머리를 쓰면 누구든지 이런 전략, 그리고 비슷한 전략들을 구상할 수 있지 않을까? 그러나 이론경제학의 아버지 리카도는 언젠가 "이윤은 남다른 현명함에서 나오는 것이 아니라 남다른 어리석음에서 나온다"라고 말했다고 한다. 전략이 효과를 발휘하는 것은 전략이 우수해서 그런 것이 아니라, 대부분의 공급자들이, 서비스뿐만 아니라 제품의 공급자들이, 그리고 공공서비스 기관뿐만 아니라 기업이 생각을 하지 않기 때문이다. 이런 전략들은, 정확히, 너무나 '당연하기 때문에' 효과를 발휘한다. 그런데도 왜 그런 전략들이 그다지도 드문가? 사례에서 보는 바와 같이, "고객이 정말로 구입하는 것은 무엇인가?"라고 묻는 사람이면 누구나 게임에서 이길 수 있는데도 말이다. 사실, 같이 달리는 사람도 없으므로 그것은 게임이라고 할 것도 없다. 무엇이 이를 설명해 주는가?

하나의 이유는 경제학자들과 그들의 '가치' 개념이다. 모든 경제학 교과서는, 고객은 '제품'을 사는 것이 아니라 제품이 그들에게 제공하는 효용을 산다고 지적하고 있다. 그런 뒤에는, 모든 경제학 교과서는 제품의 '가격', 즉 고객이 재화 또는 용역을 점유하거나 소유하기 위해 지불하는 금액으로 결정되는 그 가격 이외에는 모든 것을 즉각 고려 대상에서 제외한다. 제품이 고객에게 제공하는 효용에 대해서는 두 번 다시 언급되지 않는다. 안타깝게도 공급자들은, 그가 제품을 공급하든 서비스를 제공하든 간에, 경제학자들의 이론을 따르는 경향이 있다.

"A제품은 원가가 X달러다"라고 말하는 것은 의미가 있다. "제품이 생산원가를 보상하고, 자본비용을 지불하고, 그 결과 적당한 이익을 기록하기 위해서는 Y달러는 받아야 한다"고 말하는 것은 일리가 있다. 그러나 "그러므로 고객은 그가 구입하는 A제품 하나당 현금으로 Y달러를 전액 지불해야 한다"라고 결론을 내리는 것은 전혀 의미가 없다. 그 대신 결론은 다음과 같이 내려야 한다. "고객이 제품 하나당 지불하는 것은 '우리를 위해서는' Y 달러가 되어야 마땅하다. 그러나 고객이 어떻게 지불할 것인가 하는 것은 고객에게 가장 적합한 것이 무엇인가 하는 것에 달려 있다. 그것은 제품이 고객에게 무엇을 제공하는가에 달려 있다. 그것은 무엇이 고객의 현실에 부합하는가 하는 것에 달려 있다. 그것은 고객이 무엇을 '가치'로 인식하는가에 달려 있다."

가격 그 자체는 '가격 설정'도 아니고, 또한 '가치'를 나타내는 것도 아니다. 면도기 시장에서 거의 40년 동안 킹 질레트에게 실질적인 독점을 안겨준 것은 바로 이런 통찰력이었고, 또한 소규모의 할로이드가 10년 만에 수십억 달러의 제록스로 성장할 수 있도록 한 것도 이것이고, 증기 터빈 시장에서 GE가 세계적인 주도권을 갖게 한 것도 이 전략이다. 각각의 사례에서 이들 회사는 엄청나게 많은 이익을 남겼다. 하지만 이들 회사는 수익성도 확보했다. 무슨 말인가 하면, 이들 회사는 고객만족을 제공한 대가로 돈을 벌었고, 고객들이 구입하기를 바라는 바로 그것을 고객에게 제공하는 것, 달리 말해 고객에게 그들이 치르는 돈의 가치를 제공함으로써 돈을 벌었던 것이다.

대부분의 독자들은 "그러나 그것은 초보적 마케팅에 다름 아니군요"라고 항의할 것이고, 또한 그 항의는 옳다. 그것은 초보적 마케팅 외에 아무것도 아니다. 고객의 효용부터 먼저 검토하는 것, 즉 고객이 구입하는 것이 무엇인지, 고객이 처해 있는 현실이 무엇인지, 그리고 고객의 가치는 무엇인지에 대해 먼저 검토하는 것, 그것이 바로 마케팅이 고려해야 할 전부다. 그런데 마케팅을 전파하고, 마케팅을 가르치고, 마케팅을 연구한 지가 50여 년이 지났는데도, 그것을 따르려는 공급자가 왜 그토록 적은지 나는 도무지 설명할 수가 없다. 어쨌거나 지금까지는, 마케팅을 전략의 기초로 이용할 의도가 있는 기업가는 그 누구라도 틀림없이 어떤 산업 또는 시장에서 재빨리, 그리고 위험도 거의 없이 주도권을 잡는다는 사실은 분명하다.

기업가적 전략들은 의도적인 혁신과 기업가적 경영관리만큼이나 중요하다. 이 셋이 통합해서 '경영혁신과 기업가정신'을 완성한다.

　이용 가능한 전략들은 비교적 분명하고, 가짓수도 기껏 몇 개 되지 않는다. 그러나 기업가적 전략은 구체적 상황에 접해서는 의도적인 혁신과 기업가적 경영관리를 적용하는 것보다는 훨씬 쉽지가 않다. 우리는 혁신 기회를 찾을 수 있는 분야가 어디인지, 그리고 그것을 어떻게 분석하는지도 알고 있다. 지금까지 기존의 회사 또는 공공서비스 기관이 기업가정신을 발휘하도록 하는 올바른 정책과 관행, 그리고 잘못된 정책과 관행도 제시했다. 게다가 새로운 벤처기업이 해야 할 올바른 일과 하지 말아야 할 일도 제시했다. 그러나 구체적인 혁신 기회에 적합한 기업가적 전략을 선택하는 것은 위험이 매우 높은 의사결정이다. 어떤 기업가적 전략들은 이미 주어진 상황에 적합한데, 예를 들면 내가 기업가적 유도 전략이라고 명명한 것이 바로 그것이다. 이 전략은, 한 산업에서 어떤 주도 기업이 교만과 잘못된 우월감이라는 잘못된 습관에 근거해 해마다 동일하게 경영을 하는 경우에 선택할 수 있는 전략이다. 우리는 어떤 특정한 기업가적 전략의 대표적인 장점과 한계를 서술할 수 있다.

　무엇보다도 기업가적 전략은 고객의 처지를, 즉 그들의 효용과 가치와 현실을 감안해 시작한다면, 성공할 확률은 더욱더 높다는 것을 우리는 알고 있다. 혁신이란 시장 또는 사회를 변화시키는 것에 다름 아니다. 그것은 고객에게 좀더 큰 이익을 안겨주는 것이고, 사회가 좀더 큰 부의 창출능력을 갖도록 하는 것이고, 그리하여 좀더 큰 가치 또는 좀더 큰 만족을 제공하는 것이다. 혁신의 성공 여부는 그것이 고객에게 무엇을 제공했는가 하는 것으로 언제나 판가름 난다. 따라서 기업가정신은 항상 시장에 초점을 맞추어야 하고, 정말이지 시장지향적이어야 할 필요가 있다.

　아직 기업가적 전략은 기업가정신에 근거해 기업가가 내리는 의사결정의 영역에 머무르고 있으며, 그러므로 위험부담이 따른다. 그것은 결코 육감이나 도박이 아니다. 하지만 또한 정밀과학도 아니다. 차라리 그것은 판단이라고 하는 것이 옳다.

기업가정신에 기초한 사회

1

"어느 세대나 그 세대를 위한 새로운 혁명을 필요로 한다."

(Every generation needs a new revolution.)

이 말은 토머스 제퍼슨(Thomas Jefferson, 1743-1826)이 자신의 긴 생애를 마감할 무렵 내린 결론이었다. 같은 시대, 독일의 위대한 시인 괴테(Johann Wolfgang von Goethe, 1749-1832)도 비록 극단적인 보수주의자였지만, 그가 만년에 읊은 시에서 같은 심정을 토로했다.

"한때는 그토록 합리적이었던 것이 이제는 무의미해지고, 은혜는 재앙의 씨앗이 될지니."(Vernunft wird Unsinn. Wohltat, Plage.)

제퍼슨과 괴테 둘 다 계몽주의와 프랑스 혁명의 유산에 대해 그들 세대가 품고 있는 환멸을 이런 식으로 표현했다. 그러나 그들은 당시의 그 위대한 빛나는 약속, 즉 진정 가난한 사람들과 장애인들을 위해 독일 제국에서 처음 시도된 복지국가(the Welfare State)가 150년 후 오늘날 우리 세대의 유산이 된 사실을 꼭 그대로 표현하고 있는지도 모른다. 복지국가는 지금 그 원래의 취지를 상실한 채 '모든 사람을 위한 기득권'이 되었고 직접 생산활동을 담당하는 사람들에게 점점 더 큰 부담이 되고 있다. 조직, 제도, 그리고 정책은 제품, 프로세스, 서비스와 마찬가지로, 궁극적으로 자신들의 역할을 다하고도 언제나 더 오래 살아남는 법이다. 그것들은 자신들의 목적을 성취한 때에도 그렇고 또한 목적달성에 실패한 때에도 그렇다. 한번 만들어진 메커니즘은 계속 움직이는 것인지도 모른다. 그러나 그런 메커니즘들을 설계할 때 바탕이 되었던 전제들은 이미 그 타당성을 잃어버렸다. 예를 들면, 지난 100여 년 동안 모든 선진국에서 의료보호제도와 연금제도를 설계할 때 사용했던 인구통계 특성에 관한 전제가 그렇다. 그 결과 합리성은 정말이지 무의미한 것이 되고, 은혜는 재앙의 씨앗이 되고 있는 것이다.

하지만 우리가 제퍼슨 시대 이후 배웠던 것처럼 '혁명'은 해결책이 아니다. 혁명은 예측할 수도 없고, 방향을 잡을 수도 없으며, 통제할 수도 없다. 혁명은 그릇된 인간들에게 권력을 안겨준다. 무엇보다도 나쁜 일은, 혁명의 결과는 틀림없이 혁명을 한 사람들이 내세운 공약과는 정반대라는 점이다. 1826년 제퍼슨이 사망한 지 불과 몇 년 뒤, 정부와 정치학에 관한 위대한 해부학자 알렉시스 드 토크빌(Alexis de Tocqueville, 1805-59)은, 혁명은 구체제의 감옥을 철폐하지 않으며, 오히려 그것들의 수를 증가시킨다는 것을 지적했다. 토크빌이 증명한 바와 같이, 프랑스 혁명이 남긴 가장 끈질긴 유산은 프랑스 혁명 이전 시대의 바로 그 족쇄를 강화한 것이었다. 다시 말해 온 나라를 통제되지 않은, 그리고 통제할 수 없는 관료제도 아래 종속시켰다. 그리고 모든 정치적·지적·예술적·경제적 생활을 파리로 집중시켰다. 러시아 혁명이 초래한 중심적 결과는 토지 경작자를 위한 새로운 농노제, 전지전능한 비밀경찰, 그리고 융통성 없고, 부패한, 숨막히는 관료제도였다. 그것은 러시아의 자유주의자들과 혁명가들이 가장 큰 소리로, 그리고 가장 큰 타당성을 갖고 공격했던 제정 러시아 정부의 특징들 그 자체였다. 그리고 그것은 죽음의 춤을 연상케 하는 마오쩌둥의 '문화대혁명'에 대해서도 똑같이 말할 수 있다.

정말이지, 지금 우리는 '혁명'은 환상이라는 것, 즉 19세기에 널리 퍼진 환상이라는 것을, 그러나 오늘날에 와서는 아마도 가장 믿을 수 없는 신화라는 것을 알고 있다. 지금 우리는 '혁명'이란 성취도, 새로운 새벽도 아니라는 것을 알고 있다. 혁명은 오래 된 부패에서, 아이디어와 조직의 파탄에서, 그리고 자기혁신에 실패한 결과로서 나온다.

게다가 우리는 또한 이론, 가치, 그리고 인간의 마음과 손이 만들어낸 모든 가공품은 늙고 경직되며, 진부화되고는 결국 '재앙의 씨앗'이 된다는 것도 알고 있다.

따라서 혁신과 기업가정신은 경제에서 필요한 것만큼 사회에서도 필요하고, 기업에서 필요한 것만큼 공공서비스 기관에서도 필요하다. 그것은 정확히 말해 혁신과 기업가정신은 '뿌리와 가지'처럼 동시에 존재하는 것이 아니라 '한 번에 한 걸음씩', 즉 여기에 이 제품, 저기에 저 정책, 저쪽에는 공공서비스라는 식으로 추진하는 것이기 때문이다. 그것들은 사전에 계획되는 것이 아니라, 이런저런 기회와 욕구에 초점을 맞추는 것이기 때문이다. 그것들은 잠정적이며, 그것들이 기대한, 그리고 필요한 결과를 산출하지 못하면 그것들은 사라질 것이기 때문이다. 달리 말하면, 그것들은 무조건 따라야 하는 원리적인 것이라기보다는 실용적인 것이고, 거창한 것이라기보다는 간단한 것이기 때문이다. 따라서 혁신과 기업가정신은 사회, 경제, 산업, 공공서비스, 또는 기업 등을 유연하게 만들고 또 자기혁신을 하도록 해준다. 혁신과 기업가정신은 제퍼슨이 각각의 세대가 혁명을 통해 달성하고자 바랐던 것을 실현해 줄 뿐만 아니라 유혈사태, 내전, 또는 강제수용소도 필요없이, 그리고 경제적 파국을 일으키지 않고도, 목적과 방향을 갖고 통제범위를 벗어나지 않으면서 각각의 세대가 달성하고자 하는 것을 실현하게 한다.

우리가 필요로 하는 것은 혁신과 기업가정신이 정상적으로, 확고하게, 그리고 지속적으로 유지되는 기업가사회(entrepreneurial society, 起業家 社會)다. 마치 경영이 모든 현대 조직의 특유한 기관이자 우리의 조직사회를 통합시키는 기관이 된 것과 꼭 마찬가지로, 혁신과 기업가정신은 우리의 조직, 경제, 그리고 사회가 살아남도록 하는 필수적인 생명유지 활동이 되지 않을 수 없다.

이것은 모든 조직의 경영자들에게 그들이 개인적 업무와 조직의 직무를 수행함에 있어, 혁신과 기업가정신을 정상적인, 지속적인, 일상적인 활동으로, 그리고 실천사항으로 만들 것을 요구한다. 이런 과제를 수행하는 데 필요한 개념과 도구를 제공하는 것이 곧 이 책의 목적이다.

2

기능을 발휘하지 못하는 것은 무엇인가

기업가사회에 필요한 공공정책, 그리고 정부의 대책에 관한 논의를 할 때 가장 먼저 해야 하는 것은 기능을 제대로 발휘하지 못할 것들을 파악하는 일이다. 특히 오늘날 너무나 인기를 얻고 있지만 앞으로 기능을 발휘하지 못할 것이 분명한 정책들을 말이다.

'계획'이란, 그 용어가 일반적으로 이해되고 있는 것과 같이, 기업가사회 및 기업가경제와는 실질적으로 양립하지 않는다. 정말이지, 혁신은 목적지향적일 필요가 있으며 기업가정신도 관리활동의 대상이다. 그러나 혁신은 거의 본질적으로 분권화되어야만 하고, 특별히 추진되는 것이고, 자율적·구체적으로, 그리고 미시경제적 차원에서 추진된다. 그것은 규모가 작게, 잠정적으로, 그리고 유연하게 시작하는 것이 유리하다. 정말이지, 대체로 혁신의 기회는 오직 어떤 사상(事象)을 따라가는 도중에, 그리고 그것과 가까운 곳에서 발견된다. 혁신의 기회는, 계획가라면 누구나 당연히 취급하는 대량의 집합체에서 발견되는 것이 아니라 그것들과는 다른 일탈(逸脫)들로부터 발견된다. 예상치 못한 것에서부터, 불일치에서부터, 그리고 물이 반쯤 차 있는 컵을 보고 "유리컵이 반 차 있다"와 "유리컵이 반 비었다"라는 인식 차이에서부터, 프로세스상의 약한 연결고리에서부터 발견된다. 그 일탈이 '통계적으로 유의한 것'이 되고, 그 결과 그것이 계획가의 눈에 띄게 되는 시점에 이르면, 그것은 혁신의 기회로서는 이미 한물가고 만다. 혁신의 기회는 폭풍처럼 오는 것이 아니라 미풍이 살랑거리는 소리처럼 온다.

오늘날, 특히 유럽에서 한 국가는 '첨단기술 기업가정신(high-tech entrepreneurship)'을 그 자체만으로도 보유할 수 있다는 주장이 인기를 얻고 있다. 프랑스, 서독, 심지어 영국마저도 이런 전제 하에 국가의 정책을 수립하고 있다. 그러나 이것은 망상에 지나지 않는다. 정말이지, 첨단기술을 촉진하는 정책과 (프랑스, 서독, 심지어 영국마저도 그런 것처럼) 첨단기술만을 촉진하는 정책은 첨단기술마저도 산출하지 못한다. 그런 국가들이 얻는 것이라고는 또 다른 값비싼 실패작, 콩코드와 같은 또 하나의 초음속 비행기, 별로 가치도 없는 영광, 그리고 엄청난 적자뿐이다. 일자리를 늘리는 것도 아니고, 기술적 리더십을 잡지도 못한다.

우선 첨단기술은, 물론 이 책에서 중요하게 다루는 주제이긴 하지만, 혁신과 기업가정신이라는 차원에서는 기껏 한 분야에 지나지 않는다. 혁신을 추구할 수 있는 엄청나게 큰 분야는 첨단기술과 관계없는 분야들이다. 그러나 또한 첨단기술 정책은 정치적 장애물과 부딪히게 되는데, 그것은 곧 첨단기술 정책을 훼방놓게 될 것이다. 일자리 창출이라는 점에서 첨단기술은 오늘날의 일자리보다는 내일의 일자리를 만든다. 앞에서(서문에서) 말한 것처럼, 1970~85년 사이 미국의 '첨단기술'은 사라진 약 500만~600만 개의 '굴뚝산업' 일자리를 메우지 못했다. 그 기간 동안 미국 경제가 추가로 창출한, 대략 3,500만 개의 일자리는 새로운 벤처기업들이 만든 것은 사실이지만 그것은 '첨단기술'이 아니라 '중간기술(middle-tech)', '저급기술(low-tech)' 또는 '오래 된 기술(no-tech)'에 기반을 둔 기업들이 만들었다. 그러나 유럽 국가들은 점증하는 노동자들에게 추가로 일자리를 제공하기 위해 점점 더 큰 압력을 받게 될 것이다. 그리고 그 다음 만약 혁신과 기업가정신의 초점이 일단 첨단기술 분야로 결정이 되면, 정부는 첨단기술이라는 불확실한 미래의 약속을 위해 오늘날 당장 필요한 것을 희생시키는 첨단기술 정책을 폐기하라는, 즉 질병을 앓고 있는 거대 산업들을 구제하는 정책을 포기하는 첨단기술 정책을 폐기하라는 요구를 거부할 수 없게 될 것이다. 프랑스의 경우 이것이 1984년 프랑스 공산당이 프랑수아 미테랑(Francois Mitterrand, 1916-96) 내각에 대한 지지를 철회한 정치적 이유였고, 미테랑 자신이 속한 사회당 가운데서도 일부 좌파들이 차츰 불만을 품은 채 점점 더 반기를 들고 있는 이유다.

무엇보다도, '첨단기술 기업가정신'이 '중간기술', '저급기술' 또는 '오래 된 기술'을 기초로 하는 기업가경제(entrepreneurial economy) 속에 폭넓게 자리를 잡지 않고서 그것만 존재한다는 것은 산이 없이 산꼭대기만 있는 격이다. 그런 경우 심지어 첨단기술 인력마저도 새로운, 위험이 높은, 첨단 벤처기업에서 일자리를 얻지 못할 것이다. 그들은 규모가 큰, 이미 자리가 잡힌, '안전한' 회사 또는 정부기관의 안정된 일자리를 더 선호할 것이다. 첨단기술 벤처기업이 예컨대 회계사, 판매원, 경영자 등 스스로는 첨단기술과 관계가 없는 많은 사람들을 고용한다는 것은 말할 필요도 없다. 어떤 국가의 경제가 숫자는 얼마 되지도 않는 화려한 기업들 외에서는, 즉 '매력적인 첨단 벤처기업' 이외의 분야에서는 혁신과 기업가정신을 퇴짜 놓는다면, 그런 우수한 사람들은 사회와 경제가 (즉 동창생들이, 부모들이, 그리고 교사들이) 그들로 하여금 선호하도록 독려하는 규모가 큰, '안전한', 기존의 고용기관에서 일자리를 찾고 또 경력을 시작하려고 계속 노력할 것이다. 그런 경우 유통업자는 첨단기술 제품을 취급하려 하지 않을 것이고, 투자자 또한 자금을 제공하지 않을 것이다.

그러나 다른 혁신적인 벤처기업들 역시 첨단기술 기업들이 필요로 하는 자금을 공급받을 필요가 있다. 지식에 기초한 혁신(knowledge-based innovation), 그리고 특히 첨단기술 혁신은 투자와 수익 사이의 회임기간이 가장 길다. 세계 컴퓨터 산업은 심지어 1970년대 후반까지는 손익분기점에 이르지 못했는데, 이는 동 산업이 30년 간 적자를 보았음을 뜻한다. 분명 IBM은 남보다는 매우 일찍부터 돈을 벌었다. 그리고 미국의 소규모 컴퓨터 기업들, 즉 '7인의 난장이들'은 1960년대 후반 하나씩 흑자를 기록했다. 하지만 그것들이 벌어들인 이익도 다른 나머지 컴퓨터 기업들, 특히 오늘날 동 산업에서 완전히 손을 뗀 거대 기업들, 예를 들면 미국의 GE, 웨스팅하우스,

ITT, RCA, 영국의 GE, 페란티(Ferranti), 플레시(Flessey), 프랑스의 톰슨-휴스턴(Thomson-Houston), 독일의 지멘스와 텔레푼켄(Telefunken), 네덜란드의 필립스, 그 외에도 많은 기업들이 기록한 거대한 적자로 인해 몇 배나 상쇄되고 말았다. 지금은 마이크로컴퓨터와 개인용 컴퓨터 산업에서 역사가 그대로 되풀이되고 있는 중이다. 동 산업이 전세계적으로 흑자를 기록하기까지는 많은 세월이 필요할 것이다. 그리고 바이오 기술에서도 같은 일이 벌어지고 있다. 이는 또한 예컨대 100년 전 1880년대 전기기구 산업, 또는 1900~10년 사이 자동차산업의 패턴이기도 했다.

그리고 그 긴 회임기간 동안 비첨단 벤처기업들(non-high-tech ventures)은 첨단기술 기업들의 적자를 메우고 또 필요한 자본을 공급하기 위해 이익을 올려야만 했다.

프랑스 사람들은 물론 옳았다. 오늘날 경제적 · 사회적으로 강국이 되려면 정보기술이든, 바이오기술이든, 자동화기술이든 간에 첨단기술 분야에서 우위를 점해야만 한다. 프랑스는 과학적으로나 기술적으로나 분명 그럴 능력을 갖고 있다. 게다가 어떤 국가가 기업가적 경제를 확보하지 않은 채 혁신적인 국가가 되고 또한 기업가적 국가가 되는 것은 가장 가능성이 낮다(나로서는 불가능하다고 말하고 싶을 지경이다). 첨단기술은 정말이지 첨단 칼날이지만, 칼이 없이는 칼날이 있을 수 없다. 시체에 건강한 두뇌가 존재할 수 없는 것처럼 첨단기술 그 자체로는 더 이상 경쟁력을 확보할 수가 없다. 첨단기술이 경쟁력을 확보하려면 기업가적 비전과 가치를 가진, 벤처 자본에 접근할 수 있는, 그리고 기업가적 정력이 넘치는 혁신가와 기업가로 가득 찬 경제가 먼저 존재해야 한다.

3

필요한 사회적 혁신은 무엇인가

기업가적 사회가 실질적인 사회적 혁신을 필요로 하는 분야는 두 가지다.

1. 첫번째 분야는 잉여노동력을 해결하는 정책이다. 그 숫자는 많지 않다. 그러나 '굴뚝산업'의 블루칼라 노동자들은 매우 한정된 몇몇 지역에 집중되어 있다. 예컨대 미국 자동차산업의 모든 근로자들 가운데 4분의 3은 20개의 카운티에서 살고 있다. 따라서 그들은 매우 눈에 잘 띄고 조직도 잘 되어 있다. 더욱 중요한 것은, 그들은 다른 일자리를 찾는 데, 자신들의 향방을 다시 정하는 데, 그리고 이동하는 데 필요한 것을 갖추지 못하고 있다는 사실이다. 그들은 교육수준도 낮고, 기술도 없으며, 사회적 역량도 부족하다. 게다가 무엇보다도 자신감도 별로 없다. 그들은 일생에 한 번도 다른 일자리를 찾으려 노력해 본 적이 없다. 그들이 일자리를 찾으려 나설 무렵에 이미 어떤 자동차 회사에 근무하는 한 친척이 그들을 자신이 다니는 공장의 감독자에게 소개했던 것이다. 그것도 아니면, 교구의 목사가 그들의 손에 자신의 교회에 나오는 신자들 가운데 이미 어떤 공장에 근무하고 있는 한 명에게 전하는 편지를 쥐어주곤 했던 것이다. 그리고 그 점은 영국의 '굴뚝산업' 노동자도, 웨일스의 석탄광부도, 독일 루르(Ruhr) 지방이나 로레인(Lorraine) 지방의 블루칼라 노동자도, 또는 벨기에의 보리나쥬(Borinage) 지방의 노동자도 마찬가지다. 그런 노동자들은 20세기에 들어와서도 교육과 지식 측면에서 큰 혜택을 누리지 못한 선진사회의 한 집단이다. 능력, 경험, 기술, 그리고 학업이라는 측면에서 그들은 1900년대의 미숙련 노동자와 매우 유사하다. 단 하나 그들에게 일어난 일은 그들의 소득이 폭발적으로 상승했다는 점이다. 만약 그들이 받는 임금과 복리후생비 모두를 합하면 산업사회에서 가장 소득수준이 높은 집단일 것이다. 그 결과 정치적 힘도 증가했다. 따라서 그들은 개인으로서든 집단으로서든 간에 기껏 반대하거나, 거부권을 행사하거나, 방해를 놓거나 하는 것 이상으로는 자신들 스스로를 돕는 일에 있어 충분한 능력을 발휘하지 못하고 있다. 사회가 그들에게 일자리를, 그것도 임금수준이 낮은 일자리라도 마련해 주지 않는 한, 그들은 진정 사회의 암적인 존재가 되고 만다.

이 문제는 경제가 기업가적 경제로 전환된다면 해결될 수 있다. 그렇게 되면 기업가적 경제에 적합한 새로운 기업들이, 지난 10년 동안 미국에서 경험한 것처럼 새로운 일자리를 창출한다(이것이 바로 미국의 오래 된 '굴뚝산업'이 엄청난 실업을 안고 있으면서도 지금까지는 정치적으로 거의 문제를 야기하지 않은 이유이고, 또 심지어 거대한 보호주의적 정책을 유발하지 않은 이유다). 그러나 기업가적 경제가 새로운 일자리를 창출한다 해도, 남아도는 과거의 '굴뚝산업' 노동자를 훈련시키고 또 일자리를 찾아주려는 조직적인 노력이 필요하다. 그들은 그런 일을 스스로 할 수가 없기 때문이다. 그렇지 않으면, '굴뚝산업'의 잉여노동력은, 심지어 자신들을 구제해 줄 수단을 포함해 새로운 것이라면 무엇이든 간에 점점 더 거부할 것이다. '미니밀(mini-mill)' 공장은 제철산업의 잉여노동자에게 일자리를 제공한다. 자동화된 자동차 공장은 일자리를 잃은 자동차산업 근로자에게 가장 적합한 일터다. 그런데 현재 근로자들은 '미니밀'과 자동차 공장의 자동화 부문 둘 다를 격렬하게 거부하고 있다. 비록 그들은 자신들의 기존 일자리가 오래 가지 못할 것이라는 점을 스스로 알고 있으면서도 말이다. 우리가 혁신을 '굴뚝산업'의 잉여노동자들을 위한 기회로 만들지 않는 한, 그들은 스스로 무능력하다는 감정, 두려움, 구속감 때문에 모든 혁신을 거부하게 될 것이다. 그런 일은 영국에서 (또는 미국의 우편 서비스에서) 이미 경험했다. 혁신을 '굴뚝산업'의 잉여노동자들을 위한 기회로 만든 사례는 이미 많다. 1906년 러일 전쟁 후 겪은 일본의 급격한 불황 기간 동안 미쓰이 재벌이 그랬고, 제2차 세계대전 후 기껏 생계를 해결할 정도의 농부와 임업 노동자로 구성된 나라를 의도적인 정책을 통해 공업화된 고도로 번영하는 나라로 바꾼 스웨덴이 그랬다. 그리고 그 숫자는 앞서 말한 것처럼 그다지 많지가 않다. 특히 그 가운데 3분의 1에 해당하는 55세 또는 그 이상의 인구집단과 적절한 조기은퇴 프로그램을 갖고 있는 집단에 대해서는, 그리고 30세 미만의 인구집단으로서 스스로 이동할 수 있고 또 일자리를 찾을 수 있는 다른 3분의 1에 대해서도 그다지 큰 관심을 두지 않아도 된다. 하지만 '굴뚝산업'에서 해고된 노동자들 가운데 남은 3분의 1을, 즉 숫자는 작지만 문제가 많은 인구집단을 훈련시키고 또 일자리를 찾아주는 정책은 해결되어야만 한다.

  2. 또 다른 필요한 사회적 혁신은 한층 더 근본적이고도 훨씬 더 어려운,

그리고 전례가 없는 것이다. 즉 효력이 다한 사회정책과 진부한 공공서비스 기관을 체계적으로 폐기하는 과제다. 이것은 과거의 위대한 기업가 시대에는 문제가 아니었다. 100년 전에는 그런 정책과 기관들이 별로 없었기 때문이다. 지금 우리는 그런 문제를 엄청나게 많이 갖고 있다. 그러나 지금쯤 우리는 비록 영원히 존재하는 것들이 있다 해도 그것은 소수에 지나지 않는다는 것 또한 알고 있다. 심지어 그런 것들 가운데 정말 단기간 이상 동안 기능을 수행하는 것도 별로 없다.

세계를 보는 관점, 그리고 인식 방법에 있어 지난 20여 년 동안 일어난 근본적인 변화들 가운데 하나로서 진정 획기적인 한 전환은 정부정책들과 정부기관들은 애초에 신이 만든 것이 아니라 인간이 만든 것이라는 사실을, 그러므로 그것들과 관련된 한 가지 분명한 것은, 그것들이 꽤나 빠른 속도로 진부화된다는 사실을 인식한 것이다. 그런데도 정치학은 정부가 하는 것이면 무엇이든 간에 인간사회의 본성에 근거를 두고 있고, 따라서 '영원하다'는 케케묵은 전제에다 여전히 근거를 두고 있다. 그 결과, 정부가 수행하고 있는 오래 된 것, 쓸모가 없는 것, 더 이상 생산적이 아닌 것들을 제거할 수 있는 정치적 메커니즘이 지금까지도 없는 것이다.

또는 우리가 갖고 있는 메커니즘이 아직 기능을 발휘하지 못하고 있는지도 모른다. 최근 미국에서는 '일몰법(sun set laws)'이 대거 등장하고 있는데, 이 법은 정부기관 또는 공공법률이 일정 기간이 지나 특별히 다시 연장되지 않는 한 자동 폐지된다고 규정하고 있다. 그러나 이런 법률들은 제 기능을 다하지 못하고 있다. 그 이유는 부분적으로 정부기관 또는 법률이 언제 역기능적으로 되는지에 대한 객관적 기준이 아직 없기 때문이고, 부분적으로는 지금까지 폐기에 대한 조직적 절차가 없기 때문이다. 그러나 아마도 대개는, 비록 비효과적인 법률 또는 정부기관이었지만, 그것들이 원래 해결하려고 했던 문제를 처리해 줄 새로운, 또는 다른 방법을 우리가 아직 개발하지 못했기 때문일 것이다. '일몰법'이 의미가 있고 또 목적을 달성하도록 하기 위해 원칙과 프로세스 둘 다를 개발하는 것은 우리가 당면하고 있는 중요한 사회적 혁신들 가운데 하나다. 그리고 곧 만들 필요가 있는 것이기도 하다. 미국 사회는 그것을 받아들일 준비가 되어 있다.

4

새로운 과제

그러나 이런 두 가지 필요한 사회적 정책(잉여노동력을 해결하는 정책과 효력이 다한 사회정책과 진부한 공공서비스 기관을 체계적으로 폐기하는 정책)은 기껏 예를 든 것에 지나지 않는다. 그 밑바닥에는 정책, 태도, 그리고 무엇보다도 우선순위를 대폭적으로 재조정할 필요가 있다는 점이다. 우리는 유연성을 기르는 일, 계속적으로 배우는 습관, 그리고 변화를 정상적인 것으로, 그리고 기회로 보는 습관을 장려할 필요가 있다. 그 점은 개인들뿐 아니라 기관들도 마찬가지다.

조세정책이 그 한 분야인데, 조세정책은 개인의 태도에 미치는 영향 측면이나 사회적 가치와 우선순위의 상징이라는 두 가지 측면에서 중요하다. 선진국에서는 과거의 것을 청산하는 일은 조세제도 때문에 지금 매우 어렵게 되어 있다. 예컨대 미국의 경우 세무당국은 회사 자체 또는 생산 라인을 처분하거나 청산함으로써 받은 돈을 소득으로 간주한다. 물론 실제로 그 돈은 자본을 회수한 것이다. 그러나 현재의 조세제도 아래서는, 회사는 그 돈에 대해 소득세를 납부해야 한다. 그리고 회사가 그 돈 가운데 일부를 주주에게 배당이라도 하게 되면 주주는 그것이 마치 정상적인 '배당금'인 양, 즉 이익의 배분으로 간주되어 세금을 내야 한다. 그 결과 회사는 오래 된 것, 진부한 것, 그리고 더 이상 생산적이지 않은 것을 폐기하지 않는 쪽을 선호하게 된다. 회사는 그런 것에 집착하게 되고 돈을 계속 투입하게 된다. 그 다음 더 나쁜 것은, 회사는 그런 낡은 것들을 '보호하도록 하기 위해' 가장 능력 있는 사람들을 배치하게 되는데, 그것은 가장 희소하고도 가장 값진 자원을 대량으로 잘못 배분하게 되는 셈이다. 회사가 만약 앞으로도 계속 사업을 하기라도 하려면 '내일을 만들기 위해' 배분할 필요가 있는 인적 자원을 말이다. 그리고 또 그 다음 마지막으로 회사는 오래 된 것, 진부한 것, 그리고 더 이상 생산적이지 않은 사업이나 생산 라인을 청산·처분하고는 그 돈을 주주에게 배당하지 않게 되는데, 결과적으로 이는 혁신적인 기업가적 투자기회에 투입될 수 있는 자본인데도 자본시장으로 흘러가지 않게 되는 것이다. 그 대신 회사는 그 돈을 내부에 유보하고는 일반적으로 회사가 자본시장에서 자금을 쉽사리 조달할 수 없는 사업을 하는 데 필요한 부품을 조달하는 등 오래 된, 전통적인, 쇠퇴하는 사업 또는 제품에다 투자하게 되는데, 이것은 희소한 자원을 대량으로 잘못 배분하는 또 하나의 실수를 저지르는 것이다.

기업가적 사회에서는 지금 미국에서 일어나고 있는 것과는 달리, 어제의 것으로부터 내일로 자본이 이동하는 것을 막고 또 불이익을 주는 대신에, 그것을 촉진하는 조세제도가 필요하다.

그러나 우리는 또한 그런 조세제도 속에서, 그리고 그것을 통해서 새로운 기업과 성장하는 기업이 당면하는 가장 급박한 자금조달 문제를 해결할 수 있어야만 한다. 그 한 방법이 다음과 같은 경제적 현실을 인정하는 것이다. 새로운 기업, 특히 성장하는 기업의 경우 창업 이후 5~6년 동안 '이익'을 기록했다면 그것은 회계상의 허구에 지나지 않는다. 그 기간 동안 새로운 벤처기업이 사업을 계속 유지하는 데 드는 비용은 원칙적으로 과거의 사업으로부터 얻는 이익보다, 즉 기존의 사업비용을 지급하고 남는 이익보다 더 크다. 사실상 이것은 새롭게 성장하는 벤처사업이 계속 사업을 하려면 항상 영업이익이 깡그리 재투자돼야 한다는 것을 의미한다. 일반적으로 만약 그런 기업이 빠르게 성장하길 바란다면, 그것은 영업활동을 통해 벌어들이길 바랄 수 있는 '영업이익'보다 훨씬 더 많은 자본을 투자해야만 한다. 그러므로 새롭게 성장하는 사업은, 독자적인 회사이든 기존 회사의 한 새로운 사업부문이든 간에, 처음 몇 년 동안은 세금을 감면받아야 한다. 그것은 마치 작지만 빠르게 자라나는 아이에게 어른을 먹여살리는 데 필요한 '여분의 힘'을 우리가 기대할 수 없는 것과 똑같은 이유다. 그리고 세금이란 생산자가 어떤 다른 사람을, 즉 비생산자를 먹여살리는 수단이다. 그런데 새로운 벤처기업이 '성숙한 기업'이 될 때까지 세금을 감면하는 것은 궁극적으로 실제 더 많은 세금을 거두어들이게 된다는 것임이 거의 틀림없다.

그러나 만약 이런 제안이 너무도 '급진적'인 것으로 보인다면 새로운 벤처기업은 적어도 이른바 유아 시절에 창출한 이익에 대해서만은 세금납부를 연기할 수 있어야 한다. 그것은 자금조달 압력이 극심한 시기가 지날 때까지는 현금을, 그것도 벌금이나 이자 부담 없이 보유할 수 있어야만 한다.

결론적으로, 기업가사회와 기업가경제는 자본축적을 촉진하는 조세정책을 필요로 한다.

일본의 성장 '비결' 가운데 하나는 일본이 자본축적을 위한 '조세 회피'를 공식적으로 인정한 것에 있다는 사실은 분명하다. 법적으로 일본의 성인 1인은 이자에 대한 세금이 감면되는 중간 규모의 한 저축구좌를 갖는 것이 허용된다. 그러나 실질적으로 일본에는 그런 구좌의 수가 아이들과 미성년자들을 포함한 모든 일본 인구보다 5배나 많다. 물론 이것은 각종 언론들과 정치가들이 정기적으로 비난하는 '스캔들'이다. 하지만 일본은 그런 '남용을 막는' 어떤 정책을 수립하지 않기 위해 매우 주의하고 있다. 그 결과 일본은 세계에서 가장 높은 자본축적률을 기록하고 있다. 이것은 현대사회의 딜레마를 회피하기 위한 수단으로서는 너무도 우회적인 방법으로 취급될지 모른다. 딜레마란 고도로 자본을 축적해야 하는 필요성과, 이자와 배당을 죄악시하거나 사악한 것으로 보지는 않는다 해도, 그런 것을 '불로소득'과 '자본주의적'이라고 비난하는 것 사이의 갈등을 말한다. 그러나 기업가 시대에 경쟁력을 유지하기 바라는 국가라면 어떤 국가이든 간에, 일본이 준공식적 모순된 방법으로 행하고 있는 것과 같은 조세정책, 즉 자본축적을 촉진하는 조세정책을 이런저런 방식으로 개발해야만 할 것이다.

기업가정신을 촉진하는, 또는 적어도 그것을 억제하지는 않는 조세 및 재정정책만큼이나 꼭 마찬가지로 중요한 것이 새로운 벤처기업에게 정부의 무거운 규제, 각종 제한, 그리고 서류작성 부담을 지우지 않는 것이다. 비록 나의 제안이 받아들여질 것으로는 생각하지 않지만, 내 생각으로는 독자적인 회사이든 기존 회사의 한 새로운 사업부문이든 간에, 새로운 벤처기업이 규제, 보고서, 그리고 서류작성에 드는 비용이 그 기업의 총매출액의 일정 부분(예컨대 5%)을 초과하는 부분을 정부에 청구하도록 하는 것이다. 이것은 공공서비스 부문의 새로운 벤처에게 특히 도움이 될 것이다. 절단 수술을 하는 독립적인 병원이 그 예다. 선진국의 공공서비스 기관은 정부의 규제 때문에 한층 더 큰 어려움을 겪고 있으며, 본연의 활동보다는 정부에 제출하는 잡다한 보고서 때문에 더 많은 시간을 빼앗기고 있다. 그리고 공공서비스 기관은 원칙적으로 자금과 인력 면에서 그런 부담을 해결할 능력이 훨씬 뒤떨어진다.

그런데 그런 정책은 선진국이 앓고 있는 위험한 잠행성 질병, 즉 눈에 보이지는 않지만 정부 규제로 인해 끊임없이 증가하는 비용에 대한 최고의, 아마도 유일한 치료법일 것이다. 그런 비용은 실제 금전적으로 비용이 들 뿐 아니라 더 나아가 유능한 사람들과 그들의 시간과 그들의 노력을 쓸데없이 빼앗아 간다. 그러나 그런 비용은 다음과 같은 이유로 눈에 띄지도 않는다. 그것은 정부 예산에 반영되는 것이 아니지만, 자신이 데리고 있는 간호사가 정부가 요구하는 형식에 맞추어 보고서를 작성하느라 근무시간의 절반을 허비한 외과의사의 계정에 감추어져 있기 때문이다. 대학의 경우 16명이나 되는 고위관리직이 정부의 지시와 규제에 '적합하게 업무를 처리했는지'를 검토하는 데 드는 예산에 포함되어 있기 때문이다. 또는 중·소 규모 기업의 경우 275명의 종업원들 가운데 19명의 회계부문 종업원들이 월급은 회사에서 받으면서도 실제로는 정부를 위한 세무공무원처럼 동료들의 월급으로부터 세금과 사회보장비를 공제하고 있으며, 공급업자와 고객의 납세 번호를 파악하고는 세무 당국에 보고하고, 유럽의 경우에는 부가가치세를 징수하는 업무를 대신하기 때문에 회사의 손익계산서에 그만큼 손실을 기록하기 때문이다. 그리고 이런 보이지 않는 정부의 간접비용은 철저히 비생산적이다. 예컨대 세무 회계를 담당하는 사람들이 국가의 부 또는 생산성에 기여한다고, 그리고 물질적이든, 육체적이든, 정신적이든 간에 사회복지에 조금이라도 기여한다고 믿는 사람이 어디 한 명이라도 있는가? 그런데도 모든 선진국의 정부는 인류가 가진 가장 희소한 자원인 유능한, 근면한, 훈련된 사람들을 그런 본질적으로 무익한 활동에 점점 더 많이 강제적으로 잘못 투입하고 있다.

우리가 정부의 보이지 않는 비용이라는 암을 제거하는 것은 고사하고, 더욱더 번지지 않도록 조치할 수 있기를 바라는 것은 너무 지나친 것일지도 모른다. 그러나 적어도 새로운 기업가적 벤처기업이 그것에 물들지 않도록 보호할 수는 있어야 한다.

우리는 정부가 어떤 새로운 정책이나 대책을 수립할 때 다음과 같은 질문을 할 필요가 있다. 그것은 사회의 혁신 능력을 더욱 촉진하는가? 그것은 사회적·경제적 유연성을 증진하는가? 또는 그것은 혁신과 기업가정신을 방해하거나 억제하지는 않는가? 사회의 혁신 능력에 대한 영향력이 유일한 기준이 아닌 것은 말할 것 없고, 결정적인 기준이 될 수 없으며 또 그렇게 되어서도 안 된다는 것은 분명하다. 하지만 새로운 정책 또는 새로운 대책이 발효하기 전에 그런 것을 고려해 볼 필요는 있다. 그런데도 오늘날 그것을 (어쩌면 일본은 제외하고) 어떤 나라에서도 또는 어떤 정책입안자도 고려하지 않고 있다.

5

기업가사회와 개인

기업가사회에서 개인들은 엄청난 도전, 즉 그들이 기회로서 활용해야 할 필요가 있는 한 도전에 직면한다. 즉 계속학습(continuous learning)과 재학습(relearning)의 필요성 말이다.

전통 사회에서는 학습은 청년기, 또는 최대한 길게 잡아도 성인이 되면 끝나는 것이라고 가정될 수 있었고, 또 실제로 그렇게 가정되었다. 어떤 사람이 스물한 살 또는 그 무렵에 배우지 못한 것이 있다면, 그 후 그는 그것을 전혀 배우지 않았을 것이다. 또한 어떤 사람이 스물한 살 또는 그 무렵에 배웠던 것이 있다면, 그는 그것을 남은 여생 동안 변함없이 써먹을 것이다.

이와 같은 전제 하에 전통적 도제제도가 설립되었고 전통적 장인(匠人)기술, 그리고 전통적 직업뿐 아니라 전통적 교육과 학교제도가 만들어졌다. 오늘날의 장인기술, 전문직업, 교육제도, 그리고 학교도 대체로 여전히 그런 전제에 근거하고 있다. 물론 세상에는 항상 예외가 있는 법이어서, 전통 사회에서도 계속학습과 재학습을 실천해 온 몇몇 집단이 있었다. 위대한 예술가와 학자, 수도사, 신비론자, 예수회 수사들이 그랬다. 그러나 이런 예외적인 사람들은 너무 적어서 무시되어도 아무런 문제가 없다.

그러나 기업가사회에서는 이런 '예외적인 사람들'이 표준이 된다. 기업가사회의 올바른 전제는, 개인들은 자신들이 성인이 된 훨씬 뒤에도 새로운 것을 배워야만 한다는 것이다. 그리고 아마 그것도 한번으로 끝나지 않는다는 것이다. 또한 올바른 전제는 개인들이 스물한 살 때까지 배웠던 것은 5~10년 후에는 진부화되기 시작할 것이고, 새로운 이론, 새로운 기술, 새로운 지식으로 대체되어야만, 또는 적어도 보충되어야만 할 것이라는 점이다.

이것이 던지는 하나의 암시는, 개인들은 자신들의 계속학습과 재학습에 대해, 자신들의 자기계발에 대해, 그리고 자신들 스스로의 경력에 대해 점점 더 책임을 져야만 한다는 것이다. 그들은 자신들이 어릴 때, 그리고 청년기에 배웠던 것들이 자신들의 남은 인생을 위한 '기반'이 될 것으로 더 이상 가정할 수 없다. 그것은 '출발점'일 것이다. 그것은 남은 인생을 쌓아올릴, 그리고 의지할 기초가 되기보다는 이륙할 지점이 될 것이다. 그들은, 자신들이 한번 발을 들이면 미리 정해진, 잘 그려진, 그리고 길이 잘 보이는 '경력경로'를 따라 이미 알고 있는 최종 지위까지 승진하는 '경력의 길로 들어갔다'고 더 이상 가정할 수 없다. 예컨대 미국 군대에서 말하는 '진급의 길' 같은 것은 없다는 말이다. 지금부터 그 전제는, 개인들은 자신들의 근로생활 전기간 동안 거쳐야 할 몇몇 '경력들'을 스스로 발견하고, 결정하고, 개발해야 한다는 것이어야만 한다.

그리고 개인들이 고등교육을 많이 받으면 받을수록, 그들의 경력은 더욱더 기업가적인 것으로 될 것이고, 그들의 학습 도전들은 더욱더 수준이 높아질 것이다. 목수는, 아마도 여전히, 그가 도제(徒弟)로서, 그리고 장인으로서 익힌 기술이 40년 후까지 자신을 먹여살릴 것으로 가정할 수 있다. 그러나 의사, 기술자, 야금학자, 화학자, 회계사, 변호사, 교사, 경영자의 경우에는 지금부터 15년 후 몸에 익혀야 하고 또 써먹어야 할 기술, 지식, 그리고 도구들은 지금의 것들과는 다르다. 그리고 새로운 것이 될 것이라고 가정하는 것이 더 낫다. 정말이지 지금부터 15년 후 그들은 새롭고도 매우 다른 일을 할 것이고, 새롭고도 다른 목표를 갖고 있을 것이고, 정말로 많은 경우에, 다른 '경력'을 밟고 있을 것으로 가정하는 편이 더 옳다. 게다가 오직 그들 자신들만이 그 필요한 학습과 재학습에 대한, 그리고 스스로의 방향설정에 대한 책임을 질 수 있다. 전통, 관습, 그리고 '회사의 방침'은 도움이 되기보다는 방해가 될 것이다.

이것은 또한, 기업가사회는 교육과 학습에 관한 관습과 전제를 무너뜨린다는 것을 의미한다. 오늘날 전세계에 보급되고 있는 교육제도는 주로 유럽이 17세기에 개발한 것을 연장한 것이다. 나라마다 실질적으로 추가도 했고 수정도 했다. 그러나 미국의 학교, 그리고 대학들을 설립할 때 근거로 삼은 기본적·구조적 계획은 300년도 더 전으로 거슬러 올라간다. 지금은 새로운 사고방식이, 어떤 경우에는 전혀 새로운 사고방식이, 그리고 새로운 접근방법이, 어떤 경우에는 근본적으로 새로운 접근방법이 필요하며, 그것도 교육의 모든 단계에서 필요하다. 유치원에서 컴퓨터를 쓰는 것은 일시적 유행으로 끝날지 모른다. 그러나 TV를 보는 네 살배기 아이들은 50년 전의 네 살배기 아이들보다는 매우 다른 교수법을 기대하고, 요구하며, 반응한다. '전문직'에 취업하려는 젊은이들, 즉 오늘날 대학생의 5분의 4도 '일반교양'을 물론 필요로 한다. 그러나 그것은 17세기 대학에서, 영어로는 '인문교육(liberal education)'으로 또는 독일어로는 '일반교양(Allgemeine Bildung)'으로 부르는, 그 교과과정을 19세기 식으로 변형시킨 교과과정이 의미하는 것과는 분명 매우 다른 어떤 것을 의미한다. 만약 이 도전을 해결하지 않으면, 우리는 '일반교양'에 대한 근본적인 개념을 완전히 잃어버릴 지경에 처하게 될 것이고, 그 결과 순수 직업교육과 순수 전문교육으로 전락하게 되어 공동체의 교육적 기초, 그리고 종국적으로는 공동체 그 자체를 위협하게 될 것이다. 그러나 또한 다른 한편으로 교육자들은, 학교교육은 단지 젊은 이들만을 위한 것이 아니라는 것, 그리고 학교가 당면한 최대 도전이자 또한 최대 기회는 이미 고등교육을 많이 받은 성인들을 위한 계속적 재학습(continuing relearning)이라는 사실을 인정해야만 할 것이다.

아직까지는 이런 과제들을 해결할 교육이론이 없다. 아직까지 우리는, 17세기 체코슬로바키아의 위대한 교육개혁가 요한 코메니우스(Johann Comenius, 1592-1670)가 했던 것을, 또는 예수회 소속 교육자들이 오늘날에 이르러서는 '현대적' 학교, 그리고 '현대적' 대학이라고 불리는 것을 개발했을 당시 했던 그런 것을 행하고 있는 사람을 발견하지 못하고 있다. 그러나 미국에서는, 적어도 미국의 교육현장에서는 실무가 이론보다 훨씬 앞서나가고 있다. 내가 보기에, 지난 20년 동안 미국이 경험한 가장 긍정적인 발전, 그리고 가장 고무적인 발전은 성인들, 특히 이미 고등교육을 받은 전문가들을 위한 계속학습 및 재학습과 관련해 일어난 교육 실험에 대한 열기다. 사실 이런 현상은 '교육부'가 없는 덕분에 생겨난 행운의 부산물이다. 교육에 대한 '마스터플랜'도 없이, '교육철학'도 없이, 그리고 정말이지 기존 교육계로부터의 별다른 지원도 없이, 이미 고등교육을 받은 성인과 이미 높은 수준의 성취를 한 성인들을 위한 계속교육과 직업개발교육은 지난 20년 간 미국에서 진정한 '성장산업'이 되었다.

기업가사회의 등장은 역사상 중대한 전환점이 될지도 모른다.

100여 년 전에, 즉 1873년에 세계적으로 확산된 공황은 1776년 애덤 스미스의 《국부론》 출판과 더불어 시작된 자유방임의 한 세기에 종지부를 찍었다. 1873년의 세계 공황 속에서 현대 복지국가가 태어났다. 그로부터 100년 뒤, 복지국가는 지금 거의 모두가 알고 있는 바와 같이 그 수명을 다했다. 복지국가는 고령 인구와 출산율 저하라는 인구통계적 도전에도 불구하고 살아남을지도 모르겠다. 그러나 복지국가는 오직 기업가적 경제가 생산성 향상에 크게 성공하는 경우에만 살아남을 수 있을 것이다. 더 나아가 여전히 우리는 복지국가라는 거대한 건축물에 몇몇 적은 건물들을 추가할 수

도 있을 것이며, 이 곳에 방 하나를, 그리고 저 곳에 새로운 혜택을 제공할
수 있을지도 모른다. 그럼에도 불구하고 복지국가는 미래라기보다는 과거
다. 지금은 심지어 나이 많은 진보주의자들도 알고 있는 것처럼 말이다.

과연 기업가사회가 복지국가의 후계자가 될 것인가?

이 책은 역자가 1993년 《자본주의 이후의 사회》를 번역한 이후, 드러커파운데이션에서 출판한 책들을 포함해 15권째 번역하는 드러커 교수의 저서이자 역자의 22번째 번역서다. 후기를 이런 말로부터 시작하는 것은 용렬(庸劣)하게 역자의 업적을 떠벌이려 하는 것이 아님은 독자도 짐작할 터다. 정말이지 드러커 교수의 글을 우리말로 옮길 때마다 역자는 어떻게 해야 드러커 교수의 본래 의도를 제대로 전달할 수 있을지 고심에 고심을 거듭해 왔다. 이 책 역시 예외가 아니었다.

이 책은 미국 경제가 '관리적 경제(managerial economy)'로부터 '기업가적 경제(entrepreneurial economy)'로 이동하고 있는 도중에 미국 사회와 미국 경제가 필요로 하는 경영혁신(innovation)의 원천과 기회는 무엇인지, 그리고 기업가(entrepreneur)가 기업가정신(entrepreneurship)을 발휘하는 방법에는 어떤 것이 있는지에 대해 원칙과 방법론을 제시하고 있다. 따라서 이 책은 철저한 의미전달이 드러커의 다른 어떤 책들보다도 한층 더 중시되는 책이어서 동어반복은 물론이고, 대명사를 사용하는 대신에 주어를 되풀이하는 경우도 많았다.

드러커 교수의 글에는 두 가지 스타일이 혼재되어 있다. 하나는 저널리

스트적 스타일이고, 다른 하나는 문학가적 스타일이다. 우선 드러커는 20세가 되는 해인 1929년 프랑크푸르트의 일간지 〈게네라르 안차이거(Generale Anzeiger)〉의 기자로 근무했으며(물론 프랑크푸르트 대학에 재학하면서), 1937년 미국으로 건너갈 때는 영국 신문 〈컨소시엄〉의 미국 특파원 자격이었다. 미국에 이주한 직후에는 〈타임〉지의 사주 헨리 루스와 교분을 맺으면서 〈포천〉지에도 정기적으로 기고했고, 그 후 〈월 스트리트 저널〉지에 최근까지 정기적으로 기고했다.

드러커의 글에는 제인 오스틴, 찰스 디킨스, 그리고 앤서니 트롤로페 등 많은 문인들과 문학작품의 인용구들이 자주 등장한다. 그뿐 아니라 드러커 교수 본인이 《The Temptation to do Good》을 비롯해 두 권의 소설과 자서전을 쓴 문필가이기도 하다. 게다가 어릴 때부터 폭넓게 쌓은 인문교양 지식 덕분이겠지만 종종 인용되는, 독일어로 된 경구는 물론이고, 라틴어와 고전문학과 사회과학의 인용구는, 한편으로는 읽는 이에게 즐거움을 제공하고 또 지적 호기심을 일깨우기도 하지만, 다른 한편으로는 역자와 같이 그 진정한 의미를 파악하고 제대로 독자에게 전달하기 위해 노력하는 사람에게는 무척이나 많은 시간을 들여야 하는 부분이기도 하다. 이와 같이 드러커의 글은 자신의 뜻을 쉽게 전달하기 위해 간결하게 쓴 부분과 자신만의 독특한 글쓰기 솜씨가 섞여 있어서, 간혹 눈밝은 독자들이 어색하다고 생각되는 부분에 대해 질문을 해올 때면 그 때마다 마음을 졸이며 되찾아보기도 한다.

이 책의 마지막 부분을 번역하고 있을 무렵인 2004년 5월 19일, 역자는 TBC(대구방송)가 방영하는 특집 시리즈 3부작 〈2만 불 시대로 가는 길〉을 진행하고 있었는데, 마침 이용태 삼보컴퓨터 회장님을 게스트 스피커로 모시게 되었다. 이 회장님은 2003년 《피터 드러커의 자기경영노트(The Effective Executive)》의 서평을 써주셨고 또 종종 언론에 기고를 할 때마다 드러커의 말을 인용하셨다. 따라서 역자가 이 책을 번역하고 있는 중이라고 말씀드렸더니, 이 회장님은 "드러커 교수와 그의 저서들을 우리나라에 소개하는 것만으로도 이 총장은 가치 있는 일을 하고 있소"라고 격려해 주셨다.

　이 책에 나오는 에피소드이지만, 기업가와 기업가정신이라는 용어를 만든 J. B. 세이는 애덤 스미스를 존경했고, 스미스의 《국부론》(1776)을 프랑스어로 번역했을 뿐 아니라 그의 일생을 통해 스미스의 사상과 정책을 프랑스에 보급했다.

　역자 또한 드러커를 존경하고, 드러커의 사상과 정책을 우리나라에 보급하는 일에 다소나마 기여하고 있음을 자랑스럽게 생각한다. 그런 점에서 《자본주의 이후의 사회》를 비롯해 지금까지 드러커 교수의 많은 저서들을 번역할 수 있는 기회를 마련해 준 한국경제신문 출판진 여러분께 마음 깊이 고마움을 표시한다.

2004년 10월

이 재 규

미래사회를 이끌어가는 기업가 정신

제1판 1쇄 발행 | 2004년 10월 15일
제1판 22쇄 발행 | 2023년 11월 22일

지은이 | 피터 드러커
옮긴이 | 이재규
펴낸이 | 김수언
펴낸곳 | 한국경제신문 한경BP

주소 | 서울특별시 중구 청파로 463
기획출판팀 | 02-3604-590, 584
영업마케팅팀 | 02-3604-595, 583   FAX | 02-3604-599
H | http://bp.hankyung.com   E | bp@hankyung.com
F | www.facebook.com/hankyungbp
등록 | 제 2-315(1967. 5. 15)

ISBN 978-89-475-2495-6   03320